भारत और अन्तर्राष्ट्रीय सम्बन्ध

भारत और अन्तर्राष्ट्रीय सम्बन्ध

सम्पादक

डॉ. विजय कुमार वर्मा

कावेरी बुक्स

नई दिल्ली – 110002

ISBN 978-81-7479-234-1

Price: Rs. 1295.00

प्रथम संस्करणः 2021

संस्करणः 2025

प्रकाशक

कावेरी बुक्स

4832/24, अंसारी रोड, दरियागंज

नई दिल्ली–110002

दूरभाष : 011–47072321

E-mail: kaveribooks@gmail.com

web: www.kaveribooks.com

Typeset by: Aarati Computers, New Delhi

भारत में मुद्रित

Dedication

मेरे प्रेरणास्त्रोत एवं पथप्रदर्शक मान्यवर शिक्षक
स्व० "चमन लाल सिंह" सर
(केन्द्रीय विद्यालय-2, बोकारो इस्पात नगर, झारखण्ड)
को
साभार, सविनय, सादर समर्पित

प्राक्कथन

आज का विश्व आत्मनिर्भरता का विश्व है। वैश्वीकरण ने इस प्रक्रिया और सम्बन्ध को और भी जटिल और बहुआयामी बना दिया है। एक ओर जहाँ पारंपरिक सोच और आधार – एतिहासिक, संस्कृतिक, सामरिक बहुत मजबूती से अन्तराष्ट्रीय संबंधो का कारण बना हुआ है, वहीं व्यापारिक हित और सोच ने नये समीकरणों को जन्म दिया है। दोस्ती और दुश्मनी की सिमित परिधि से अब हर एक देश निकलना चाहता है, निकल रहा है।

आज का भारत भी एक नया भारत है – "नई सोच और आकांक्षाओं का भारत"। सीमाएं और चुनौतियाँ भी कम नहीं है। परन्तु हर हाल में आगे बढ़ने का साहस और सोच भी भारत के पास है। लेख में निहित विचार, समझ और प्रस्तुति लेख़क के अपने हैं। उससे सहमत होने और नहीं होने के लिए पाठक बिलकुल स्वतंत्र है। मैं उसकी मौलिकता की पुष्टि न करना चाहूँगा, न करूँगा और न किया जा सकता है। फिर भी आशा करता हूँ कि यह एक उपयोगी पुस्तक साबित होगी।

अंततः कावेरी प्रकाशन का धन्यवाद करना चाहूँगा। पत्नी (डॉ काकोली) और बेटे (कुशाग्र) को धन्यवाद करने की औपचारिकता से बचना चाहूँगा। उनके हिस्से का समय काटकर, चुराकर और बेईमानी कर ही मैंने अपने कई शैक्षणिक और प्रशासनिक कार्यों को पूरा किया है।

विजय कुमार वर्मा

भूमिका

प्रस्तुत पुस्तक का उद्देश्य महाविद्यालयों एवं विश्वविद्यालयों में पढ़ने वाले छात्र-छात्राओं को एक स्तरीय पुस्तक उपलब्ध कराना है।

यह पुस्तक सामान्य पाठकों एवं लोक सेवा आयोग के प्रतियोगियों के लिए भी उपयोगी सिद्ध होगी। चूँकि इस से सम्बन्धित विषय पर अब तक अधिकतम विषय सामाग्री अंग्रेजी माध्यम में ही उपलब्ध है, अत: विश्वविद्यालय स्तर के हिन्दी माध्यम के विधाथियों की बढ़ती संख्या तथा हिंदी भाषा में उपयुक्त पठन सामाग्री के अभाव को देखते हुए हमारा यह विनम्र प्रयास रहा है कि इससे विधार्थी लाभान्वित हों।

विषय वस्तु को सरल, सुबोध एवं सहज भाषा में प्रस्तुत किया गया है। विषय की गहनता एवं पाठ्यक्रम की आवश्यकता को देखते हुए हर अध्याय के अंत में तत्संबधी संदर्भ-ग्रन्थ सूची दी गई है।

इस पुस्तक को पूर्ण करने में सभी लेखकों का योगदान अविस्मरणीय है। मैं व्यक्तिगत रूप से प्रकाशक कावेरी बुक्स का आभार व्यक्त करना चाहूँगा।

इस पुस्तक के आगामी संस्करणों की गुणवत्ता को और बढ़ाने की दृष्टि से पाठकों के सुझाव का स्वागत हैं।

विजय कुमार वर्मा

विषय-सूची

• • •

1

दक्षिण एशियाई क्षेत्रीय सहयोग संगठन : सार्क

निशांत यादव*

प्रस्तावना

क्षेत्रीय सहयोग संगठन की बात करें तो इसकी शुरुआत द्वितीय विश्व युद्ध के पश्चात होती है जब विश्व विचारधारा के आधार पर दो ध्रुवों में बंट जाता है और प्रत्येक ध्रुव स्वयं को मजबूत करने के लिए सैन्य सहायता के नाम पर नाटो, सीटो, सेंटों और वारसा पैक्ट जैसे क्षेत्रीय सैन्य सहयोग संगठन की स्थापना करता है। औपनिवेशिक देशों से स्वतंत्र हो रहे देशों की लगातार बढ़ती संख्या व संयुक्त राष्ट्र संघ के निरंतर प्रयासों के फलस्वरूप विश्व में हथियारों की होड़ पर लगाम लगती है और तब से सैन्य छतरी की जगह आर्थिक सहयोग का दौर प्रारंभ होता है जिससे क्षेत्रीय आर्थिक सहयोग संगठनों की भूमिका में भी आमूलचूल परिवर्तन देखने को प्राप्त होता है। अब इन संगठनों का आधार सैन्य छतरी उपलब्ध कराना न होकर अपने क्षेत्र को आर्थिक रूप से मजबूत करना हो गया। जिसके एवज में हम आसियान, यूरोपियन यूनियन, नाफ्टा, सार्क आदि को देखते हैं[1]।

दक्षिण एशियाई क्षेत्रीय सहयोग संगठन अर्थात् सार्क दक्षिण एशिया के आठ देशों का क्षेत्रीय आर्थिक सहयोग संगठन है। लगभग 1.5 अरब जनसंख्या वाले इस संगठन को देखा जाए तो, यह किसी भी क्षेत्रीय संगठन अर्थात आसियान, नाफ्टा, यूरोपियन यूनियन आदि की तुलना में ज्यादा प्रभावशाली दिखने को विवश करता है तथापि इसकी वास्तविक स्थिति यह है कि वैश्विक परिदृश्य में आजतक जितने भी क्षेत्रीय आर्थिक सहयोग संगठन बनें हैं उनमें सबसे दयनीय स्थिति सार्क की ही है। इसकी स्थापना 8 दिसम्बर 1985 को दक्षिण एशिया के सात देशों यथा भारत, पाकिस्तान, बांग्लादेश, श्रीलंका, नेपाल, मालद्वीप और भूटान द्वारा मिलकर की

* Assistant Professor, Satyawati College University of Delhi, Delhi

गई थी। इसके पश्चात इस दक्षिण एशियाई क्षेत्रीय सहयोग संगठन के 14वें शिखर सम्मेलन, अप्रैल 2007 में अफगानिस्तान इसका आठवां सदस्य बन गया[2]।

ऐतिहासिक पृष्ठिभूमि

1970 के दशक में बांग्लादेश के तत्कालीन राष्ट्रपति जियाउर रहमान ने दक्षिण एशियाई देशों के एक व्यापार गुट के सृजन का प्रस्ताव किया। मई 1980 में दक्षिण एशिया में क्षेत्रीय सहयोग का विचार फिर रखा गया था। अप्रैल 1981 में सातों देशों के विदेश सचिव कोलंबो में पहली बार मिले। इनकी समिति ने क्षेत्रीय सहयोग के लिए पाँच व्यापक क्षेत्रों की पहचान की। बाद में सहयोग के नए क्षेत्र भी आने वाले वर्षों में जोड़े गए।

दक्षिण एशियाई क्षेत्रीय सहयोग पर इस घोषणा को 1983 में नई दिल्ली में विदेश मंत्रियों द्वारा अपनाया गया। बैठक के दौरान मंत्रियों ने नौ सहमत क्षेत्रों अर्थात्, कृषि, ग्रामीण विकास, दूरसंचार, मौसम, स्वास्थ्य और जनसंख्या क्रियाएँ परिवहन, डाक सेवा, विज्ञान, प्रौद्योगिकी और खेल, कला और संस्कृति में एकीकृत कार्ययोजना (IPA) की शुरुआत की। दक्षिण एशियाई क्षेत्रीय सहयोग संगठन (सार्क) की स्थापना 8 दिसम्बर 1985 को बांग्लादेश, भूटान, भारत, मालद्वीप, नेपाल, पाकिस्तान और श्रीलंका के प्रमुखों द्वारा उक्त चार्टर को औपचारिक रूप से स्वीकार किए जाने के साथ हुई[3]।

क्षेत्रीय संगठन में सांस्कृतिक समरूपताएं

सांस्कृतिक समरूपताओं का संपर्क केवल भौतिक नहीं हो सकता; अंततोगत्वा यह दिलो दिमाग के रिश्तों को गढ़ता है जो महत्वपूर्ण है। अतः भारत से उम्मीद की जा सकती है कि वह इसमें नई पहल करेगा और दक्षिण एशिया के लोगों के मध्य पारस्परिक, शैक्षिक एवं सांस्कृतिक संपर्कों को बढ़ावा देने और उन्हें घनिष्ठ बनाने की जरूरत पर बल देगा। इस तरह के सहयोग संगठनों में क्षेत्र की सांस्कृतिक एवं आध्यात्मिक ऊर्जा का उपयोग करने से ही क्षेत्रीय एकीकरण की वृहत्तर परियोजना को सम्पूर्णता प्राप्त होती है। चूँकि दक्षिण एशिया में विश्व के चार महत्वपूर्ण धर्म–हिंदू धर्म, बौद्ध धर्म, सिख धर्म और जैन धर्म पले–बढ़े हैं, और इसकी सांस्कृतिक पच्चीकारी में लगभग आधा बिलियन मुस्लिम शामिल हैं जो इस क्षेत्र के देशों में रहते हैं। सिखों के सबसे पवित्र तीर्थ स्थानों में से कुछ तीर्थ स्थान पाकिस्तान में हैं। भगवान बुद्ध की जन्मस्थली, नेपाल के लुम्बिनी को छोड़कर बौद्ध धर्म के अधिकांश तीर्थ स्थल भारत में स्थित हैं और बौद्ध धर्म भारत, श्रीलंका,

नेपाल और भूटान को जोड़ता है[4]। धर्म के साथ-साथ, साहित्यिक पक्ष को भी इस क्षेत्र को जोड़ते हुए देखा जा सकता है। नोबेल पुरस्कार विजेता कवि-महर्षि रवींद्रनाथ टैगोर भारत और बांग्लादेश दोनों देशों में समान रूप से लोकप्रिय हैं। मिर्ज़ा ग़ालिब, इकबाल, फैज़ अहमद फैज़, साहिर लुधियानवी जैसे उर्दू शायरों द्वारा लिखी गई कविताएँ व नज्में भारत और पाकिस्तान में तथा इस समूचे दक्षिण एशिया के क्षेत्र में समान उत्साह के साथ पढ़ी जाती हैं[5]।

इस वजह से साहित्यिक, सांस्कृतिक और धार्मिक संबंधों के ऐसे प्रभाव के उच्चतर घूर्णन-कक्ष में प्रवेश करने का और क्षेत्रीय आर्थिक एकीकरण एवं विकास के साझा आवेग द्वारा पुनर्बलित होकर वैश्विक पटल पर दृष्टिगत होने का दक्षिण एशिया का अब स्पष्ट रूप से वक्त आ गया है। एक कल्पनाशील पहल के रूप में तत्कालीन भारतीय प्रधानमंत्री ने संयुक्त रूप से एक सार्क उपग्रह विकसित करने का आह्वान किया है जो क्षेत्रीय एकता का एक सशक्त प्रतीक बन सकता है तथा प्राकृतिक आपदाओं से बचने के लिए अत्यावश्यक आंकड़े और अर्थव्यवस्था विशेष की तथा इस क्षेत्र की कृषि क्षमता का अभीष्ट लाभ प्राप्त करने के लिए मौसम-विज्ञान संबंधी आंकड़े प्रदान करने वाला वास्तविक साधन बन सकता है। ऐसे कदम यह दर्शाते हैं कि यदि सार्क समूह चाहे तो वास्तविक रूप से और साथ ही लाक्षणिक रूप से भी, एक अलग क्षेत्रीय सहयोग और सामंजस्य के उच्च घूर्णन-कक्ष में प्रवेश करने के लिए तैयार है। वस्तुतः नजर को उठाने, बड़े सपने देखने और यह साबित करने का समय आ गया है कि क्षेत्रीय एकीकरण के लिए अंतरिक्ष के पार जाने की संभावनाओं के बाद भी संभावनाएं बची रहती हैं। इस संगठन के नेताओं को सार्क शिखर सम्मेलन को एक संभावित दक्षिण एशियाई पुनर्जागरण के अवसर के रूप में ग्रहण कर लेना चाहिए, और इस क्षेत्र के 1.7 बिलियन लोगों के लिए सामूहिक समृद्धि का मार्ग प्रशस्त करना चाहिए।

उद्देश्य

चार्टर में परिभाषित किए गए संगठन के उद्देश्य हैं[6] :

- दक्षिण एशिया के लोगों के कल्याण को बढ़ावा देने के लिए जीवन की उनकी गुणवत्ता में सुधार लाने के लिए;
- क्षेत्र में आर्थिक विकास, सामाजिक प्रगति और सांस्कृतिक विकास में तेजी लाने और सभी व्यक्तियों को स्वाभिमान के साथ रहने और अपनी पूरी क्षमता का एहसास करने का अवसर प्रदान करने के लिए;

- दक्षिण एशिया के देशों के बीच सामूहिक आत्म निर्भरता को बढ़ावा देने और मजबूती प्रदान करने के लिए;
- आपसी विश्वास, एक दूसरे की समस्याओं के प्रति समझ बढ़ाने के लिए;
- आर्थिक, सांस्कृतिक, तकनीकी, सामाजिक और वैज्ञानिक क्षेत्रों में सक्रिय सहयोग और आपसी सहयोग को बढ़ावा देने के लिए;
- अन्य विकासशील देशों के साथ सहयोग को मजबूत करने के लिए;
- आपस में साझा हित के मामलों पर अंतरराष्ट्रीय मंचों में सहयोग को मजबूत करने के लिए और
- समान लक्ष्य और उद्देश्य के साथ अंतरराष्ट्रीय और क्षेत्रीय संगठनों के साथ सहयोग करने के लिए।

आठवां सदस्य और पर्यवेक्षक राष्ट्र

13 नवम्बर 2005 को भारत के प्रयास से इस क्षेत्रीय समूह में अफगानिस्तान को शामिल किया गया और वह 3 अप्रैल 2007 को आठवां सदस्य बन गया। अप्रैल 2006 में संयुक्त राज्य अमेरिका और दक्षिण कोरिया ने पर्यवेक्षक का दर्जा प्रदान किए जाने का औपचारिक अनुरोध किया। यूरोपीय संघ में भी पर्यवेक्षक बनने में दिलचस्पी दिखाई और जुलाई 2006 में सार्क मंत्रिपरिषद की बैठक में इस बाबत औपचारिक अनुरोध प्रस्तुत किया। 2 अगस्त 2006 को सार्क देशों के विदेश मंत्री सिद्धांत रूप में अमेरिका, दक्षिण कोरिया और यूरोपीय संघ को पर्यवेक्षक का दर्जा देने के लिए सहमत हुए। 4 मार्च 2007, ईरान ने पर्यवेक्षक का दर्जा प्रदान किए जाने अनुरोध किया। इसके बाद मॉरीशस ने संगठन में प्रवेश किया[7]।

संगठन का संचालन

किसी भी संगठन के संचालन के लिए एक मुख्यालय होता है और उसके कार्यों को सुचारू रूप से संचालित करने के लिए कुछ पदाधिकारियों की भी आवश्यकता होती है। इसी क्रम में सार्क का मुख्यालय भी है जो नेपाल की राजधानी काठमांडू में स्थित है। इसका सर्वोच्च कार्यालयी पदाधिकारी महासचिव होता है जो इस संगठन का संचालन करता है। संगठन के सदस्य देशों के मंत्रिपरिषद द्वारा महासचिव की नियुक्ति होती है, जिसकी अवधि तीन साल के लिए देशों की वर्णमाला क्रम के अनुसार की जाती है[8]।

सार्क के कुछ महत्वपूर्ण क्षेत्रीय केंद्र

- सार्क कृषि केंद्र (SAARC Agriculture Centre) – ढाका (बांग्लादेश)
- सार्क तपेदिक केंद्र (SAARC Tuberculosis Centre) – काठमाण्डू (नेपाल)
- सार्क प्रलेख केन्द्र (SAARC Documentation Centre) – नई दिल्ली (भारत)
- सार्क मौसम विज्ञान अनुसंधान केन्द्र (SAARC Meteorological Research Centre) – ढाका (बांग्लादेश)
- सार्क मानव संसाधन विकास केन्द्र (SAARC Human Resource Development Centre) – इस्लामाबाद (पाकिस्तान)
- सार्क ऊर्जा केन्द्र (SAARC Energy Centre) – इस्लामाबाद (पाकिस्तान)
- सार्क सांस्कृतिक केन्द्र (SAARC Cultural Centre) – कैंडी (श्रीलंका) (प्रक्रियाधीन)
- सार्क सूचना केन्द्र (SAARC Information Centre) – नेपाल
- सार्क कोस्टल जोन मैनेजमेन्ट सेन्टर (SAARC Coastal Zone Management Centre) – मालद्वीप
- सार्क डिजास्टर मैनेजमेन्ट सेन्टर (SAARC Disaster Management Centre) – भारत
- सार्क फारेस्ट्री सेन्टर, भूटान (प्रक्रियाधीन)
- दक्षिण एशियाई विश्वविद्यालय – नई दिल्ली

सार्क की बैठक

सार्क देशों के शासनाध्यक्षों की बैठकें सामान्यतः प्रतिवर्ष और विदेश सचिवों की बैठकें वर्ष में दो बार आयोजित की जाती हैं। सार्क द्वारा सहयोग के निर्धारित क्षेत्र है: कृषि एवं वानिकी, स्वास्थ और जनसंख्या, डाक सेवाएँ, महिला विकार, नशीले पदार्थों का व्यापार एवं दुरुपयोग, खेलकूद, कलाएँ और संस्कृति। अन्य विषय, जैसे पर्यटन और आतंकवाद भी लक्षित हैं[9]। चार्टर में व्यवस्था है कि निर्णय सर्वसम्मति से हों तथा द्विपक्षीय और विवादास्पद मसलों से बचा जाए।

सार्क के अब तक संपन्न हुए शिखर सम्मेलन

1. 7 दिसंबर, 1985 ढाका (बांग्लादेश)
2. 16 नवंबर, 1986 बैंगलोर (भारत)
3. 21 नवंबर, 1987 काठमांडू (नेपाल)
4. 29 दिसंबर, 1988 इस्लामाबाद (पाकिस्तान)
5. 21 नवंबर, 1990 माले (मालद्वीप)
6. 21 दिसंबर, 1991 कोलंबो (श्रीलंका)
7. 10 अप्रैल, 1993 ढाका (बांग्लादेश)
8. 21 मई, 1995 नई दिल्ली (भारत)
9. 12 मई, 1997 माले (मालद्वीप)
10. 29 जुलाई, 1998 कोलंबो (श्रीलंका)
11. 4 जनवरी, 2002 काठमांडू (नेपाल)
12. 2 जनवरी, 2004 इस्लामाबाद (पाकिस्तान)
13. 12 नवंबर, 2005 ढाका (बांग्लादेश)
14. 13 अप्रैल, 2007 नई दिल्ली (भारत)
15. 1–3 अगस्त, 2008 कोलंबो (श्रीलंका)
16. 28–29 अप्रैल, 2010 थिम्पू (भूटान)
17. 10–11 नवम्बर, 2011 आडू (मालद्वीप)
18. 27–28 नवम्बर, 2014 काठमांडू (नेपाल)
19. 15–19 नवम्बर, 2016 इस्लामाबाद (पाकिस्तान) (कशमीर में भारतीय सेना पर आक्रमण के कारण नहीं हुआ, सदस्य देशों ने बहिस्कार किया)
20. 2020, इस्लामाबाद (पाकिस्तान) में होना तय हुआ है।

यद्यपि सार्क के अब तक 18 शिखर सम्मलेन संपन्न हो चुके हैं परन्तु इन सम्मेंलनों की सफलता की बात करें तो मालद्वीप में आयोजित सतरहवां सार्क सम्मेलन संभवतः पहला सार्क सम्मेलन है जो आशा की कुछ किरणें लेकर आया है। इससे पूर्व शायद ही किसी सम्मेलन के वातावरण में इतनी आशावादिता और सकारात्मकता दिखाई दी थी। अब तक हुए अधिकतर सार्क सम्मेलन भारत–पाक

सबंधों की नकारात्मक छाया से इतने प्रभावित रहे कि सार्क के मूल उद्देश्यों पर समुचित ध्यान केन्द्रित नहीं हो सका। कभी-कभी भारत-बांग्लादेश और भारत-नेपाल सबंधों का विपरीत प्रभाव भी इन सम्मेलनों में दिखाई दिया।

17वें सार्क सम्मेलन का मूल मंत्र और नारा बिल्डिंग ब्रिजेस रखा गया था। इसके लिए सबसे आवश्यक है सभी देशों में निर्बाध कनेक्टिविटी। इस दिशा में सार्क को अभी बहुत लंबा सफर तय करना है। 1965 से पूर्व ढाका और कराची एक दूसरे से रेल से जुड़े हुए थे। भारत से सड़क के रास्ते काबुल जाना भी संभव था। हमें सबसे पहले 1947 की कनेक्टिविटी को पुनर्स्थापित करना होगा। पाकिस्तान द्वारा भारत को ट्रांसिट अधिकार देने होंगे, जिससे न केवल अफगानिस्तान बल्कि मध्य एशिया से व्यापार हो सके। इससे सबसे अधिक लाभ पाकिस्तान को ही होगा। उसे यह समझना होगा कि भारत-अफगानिस्तान रणनीतिक भागीदारी से उसे लाभ हो सकता है यदि वह रणनीतिक गहराई की नीति को छोड़कर भारत और अफगानिस्तान से सहयोग करे। बांग्लादेश से ट्रांसिट समझौता समूचे सार्क को सारे दक्षिण पूर्व एशिया से जोड़ सकता है। आवश्यकता है अच्छे नेतृत्व की, क्या सार्क के नेता यह नेतृत्व दे सकेंगे। इस पर बड़े प्रश्नचिन्ह लगे हुए है। सबसे बड़ा देश होने के नाते भारत को सामरिक दृष्टिकोण अपनाना होगा। भारत एकमात्र देश है जिसकी सबके साथ सीमाएं हैं या सबका निकटतम पड़ोसी है। भारत को उदारवादी दृष्टिकोण से एकतरफा वाणिज्य सुविधाएं देनी होंगी, जिससे इन देशों की जनता और सरकार दोनों ही भारत से अच्छे संबंधों का महत्व समझें और भारतविरोधी तत्व कमजोर हों।

सार्क का 17वाँ शिखर सम्मेलन मालद्वीव में आडू सिटी में 10-11 नवम्बर, 2011 को सम्पन्न हुआ। सार्क के सभी 8 सदस्य देशों के राष्ट्राध्यक्ष इसमें उपस्थित थे। आस्ट्रेलिया, चीन, ईरान, जापान, द. कोरिया, मॉरिशस, म्यांमार, अमरीका व यूरोपीय संघ के प्रतिनिधि पर्यवेक्षक के रूप में शिखर सम्मेलन में उपस्थित थे। सार्क का यह लगातार पांचवां शिखर सम्मेलन था, जिसमें भारतीय शिष्टमण्डल का नेतृत्व तत्कालीन प्रधानमंत्री डॉ. मनमोहन सिंह ने किया। इन पांच वर्षों में संगठन द्वारा की गई प्रभावकारी प्रगति का उल्लेख करते हुए भारतीय प्रधानमंत्री ने उद्घाटन समारोह में कहा कि इन वर्षों में सार्क देशों में सहयोग की गति और दायरे में वृद्धि हुई है। उन्होंने आश्वस्त किया कि दक्षिण एशिया में शान्ति, सम्पन्नता और सहयोग को बढ़ावा देने के लिए भारत अपनी क्षमताओं के अनुरूप जो कुछ भी

सम्भव होगा, करेगा। दो दिन के शिखर सम्मेलन में जिन महत्वपूर्ण मुद्दों पर चर्चा विशेष तौर पर की गई उनमें दक्षेस राष्ट्रों के आपसी व्यापार, आपदा प्रबन्धन, समुद्री दस्युओं से निपटने की समस्या व वैश्विक आर्थिक संकट के मुद्दे शामिल थे[10]।

पारस्परिक व्यापार सम्बर्द्धन के लिए सीमा शुल्कों में कटौती की दिशा में आगे कदम उठाने के लिए दक्षेस मंत्रियों की परिषद् को जिम्मा सौंपा गया है। 'साफ्टा' के तहत् कम विकसित देशों की संवेदनशील सूची में उत्पादों की सूची को 480 से घटाकर 25 करने की घोषणा भारतीय प्रधानमंत्री ने की। सूची से हटाई गई इन सभी वस्तुओं के आयात पर कोई शुल्क नहीं लगाया जाएगा। सार्क राष्ट्रों के एक 'साउथ एशियन पोस्टल यूनियन' के गठन पर भी सहमति सम्मेलन में हुई। इसका सचिवालय भारत में होगा।

दक्षेस के 12वें 'ट्रेड फेयर' का आयोजन 2012 में मालद्वीप में करने पर भी सहमति बनी। आतंकवाद व नशीली दवाइयों की अवैध तस्करी पर प्रभावी रोक के लिए समन्वित प्रयासों को ओर मजबूत बनाने का फैसला किया गया, जिसमें समुद्री दस्युओं से निपटने के लिए भी साझा रैपिड रिस्पोंस टु नेचुरल डिजास्टर्स तथा एग्रीमेंट ऑन इंप्लीमेंटेशन ऑफ रीजनल स्टैण्डर्ड्स शामिल थे[11]। वैश्वीकरण की दौड़ में क्षेत्रीय संगठनों का महत्व बढ़ा है। आज विश्व की स्थिति यह है कि राष्ट्र अपने आपसी मतभेदों को भुलाकर व्यापार, आर्थिक क्षेत्रें में एक-दूसरे को सहयोग कर रहे हैं। राष्ट्रों की पारस्परिक निर्भरता पहले की अपेक्षा काफी बढ़ी है।

आर्थिक सहयोग का नवीन बिंदुः दक्षिण एशियाई मुक्त व्यापार क्षेत्र (साफ्टा)

दक्षिण एशियाई मुक्त व्यापार क्षेत्र (साफ्टा) संबंधी करार के परिणामस्वरूप क्षेत्रीय निर्यात 2006 के 10 बिलियन यूएस डॉलर से बढ़कर 2013 में लगभग 22 बिलियन यूएस डॉलर हो गया है, परंतु विशेषज्ञों का कहना है कि यह एक झलक मात्र है। सर्वश्रेष्ठ अभी आना बाकी है और भारत से अपेक्षा की जा रही है कि वह दक्षिण एशिया आर्थिक संघ के स्वप्न को साकार करने के लिए अन्य देशों के साथ प्रयासों में अग्रसक्रिय रूप से शामिल रहेगा। आर्थिक संघ में बेहतर व्यापारिक उदारीकरण, सीमा पार व्यापार के विकास तथा इस क्षेत्र में माल और सेवाओं के मुक्त आवागमन को बाधित करने वाली नॉन-टैरिफ बाधाओं के निवारण की परिकल्पना की गई है।

साफ्टा के ही तहत भारत को एक विनिर्माण पावरहाउस बनाने की वर्तमान भारत सरकार की आकांक्षा के साथ, प्रधान मंत्री नरेन्द्र मोदी से नए सीमा-पार उत्पादन नेटवर्क तथा संयुक्त विनिर्माण परियोजनाएं बनाने की बात को आगे बढ़ाने की उम्मीद की जा रही है। भारत को सेवाओं के संबंध में हुए सार्क करार के अग्रसक्रिय कार्यान्वयन की बात को भी बढ़ावा देना चाहिए क्योंकि इस क्षेत्र को निर्बाध आर्थिक स्थान बनाने के दीर्घकालिक लक्ष्य को न केवल माल के मुक्त आवागमन के जरिये, अपितु सेवाओं के उदारीकरण एवं व्यवसायियों के मुक्त आवागमन के जरिये ही प्राप्त किया जा सकता है।

इस मुक्त व्यापार समझौते के तहत ऊर्जा सहयोग को गहनता प्रदान करना एक अन्य प्राथमिकता वाला क्षेत्र होना चाहिए। इस संदर्भ में, सार्क शिखर सम्मेलन से यह अपेक्षा की जा रही है कि इसमें ऊर्जा साझेदारी संबंधी एक समझौते पर हस्ताक्षर किए जाएंगे, जो इस क्षेत्र के देशों के बीच आर्थिक सहयोग का नया मार्ग प्रशस्त करने वाला एक महत्वपूर्ण करार होगा। ओनली कनेक्ट कनेक्टिविटी काठमाण्डू शिखर सम्मेलन की मुख्य विषय वस्तु है और भारत का ध्यान भी इस क्षेत्र को रेल, सड़क और वायुमार्ग के जाल में एक साथ गूँथने पर होगा। सार्क देशों द्वारा यात्री एवं कारगो वाहन यातायात के विनियमन हेतु एक समझौते पर हस्ताक्षर किए जाने तथा ट्रांस-रीजनल रेल नेटवर्क में सुधार करने के तौर-तरीकों को अंतिम रूप दिए जाने की अपेक्षा की जा सकती है। कनेक्टिविटी परियोजनाओं की उम्मीद की सूची बहुत लंबी है, और कई बातों पर विचार किया जाने वाला है, जिनमें अन्य बातों के साथ-साथ, एक कंटेनर सेवा शामिल है जो भारत-पेशावर मार्ग के जरिये बांग्लादेश और नेपाल को भारत से जोड़ती है।

परन्तु साफ्टा की वर्तमान वस्तुस्थिति पर दृष्टि डालें तो देखते हैं कि साफ्टा के बारे में छोटे-छोटे देशों को यह भ्रम पैदा हो गया कि इससे भारत को ही अधिक लाभ होगा, जबकि वास्तविकता यह नहीं है। उदाहरणस्वरूप अभी हम भारत, श्रीलंका के मुक्त व्यापार को देखें। दोनों देशों के बीच मुफ्त व्यापार पिछले तीन वर्ष से चल रहा है। श्रीलंका का भारत को निर्यात 135 प्रतिशत सालाना की दर से बढ़ा है। इस तुलना में भारत का श्रीलंका को निर्यात 32 प्रतिशत की दर से बढ़ा है। अपितु मुफ्त व्यापार के होने से श्रीलंका भारत की अपेक्षा अधिक लाभ की स्थिति में है। यही बात नेपाल एवं भूटान के साथ हैं। पाकिस्तान एवं बांग्लादेश के साथ भारत का व्यापार उतना नहीं बढ़ा है जितना बढ़ना चाहिए। इन देशों के असहयोग के कारण भी साफ्टा को लागू करने में कठिनाई है[12]।

वर्तमान समय में भारत का सार्क के प्रति दृष्टिकोण

विश्व के सबसे बड़े लोकतंत्र का कार्यभार संभालने और नई दिल्ली में अपने शपथ ग्रहण समारोह में दक्षिण एशिया के सभी देशों के नेताओं को आमंत्रित करके एक बड़ा कूटनीतिक कदम उठाने के ठीक 6 माह बाद, प्रधानमंत्री नरेंद्र मोदी ने काठमाण्डू में 18वें सार्क शिखर सम्मेलन में भाग लिया, जो इस बात की ओर इशारा करता है कि 'पड़ोसी सबसे पहले' का नारा उनकी आकार ले रही बदलावपूर्ण स्वतंत्र विदेश नीति का हिस्सा पहले से ही रहा है। दक्षिण एशिया पर ध्यान देने की बात मोदी सरकार के पहले दिन से ही दिखाई पड़ने लगी थी और प्रधानमंत्री की भूटान और नेपाल यात्राओं तथा विदेश मंत्री सुषमा स्वराज की ढाका, थिम्पू, माले और काठमाण्डू के दौरों से इस बात को ओर बल मिला। इस पर यह बात भी ठीक बैठती है, क्योंकि इस क्षेत्र के देशों की नियति एक दूसरे के साथ अंतरंग रूप से गुँथी हुई है, अतः दुनिया भर के दर्जनों नेताओं से मिलने और कई बड़े बहुपक्षीय शिखर सम्मेलनों में भाग लेने के बाद श्री मोदी भारत की एशियाई कूटनीति को अभिप्रेरित करने और आर्थिक एवं सांस्कृतिक रूप से एकीकृत क्षेत्र के स्वप्न को मूर्त रूप देने के लिए पुनः एक पड़ौसी देश की यात्रा करते हैं।

आपस में जुड़े सपने, आपस में जुड़ी हुई नियति, आपस में जुड़े हुए स्वप्न-निराशावादी लोगों के लिए ये अभिव्यक्तियां अलंकृत बातें प्रतीत हो सकती हैं, परंतु वास्तविकता यह है कि इस क्षेत्र की अपार क्षमता को फलीभूत करने में प्रत्येक देश की बड़ी भूमिका को जितना महत्व दिया जाए, उतना कम है। सार्क को क्षेत्रीय सहयोग और एकीकरण के पहले से ख्यातनाम मंच के रूप में पुनः ताकत प्रदान करने के अपने प्रयासों में भारत, जो इस क्षेत्र की सबसे बड़ी अर्थव्यवस्था और सर्वाधिक आबादी वाला देश है, आदर्शवादी होने के साथ-साथ यथार्थवादी भी है। क्योंकि इंडिया स्टोरी को दक्षिण एशिया की स्थिति, इसके विकल्पों और इसके संघर्षों तथा इसकी बढ़ती आशाओं और आकांक्षाओं से अलग नहीं रखा जा सकता।

सार्क से आशा अनुरूप परिणाम न मिलने के कारण

सार्क में मज़बूती की जो कमी है वो वास्तव में भारत और पाकिस्तान के रिश्तों की वजह से है जिसमें ज्यादा ज़िम्मेदारी पाकिस्तान की रही है। भारत और पाकिस्तान के बीच बढ़ते तनाव की वजह से दक्षिण एशियाई क्षेत्रीय सहयोग

संगठन (सार्क) का 19वां सम्मेलन स्थगित हो गया है। यह सम्मेलन पाकिस्तान के इस्लामाबाद में होना था। जम्मू-कश्मीर के उरी क्षेत्र में हुए आतंकी हमले के बाद जब भारत ने पाकिस्तान में आयोजित होने वाले सार्क सम्मेलन में हिस्सा लेने में असमर्थता जता दी तो फिर अफगानिस्तान, बांग्लादेश और भूटान ने भी इस सम्मेलन का बहिष्कार करने की घोषणा कर दी। इसके बाद श्रीलंका ने भी आतंकवाद को मुद्दा बनाते हुए सार्क सम्मेलन में शामिल नहीं होने की घोषणा की। मालद्वीप ने भी आतंकवाद के मसले पर इस सम्मेलन में शामिल नहीं होने का फैसला किया।

1985 में शुरू हुए सार्क का सचिवालय नेपाल की राजधानी काठमांडू में है। भारत समेत चार अन्य सदस्य देशों द्वारा सम्मेलन में शामिल नहीं होने के बाद नेपाल ने इस सम्मेलन को स्थगित करने की घोषणा कर दी। नेपाल ने भी उरी हमले की आलोचना की थी, इसलिए माना गया कि सार्क सम्मेलन के बहिष्कार के मसले पर वह भी भारत के साथ है। आठ सदस्यों वाले सार्क में इसके बाद पाकिस्तान बिल्कुल अलग-थलग पड़ गया और सम्मेलन स्थगित हो गया। सार्क में कई बार ऐसा हुआ कि सभी सदस्य देश किसी समझौते पर सहमत हो गए, लेकिन अंतिम समय पर पाकिस्तान की वजह से वह अधर में लटक गया। ऐसे में सार्क के अंदर काफी समय से पाकिस्तान को अलग करने की बात भी चल रही थी।

भारत दौरे पर हाल ही में आए श्रीलंका के प्रधानमंत्री रनिल विक्रमसिंघे ने भी अपनी इस यात्रा के दौरान कहा कि अगर सार्क ने आतंकवाद के मसले पर एक साथ मिलकर काम नहीं किया तो इसका कोई भविष्य नहीं है। श्रीलंकाई प्रधानमंत्री जो आशंका जाहिर कर रहे हैं, वैसी ही आशंका भारत में भी लंबे समय से सार्क को लेकर व्यक्त की जाती रही है। 21 साल पुराने इस संगठन के अब तक के सफर की सबसे बड़ी त्रासदी ही यही रही है कि इसमें हर अच्छी पहल भारत और पाकिस्तान के रिश्तों के उतार-चढ़ाव की बलि चढ़ जाती है। 2014 में जब नेपाल की राजधानी काठमांडू में सार्क का 18वां सम्मेलन आयोजित हुआ था तो उस वक्त पाकिस्तान को छोड़कर बाकी सदस्य देशों में इस बात पर सहमति बन गई थी कि सदस्य देशों को आपस में परिवहन तंत्र से जोड़ने वाले समझौते को अंतिम रूप दे दिया जाए। यह भी बताया जाता है कि आयोजन के दौरान एक दिन रात के भोजन के बाद भारत के प्रधानमंत्री नरेंद्र मोदी और पाकिस्तान के प्रधानमंत्री नवाज शरीफ के बीच टहलते हुए जो बातचीत हुई उसमें शरीफ भी इस समझौते के लिए तैयार

हो गए। लेकिन जब अगले दिन इस पर अंतिम निर्णय की बात आई तो उन्होंने फिर से पलटी मार दी। उस वक्त यह बताया गया कि नवाज शरीफ के निर्णय को पाकिस्तान की सेना ने पलट दिया।

इससे पहले भी सार्क में ऐसा कई बार ऐसा हुआ था कि सभी सदस्य देश किसी समझौते पर सहमत हों लेकिन ऐन मौके पर पाकिस्तान के रुख की वजह से वह अधर में लटक गया। इस वजह से सार्क के अंदर लंबे समय से यह बात चलती रही है कि पाकिस्तान को अलग करके इस संगठन के निर्णय लिए जाएं। जानकारों के मुताबिक यह एक बड़ी वजह है कि उरी पर हमले के बाद इतनी जल्दी पाकिस्तान को छोड़कर सार्क के सारे सदस्य भारत के साथ खड़े हो गए। पाकिस्तान की ऐसी हरकतों के कारण ही बीबीआईएन यानी बांग्लादेश, भूटान, भारत और नेपाल ने मिलकर सार्क के अंदर ही एक उपसमूह बनाया और खुद को आपस में परिवहन तंत्र से जोड़ने के लिए मोटर व्हीकल समझौता किया।

2014 के इस सम्मलेन के बाद से बीबीआईएन यानी बांगलादेश, भूटान, भारत और नेपाल की अवधारणा सामने आई। इन चार देशों ने सार्क के अंदर ही एक उपसमूह बनाकर खुद को आपस में परिवहन तंत्र से जोड़ने के लिए मोटर व्हीकल समझौते पर दस्तखत किये हैं। इस समझौते में यह तय हुआ कि चारों देश एक-दूसरे को सड़क, रेलमार्ग और जलमार्ग से जोड़ने के लिए एक साथ काम करेंगे। विदेश मामलों के कई जानकार बीबीआईएन की अवधारणा के मूर्त रूप लेने को ही सार्क का विकल्प तैयार करने की शुरुआत के तौर पर देखते हैं। हालांकि, बीबीआईएन तकनीकी तौर पर सार्क का ही उपसमूह है और सार्क के चार्टर में ही इस बात का उल्लेख है कि समूह के दो या इससे अधिक देश संगठन के अंदर उपसमूह बनाकर काम कर सकते हैं। लेकिन 2014 के पहले भारत ने इस विकल्प का कभी इस्तेमाल नहीं किया था। लेकिन जब 2014 में यह लग गया कि पाकिस्तान के रुख में बदलाव नहीं होने वाला और इस वजह से कोई बात आगे नहीं बढ़ रही तो बीबीआईएन की अवधारणा सामने आई।

सार्क के विकल्प के तौर पर भारत ने 1997 में गठित 'बिमस्टेक' में भी नई जान फूंकनी शुरु कर दी है। उसने सार्क की नाकामी और पाकिस्तान को अलग-थलग करने की अपनी रणनीति के तहत बिमस्टेक के सदस्य देशों को गोवा में आयोजित ब्रिक्स सम्मेलन में आने का न्यौता दिया है। सार्क के विकल्प

के तौर पर बीबीआईएन के अलावा भारत सरकार ने बिमस्टेक यानी बे ऑफ बंगाल इनीशिएटिव फॉर मल्टी सेक्टरल टेक्नीकल ऐंड इकनोमिक कोऑपरेशन में भी नई जान फूंकने की शुरुआत कर दी है। बिमस्टेक का गठन 1997 में किया गया था। लेकिन इस संगठन की सक्रियता कम ही रही है। सार्क की नाकामी को देखते हुए और पाकिस्तान को अलग-थलग करने की अपनी रणनीति के तहत भारत इस संगठन को और सक्रिय बनाने की कोशिश कर रहा है। अपनी इसी रणनीति के तहत मोदी सरकार ने बिमस्टेक के सदस्य देशों के नेताओं को गोवा में आयोजित ब्रिक्स सम्मेलन में आने का न्यौता दिया है। बिमस्टेक में सार्क के पांच देश हैं: भारत, बांग्लादेश, भूटान, नेपाल और श्रीलंका। इनके अलावा इस संगठन में दक्षिण-पूर्व एशिया के दो देश - बर्मा और थाइलैंड - भी हैं।

वर्तमान विवाद

भारत ने नवंबर 2016 में इस्लामाबाद में होने वाले सार्क सम्मेलन में हिस्सा नहीं लिया। ऐसी ही घोषणा बांग्लादेश ने भी की है। भारतीय विदेश मंत्रालय के प्रवक्ता विकास स्वरूप के अनुसार, 'क्षेत्रीय सहयोग और चरमपंथ एक साथ नहीं चल सकते, इसलिए भारत इस्लामाबाद सम्मेलन में शामिल नहीं होगा। 19वें सार्क समिट में भारत के शिरकत नहीं करने की विदेश मंत्रालय की औपचारिक घोषणा के बाद बांग्लादेश ने भी स्पष्ट कर दिया है कि क्षेत्र का माहौल बातचीत को जारी रखने के लिए सहायक नहीं है। बांग्लादेश के अलावा अफगानिस्तान और भूटान भी इस नवंबर में होने वाली इस बैठक का बहिष्कार करने का फैसला कर चुके हैं। बांग्लादेश ने सार्क अध्यक्ष नेपाल को पत्र लिखकर अपनी चिंताएं जाहिर की हैं।

बांग्लादेश ने खींचे हाथ

बांग्लादेश ने पत्र में लिखा, 'बांग्लादेश के आंतरिक मामलों में एक देश का बढ़ते हस्तक्षेप ने ऐसा माहौल बना दिया है जो 19वें सार्क समिट के आयोजन के लिए मुफीद नहीं है। सार्क प्रक्रिया के प्रारंभकर्ता के तौर पर बांग्लादेश क्षेत्रीय सहयोग, संयोजकता और संपर्क की अपनी प्रतिबद्धता पर अडिग है, लेकिन यह सभी बातें और सौहार्दपूर्ण वातावरण में ही आगे बढ़ सकती हैं। इन्हीं सब मुद्दों को देखते हुए, बांग्लादेश इस्लमाबाद में इस प्रस्तावित बैठक में शामिल होने में अक्षम है।'

भूटान का इनकार

भारत के समर्थन में भूटान ने भी सम्मेलन में हिस्सा लेने से इनकार कर दिया है। भूटान ने अध्यक्ष राष्ट्र नेपाल को लिखे पत्र में कहा है कि सार्क प्रक्रिया और क्षेत्रीय सहयोग को मजबूत करने में उसकी पूरी निष्ठा है लेकिन भूटान की सरकार की चिंताएं आतंक की हालिया घटनाओं से बढ़ गई हैं जिसने 19वें सार्क सम्मेलन की कामयाबी के लिए बनने वाले माहौल को संकटपूर्ण बना दिया है। भूटान ने शांति और सुरक्षा पर चिंता जताते हुए बैठक में शिरकत करने पर अपनी असमर्थता जाहिर की है।

अफगानिस्तान भी हुआ अलग

अफगानिस्तान ने भी सार्क के अध्यक्ष देश नेपाल को पत्र लिखकर कहा है कि हिंसा और आपसी लड़ाई के बढ़े स्तर से अफगानिस्तान आतंक का शिकार बना हुआ है। अफगानिस्तान के राष्ट्रपति मोहम्मद अशरफ घनी कमांडर इन चीफ के रूप में अपनी जिम्मेदारियों का वहन कर रहे हैं और पूरी तरह व्यस्त हैं इसलिए वह सार्क समिट में हिस्सा नहीं ले सकेंगे।

नेपाल कर रहा मंथन

आतंकवाद के मुद्दे पर नेपाल भी भारत के साथ है और पाकिस्तान से रुख साफ करने को कहा है। ऐसी चर्चा है कि नेपाल खुद इस बैठक से बाहर हो सकता है। भारत और बांग्लादेश के बहिष्कार के बाद समिट का स्थगित होना तय माना जा रहा है। ऐसा इसलिए क्योंकि नए नियमों के मुताबिक, समिट तभी हो सकेगी जब इसके सभी सदस्य राष्ट्र इसमें शामिल हों।

पाक के लिए करारा झटका

पाकिस्तान को झटका देते हुए भारतीय प्रधानमंत्री नरेंद्र मोदी ने फैसला किया कि वह इस्लामाबाद में 15–19 नवंबर, 2016 में होने वाले सार्क शिखर सम्मेलन में भाग नहीं लेंगे। इसके बाद इस आठ सदस्यीय समूह के तीन और देशों ने भी सम्मेलन से अलग रहने का निर्णय लिया। पाकिस्तान द्वारा भारत के खिलाफ सीमा पार आतंकवाद जारी रखने का हवाला देते हुए सरकार ने ऐलान किया कि 'मौजूदा हालात में भारत सरकार इस्लामाबाद में प्रस्तावित शिखर सम्मेलन में भाग लेने में असमर्थ है।' इस स्थिति में इस शिखर सम्मेलन को रद्द करना होगा क्योंकि सार्क चार्टर के अनुसार किसी एक शासन प्रमुख की अनुपस्थिति में भी शिखर सम्मेलन

नहीं हो सकता। इस फैसले की घोषणा करते हुए भारत ने कहा कि "एक देश" ने ऐसा माहौल बना दिया है जो शिखर सम्मेलन के सफल आयोजन के अनुकूल नहीं है। भारतीय विदेश मंत्रालय ने एक बयान में कहा, 'भारत ने दक्षेस के मौजूदा अध्यक्ष नेपाल को अवगत करा दिया है कि क्षेत्र में सीमापार से आतंकवादी हमलों में वृद्धि और एक देश द्वारा सदस्य देशों के आंतरिक मामलों में बढ़ते हस्तक्षेप ने ऐसा वातावरण बना दिया है जो 19वें दक्षेस सम्मेलन के सफल आयोजन के अनुकूल नहीं है।' इसमें कहा गया है कि मौजूदा परिदृश्य में भारत सरकार इस्लामाबाद में प्रस्तावित सम्मेलन में शामिल होने में असमर्थ है।

इस पृष्ठभूमि में अगर देखा जाए तो उरी हमले के बाद जिस तरह से सार्क सम्मेलन स्थगित हुआ है और पाकिस्तान को छोड़कर सारे सदस्य देश भारत के साथ खड़े हो गए हैं, उससे सार्क के भविष्य पर खतरा मंडरा रहा है। कई विद्वान इसे पाकिस्तान को अलग-थलग करके दक्षिण एशिया में एक नई शुरुआत के तौर पर देख रहे हैं। माना जा रहा है कि अब तक भले ही बीबीआईएन सार्क का उपसमूह भर रहा हो लेकिन ये चार देश सार्क के दूसरे सदस्यों को साथ लेकर इस उपसमूह को एक अलग पहचान देने की दिशा में आगे बढ़ सकते हैं।

निष्कर्ष

दक्षिण एशिया कई दृष्टि से महत्वपूर्ण है। आठ विकासशील राष्ट्र, स्पंदनशील और उभरते हुए प्रजातंत्र, प्रगतिशील अर्थव्यवस्थाएं, और 1.7 बिलियन जनसंख्या तथा दुनिया के बड़े धर्मों की जन्म-भूमि, दक्षिण एशिया में वह सब कुछ मौजूद है जो इसे वैश्विक परिदृश्य पर अपनी पहचान बनाने वाली एक क्षेत्रीय ताकत बनने के लिए चाहिए। सार्क के लिए अब समय आ गया है कि बड़ी-बड़ी घोषणाओं और ठोस कार्रवाई के बीच के अंतर को पाटा जाए ताकि दक्षिण एशिया इस क्षेत्र में और विश्व स्तर पर एक क्षमतावान एवं प्रभावशाली भूमिका का निर्वाह करने वाला क्षेत्र बन सके तथापि, निराशावादियों द्वारा सार्क को अनुचित रूप से 'बातें करने वाला और काम न करने वाला' समूह बताया गया है; यह आलोचना सही नहीं है, चूँकि अपेक्षित संकर्षण प्राप्त करने के लिए सार्क को अभी मीलों लंबी यात्रा करनी है, परंतु अब लगभग तीन दशक से अधिक की यात्रा हो गई है, फिर भी, क्षेत्रीय सहयोग संरचना को मजबूत करने के लिए इसने एक दक्षिण एशियाई विश्वविद्यालय, संकटकाल में राष्ट्रीय प्रयासों को सम्पूरित करने के लिए सार्क

विकास निधि, एक सार्क बैंक और संकट तथा प्राकृतिक आपदाओं के समय एक दूसरे को साथ देने के लिए सार्क आपदा प्रबंधन केंद्र की स्थापना करने जैसे कुछ महत्वपूर्ण कदम उठाए हैं। ये सभी सराहनीय कदम हैं और अपने पंख फड़फड़ा रहे अनेक विचारों के कार्यान्वयन की गति को बढ़ाए जाने की जरूरत को रेखांकित करते हैं।

सार्क विश्व की 22 प्रतिशत आबादी को अपने क्षेत्र में समेटकर रखने वाला विश्व का सबसे बड़ा क्षेत्रीय संगठन है। भारत विश्व की उभरती हुई आर्थिक शक्ति है। सार्क के सदस्य देश आपस में एक-दूसरे का आर्थिक सहयोग करें तो इस क्षेत्र से गरीबी, भुखमरी, अशिक्षा को सदा के लिए समाप्त किया जा सकता है। आज यूरोपियन संघ एवं आसियान जैसे क्षेत्रीय संगठनों ने जो आर्थिक सफलता पायी है उससे सार्क के नेताओं को प्रेरणा लेनी चाहिए। इन क्षेत्रीय संगठनों ने आर्थिक एकजुटता के बल पर काफी उपलब्धिया हासिल की हैं। अब यह स्थिति स्पष्ट हो चुकी है कि आर्थिक विकास के क्षेत्रीय वैश्वीकरण की भूमिका अति महत्वपूर्ण है। आज जरूरत इस बात की है कि सार्क को एक प्रभावी आर्थिक मंच के रूप में विकसित किया जाए। सदस्य देशों के बीच आर्थिक संबंध एवं व्यापार को बढ़ावा दिया जाए। इस दिशा में अन्य सदस्य देशों को विश्वास में लेकर सार्थक पहल भारत और पाकिस्तान को ही करनी होगी। सार्क की सफलता और विफलता दोनों ही इन देशों के संबंधों एवं प्रयत्नों पर निर्भर है[13]।

संदर्भ

1. Wilkinson, Paul (2007)
2. Saez, Lawrence (2012)
3. Wilkinson, Paul (2007)
4. Kim, HwansoonIlmee (2012)
5. पारख, जवरीमल्ल (2015)
6. Baylis. John, Smith.Steve, Patricia Owens(ed.) (2011)
7. Baylis. John, Smith.Steve, Patricia Owens(ed.) (2011)
8. Heywood, Andrew (2011)
9. पन्त, पुष्पेश (2013)
10. "Press Releases, 18th SAARC Summit Declaration, November 27, 2014
11. "Press Releases, 18th SAARC Summit Declaration, November 27, 2014

12. पन्त, पुष्पेश (2014)
13. Michael, Arndt (2013)

सन्दर्भ-ग्रन्थ सूची

Baylis. John, Smith. Steve, Patricia Owens (ed.) (2011), The Globalization of World Politics : An Introduction to World Politics, London: Oxford University Press.

Heywood, Andrew (2011), Global Politics, UK: Palgrave Macmillan

Kim, Hwansoon Ilmee (2012), Empire of the Dharma, USA: Harvard University Press

Lawrence, Saez, (2012), The South Asian Association for Regional Cooperation (SAARC): An Emerging Collaboration Architecture, Oxon: Routledge

Michael, Arndt (2013), Sovereignty vs. Security: SAARC and its Role in the Regional SecurityArchitecture in South Asia, Harvard Asia Quarterly Summer 2013, Vol. VX, No.2: pp. 37-45

Muni, S., (2003), Problems areas in india's neighbourhood policy, in South Asian Survey, vol.10(2), pp.185-196

"Press Releases, 18th SAARC Summit Declaration, November 27, 2014", SAARC. Retrieved 2 December 2015.

Wilkinson, Paul (2007), International Relations: A Very Short Introduction (1st ed.), London: Oxford University Press.

पन्त, पुष्पेश (2013), अंतर्राष्ट्रीय संगठन, नई दिल्ली : टाटा मैग्रा हिल प्रकाशन

पन्त, पुष्पेश (2014), 21वीं शताब्दी में अंतर्राष्ट्रीय सम्बन्ध, नई दिल्ली : टाटा मैग्रा हिल प्रकाशन

पारख, जवरीमल्ल (2015) साझा संस्कृति, साम्प्रदायिक आतंकवाद और हिंदी सिनेमा, नई दिल्ली : वाणी प्रकाशन

• • •

2

भारत-आसियान सम्बन्ध

मोहन कुमार*

प्रस्तावना

भारत-आसियान संबंधों को समझने से पूर्व यह आवश्यक है कि इन संबंधों के निर्णायक तत्व कौन-कौन से है, उसे समझा जाये। अंतर्राष्ट्रीय संबंधों के अंतर्गत, यद्यपि चीजे तेजी से बदल रही है, जिसका एक ठोस आधार तथा व्यवस्थित समझ है। आवश्यकता इस बात की है कि हम इन व्यवस्थित चीजों का शिनाख्त करें और प्राथमिक रूप से इस आधार का प्रयोग कर दो देशों अथवा दो गुटें के संबंधों को समझने का प्रयास करें।

विचारों या संबंधों की निश्चित रूप से एक बुनियाद होती हैं जो हमारे समर्थन, विश्लेषण और मूल्यांकन में प्रत्यक्ष या अप्रत्यक्ष रूप से भूमिका निभाते हैं। कभी इस बुनियाद को हम यथार्थवाद (Realism) या नव यथार्थवाद (Neo-Realism) के रूप में समझते हैं तो कभी उदारवाद (Liberalism), मार्क्सवाद (Marxism) या रचनावाद (Constructivism) के रूप में समझने का प्रयास करते हैं। इन प्रमाणिक विद्यालयों का अंतराष्ट्रीय संबंधों मे एक विशिष्ट स्थान हैं। अत: यह आवश्यक है कि इन सूक्तियों के आधार पर भारत और आसियान के बीच संबंधों का एक सजीव चित्रण करें। यह विधि किस हद तक कारगर है, इनके गंभीर विश्लेषण तथा इनकी प्रसंगिकता और विश्वसनीयता के पश्चात ही तय हो पाएगा।

भारत-आसियान संबंधों का सैद्धांतिक पक्ष

भारत के पूर्व और चीन के दक्षिण में स्थित दस देश बर्मा (म्यांमार), ब्रूनेई, कम्बोडिया, इंडोनेशिया, लाओस, मलेशिया, फिलिपिन्स, सिंगापूर, थाईलैंड, और

* असिस्टेंट प्रोफेसर, राजनीति विज्ञान विभाग, भगिनी निवेदिता कॉलेज, दिल्ली विश्वविद्यालय

वियतनाम, यह सभी आसियान के सदस्य देश हैं, जिन्हें दक्षिण–पूर्व एशिया के नाम से भी जाना जाता हैं, जो भारत के निकटस्थ पड़ोसी है, क्योंकि भारत और म्यांमार के बीच 1600 किलो मीटर लंबी भूमिगत सीमा रेखा है और इन दोनों देशों की समुद्री सीमाएं भी एक साथ सटी हुई है, वहीं थाईलैंड, इंडोनेशिया तथा इस क्षेत्र के अन्य देशों की समान समुद्री सीमाएं है। अर्थात यह कहने की आवश्यकता नहीं है कि इन देशों के साथ भारत के संबंध बहुत प्राचीन काल से हैं। भारत और आसियान के मध्य संबंधों का परिक्षण करने से पहले एक महत्वपूर्ण प्रश्न यह है कि सामान्यता अंतर्राष्ट्रीय संबंधों के अंतर्गत जब हम किसी संगठन और देशों के मध्य संबंधों का परीक्षण करते हैं तो केवल उनके मध्य ऐतिहासिक तथा समकालीन व्यवहारिक संबंध क्या हैं? और भविष्य मे क्या हो सकते है? आदि पर बल देते हैं, लेकिन संगठन क्यों बनते हैं? विभिन्न राज्य किस आधार पर संगठित होते हैं? किस प्रकार का संगठन अंतराष्ट्रीय व्यवस्थाओं मे अधिक प्रभावकारी हो सकता है? तथा इसके साथ ही संगठन की सामरिक पहलुओं आदि को नजर–अंदाज कर देते हैं। ऐसे में यह संभव है कि हम केवल एक ही पक्ष को देखते हुए उनके मध्य संबंधों का परीक्षण कर रहें हो, ऐसे में उन विचारों का सामान्यीकरण कर पाना मुश्किल है। इसलिए समग्र विश्लेषण के लिए यह जरुरी है कि संगठन के सैद्धांतिक विमर्शो और राष्ट्र राज्य के द्वारा राष्ट्रीय हित के लिए अपनाई गई विदेश नीति का पूर्ण रूपेण अध्ययन कर लिया जाए।

संगठन के ऐतिहासिक पहलुओं पर यदि बात करें तो इसका इतिहास काफी प्राचीन है लेकिन विषय की सीमाओं को देखते हुए द्वितीय विश्वयुद्ध के बाद निर्मित क्षेत्रीय संगठनों को हम मुख्यतः तीन भागों मे विभाजित कर सकते है; प्रथम वे संगठन जो सैन्य संधि की भांति है; जैसे–नाटो, सेंटो, सीटो आदि। द्वितीय, वे संगठन जिनका उद्देश्य आर्थिक विकास, राजनीतिक, सांस्कृतिक, वैज्ञानिक और जन कल्याण के क्षेत्र में कार्य करना है; जैसे–अरब लीग आसियान, सार्क आदि, और तीसरे, वे संगठन है जो बिना किसी सैन्य गुटों मे शामिल हुए अपनी क्षेत्रीय अखंडता व प्रभुत्ता को बनाये रखते हुए संगठित हुए जैसे–गुट–निरपेक्ष।

संगठन का सैद्धांतिक पक्ष

द्वितीय विश्वयुद्ध के पश्चात अर्थात् द्विध्रुवीय व्यवस्था में विभिन्न देशों के पास मुख्यतः दो विकल्प थे, पहला अमेरिकी सैन्य संगठन का हिस्सा बने और

दूसरा, सोवियत संघ के द्वारा संचालित सैन्य संगठन को स्वीकार करें। लेकिन सोवियत संघ के विघटन (1991) के बाद इस स्थिति में आमूल-चूल परिवर्तन आया। कई विश्लेषकों का मत है कि अंतर्राष्ट्रीय व्यवस्था में एकमात्र महाशक्ति अमेरिका है। इसलिए इसे एकधुर्वीय व्यवस्था कहना उचित होगा, और इस व्यवस्था में राष्ट्र-राज्यों के पास विकल्प है कि या तो वह अमेरिका के साथ गठबंधन कर ले या अमेरिका के विरोध में गठबंधन बनाए या फिर तटस्थ रहें।

आज विश्व एक ध्रुवीय व्यवस्था से बहुध्रुवीय व्यवस्था की ओर तेजी से आगे बढ़ रहा हैं, इस संदर्भ मे Stephen M-Walt भी अपने एक अन्य लेख "The End of the America Era" में कहते है कि 1990 के दशक के बाद से अमेरिकी प्रभुत्व मे काफी हद तक कमी आयी है, क्योंकि इसके प्रभुत्व को चुनौती देने के लिए विभिन्न देशों के मध्य आर्थिक, राजनीतिक, सांस्कृतिक तथा राजनयिक संबंधों को स्थापित कर एक मजबूत क्षेत्रीय गठबंधन के रूप में कई संगठन उभरकर सामने आए हैं। इसके अलावा महामंदी तथा क्षेत्रीय शक्ति के रूप मे कई अन्य देशों का उभार भी अमेरिकी प्रभुत्व को कम करने की दिशा में एक महत्वपूर्ण कारक है। ब्रिक्स, आसियान, सार्क, यूरोपीय यूनियन आदि संगठन इस दिशा मे महत्वपूर्ण कार्य कर रहें है।

संगठन क्यों बनते हैं?

अंतर्राष्ट्रीय संबंधों के सिद्धांतों के अंतर्गत नव-उदार संस्थावाद सिद्धांत के समर्थकों ने अंतर्राष्ट्रीय व्यवस्थाओं और राष्ट्र-राज्यों के मध्य सहयोग को बढ़ावा देने में संगठन को महत्व दिया। उसी प्रकार नव यथार्थवाद के प्रणेता कैनेथ वाल्ट्ज अन्तर्राष्ट्रीय व्यवस्थाओं का संरचनात्मक आधार पर अध्ययन करते हुए सामर्थ्य में भिन्नताओं को संरचना का दूसरा महत्वपूर्ण कारक मानते हैं। उनका मानना था कि सभी राष्ट्रों की प्रदर्शन क्षमता (Performance Capabilities) भिन्न-भिन्न होती हैं और इसी आधार पर विभिन्न देश एक दूसरे के साथ संगठित होते हैं। एक बात यह भी स्पष्ट है कि राष्ट्रों के मध्य सामर्थ्यों में जितना अधिक अंतर होगा गठबंधन उतना ही प्रभावी और शक्तिशाली होगा, क्योंकि इससे जो देश जिस क्षेत्र में गुणात्मक होगा, वह अन्य राष्ट्रों की उस क्षेत्र मे अधिक सहायता कर सकेगा। अंतर्राष्ट्रीय संबंधों में संगठन एक महत्वपूर्ण पहलु है क्योंकि उसका प्रभाव आर्थिक, सामाजिक, सांस्कृतिक, तकनीकी तथा राजनीतिक आदि सभी स्तरों पर होता है,

इसलिए संगठन के विकास के लिए उत्तरदायी कुछ महत्वपूर्ण बिंदुओं पर नजर डालना उचित होगा। जो निम्नलिखित है :

1. **सुरक्षा (Security):** संगठन के लिए सुरक्षा अहम् बिंदु है, क्योंकि अंतर्राष्ट्रीय व्यवस्थाओं में प्रत्येक राष्ट्र–राज्य अपनी सुरक्षा को प्राथमिकता देते है और उसे मजबूती प्रदान करने के लिए प्रयासरत रहते हैं। इस संदर्भ मे शक्ति का संतुलन (Balance of Power) सिद्धांत, अंतर्राष्ट्रीय संबंधों मे व्यवहारिक तौर पर प्रयोग मे लाया जाता हैं अर्थात जब विभिन्न छोटे–छोटे राज्यों को शक्तिशाली देशों से भय होता है, तो उन छोटे–छोटे देशों द्वारा समूह बनाकर अंतर्राष्ट्रीय व्यवस्था में शक्ति का संतुलन स्थापित किया जाता है। इस स्थिति पर एक भिन्न मत कैनेथ वाल्ट्ज का है, उनका मानना है कि देशों की सुरक्षा अहम् होती है और शक्ति उसे पाने का साधन मात्र है, शक्ति सिर्फ सुरक्षा के लिए है अर्थात् अंतर्राष्ट्रीय राजनीति मे सुरक्षा मुख्य है।
2. **भय का संतुलन (Balance of Threat):** 'भय संतुलन सिद्धांत' को पहली बार स्टीफन एम वॉल्ट ने 1985 मे अपने लेख "Alliance Formation and the Balance of World Power" में प्रस्तावित किया, जिसकी विस्तारपूर्वक चर्चा उन्होंने अपनी पुस्तक "The Origins of Alliance" (1987) में किया। भय के संतुलन सिद्धांत को अंतर्राष्ट्रीय संबंधों मे नव यथार्थवादी स्कूल के लोकप्रिय सिद्धांत "शक्ति के संतुलन" सिद्धांत में संशोधित किया गया है। भय के संतुलन सिद्धांत के अनुसार राज्यों के मध्य गठबंधन, अन्य राज्यों के द्वारा भय के व्यवहार द्वारा निर्धारित होता है। वॉल्ट का कहना है कि आमतौर पर राज्य किसी बाहरी भय के खिलाफ, गठबंधन द्वारा संतुलन स्थापित करते हैं यद्यपि बहुत कमजोर राज्य अपनी सुरक्षा को स्थापित करने के लिए इस ओर अधिक आकर्षित होते है। यदि एक उदाहरण ले तो हम देखते है कि प्रथम विश्व युद्ध और द्वितीय विश्व युद्ध के दौरान यूरोपीय देशों के मध्य गठबंधन, जर्मन विस्तारवादी भय को प्रदर्शित करती है।
3. **विचारधारा (Ideology):** अंतर्राष्ट्रीय संबंधों में कोई राष्ट्र जब अन्य राष्ट्रों के साथ अन्त:क्रिया करता हैं, तो उस संदर्भ मे विचारधारा बहुत ही महत्वपूर्ण भूमिका का निर्वहन करती है। क्योंकि किसी विशेष विचारधारा

को मानने वाला राष्ट्र स्वाभाविक तौर पर उसी विचारधारा को मानने वाले राष्ट्रों के प्रति अधिक आकर्षित होता है। विचारधारा, सामाजिक, राजनीतिक दर्शन में राजनीतिक, कानूनी, नैतिक, सौन्दर्यात्मक, धार्मिक तथा दार्शनिक विचार चिंतन और सिद्धांत प्रतिपादन की व्यवस्थित प्राविधिक प्रक्रिया है। विचारधारा का सामान्य आशय राजनीतिक सिद्धांत रूप में किसी समाज या समूह में प्रचलित उन विचारों का समुच्चय है जिनके आधार पर वह किसी सामाजिक, आर्थिक और राजनीतिक संगठन विशेष को उचित या अनुचित ठहरता है। अतः उपरोक्त कथन यह स्पष्ट करता है कि अंतर्राष्ट्रीय परिदृश्य में संगठन का निर्माण बहुत हद तक विभिन्न देशों के मध्य विचारधारात्मक समानता पर निर्भर होता है।

4. **प्रभावकारिता (Effectiveness):-** व्यावहारिक तौर पर कोई भी राष्ट्र एकल राष्ट्र की तुलना में जब विभिन्न राष्ट्रों द्वारा संगठित रूप मे होते है, तो वह ज्यादा प्रभाव डाल सकते हैं। गठबंधन में होने के कारण राष्ट्रों की प्रभाव शक्ति बढ़ जाती है, इस प्रकार वह दूसरे राष्ट्रों को अधिक प्रभावित कर पाते है। अंतर्राष्ट्रीय संबंधों के सिद्धांतों के अंतर्गत नव उदार संस्थावादी सिद्धांत (New Liberal Institutionalism Theory) के समर्थको ने अंतर्राष्ट्रीय व्यवस्थाओं में संगठन को महत्वपूर्ण मानते हुए, इसके पक्ष में तर्क दिया हैं कि अंतर्राष्ट्रीय व्यवस्था में राष्ट्र-राज्यों के मध्य अंतःक्रिया संस्थाओं द्वारा निर्धारित होती है। इसलिए संगठित राष्ट्र अधिक प्रभावशाली होते है अर्थात यह कहा जा सकता है कि अंतर्राष्ट्रीय राजनीति में राष्ट्र-राज्य अपने आपको प्रभावशाली बनाने के लिए भी संगठित होते हैं।

प्रभावशाली संगठन के तत्व

1. उस गठबंधन को संगठनात्मक होना चाहिए, अर्थात संगठन को संस्था के रूप में मान्यता मिली होनी चाहिए। इससे उसके प्रभाव में वृद्धि होती हैं।
2. संगठन के सभी सदस्यों को उदार होना चाहिए।
3. संगठन के नियम व नियमन लिखित होने चाहिए तथा संगठन के प्रत्येक सदस्यों द्वारा उनका पालन किया जाना चाहिए।

दक्षिण-पूर्व एशियाई राष्ट्रों का संगठन (आसियान)
(Association of South-East Asian Nations–ASEAN)

समकालीन अंतर्राष्ट्रीय संबंधों में, क्षेत्रीयतावाद का महत्व अत्यधिक बढ़ गया है, क्योंकि यह अंतर्राष्ट्रीय व्यवस्था में अंतर-राज्यीय सहयोग को दर्शाता है। संभवतः यूरोपीय समुदायों द्वारा बाजारों के एकीकरण और 1960 तथा 1970 के दशकों से अफ्रीका, अमेरिका एवं एशिया प्रशांत के विभिन्न हिस्सों में आर्थिक क्षेत्रों के विकास ने राजनीतिक और आर्थिक कार्य-योजनाओं द्वारा क्षेत्रीय एकीकरण की दिशा में बढ़ने के लिए प्रेरित किया है। इन प्रमुख बदलावों व क्षेत्रीय आकांक्षाओं ने दक्षिण-पूर्व एशियाई देशों को प्रोत्साहित किया, जिसके कारण उन्होंने 1967 में क्षेत्रीय स्तर पर एक संगठन बनाया जो दक्षिण-पूर्व एशियाई राष्ट्रों का संगठन तथा आसियान के नाम से जाना जाता हैं। ज्ञातव्य है कि अगस्त 1953 में क्युवेक सम्मलेन के द्वारा एडमिरल माउन्टबैटन की अधीनता में "दक्षिण-पूर्व एशिया कमांड" की स्थापना के बाद से ही भारत के पूर्व और चीन के दक्षिण-पश्चिम मे स्थित देशों को दक्षिण-पूर्व एशियाई देश कहा जाने लगा था। आसियन संगठन के प्रभाव में आने से पूर्व भी क्षेत्रीय स्तर पर सहयोग के कई असफल प्रयास किये गए थे जैसे-1959 में मलेशिया, थाईलैंड और फिलिपिन्स ने एकजुट होकर 'दक्षिण-पूर्व एशिया संगठन' की स्थापना की थी; परंतु इन देशों की हस्तक्षेप की नीति ने इसे दो वर्ष मे ही भंग कर दिया। इसके पश्चात् 1963 में मलेशिया, फिलिपिन्स तथा इंडोनेशिया के विदेश मंत्रियों ने 'मफिलिंडो' (Maphilindo) नाम से एक अन्य क्षेत्रीय संगठन का प्रस्ताव रखा परंतु इंडोनेशिया के तात्कालीन राष्ट्रपति सुकर्ण की "मलेशिया का दमन करों" (Crush Malaysia) की नीति के कारण इस परियोजना को भी त्यागना पड़ा।

1967 में क्षेत्रीय व्यपार, निवेश और संयुक्त उद्यमों को बढ़ावा देने के उद्देश्य से दक्षिण-पूर्व एशिया के पांच देशों (इंडोनेशिया, मलेशिया, फिलिपिन्स, सिंगापूर, तथा थाईलैंड) ने आसियान नामक असैनिक संगठन का निर्माण किया, जिसकी औपचारिक घोषणा 8 अगस्त 1967 को बैंकॉक में एक संधि-पत्र पर हस्ताक्षर करके की गई। ब्रुनेई, वियतनाम, लाओस, म्यांमार तथा कम्बोडिया द्वारा आसियान संगठन की क्रमशः 1984, 1995, 1997, 1997 और 1999 सदस्यता ग्रहण करने के पश्चात् इसकी कुल सदस्य संख्या दस (बर्मा (म्यांमार), ब्रूनोई, कम्बोडिया, इंडोनेशिया, लाओस, मलेशिया, फिलिपिन्स, सिंगापूर, थाईलैंड और वियतनाम) हो गई।

लक्ष्य एवं उद्देश्य

1. समानता, साझेदारी की भावना एवं संयुक्त प्रयास के माध्यम से आर्थिक विकास, सामाजिक प्रगति एवं सांस्कृतिक विकास के क्षेत्र में गति को त्वरित करना।
2. संयुक्त राष्ट्र चार्टर के सिद्धांतों के प्रति जुड़ाव तथा क्षेत्रीय देशों के मध्य संबंधों में न्याय एवं विधि के शासन के लिए मान्य सम्मान के माध्यम से क्षेत्रीय शांति तथा स्थायित्व को प्रोत्साहन।
3. आर्थिक, सामजिक, सांस्कृतिक, प्रोद्योगिकी, वैज्ञानिक एवं प्रशासनिक क्षेत्रों में समान हितों के मुद्दों पर सक्रिय सहयोग एवं परस्पर सहायता को प्रोत्साहन देना।
4. शिक्षा, व्यवसायिक, प्रोद्योगिकी एवं प्रशासनिक क्षेत्रों में प्रशिक्षण एवं शोध सुविधाओं के रूप मे एक दूसरे को मदद पहुँचाना।
5. दक्षिण-पूर्व एशिया के अध्ययनों को प्रोत्साहित करना; तथा
6. समान लक्ष्य तथा उद्देश्यों वाले मौजूदा अंतर्राष्ट्रीय एवं क्षेत्रीय संगठनों के साथ निकट एवं लाभदायक सहयोग को बनायें रखना तथा अपने क्षेत्रीय राष्ट्रों के बीच अधिक निकट सहयोग के लिए सभी संभावनाओं का पता लगाना।

मूल सिद्धांत

मित्रता संधि एवं 1976 के दक्षिण-पूर्व एशिया मे सहयोग के अनुसार, अपने परस्पर संबंधों के मामले में आसियान सदस्य राष्ट्रों ने निम्नलिखित मूल सिद्धान्तों को अपनाया है :

1. स्वतंत्रता, समानता, क्षेत्रीय एकता और सभी देशों की राष्ट्रीय पहचान के प्रति परस्पर सम्मान;
2. प्रत्येक देश द्वारा बाह्य हस्तक्षेप के उल्लंघन का पालन।
3. कोई भी देश अन्य देशों के आंतरिक मामले में हस्तक्षेप नहीं करेगा।
4. मतभेद या विवाद का शांतिपूर्ण तरीके से निपटारा।
5. धमकी या बल प्रयोग का त्याग।
6. सदस्य देशों के मध्य प्रभावशाली सहयोग एवं आसियान सम्मलेन।

संरचना

आसियान की संगठनात्मक संरचना के अंतर्गत मूलत: पांच घटक आते हैं:

1. शासन प्रमुखों की बैठक,
2. आसियान मंत्रिस्तरीय बैठक (AMM)
3. आसियान आर्थिक बैठक (AEM)
4. आसियान स्थायी समिति, तथा
5. सचिवालय।

आसियान संगठन की सबसे प्रमुख व शक्तिशाली संरचना सदस्य देशों के शासनाध्यक्षो के मध्य प्रत्येक तीन सालो के अन्तराल पर होने वाला शिखर सम्मलेन है जिसके माध्यम से सदस्य देश विभिन्न मुद्दों व विषयों पर एकजुट से राय बनाकर भविष्योंन्मुखी लक्ष्यो को आधार प्रदान करते है। उपयुक्त त्रि–वर्षीय सम्मलेन के अतिरिक्त, शासनाध्यक्षों के बीच प्रत्येक वर्ष अनौपचारिक बैठके भी होती है। आसियान मंत्रीस्तरीय बैठक (ASEAN Ministerial Meating (AMM)) आसियान का सर्वोच्य नीति–निर्धारक निकाय है जो सदस्य देशों के विदेश मंत्रियो से बना होता है। जिसका कार्य नीति निर्माण तथा क्षेत्रीय समन्वय और सहयोग के विकास के लिए दिशा–निर्देशों का निर्धारण करना हैं। आसियान मंत्रिस्तरीय बैठक का आयोजन प्रतिवर्ष सदस्य देशों में घूर्णन पद्धति से और वर्णमाला क्रम में होता है। वार्षिक बैठक उत्तर–मंत्रिस्तरीय सम्मलेन मे आशियान के विदेश मंत्री संवाद सहयोगी सदस्य देशों के विदेश मंत्रियों से मिलते हैं। आसियान आर्थिक बैठक (ASEAN Economic Ministers Meeting AEM) का आयोजन प्रत्येक वर्ष औपचरिक या अनौपचरिक रूप से होता है, जिसके सदस्य आसियान के आर्थिक मंत्री होते है। इस बैठक में आसियान देशों में आर्थिक सहयोग पर चर्चा होती है। आसियान मंत्रिस्तरीय बैठक तथा आसियान आर्थिक बैठक अपनी रिपोर्ट संयुक्त रूप से शासनाध्यक्षों के सम्मलेन मे प्रस्तुत करते हैं।

आसियान स्थायी समीति में मंत्रिस्तरीय बैठक के मेजबान देश के विदेश मंत्री और अन्य 9 देशों के राजदूत सदस्य होते हैं। आसियान मंत्रिस्तरीय बैठकों का कार्य संचालन करती है। यह विशिष्ट उद्देश्यों की पूर्ति के लिए गठित क्षेत्रीय समितियों के कार्यों की समीक्षा करती है। इस समीक्षा का उद्देश्य मंत्रिस्तरीय बैठकों मे निर्धारित दिशा–निर्देशों का क्रियान्वयन सुनिश्चित करना होता है। आसियान स्थायी समिति ने जनसंख्या नियंत्रण एवं परिवार नियोजन कार्यक्रमों को प्रोत्साहित करने,

दवाइयों के निर्माण पर नियत्रण रखने, शैक्षणिक, खेल, सामाजिक कल्याण एवं राष्ट्रीय व्यवस्था में संयुक्त कार्य-प्रणाली को महत्व देने आदि अनेक परियोजनाएं बनायीं है।

आसियान का केन्द्रीय सचिवालय जकार्ता (इंडोनेशिया) में है, जिसका प्रधान अधिकारी महासचिव होता हैं। महासचिव पद प्रत्येक दो वर्षों पर सदस्य देशों को दिया जाता हैं, देश के चुनाव का आधार अकारादि क्रम से होता हैं। महासचिव पद के अलावा सचिवालय के ब्योरो निदेशकों तथा अन्य पदों की भर्ती तीन वर्ष के अन्तराल में होती है। केन्द्रीय सचिवालय के अलावा प्रत्येक सदस्य देश की राजधानी में एक राष्ट्रीय सचिवालय व कई समितियां, उप-समितियां और अस्थायी समूह गठित किये गए है। आसियान की आधिकारिक भाषा के रूप में अंग्रेजी को मान्यता प्रदान की गई है।

गतिविधियाँ, कार्य एवं भूमिका

अपनी स्थापना के आरंभिक वर्षों मे आसियान ने कई उतर-चढाव देखें हैं। आसियान में शामिल तीन देश वियतनाम, लाओस और कम्पूचिया (कम्बोडिया) समाजवादी गणराज्य हैं, द्वितीय विश्वयुद्ध के बाद शीतयुद्ध काल में दो गुटों की प्रतिस्पर्धा तथा आसियान के देशों का दो गुटों में बंटा होना, अमेरिका एवं सोवियत संघ को बाह्य हस्तक्षेप के लिए आमंत्रण जैसा था। सोवियत संघ विचारधारात्मक रूप से समान तीन समाजवादी देशों को सैनिक, आर्थिक एवं कूटनीतिक दृष्टि से समर्थन देता रहा। वही दूसरी ओर फिलिपिन्स, अमेरिका द्वारा स्थापित सीटो (CEATO) 1954 का सदस्य बन चुका था। इसके साथ ही अमेरिका ने इस क्षेत्र में पूंजीवादी विचारों को स्थापित करने के लिए समाजवादी देश उत्तरी वियतनाम पर सैनिक आक्रमण एवं भीषण हवाई हमले व बमबारी किया। 1970 के दशक के मध्य में आसियान को नई राजनीतिक और राजनयिक शक्ति तब मिली जब वियतनाम युद्ध के पश्चात् दक्षिण-पूर्व एशिया में शक्ति-संतुलन में परिवर्तन आया, तथा 1975 में अमेरिका ने वियतनाम से अपने सैनिक को हटाया जिससे इस क्षेत्र मे शांति और स्थिरता का माहौल पैदा हुआ।

आसियान क्षेत्र का राजनीतिक, आर्थिक, सांस्कृतिक एवं व्यापारिक विकास करने के उद्देश्य से 1976 में वियतनाम में दक्षिण-पूर्व एशिया के लिए एक व्यापक कार्यक्रम बनाया गया। 1970 के दशक में सदस्य देशों में महत्वपूर्ण आर्थिक प्रगति हुई, इससे भी आसियान संगठन को बल मिला। आर्थिक सहयोग; आसियान देशों तथा विश्व के शेष देशों के मध्य संयुक्त अनुसंधान और तकनीकी सहयोग;

पर्यटन और दक्षिण–पूर्व एशियाई अध्ययनों का विकास और सांस्कृतिक, वैज्ञानिक, शैक्षणिक एवं प्रशासनिक आदान–प्रदान के क्षेत्र में कार्य करने के लिए आसियान प्रयासरत है। 1977 में अधिमान्य व्यापार व्यवस्था (PTA) पर मौलिक समझौता संपन्न हुआ। इसके अंतर्गत विविध प्रकार की वस्तुओं पर शुल्क में क्रमश: कटौती करने पर विचार किया गया। फिर भी, आसियान के अंदर होने वाले व्यापार मे अधिकतम श्रेणी की वस्तुओं का हिस्सा बहुत ही कम था। अत: 1987 में राष्ट्रीय और क्षेत्रीय आर्थिक विकास के लिए नई प्राथमिकताओं का निर्धारण किया गया।

शीतयुद्ध की समाप्ति के बाद आसियान देश अपने क्षेत्र के राजनीतिक विषयों पर अधिक नियंत्रण रखने की स्थिति में आ गए। जैसे–जैसे वे अपनी नई नीतिओं का क्रियान्वयन करने लगे, उन्होंने पाया कि उनकी आर्थिक परिस्थितियों और प्रभावों मे वृद्धि हो रही है। 1990 के दशक के प्रारंभ होने तक क्षेत्रीय व्यापार और सुरक्षा विषयों पर आसियान एक प्रभावशाली शक्ति बनकर उभर चुका था। 1998 में सदस्य देशों का सकल घरेलु उत्पादन अनुमानत: 500000 मिलियन अमेरिकी डालर था। साथ ही अन्य गतिविधियों जैसे कि जुलाई, 1997 में आसियान की मंत्री स्तरीय 30 वी बैठक कुआलालम्पुर मे हुई जिसमे भारत की तरफ से तत्कालीन वित्तमंत्री पी. चिदम्बरम ने प्रतिनिधित्व किया। इस बैठक के दौरान एक विज्ञप्ति जारी की गई, जिसमें विदेश मंत्रियों की बैठक ने कुछ महत्वपूर्ण मुद्दों को उजागर किया–

1. आसियान के 'Programme of Action on ZOPFAN' के क्रियान्वयन में हुई प्रगति की समीक्षा की।
2. संतुष्टि व्यक्त की गई कि आसियान क्षेत्रीय मंच (AFR) क्षेत्र में सुरक्षा संवाद एवं सहयोग को प्रोत्साहन दे रहा हैं।
3. यह उम्मीद जताई की A.F.R स्टेज–1 (विश्वास निर्माण कदम, (BMS)) से स्टेज–2 (निवारक कूटनीति) की ओर प्रगति करेगा।
4. सितम्बर, 1996 में C.T.B.T. पर हस्ताक्षर के लिए ओपन किये जाने का स्वागत किया।

आसियान की 31वी विदेश मंत्रियों की बैठक 24 से 25 जुलाई, 1998 को फिलीपिंस की राजधानी मनीला में सम्पन्न हुई। इस सम्मलेन की अध्यक्षता फिलिपिन्स के विदेश मंत्री डोमिनगों सिला गोन द्वारा की गई। इस बैठक में विदेश मंत्रियो द्वारा शांति और सहयोग की दूसरे प्रोटोकोल पर हस्ताक्षर किये गए जिसके अंतर्गत निम्नलिखित बातें सम्मिलित की गई :

1. दक्षिण चीन समुद्र से जुड़ी सभी नवीन घटनाओ पर गहन विचार–विमर्श तथा सभी देशों को आत्मसंयम बनाये रखने एवं अंतराष्ट्रीय कानून को ध्यान मे रखकर हल निकलने पर जोर दिया गया।
2. 1982 में संयुक्त राष्ट्र के नियम और कानूनों से जुड़े समझौता के आधार पर दक्षिण चीन समुद्र से जुड़े विवाद का समाधान किया जाएँ साथ ही दक्षिण चीन समुद्र पर 1992 में संपन्न मनीला घोषणा को भी ध्यान में रखा जाएँ।
3. सभी देशों के विदेश मंत्रियो ने यह प्रतिबद्ध किया कि वे आपसी विश्वास पर ध्यान केन्द्रित कर इस क्षेत्र मे शांति और स्थिरता को बनायें रखने में सहयोग करेंगे।
4. 31 वीं बैठक में न केवल संबंधित क्षेत्र से जुड़े मसलों बल्कि संयुक्त राष्ट्र संघ से जुड़े मसलों पर भी जोर दिया गया। संयुक्त राष्ट्र संघ की सुरक्षा परिषद की प्रस्ताव संख्या 242, 338 एवं 425 के अंतर्गत मध्यपूर्वी एशिया शांति प्रक्रिया पर दोबारा जोर दिया गया, साथ ही ओसलो समझौता एवं मेड्रिड सम्मलेन से जुड़े उत्तरदायित्व तथा प्रतिबद्धताओं को लागू करने का अनुरोध किया गया। इसके साथ में विदेश मंत्रियों ने इजराइल को जेबल अबू घनीम में नई बस्तियों के बनाने पर रोक लगाने पर जोर दिया जिससे कि मध्यपूर्वी एशिया में इससे शांति बनी रहें।
5. इस सम्मलेन में विदेश मंत्रियों ने यह राय व्यक्त की कि सुरक्षा परिषद् के अंतर्गत विकासशील देशों को भी प्रतिनिधित्व मिलना चाहिए तथा इसके अंतर्गत सुधारों की बात की गई जिसमें सुरक्षा परिषद् की कार्य विधियों का लोकतंत्रीकरण करने तथा इसमें पारदर्शिता लाने पर जोर दिया गया।
6. इस बैठक में आर्थिक सहयोग के क्षेत्र में विदेश मंत्रियों द्वारा आसियान की निगरानी व्यवस्था को स्थापित करने के लिए आपसी निर्णय लिया ताकि उस क्षेत्र के वृहत आर्थिक एवं वित्तीय सूचकांको को करीब से मानिटर कर सकें। साथ ही इस क्षेत्र में क्षेत्रीय मुद्राओं के इस्तेमाल के निर्णय को सराहया गया जिससे आसियान देशों के मध्य व्यापार को बढ़ावा मिल सकें। साथ ही आसियान देशों के बीच मुक्त व्यापार एवं निवेश क्षेत्र को बनाए रखने के निर्णय का स्वागत किया गया।

जुलाई 2001 में वियतनाम की राजधानी हनोई में आसियान सदस्य-राष्ट्रों के विदेश मंत्रियों की 34 वीं वार्षिक बैठक संपन्न हुई। इस बैठक में 'हनोई घोषणा' के अंतर्गत सदस्य-राष्ट्रों ने यह प्रतिज्ञा ली कि गरीब सदस्य देशों के जीवन स्तर को पहली दुनिया के जीवन स्तर तक लेकर जायेंगे। आसियान की इस बैठक में मुख्यत: मानव-संसाधन, मुलभूत ढांचा एवं सूचना प्रोद्योगिकी क्षेत्रों पर जोर दिया गया। मुलभूत ढ़ांचे के संदर्भ में घोषणा की गई कि पूरे विश्व के साथ विशेषतौर पर आसियान +3 के ढ़ांचे के अंतर्गत चीन, जापान तथा कोरिया गणराज्य एवं बाकी संवाद भगीदारी के साथ आसियान के समझौतों को विस्तारित एवं मजबूत बनाए जाने पर जोर दिया जाए। साथ ही सिंगापूर-कुन्मिंग (चीन) रेल लाइन एवं आसियान हाइवे नेटवर्क जैसे प्रोजेक्ट को क्रियान्वित किया जाए तथा आसियान उर्जा नेटवर्क जैसी योजना को बढ़ावा दिया जाएँ। 20-21 मई, 2002 को क्वालालम्पुर में दो दिवसीय आसियान की विदेश मंत्री स्तरीय बैठक संपन्न हुई। इस बैठक में आतंकवाद तथा आतंकवादी गतिविधियों से जुड़े मसलों पर चर्चा की गई जिसमे इस पर रोक लगाने तथा दबाने पर सभी विदेश मंत्रियों की सहमति बनी। साथ ही विश्व में पनप रहें आतंकवाद के खतरे को ध्यान में रखते हुए 7 मई, 2002 को मलेशिया, इंडोनेशिया एवं फिलिपिन्स ने दक्षिण-पूर्व एशिया में आतंकवाद के विरुद्ध एकजुट होने तथा इससे लड़ने के लिए एक समझौते पर हस्ताक्षर किये तथा इस समझौते पर अन्य देशों को हस्ताक्षर करने के लिए मार्ग प्रशस्त किया है।

आसियान के क्षेत्रीय मंच की स्थापना 1994 में एशिया-प्रशांत क्षेत्र के सुरक्षा, सामरिक एवं राजनीतिक समस्याओं और मुद्दों पर विचार-विमर्श के लिए की गई थी। इस क्षेत्रीय मंच ने कई सराहनीय कार्य किए तथा कई ज्वलित मुद्दों पर विश्व का ध्यान खींचा जैसेकि जुलाई 2001 में हनोई में हुई आसियान के क्षेत्रीय मंच (ARF) की बैठक ने महत्वपूर्ण मुद्दों जैसे-आतंकवाद, गैर-कानूनी प्रवसन, साइबर अपराध, मादक पदार्थों का अवैध व्यापार आदि से निपटने के लिए द्विपक्षीय, क्षेत्रीय तथा अंतराष्ट्रीय सहयोग को बढ़ने पर जोर दिया साथ ही आसियान क्षेत्रीय मंच के अध्यक्ष ने सभी राष्ट्रों से N.P.T. को सहमति दे, क्योंकि यह मंच अब निवारक कूटनीति की ओर बढ़ रहा हैं। आसियान क्षेत्रीय मंच की आठवीं बैठक (हनोई घोषणा) के अंतर्गत आसियान एकीकरण को बढ़ावा देने तथा आसियान देशों के मध्य एवं आसियान विश्व के बीच व्याप्त विकास की खाई को ख़त्म करने के लिए प्रतिबद्धता व्यक्त की। इस सम्मलेन से पूर्व 2000 में सिंगापुर में हुए आसियान के चौथे अनौपचरिक सम्मलेन में आसियान नेताओं ने (आसियान) एकीकरण की

पहल पर भी सभी ने स्वीकृति प्रदान की लेकिन A.R.F. का एक संस्थागत रूप नहीं होने के कारण कार्यक्रमों व नीतियों को इसके सदस्य देश गंभीरता से नहीं ले रहें हैं।

पिछले वर्षों में, आसियान एशिया–प्रशांत क्षेत्र में सबसे व्यवहार्य क्षेत्रीय संगठन बनकर उभरा हैं, यद्यपि इस क्षेत्र में बार–बार उत्पन्न हो रहें राजनीतिक और आर्थिक संकटो ने संगठन के आंतरिक जुड़ाव को गहरा आघात पहुँचाया हैं। संगठन के कई सदस्यों की अपनी विशिष्ट राजनीतिक विवशताएँ होती हैं। कभी–कभी तो एक दूसरे के आंतरिक मामलों में निपटने के उनके विचार विषम होते हैं। इन परिस्थितियों में किसी आम राय पर पहुँचना कठिन हो जाता है। 1990 के दशक के अंत में उत्पन्न दक्षिण–पूर्व–एशियाई आर्थिक संकट ने भी इस संगठन को गहरा आघात पहुँचाया। फिर भी आसियान अपने–आपको पुनर्जीवित करने में सक्षम हो गया।

आसियान के महत्वपूर्ण शिखर सम्मलेन

आसियान आज विश्व की उभरती शक्ति तथा विश्व अर्थव्यवस्थाओं में उत्पन्न नई चुनौतियों पर अपना ध्यान केन्द्रित कर रहा हैं इस प्रकार आसियान के मुख्य शिखर बैठकों का वर्णन करना महत्वपूर्ण हो गया हैं जिससे इसकी बढ़ती विभिन्न गतिविधियों तथा विश्व मे उनकी पहचान को रेखांकित किया जा सके। आसियान का पहला सम्मलेन 1976 बाली (इंडोनेशिया) में आयोजित हुआ। आसियान के प्रथम शिखर सम्मलेन में कई औद्योगिक परियोजनाओ मसलों को लेकर समझौते किये गए। इसके अलावा दो अन्य महत्वपूर्ण दस्तावेजों–मैत्री और सहयोग संधि तथा मैत्री घोषणा पर भी हस्ताक्षर किए गए। मैत्री घोषणा सदस्य देशों के मध्य सामाजिक, आर्थिक और सांस्कृतिक संबंधों का आधार बनी तथा इसने सदस्य देशों को दक्षिण–पूर्व एशिया में शांति, स्वतंत्रता और तटस्थता क्षेत्र (ZOPFAN) स्थापित करने के लिए सहमत किया। आसियान का दूसरा शिखर सम्मलेन क्वालालम्पुर (मलेशिया) में संपन्न हुआ। इस सम्मलेन में आए सभी देशों के शासनाध्यक्षों एवं राष्ट्रध्यक्षों ने आसियान दृष्टिकोण, 2020 को स्वीकृति दी। इस प्रलेख के अंतर्गत 21 वीं शताब्दी के लिए आसियान के उद्देश्यों एवं दृष्टि का वर्णन किया गया हैं। आसियान का चौथा शिखर सम्मलेन 1992 सिंगापूर में हुआ, इस आसियान सम्मलेन में आसियान मुक्त व्यापार क्षेत्र (AFTA) स्थापित करने का निर्णय लिया गया। एएफटीए की स्थापना के पीछे प्रमुख उद्देश्य आने वाले 15 वर्षों में एक सामूहिक बाज़ार की स्थापना करना था अर्थात मुक्तव्यापार क्षेत्र बनाना। इस

सम्मलेन में यह निर्णय भी लिया गया कि आसियान विदेश मंत्री आगामी बैठकों में सुरक्षा विषयों पर चर्चा कर सकते हैं।

आसियान का पांचवा शिखर सम्मलेन बैंकॉक में आयोजित हुआ जिसके अंतर्गत दक्षिण-पूर्व एशियाई परमाणु मुक्त क्षेत्र को स्थापित करने के लिए एक संधि पर हस्ताक्षर किए गए, साथ ही एक अन्य महत्वपूर्ण निर्णय बौद्धिक सम्पदा से संबंधित समझौता था।

आसियान सम्मलेन	
तिथि	**स्थान**
23-24 फरवरी, 1976	बाली, इंडोनेशिया
4-5 अगस्त, 1977	क्वालालम्पुर, मलेशिया
14-15 दिसम्बर, 1987	मनिला, फिलिपिन्स
27-29 जनवरी, 1992	सिंगापुर
14-15 दिसम्बर 1995	बैकाक, थाईलैंड
15-16 दिसम्बर 1998	हनोई, वियतनाम
5-6 नवम्बर, 2001	बंदर सेरी बेगावान ब्रुनेई
4-5 नवंबर, 2002	नोम पेन्ह, कम्बोडिया
7-8 अक्टूबर, 2003	बाली, इंडोनेशिया
29-30 नवम्बर, 2004	वियतनाम
12-14 दिसम्बर 2005	क्वालाल्म्पुर, मलेशिया
9-15 जनवरी, 2007	सेबु, फिलिपिन्स
18-22 नवम्बर, 2007	सिंगापूर
26 फ़रवरी-1 मार्च, 2009	चा-अम, थाईलैंड
23-25 अक्टूबर, 2009	चा-अम हुआ हिन, थाईलैंड
8-9 अप्रैल, 2010	हनोई, वियतनाम
7-8 मई, 2011	जकार्ता, इंडोनेशिया
14-19 नवम्बर, 2011	बाली, इंडोनेशिया
3-4 अप्रैल, 2012	नोमपेन्ह, कम्बोडिया
18 नवम्बर 2012	नोमपेन्ह, कम्बोडिया

आसियान सम्मलेन	
तिथि	स्थान
24-25 अप्रैल, 2013	बंदर सेरी बेगवान, ब्रुनेई दारू
9-10 अक्टूबर, 2013	बंदर सेरी बेगवान, ब्रुनेई दारू
10-11 मई, 2014	नेपेई ताँ, म्यांमार
11-13 नवम्बर, 2014	नेपेई ताँ, म्यांमार
26-28 अप्रैल, 2015	क्वालालम्पुर और लंकावी, मलेशिया
18-22 नवम्बर, 2015	क्वालालम्पुर, मलेशिया
6-8 सितम्बर, 2016	लाओस, वियतनाम
सितम्बर, 2016	लाओस, वियतनाम
26-29 अप्रैल, 2017	मनीला
13-14 नवम्बर, 2017	फिलिपिन्स
25-28 अप्रैल, 2019	सिंगापुर
20-23 जून, 2019	थाइलैंड
31 अक्टूबर-4 नवम्बर, 2019	थाइलैंड
6-9 अप्रैल, 2020	वियतनाम

स्त्रोत: https21837//en.wikipedia.org/wiki/ASEAN_Summit.

आसियान का छठां शिखर सम्मलेन 1998 को हनोई (वियतनाम) में संपन्न हुआ। इस शिखर सम्मेलन में हनोई योजना (1998-2004) को स्वीकृति दी गई, इस "हनोई कार्य योजना" के तहत क्षेत्रीय आर्थिक एकीकरण, व्यापार, उदारीकरण व राजनीतिक स्थिरता से ओत-प्रोत "देशों की गोष्ठी" (Concept of Nations) के रूप में इसे नई पहचान देना था। आसियान का सातवाँ सम्मलेन 2001 बंदर सेरी बेगावन (ब्रुनेई) में हुआ जिसमें भारत को आसियान की नियमित शिखर बैठक में शामिल होने का निर्णय लिया गया। इसमें दस सदस्यीय के अलावा गैर सदस्यीय (चीन, दक्षिण कोरिया तथा जापान) ही नियमित शिखर बैठक में शामिल होते थे। भारत, आसियान का वार्ता भागीदार होने के साथ-साथ 'आसियान रीजनल फोरम' का सदस्य बन गया। इस सम्मलेन के मुख्य निम्न बिंदु :

1. HIV/**एड्स पर घोषणा** :-HIV/एड्स से लड़ने के लिए सदस्य देशों ने घोषणा की कि वे HIV/एड्स की महामारी से निपटने के लिए राष्ट्रीय

स्तर पर उपायों का पथ–प्रदर्शन करेंगे। साथ ही इस बीमारी से पीड़ित लोगों के साथ हो रहें भेद–भाव का उन्मूलन करेंगे, देख–भाल संबंधी जानकारी के प्रति जागरूकता या कैम्प लगायेंगे तथा शिक्षा, स्वास्थ्य एवं कानूनी व्यवस्था को मजबूत बनायेंगे।

2. राष्ट्रीय स्तर पर सरकारी प्रयासों के साथ ही गैर सरकारी संगठनो, जनसंचार माध्यम, धार्मिक नेताओं, व्यापार क्षेत्रों, परिवारों, सिविल सोसाईटी व नागरिकों के माध्यम से एड्स ग्रस्त लोगों को सहयोग करने के लिए प्रयत्न करेंगे।

3. **आतंकवाद के खिलाफ मुहिम:** आसियान सदस्य देशों के नेताओं ने आतंकवाद के विरुद्ध संयुक्त कार्यवाही की घोषणा की। इस सम्मलेन में सदस्य देशों ने न्यूयार्क शहर में हुए आतंकवादी हमलों की भर्त्सना की एवं इन कृत्यों को मानवता के लिए घातक माना। आसियान देशों ने आतंकवाद को आसियान की शांति समृद्धि एवं उन्नति के लिए सीधी चुनौती माना। आसियान के सदस्य देशों के मंत्रियो ने आतंकवाद के खिलाफ लड़ने के लिए प्रमुख कदम उठायें जोकि निम्न है :

   1. आतंकवादियों एवं आतंकवादी संगठन से जुड़ी जानकारी का आदान–प्रदान,
   2. आसियान की संस्थाओं के बीच आतंकवाद का मुकाबला करने के लिए सहयोग एवं समन्वय को मजबूत बनाना,
   3. आतंकवाद विरोधी सभी समझौते जिनमें आतंकवाद के वित्त–प्रबंधन के उन्मूलन के लिए अन्तर्राष्ट्रीय समझौता शामिल है जिसमें हस्ताक्षर तथा उनकी अभिपुष्टि करना।

आसियान का ग्याहवाँ शिखर सम्मलेन 2005, क्वलालम्पुर में आयोजित किया गया। इसके अंतर्गत यूरोपीय संघ की तरह साझा बाजार, एकल मुद्रा और एकल एशिया का विचार उभर कर आया। आसियान के सदस्य देश 2020 तक एक पूरी तरह आर्थिक समुदाय बनने के लिए आसियान 'एकल खिड़की' (Single Window)) व्यवस्था बनाने पर सहमत हुए।

सेबु में बारहवाँ आसियान शिखर सम्मलेन आयोजित हुआ, इस सम्मलेन में आतंकवाद के विरुद्ध समझौते के साथ–साथ 'आसियान' का पहला चार्टर बनाने के संकल्प पर हस्ताक्षर भी किए गए।

आसियान का चौदहवाँ शिखर सम्मलेन 2009, थाईलैंड में संपन्न हुआ। इस शिखर बैठक की अध्यक्षता थाईलैंड के प्रधानमंत्री वेज्जेजीव ने की। इस सम्मलेन में प्रमुख चर्चा का विषय खाद एवं ऊर्जा सुरक्षा, विपदा प्रबंधन, अंतर्राष्ट्रीय वित्तीय संस्थाओं में सुधार के साथ ही इस सम्मलेन में आसियान समुदाय की स्थापना के लिए रोडमैप तैयार करने की आवश्यकता पर बल दिया। आसियान का पन्द्रहवाँ शिखर सम्मलेन, 2009 थाईलैंड में सम्पन्न हुआ। इस सम्मलेन में मौसम परिवर्तन, मानवाधिकार जैसे महत्वपूर्ण विषयों पर चर्चा हुई।

आसियान का सोलहवाँ शिखर सम्मलेन 2010, हनोई में आयोजित हुआ। इस शिखर बैठक का मुख्य विषय "आसियान समुदाय की ओर: दृष्टि से कार्यवाही" था।

आसियान का उन्नीसवाँ शिखर सम्मेलन 2011 बाली में आयोजित हुआ, इस सम्मलेन की मुख्य उपलब्धियाँ :

1. सुशासन (Good Goverance) को सुदृढ़ करने हेतु ASEAN Supreme Audit Institution स्थापित करने पर समझौता।
2. राष्ट्रों के वैश्विक समुदाय (Global Community of Nations) में आसियान समुदाय पर बाली घोषणा : "बाली एकता-111"।
3. आपदा प्रबंधन के लिए मानवीय सहायता हेतु आसियान समन्वयक केंद्र की स्थापना पर समझौता।
4. संघर्ष निवारण (Conflict resolution) एवं संघर्ष प्रबंधन (Management) हेतु ASEAN Institute for Peace and Reconciliation की स्थापना पर सहमति।

आसियान का पचीसवाँ शिखर सम्मेलन 2014, में म्यांमार की राजधानी में संपन्न हुआ। इस शिखर सम्मेलन का केन्द्रीय विषय था- "एक शांतिपूर्ण एवं समृद्ध समुदाय के लिए एकबद्ध होकर आगे बढ़ना"। आसियान की शिखर बैठक के परिप्रेक्ष्य में 95 बिंदुओं का चेयरमैन स्टेटमेंट जारी किया गया। इसके अंतर्गत आसियान चार्टर इनिशिएटिव फॉर आसियान इंट्रीग्रेशन (IAI) वर्क प्लान-11 (2009-15) एवं मास्टर प्लान ऑन आसियान कनेक्टिविटी (MPAC) के महत्व पर जोर दिया तथा आसियान समुदाय के 'पोस्ट-2015 विज़न' पर बांदर सेरी बेगावान में घोषणा की प्रशंसा की गई। साथ ही इसमें दक्षिण चीन सागर के संबंध में शांति, स्थिरता एवं सामुदायिक सुरक्षा पर जोर दिया गया।

आसियान का 27 वाँ शिखर सम्मलेन क्वालालम्पुर (मलेशिया) में आयोजित किया गया। इस शिखर बैठक का मुख्य विषय– "हमारे लोग, हमारे समुदाय, हमारी दृष्टि" था। साथ ही आसियान पोस्ट–2015 विज़न का शुभारंभ व आसियान 2025 : फॉज्रिग अल्हेड टुगेदर पर क्वालालम्पुर घोषणा–पत्र जारी किया गया।

आसियान का अठाईसवाँ और उन्तीसवाँ आसियान शिखर समेलन, लाओस (वियतनाम) में सम्पन्न हुआ। 2016 में हुए इस शिखर सम्मलेन का विषय 'टर्निंग विज़न इनटू रियलिटी फॉर डायनामिक आसियान कम्युनिटी' था। इस शिखर सम्मलेन के मुख्य बिंदु निम्न हैं:

1. आसियान समुदाय विज़न 2025 के कार्यान्वयन और आसियान के बाहरी सहयोगियों के साथ सहयोग बढ़ाने पर चर्चा की।
2. आसियान देशों के नेताओं ने आसियान एकता (IAI) कार्य योजना–111 और आसियान संयोजकता 2025 के लिए मास्टर प्लान पर एक पहल को अपनाया जोकि आसियान समुदाय 2025 का महत्वपूर्ण अंग है, साथ ही उन्होंने आसियान घोषणा पर हस्ताक्षर किए जोकि इस प्रकार हैं : एक आसियान, एक रिस्पांस; आसियान क्षेत्र के अंदर और बाहर की आपदाओं का एक होकर जवाब देना।
3. इस शिखर सम्मलेन में आतंकवाद और उग्रवाद, प्राकृतिक आपदाओं, जलवायु परिवर्तन, अनियमित प्रवास, मानव तस्करी आदि के रूप में पारंपरिक और गैर पारंपरिक सुरक्षा चुनौतियों सहित कई अन्य मुद्दों को चर्चा विषय के रूप में सम्मिलित किया।

31 वें आसियान शिखर सम्मलेन को फिलिपिन्स के मनीला में आयोजित किया गया था। फिलिपिन्स के राष्ट्रपति रोड्रिगो दुतेर्ते ने शिखर सम्मेलन की अध्यक्षता की। इस शिखर सम्मलेन का विषय "Partnering for Change, Engaging the World" हैं। 31 वें शिखर सम्मलेन के महत्वपूर्ण बिंदु निम्न है :-

1. आसियान आर्थिक समुदाय (ACE) परिषद् की बैठक का आयोजन।
2. आसियान कनेक्टिविटी (MPAC) 2025 विडियो पर मास्टर प्लान आरम्भ किया गया।
3. आसियान–हांगकांग, चीन द्वारा मुक्त व्यापार समझौता पर हस्ताक्षर।

भारत आसियान संबंध

भारत और दक्षिण-पूर्व एशियाई देशों के मध्य संबंध का इतिहास शताब्दियों पहले से विद्यमान हैं। स्वतंत्रता प्राप्ति के बाद ऐतिहासिक, सामरिक, भौगोलिक, सुरक्षा एवं आर्थिक कारणों से इनके मध्य संबंध, इस क्षेत्र की महत्वाकांक्षा की वजह से महत्वपूर्ण बन गया। आर्थिक विकास तथा सामाजिक उत्थान की प्रत्येक देश को आवश्यकता होती हैं, इसलिए भारत ने 1991 में अपनी आर्थिक नीतियों मे सुधार किया। इससे पूर्व विश्व आर्थिक व्यवस्था में भारत का योगदान काफी कम या सूक्ष्म था। नई आर्थिक नीति से पूर्व गुट-निरपेक्षता ने भारत की कई क्षेत्रों में मदद की। जब विश्व दो गुटें में विभाजित था, उस दौरान भारत की गुट-निरपेक्षता की नीति ने अन्य देशों के साथ आर्थिक संबंध बनाने में बहुत मदद की। वही दक्षिण-पूर्व एशिया के मध्य संबंध ज्यादा संतोषजनक नहीं रहा क्योंकि गुट-निरपेक्षता के माध्यम से नेहरू का विश्व दृष्टिकोण, सुकर्णो के उपनिवेशवाद एवं साम्राज्यवाद के लक्ष्य को प्राथमिकता देने से भिन्न था। इसी कारण से 1961 के प्रथम गुटनिरपेक्ष सम्मलेन में भारत और इंडोनेशिया के मध्य मतभेद उभरने लगें। इसके उपरांत 1962 के भारत-चीन युद्ध व 1965 के भारत-पाक युद्ध का प्रभाव इनके मध्य संबंधों पर नकारात्मक ही पड़ा। 1971 में भारत-रूस मैत्री संधि और जुलाई 1980 में भारत सरकार द्वारा वियतनाम समर्थित कम्बोडिया की हेंग सामरिन सरकार को मान्यता देने से दोनों क्षेत्रों के मध्य दूरियां और भी बढ़ गयी।

1991 में भारत की आर्थिक नीति

1991 में भारत मे आर्थिक संकट हुआ, इसलिए भारत को अंतर्राष्ट्रीय मुद्रा कोष (IMF) से मदद लेनी पड़ी। जिसके तहत भारत को कई शर्ते भी लागू करनी थी, लेकिन इन सबसे भी मुख्य सवाल यह था कि भारत में आर्थिक संकट आया क्यों?

भारत अपने यहाँ तेल आपूर्ति के लिए पश्चिमी एशियाई देशों जैसे कि ईरान, इराक, सऊदी अरब आदि पर निर्भर था। इस वक्त पश्चिमी एशिया में आंतरिक मतभेद (Gulf Crises) हुआ, इसके कारण पुरे विश्व में उथल-पुथल मच गई क्योंकि पूरा विश्व तेल आपूर्ति के लिए इन्ही पश्चिमी एशियाई देशों पर निर्भर था। इस समस्या का प्रभाव भारत पर भी पड़ा। तेल आयात नहीं होने की वजह से तेल संकट बढ़ने लगा था। भारत की आंतरिक पहलुओं की अगर बात करें तो 1991 में राजनीतिक व्यवस्था में अस्थिरता बन रही थी, राजनीतिक मुद्दे जैसे कि

मंडल बनाम कमंडल, मंदिर–मस्जिद गठबंधन की राजनीति आदि मुद्दे ने भारतीय राजनीति तथा राज्य के स्वरूप को काफी हद तक प्रभावित किया। इसलिए भारत अंतर्राष्ट्रीय मुद्रा कोष के पास गया, लेकिन कोष की मांग थी कि भारत को अपनी अर्थव्यवस्था या कहे कि लाइसेंसिंग व्यवस्था में संरचनात्मक बदलाव या सुधार (Structural Reform) लाना होगा।

भारत क्यों सहमत हुआ?

1. भारत में राजनीतिक नेतृत्व का बदलाव हुआ। नए नेताओं का राजनीति में उदय हुआ तथा इन नेताओं के विचार नेहरु के समाजवादी मॉडल से भिन्न थे और यह आधुनिक मॉडल लाना चाहते थे।
2. भारत मे एक नए मध्य वर्ग का उदय हुआ, जो कि भारत में बदलाव लाने को इच्छुक था। यह वर्ग पश्चिमी देशों से प्रभावित होने के कारण भारत में उदारवाद लाना चाह रहा था।
3. 1991 में शीत युद्ध समाप्त हो गया था, शीत युद्ध के दौरान सोवियत संघ से भारत को कई मामलों में सहायता हासिल हुई थी। शीत युद्ध की समाप्ति के साथ–साथ सोवियत संघ का विघटन भी हो गया था ऐसे में वैश्विक राजनीति में भारत अकेला पड़ गया था इसलिए भारत दूसरे देशों के साथ आर्थिक रिश्ते बनाना चाह रहा था।
4. अंतर्राष्ट्रीय तथा क्षेत्रीय स्तर पर बहुत सारे संगठनों का उदय हो रहा था, जैसे- यूरोपीय यूनियन, आसियान आदि वही सार्क के देश भारत को ज्यादा समर्थन नहीं दे रहें थे, इसलिए भारत अन्य गुटों से सहायता लेने को विवश हुआ।

व्यापार निवेश तथा अर्थव्यवस्था में "व्यापारी उदरीकरण" (Trader Liberalisation) से सरकार की भूमिका कम हो जाती है, इसलिए 1991 में नरसिंहाराव की सरकार ने भारत में आर्थिक बदलाव का सूत्रपात किया जिससे भारत में उदारीकरण, निजीकरण, वैश्वीकरण (LPG) आया। इसके कारण भारत में बहुराष्ट्रीय कंपनियां आना शुरु हुई और वैश्विक बाजार से भारत का बाजार संपर्क में आया। भारत 'विश्व व्यापार संगठन' (WTO) में शामिल हुआ जो पहले "GATT" के नाम से जाना जाता था। विदेशी निवेश तथा आर्थिक विकास से 1992–93 के दौरान भारतीय अर्थव्यवस्था में "क्रमिक विकास" (Incremental Change) आया। इसी संदर्भ में भारत ने अन्य देशों के साथ अपने संबंध बनाने

शुरु किए। यह वही समय था जब भारत की विदेश नीति Look East Policy की तरफ बढ़ी जिसकी शुरुआत का श्रेय नरसिंहराव को जाता है।

भारत की आर्थिक नीति में Look East Policy बहुत ही महत्वपूर्ण भूमिका निभाता हैं। अंतर्राष्ट्रीय पहलुओं को देखें तो भारत के पूर्व में आसियान संगठन देश हैं और भारत अपनी "Look East Policy" नीति से यह साफ कर चुका था कि वह इन देशों के साथ अपने आर्थिक संबंधों को स्थापित करना चाहता हैं। नई आर्थिक नीति ने इन संबंधों को बनाने में एक सुलभ रास्ता बनाया था। शीत युद्ध की समाप्ति के साथ ही विचारधारात्मक युद्ध का अंत हो गया था, ऐसे में भारत के पास अवसर था कि वह अपने अनुसार किसी के साथ भी संबंध बना सकता था। शीत युद्ध के समाप्त होने से गुटनिरपेक्ष आंदोलन की प्रासंगिकता कम हो गयी, तथा सोवियत संघ के विघटन के पश्चात भारत को एक नया राजनीतिक, आर्थिक सहयोगी चाहिए था। भारत अन्य देशों के साथ अच्छा रिश्ता तभी बना सकता था जब वह अपने पड़ोसी देशों से अपना रिश्ता अच्छा बना लें। भारत के North-East भाग ने इसमें महत्वपूर्ण भूमिका निभायी। भारत की "Look East Policy" के चार आयाम है :

1. भारत एवं आसियान
2. भारत एवं साऊथ कोरिया और जापान
3. भारत एवं Bay of Bangladesh
4. BIMSTEC

भारत एवं आसियान

उत्तर शीतयुद्ध काल (1991) में भारत ने अपनी आर्थिक नीतियों में बदलाव करते हुए अन्य देशों के साथ संबंध स्थापित किये व अन्य देशों एवं आर्थिक समूहों को अपने देशों में व्यापार करने तथा संबंध स्थापित करने का मार्ग प्रशस्त किया। लेकिन इसका मतलब यह नहीं है कि भारत व आसियान देशों के मध्य संबंध इससे पूर्व नहीं था। 'दक्षिण-पूर्व एशिया शब्द का सर्वप्रथम इस्तेमाल द्वितीय विश्वयुद्ध के दौरान लार्ड माउन्टबेटन ने किया था जो श्रीलंका स्थित दक्षिण-पूर्व एशियाई कमान के सेना अध्यक्ष थे। परंतु आसियान देशों के साथ भारत के संबंध सदियों पुराने हैं। हिन्द चीन में फुनान और चंपा के राज्य तथा इंडोनेशिया में श्रीविजय, मजपहित, शैलेन्द्र आदि साम्राज्य आज भी इतिहास की पुस्तकों में 'बृहत्तर भारत' के शीर्षक से प्रसिद्ध हैं। यदि फिलिपिन्स को छोड़ दिया जाएँ तो इन सभी दक्षिण

पूर्व एशियाई देशों की भाषा, कला, संस्कृति व समाज पर भारत की छवि स्पष्ट देखी जा सकती हैं। जिस समय भारत आज़ाद हुआ, उस समय नई दिल्ली में एशियाई संबंध सम्मलेन (1947) के आयोजन ने दक्षिण–पूर्व एशियाई देशों के साथ भारत के संबंध को सौहाद्रपूर्ण एवं स्थिर बनाने में सहायता प्रदान की। भारतीय स्वाधीनता संग्राम के दौरान नेहरू जी के व्यक्तिगत संपर्क वियतनाम के हो ची मिन्ह तथा इंडोनेशिया के हट्टा एवं सुकर्णो जैसे लोगों से हुए थे। भारत के दक्षिण–पूर्व एशियाई देशों के साथ सांस्कृतिक संबंधों का साक्ष्य बौद्ध धर्म के प्रसार से भी देख सकते हैं। सिंगापूर का संबंध चोल वंश से था इसलिए दक्षिण भारत और सिंगापुर के बीच सांस्कृतिक जुड़ाव था, जिसके कारण इनके बीच प्राचीन काल में थोड़ा व्यापार भी होता था।

कम्बोडिया के साथ भारत के संबंध 1950 से है, जब भारत का इंडो–चाइना पर अंतर्राष्ट्रीय नियंत्रण आयोग के साथ संबंध था। कम्बोडिया के अंतर्गत 1993 में संयुक्त राष्ट्र संक्रमण प्राधिकरण (अंकटाड) द्वारा आयोजित चुनाव में तथा भारत की पेरिस शांति समझौते में संलग्नता ने भी दोनों देशों के द्विपक्षीय संबंध को मजबूत बनाया। लाओस के साथ भारत के रिश्ते में एक मजबूत ऐतिहासिक तथा सभ्यता वाला आधार स्तंभ है। निरीक्षण एवं नियंत्रण के लिए अंतर्राष्ट्रीय आयोग के अध्यक्ष होने के नाते भारत ने लाओस की स्वतंत्रता एवं उसके पुनर्निर्माण में महत्वपूर्ण भूमिका निभायी हैं। भारत ने पॉक्सौग–जियांग्जिबांग्यो संचार लाइन परियोजना के लिए 18 मिलियन डॉलर की सहायता लाओस को प्रदान की हैं। भारत की विशेष रूप से उल्लेखनीय भूमिका लाओस के रक्षा बलों के सामर्थ्य निर्माण में है।

भारत और म्यांमार के मध्य रिश्ता ऐतिहासिक रूप से काफी प्राचीन हैं, लेकिन नृजातीय समस्याओं ने इनके मध्य समय–समय पर तनाव को बढ़ाया है। भारत और म्यांमार के मध्य 1600 किलोमीटर लंबी भूमिगत सीमा रेखा हैं जो कि अरुणाचल प्रदेश, नागालैंड, मणिपुर एवं मिजोरम से होकर गुजरती है, तथा इसके साथ ही साथ दोनों देशों के बीच खर्चीली सामुद्रिक सीमा भी है। ब्रिटिश साम्राज्य का भाग होने के नाते म्यांमार में कुछ भारतीय भी जाकर वहाँ बसे थे लेकिन 1960 के दशक मे बर्मी भाषा का इस्तेमाल तथा राष्ट्रीयकरण की नीति के प्रयोग ने भारतीयों को विवश किया कि वो म्यांमार से निकले, जिसके कारण इनके मध्य संबंधों में तब से कड़वाहट आ गई। 1995 के बाद जब म्यांमार ने अपनी अर्थव्यवस्था को खोल दिया तथा अपने तेल और गैस के क्षेत्र में निवेश को आमंत्रित किया तबसे इनके मध्य संबंध ठीक होने लगे।

शीत युद्ध के अंत तथा सोवियत संघ के विघटन के पश्चात् भारत अपने आर्थिक संकट से जूझने के लिए अपनी विदेश नीति मे परिवर्तन करते हुए "पूर्व की ओर देखों नीति" (Look East Policy) की घोषणा की। वही आसियान देशों ने भी भारत की नये विश्व में भूमिका को पहचाना और उसके साथ संबंधों का विकास शुरू किया। इसके लिए सरकारी तथा गैर–सरकारी स्तर पर कार्य प्रारंभ हुए तथा इसी संदर्भ में "द्विपथ राजनय" (Track Two Diplomacy) की घोषणा भी की गई। इसी बढ़ते संबंधों के परिणामस्वरूप आसियान देशों ने 1992 मे भारत को 4 क्षेत्रों में क्षेत्रक वार्ताकार सहयोगी (Sector Dialogue Partner) का दर्जा प्रदान किया। दिसंबर, 1995 के बैंकाक शिखर–सम्मलेन की बैठक में भारत को पूर्ण संवाद–भागीदारी (Full Dialogue Partner) बनाने का निर्णय लिया गया। जिसके तहत भारत जुलाई 1996 में आसियान की जकार्ता बैठक में विधिवत रूप से संवाद में भागीदार बना। भारत के अलावा चीन (1996), रूस (1996) तथा The Republic of Korea (1991) आसियान के पूर्ण संवाद भागीदारी बने। जुलाई, 1996 की बैठक में भारत की ओर से विदेशमंत्री इंद्र कुमार गुजराल ने प्रतिनिधित्व किया।

पूर्ण संवाद भागीदारी बनने के अलावा भारत आसियान के साथ 2002 से वार्षिक आसियान–भारत शिखर सम्मलेन भी आयोजित करता रहा हैं, जो पहली बार कम्बोडिया के फ्नोम पन्हे में आयोजित हुआ था। अक्तूबर 2003 में इंडोनेशिया के बाली में आयोजित दूसरे भारत–आसियान शिखर सम्मलेन के दौरान "शांति का समझौता" और "दक्षिण–पूर्व एशिया में सहयोग" (टीएसी) को भी हासिल किया गया। ऐसा भारत के दक्षिण पूर्व एशिया में शांति, सुरक्षा, स्थायित्व और विकास को सुनिश्चित करने के लिए भारत के साझे हितों के प्रति प्रतिबद्धता को हल करने के लक्ष्य से किया गया था। भारत और आसियान ने अंतर्राष्ट्रीय आतंकवाद से लड़ने तथा शांति, प्रगति और साझी समृद्धि के लिए एक संयुक्त घोषणा पत्र पर भी हस्ताक्षर किए हैं। भारत आसियान के साथ सलाहकार बैठकों में भी शामिल होता हैं। ये "आसियान–भारत वार्ता" रिश्ते के तहत होता है, जिसमें दूसरी बैठकों के साथ शिखर सम्मलेन, मंत्रीस्तरीय बैठकें और वरिष्ठ अधिकारियों की बैठके शामिल हैं। आसियान क्षेत्रीय फोरम (ARF), मंत्रिस्तरीय सम्मलेन के बाद (PMC) 10+1, पूर्वी एशियाई शिखर सम्मलेन (EAS) मेकांग गंगा सहयोग, बिम्सटेक दूसरे मंच हैं जहाँ दोनों पक्ष घोषित साझे राजनीतिक लक्ष्यों के लिए एक साथ बैठक करते हैं।

जहाँ तक भारत-आसियान आर्थिक रिश्तों की बात है तों नये वैश्विक परिवेश में आसियान देश अपने निवेश सुरक्षा और उत्पाद सुरक्षा को लेकर खासे चिंतित थे। विश्व व्यापार संगठन (WTO) के मंच पर पाश्चात्य देशों के पक्ष में नीतियों का ध्रुवीकरण करने की संभावना बनी हुई थी। वही दूसरी ओर भारत भी जिसने अभी-अभी अपनी अर्थव्यवस्था को उदार करने का निर्णय लिया था, अपनी नई आर्थिक नीतियों के द्वारा, उसे विश्व व्यापार संगठन की नीतियों से उतना ही प्रभावित होने का खतरा था। अत: दोनों पक्षों ने यह समझा कि उन्हें किसी भी प्रकार की भेदभाव पूर्ण विश्व की आर्थिक नीतियों के विरुद्ध संघर्ष करना होगा तभी इन दोनों के आर्थिक हित पूरे हो सकते हैं। अत: 1989 में दोनों के मध्य व्यापार जो 4 प्रतिशत था, 1994-95 में बढ़कर 7 प्रतिशत हो गया। दोनों पक्षों में 1992 से व्यापार और निवेश में अच्छी-खासी बढ़ोतरी हुई है। उदाहरण के तौर पर देखे तो 1993 से 2003 के बीच भारत और आसियान के बीच द्विपक्षीय व्यापार में 11.2 फीसदी की वार्षिक वृद्धि हुई हैं, जो 2.9 बिलियन डॉलर से बढ़कर 12.1 बिलियन डॉलर हो गया है। इसी श्रृंखला को और आगे बढ़ाते हुए 2007 में मुक्त व्यापार समझौते (Free Trade Agreement) की बात की गई। इन्हीं व्यापारिक संबंधों का विकास करने के लिए बिम्सटेक (BIMSTEC-Bay of Bengal Multi Sectoral Technical and Economic Cooperation) जैसे संगठनों का पुनर्गठन भी किया गया। हांलाकि दोनों पक्षों से कुल व्यापार में गिरावट दर्ज की गई क्योंकि 2012 में 71.8 बिलियन डॉलर से घटकर 2013 में 67.9 बिलियन डॉलर रह गया था, जिसे देखकर दोनों पक्षों ने इसे बढाकर 2015 में 100 मिलियन डॉलर के लक्ष्य को रखा गया था। वर्तमान संदर्भ में देखे तो भारत-आसियान व्यापार और निवेश संबंध तेजी से बढ़ रहें हैं। आसियान, भारत का चौथा सबसे बड़ा व्यापारिक भागीदार बना हैं। आसियान के साथ भारत का व्यापार 2015-16 में 65 अरब अमेरिकी डॉलर से बढ़ कर 2016-17 में 70 अरब अमेरिकी डॉलर हो गया हैं।

भारत-आसियान के मध्य विज्ञान और प्रोद्योगिकी क्षेत्र में सहयोग के तर्ज पर 2006 में माईलस्टोन तकनीकी शिखर सम्मलेन का आयोजन किया गया। इन दोनों पक्षों के मध्य विज्ञान और प्रोद्योगिक विकास निधि को स्थापित करने पर जोर दिया गया जिस पर वर्तमान समय में कार्य आरम्भ कर दिया गया हैं।

साथ ही साथ अन्य संबंधों में जैसे कि भारत द्वारा पर्यटन को बढ़ावा देना तथा आसियान के देशों के 10 विद्यार्थियों को भारत भ्रमण का न्यौता देना को भी बढ़ावा दिया गया हैं। यद्यपि देखें भारत आसियान संबंधों मे सहयोग को प्राथमिकता के

अलावा उत्पन्न सुरक्षा तत्वों की ओर ध्यान केन्द्रित किया हैं। आसियान के समक्ष कई समस्याएं जिनमें प्रमुख समुद्री सीमाओं के आसपास सुरक्षा की व्यवस्था का मजबूत न होना है जिसके कारण समुद्री डकैती, आतंकवाद, नर्कोटिस व्यापार जैसे गैरपरंपरागत सुरक्षा खतरे उत्पन्न हो रहें हैं। इन समस्याओ से निदान पाने के लिए भारत आसियान के मध्य नौसैनिक अभ्यास व 1997 में बने द्विपक्षीय सर्च एंड रेस्क्यू ऑपरेशन को अब बहुपक्षीय समुद्री ऑपरेशन में तब्दील कर दिया गया हैं। इस ऑपरेशन के सदस्य भारत, आसियान, मलेशिया और सिंगापुर है।

वर्तमान समय में भारत ने आसियान के साथ अपने सम्बन्धों को एक नया मोड़ दिया हैं। 25 वें शिखर सम्मलेन जोकि 2014 में नेपेई ताँ (म्यांमार) मे आयोजित किया गया। इस सम्मलेन की बैठक में भारत के प्रधानमंत्री नरेन्द्र मोदी की सरकार ने भारत की पहली "Look East" नीति को "एक्ट ईस्ट" नीति में बदलने को उच्च प्राथमिकता दी है। इस नीति के तहत भारत का दृष्टिकोण उदार शक्ति के माध्यम से सहयोग को बढ़ाने के लिए एक मजबूत एवं निरंतर प्रभाव के साथ देश की आर्थिक ताकत को बढ़ाना हैं।

निष्कर्ष

उपरोक्त अवधारणा के आधार पर हम यह निष्कर्ष दे सकते हैं कि आसियान, भारत की विदेश नीति में एक निर्णायक भूमिका निभाता हैं। भारत और आसियान दोनों ने परस्पर बहुआयामी और सामरिक, सामाजिक, सांस्कृतिक, आर्थिक, एवं राजनीतिक सम्बन्धों की संभावनाओं को तलाशा है। जिस प्रकार आसियान के ढांचागत संगठन में वृद्धि हुई है (आसियान + 6)। यह केवल दक्षिण पूर्व एशिया के लिए ही उपयोगी नहीं अपितु भारत के लिए एक अवसर है। अब भारत, आसियान के साथ-साथ इसी रास्ते से अप्रत्यक्ष तरीके से अंतर्राष्ट्रीय जगत के अन्य बड़े आर्थिक संगठनों तक अपनी पहुँच बनाने की तरफ बढ़ रहा है। भारत आसियान संबंधों से संबंधित कोई भी अध्ययन दक्षिण पूर्व एशिया में चीन के संक्षिप्त पुनरावलोकन के बिना पूरा नही हो सकता। अमेरिका के बाद चीन विश्व की सबसे बड़ी अर्थव्यवस्था है। दक्षिण पूर्व एशिया के अंतर्गत चीन का दृष्टिकोण कूटनीतिज्ञ एवं तानाशाही जैसी प्रवृतियों का रहा है। इसकी बढ़ती हुई साम्राज्यवादी गतिविधियाँ कई अन्य देशों की प्रभुसत्ता को चुनौती दे रही है जिसके लिए अन्य क्षेत्रीय शक्तियाँ द्विपक्षीय व बहुपक्षीय समझौता के माध्यम से अपने को सक्रिय करे हुए है ताकि इन क्षेत्रों में चीन का हस्तक्षेप नकारात्मक न हो पाएँ। इस तरह आसियान में भारत की राजनीतिक और रणनीतिक भूमिका निर्णायक बन गयी है।

References

1. Acharya, Amitav, Constructing a Security Community in Southeast Asia : ASEAN and the problem of regional order. (Routledge, 2001)
2. Areethamsirikul, S., 2008. The Impact of ASEAN enlargement on economic integration : successes and impediments under ASEAN political institution. Michigan : Pro Quest., p.188.
3. ASEAN, 2002. Leaders view : India's perspective on ASEAN and the Asia pacific region addressed by H.E. Shri Atal Bihari Vajpayee, Prime Minister of India annual Singapore lecture, 9 April 2002. [online]
4. C Raja Mohan, "India's geopolitics and Southeast Asian Security", Southeast Asian Affairs, 2008, p.45
5. C. Raja Mohan, "An uncertain trumpret/India's role in Southeast Asian security, "India-asean defence relations, RSIS monograph No.28, 2013, pp.14.
6. Darshana, M. Barua, "India-ASEAN Naval Cooperation : An important strategy, "Observer Research FoundÏtion, analysis, July 6, 2013.
7. David, Brewster. "India's defence strategy and the India-ASEAN Relationship," India review, 12(3),August 12, 2013, pp.151.
8. David, Brewster. "India's defence strategy and the India-ASEAN relationship," India & ASEAN Defence Relations, RSIS monograph No.28, 2013, pp.128.
9. Dr. Subhash Kapila, "India's Look East Policy, Act East and South China Sea : Politico-strategic dynamics," South Asia Analysis Group, paper no. 5603, november 14, 2013.
10. FICCI, "India-ASEAN : Forging partnership for Economic Integration, "at http21837//www.ficci.com/spdocument/20186/India.ASEAN. Report.Exec.Summary.Pdf(Accessed May 26, 2014).
11. Fry, Gerald W.(2008), The Association of Southeast Asian Nations, New York : Chelsea House
12. Government of India, "India and the Asean : A Pivotal Relationship, "at http :// mea.gov.in. infocusarticle.htm\22297@India+and+the+ASEAN +A+pivotal+Relationship.
13. Government of India, Ministry of External Affairs, URL : http :// www.vghhnmea.gov.in/in-focus-article.htm\24714/From+looking +east+to+acting+East, accessed on July 2, 2015.
14. Gurcharan, Das Modi is building on India's wondrous trading past, The Times of India (Bhubaneswar)14 June, 2015, p.12.
15. GVC Naidu, "Whither the Look East Policy : India and Southeast Asia, "Strategic Analysis, 28(2), April-June 2004, pp.337.

16. Jyoti , "India's Look East Policy : In its second phase, "Global Journal of Pharmaceutical Sciences and Education, 2(1), 2013, pp.1-2.
17. Kripa, Sridharan. (2005), "The ASEAN Region in India's 'Look East' Policy" in K.Raja reddy(ed.) India and ASEAN: Foreign Policy Dimensions for the 21st century, New Delhi : New Centuries Publications, p.130.
18. Kumar, Pankaj, India-ASEAN Relation : An Overview.
19. Mohit, Anand. "India-ASEAN Relations : Analysing Regional Implications, "IPCS Special Report 72, May 2009, pp.7.
20. Muni, S.D., 2006. East Asia Summit and India Singapore : Institute of South Asian Studies.
21. Nanda, P., 2003. Rediscovering Asia : Evolution of India's Look East Policy. New Delhi : Lancer., p. 463-464
22. Norman, D. Palmer, The New Regionalism in Asia and the Pacific, Lexington, 1991, p. 2.
23. "Our Pepole, Our Community, Our Vision", Joint Communique 48th ASEAN foreign ministers meeting, Kuala Lumpur, Malaysia, 4th August 2015.
24. P.V. Rao, India and Asean, partners at Summit, KW Publication, New Delhi, 2008, pp. 1-67.
25. S.D. Muni, "India's 'Look East' Policy : The Strategic Dimension, "ISAS working paper, no.121, february 1, 2011, pp.12.
26. South East Asia :ASEAN 2015 "Migration News. vo. 20. no.4, 2013.
27. Vibhanshu Shekhar (2013), "India-Asean relations enter a new discourse" available at http ://www.icwa.in/pdfs/VPIndiaasean.pdf.
28. "Vision statement ASEAN-India Commemo rative Summit," December 21, 2012, at http ://www.asean.org/news/asean-statement-communiques/item/vision/statement/aseanindia-commemorative-summit (Accessed May 26, 2014).

• • •

3

समकालीन बहुध्रुवीय विश्व में भारत

निशांत यादव*

प्रस्तावना

आज विश्व में लगभग 200 राष्ट्र हैं, जिन्हें अलग-अलग देश के नाम से जाना जाता हैं। वे आपस में कई मायनों में समान हैं। प्रत्येक देश स्वतंत्र होते हैं और उनकी अपनी सरकार होती हैं जो अपनी सेना के द्वारा विदेशी आक्रमणों से देश की रक्षा करते हैं। परंतु साथ ही ये देश भौगोलिक आकार, जनसंख्या, प्राकृतिक, संसाधनो, आर्थिक स्थितियों और सरकार के स्वरूप आदि में भिन्नता लिए होते है। यद्यपि औपचारिक रूप से राष्ट्र समान माने जाते हैं, परंतु उनके बीच उपर्युक्त आधारों पर स्पष्ट असमानता होती हैं। इनमें से कुछ असमानताएं इस रूप में देखी जाती हैं कि संयुक्त राष्ट्र की सुरक्षा परिषद में निषेधाधिकार (वीटो) केवल पाँच देशों को ही दिया गया। संसाधनों और अपना प्रभुत्व बढ़ाने के लिए सभी देश आपस में परस्पर प्रतिस्पर्धा करते है। जिसके एवज में वे एक-दूसरे की नियति और महत्त्वाकांक्षा पर भी संदेह करते है। वे सीमा, व्यापार और अन्य मामलों के कारण आपस में संघर्ष करते है। इन संघर्षों के दरम्यान ही हमें विश्व व्यवस्था की आवश्यकता दृष्टिगत होती है। राजनीतिक और अन्य परिस्थितियाँ विश्व व्यवस्था को सदैव प्रभावित करती रही हैं। इन घटनाओं के संदर्भ में आवश्यक समायोजन करती हुई विश्व व्यवस्था बनती जाती है।

द्वितीय विश्व युद्ध तक यूरोप विश्व व्यवस्था का केंद्र बना रहा। यूरोपीय देशों ने आपसी समूह बनाकर यह सुनिश्चित किया कि कोई भी एकमात्र राष्ट्र संसार पर अपना प्रभुत्व स्थापित न कर सके। इस प्रकार उत्पन्न इस व्यवस्था को शक्ति का संतुलन कहते हैं। ब्रिटेन नें इस नीति का लंबे समय तक पालन किया। परंतु यह

* Assistant Professor, Satyawati College, University of Delhi, Delhi.

तरीका प्रथम विश्व युद्ध के साथ ही बीसवी सदीं के प्रारम्भ में विफल हो गया। इसी बीच यूरोप से बाहर के उभरते हुए देशों जैसे— अमेरीका और जापान ने विश्व राजनीति की प्रकृति और कार्य क्षेत्र का प्रसार किया। ग्रेट ब्रिटेन, सोवियत रूस और अमेरीका गुट के हाथों जर्मनी, जापान और इटली की हार के बाद द्वितीय विश्व युद्ध समाप्त हो गया। युद्ध के अंतिम चरण में अमेरीका ने जापान के हिरोशिमा और नागासाकी शहरों पर परमाणु बम गिराए। इस युद्ध ने दीर्घकालिक प्रभाव छोडे, संयुक्त राज्य अमेरिका ने अपनी आर्थिक संपन्नता और सैन्य शक्ति के कारण निःसंदेह इस युद्ध में विजय पाई और शीतयुद्ध के दौरान तक सोवियत रूस के साथ शक्ति के संतुलन को लेकर संघर्ष किया। शीत युद्ध की समाप्ति और सोवियत संघ के विघटन के पश्चात इस संतुलन के संघर्ष का दौर समाप्त हो गया और अमेरिका विश्व व्यवस्था का एकमात्र अगुआ बन बैठा। परन्तु 21 वीं सदी के प्रारंभ में ही उसकी यह स्थिति भी जाती रही और विश्व व्यवस्था में तमाम नए अभ्यास कर्ताओं का आगमन हुआ। प्रस्तुत अध्याय उपर्युक्त वैश्विक गतिविधियों का विषद् वर्णन प्रस्तुत करता है।

विश्व व्यवस्था के तौर पर वर्तमान समय में शक्ति के केंद्र की बात करें तो इस सूची में अमेरिका एक शक्तिशाली राष्ट्र के तौर पर सर्वप्रथम हैं। किन्तु वर्तमान में वह स्वयं अपने ही राष्ट्र को एक सक्षम नेतृत्व देने में असफल होता दिख रहा हैं। यूरोपीय संघ और रूस ने यूक्रेन को लेकर आपस में मोर्चा खोल रखा है। सोवियत संघ के विघटन के पश्चात और इस वर्तमान प्रकरण से रुस विश्व मंच पर अलग–थलग पड़ चुका हैं।[1]

अब उभरती सबसे ताकतवर अर्थव्यवस्था के दृष्टिकोण से चीन पर निगाह डालें तो चीन के दोस्त कम, दुश्मन ज्यादा हैं। जापान सहित हर पड़ोसी देश के साथ चीन के सीमा विवाद हैं अतः चीन के नेतृत्व में सर्वसम्मति का कोई प्रश्न नहीं।[2] जापान ने अपने देश में आधिकारिक तौर पर मंदी की शुरुवात की घोषणा कर दी है। हालात की गंभीरता को देखते हुए जापान के राष्ट्रपति शिंजो अबे ने अपने कार्यकाल पूरा होने के दो वर्ष पूर्व ही संसद भंग कर चुनावों की घोषणा कर दी है। राष्ट्रपति अबे ने अपने आर्थिक सुधारों को लेकर जनता के बीच पुनः जाने का निर्णय कर लिया है। ऐसे में जापान से फिलहाल समकालीन वैश्विक राजनीति में नेतृत्व की कोई ज्यादा उम्मीद नहीं है। अन्य महाशक्तियों में इंग्लैंड के प्रधानमंत्री कैमरुन और फ्रांस के प्रधानमंत्री फ्रांसिस होलांदे अपने ही देश में विभिन्न आंतरिक

कारणों से अलोकप्रिय हो चुके हैं और उनकी अलोकप्रियता इतनी बढ़ गई कि इन्हें अपनी ही सत्ता छोड़नी पड़ी। इन परिस्थितियों में यहाँ पर सर्वप्रथम एक सशक्त सत्ताधारी की आवश्यकता है जो पहले अपनी आन्तरिक समस्याओं को दूर कर सके, वैश्विक राजनीति में दखल तो अभी इनके लिए दूर की बात है। इन सब के अतिरिक्त यूरोप के अन्य देश वित्तीय संकट से बाहर नहीं निकल पा रहे हैं।

अब विकासशील देशों की बात करें तो मध्यपूर्व के इस्लामिक देश किसी भी समस्या की जड़ में अमेरिका का हाथ बताते हैं। यदि अमेरिका किसी समस्या को लेकर सक्रिय है तो उसमे उन्हें अमेरिका का हित दिखता है और यदि निष्क्रिय है तब भी उसमे उन्हें अमेरिका का हित नज़र आता है। ऐसी परिस्थिति में विश्व के प्रति उनकी अपनी कोई सोच या जिम्मेदारी नहीं रह जाती। अफ्रीकी देश यदि समस्याओं को न बढ़ाएँ तो उनका वही एक बड़ा योगदान होगा।[3] एक अन्य उभरती हुई अर्थव्यवस्था दक्षिण कोरिया है किन्तु वह उत्तरी कोरिया की समस्या से निपटने की वजह से विवश है। दक्षिण अमेरिका के प्रमुख देशों में ब्राज़ील और अर्जेंटीना की अर्थव्यवस्थाएं संकट में हैं। दूसरी ओर वैश्विक अर्थव्यवस्था स्थिर होने से पूर्व ही फिर से लुढ़कने लगी है। इंग्लैंड के पूर्व प्रधानमंत्री कैमरून ने विश्व को चेतावनी देते हुए कहा था कि वर्तमान सारे संकेत विश्व में आने वाले वित्तीय संकट की ओर इशारा कर रहे हैं। सबसे बड़ा संकेत कच्चे तेल के भावों में निरंतर गिरावट है। पिछले 6 माहों में तेल की कीमत 30 प्रतिशत तक गिर चुकी है। पूरा यूरोप मंदी की मार झेल रहा है और फ्रांस, स्पेन, ग्रीस, इटली आदि की सरकारें वित्तीय दबाव में हैं।[4] परन्तु इन संकेतों को कोई राष्ट्र गंभीरता से लेने को तैयार नहीं। उधर अफ्रीकी देशों में इबोला नामक बिमारी ने सर उठा रखा है। इस खतरनाक बीमारी को फैलने से रोकने के लिए अनमने प्रयास जारी हैं। विश्व स्वास्थ्य संगठन की चेतावनियों के बावजूद रोकथाम के लिए अभी तक किसी बड़े प्रयास की शुरुआत नहीं हुई।[5]

जाहिर है वर्तमान परिस्थितियों में कोई एक देश या नेता विश्व को नेतृत्व देने में सक्षम नहीं है। विश्व को सामूहिक नेतृत्व की दरकार है। संयुक्त राष्ट्र संघ का उद्देश्य तो यही था किन्तु यह संस्था व्यवहारिक तौर पर कहीं न कहीं इस उद्देश्य के लिए असफल होती सी प्रतीत हो रही हैं क्योंकि निर्णय लेने का अधिकार वस्तुतः कुछ महाशक्तियों ने अपने तक सीमित रखा है और ये ऐसे राष्ट्र हैं जिनकी आपस में ही नहीं बनती तो वे विश्वहित के बारे में कैसे निर्णय ले सकते हैं? यदि निर्णय कर भी लें तो लागू नहीं कर सकते। उदाहरण के लिए ईरान पर लगा प्रतिबन्ध यदि

रूस को मंजूर नहीं तो रूस को मानने के लिए बाध्य नहीं किया जा सकता।[6] अतः इस समय विश्व में एक भारत को छोड़कर विश्व की समस्याओं के समाधान में किसको रूचि हो सकती है? कुछ नई चुनौतियाँ जो हाल ही के महीनों में जुड़ी हैं उनमे से प्रमुख है नए आतंकवादी गुट दाहेश (ईसिस) का मध्यपूर्व में अचानक शक्तिशाली हो जाना। कई देशों में यह आतंकवादी संगठन एक साथ सक्रिय हुआ तथा चिंता की बात यह है कि यह संगठन खासकर पश्चिमी देशों के नवयुवकों को आकर्षित करने में सफल हो रहा है।

ऐतिहासिक परिप्रेक्ष्य

सच तो यह है कि वैश्विक समस्याओं के समाधान के लिए प्रयत्न भी सामूहिक चाहिए। सामूहिक प्रयत्नों में प्रत्येक राष्ट्र की भूमिका महत्वपूर्ण होती है। जिसका स्पष्ट अर्थ होना चाहिये, कि भले ही देश छोटे हों, गरीब हों किन्तु समस्याओं के हल में उनकी भूमिका को महत्व देना होगा अर्थात महाशक्तियों को उनके लिए स्थान छोड़ना होगा तब तो हम इस विश्व को उज्जवल भविष्य की ओर जाता देख सकेंगे अन्यथा यह विश्व कुछ महाशक्तियों की आपसी रस्साकशी में समस्याओं का विस्तार ही देखेगा। विश्व के अग्रणी नेताओं को जितनी जल्दी यह बात समझ में आ जाये उतना ही श्रेयस्कर होगा। आधुनिक राष्ट्र-राज्य के परिप्रेक्ष्य के तहत बात करें तो प्रत्येक व्यक्ति अपने राष्ट्र पर गर्व महसूस करता है। भारत के नागरिक भी भारत की सम्पन्न प्राचीन संस्कृति और इतिहास पर गौरवान्वित महसूस करते हैं। परन्तु किसी राष्ट्र की यथार्थ छवि को गैर-राष्ट्र का ही व्यक्ति तटस्थ रूप में प्रस्तुत कर सकता है, क्योंकि उसके विचार पूर्वाग्रहों से मुक्त होंगे। यदि वह व्यक्ति इतिहासकार होगा, तो निस्संदेह उसके विचार भारत की प्राचीन परम्परा के गौरव से मंडित होंगे। क्योंकि वह भारत की सम्पन्न सभ्यता का जानकार होगा। विभिन्न आक्रमणों को झेलती हुई भारतीय कला की आज भी प्रभावित करने वाली शक्ति के आधार पर वह राष्ट्र के भविष्य का अनुमान लगा लेगा। वह भारत की भौतिक कमियों, धन के अभाव की आलोचना तो करेगा लेकिन देश के प्रत्येक कोने से विकसित साहित्यिक, कला, संगीत और संस्कृति की श्रेष्ठता से प्रभावित हुए बिना नहीं रहेगा। गाँव की मिट्टी की झोपड़ियों, शहरों के कोनों में गन्दी बस्तियों से गरीबी झाँकती हुई तो उसे नजर आएगी लेकिन भारत के संबंध में उसके विचार सांस्कृतिक सम्पन्नता से प्रेरित होंगे।

एक सशक्त ऐतिहासिक विरासत होने के साथ-साथ वर्तमान समय में भी विश्व के अन्य देशों की अपेक्षा मजबूत दिखने को विवश करने वाला भारत

प्राचीन काल से लेकर आज तक कभी भी वैश्विक प्राधान्यता की महत्वाकांक्षा नहीं रखता आया है। अपनी शक्ति के उपभोग की पैमाइश वह अपनी संप्रभुता के दायरे में ही करता है। अतः आज के इस समकालीन बहुध्रुवीय विश्व राजनीति में वस्तुतः अमेरिका अकेला महाशक्ति है जो दुनिया भर में अपनी ताकत का उपयोग करना चाहता है और इसमें वह कहीं-न-कहीं सक्षम भी नज़र आता है। अमेरिकी 'सॉफ्ट पावर' अत्यंत विशाल है।[7] चीन और भारत महाशक्ति के रूप में उभर रहे हैं जिससे विश्व राजनीति में सापेक्ष रूप से एशिया की ताकत बढ़ेगी और पश्चिम की ताकत कम होगी। अब अधिकतर युद्ध देशों के बीच नहीं बल्कि देशों के अंदर लड़े जा रहे हैं या यूँ कहें कि आतंकवादी और राज्यों के बीच निरंतर असंगत संघर्ष हो रहे हैं। एशिया और खाड़ी देशों के क्षेत्र सहित दुनिया के अन्य हिस्सों में भी आज यही स्थिति है। विश्व में अब सबसे बड़ा खतरा वैश्विक आतंकवादियों और नाभिकीय हथियारों से उत्पन्न हो रहा है। वैश्विक आतंक का खतरा पिछले कुछ सालों में निश्चित रूप से बढ़ा है। मानवीय समाज की यह खुशकिस्मती है कि इन आतंकवादियों द्वारा अभी तक नाभिकीय हथियारों का इस्तेमाल नहीं किया गया परन्तु इसका खतरा तो सदैव बरकरार रहता है। इन सभी खतरों में सबसे बड़ा खतरा तब होगा जब इन आतंकियों द्वारा नाभिकीय अथवा सामूहिक विनाश के हथियारों पर अपने कुछ गैर-वाजिब महत्वाकांक्षा के लिए कब्जा करने के प्रयास को सफलता प्राप्त हो जाएगी जिसके एवज में ये संगठन पूरे विश्व को डराते और मनमानी करते फिरेंगें।

वैश्विक राजनीति में ध्रुवीयता का उदय

1917 में सोवियत रूस की उत्त्पत्ति के साथ ही पश्चिमी देशों के साथ इसके संबंध तनावपूर्ण देखे जाते रहे हैं। रूस में गृह-युद्ध के शुरूआत के दिनों में ही अमेरिका सहित पश्चिमी देशों का हस्तक्षेप इसका कारण माना जा सकता है। 1933 तक तो अमेरिका ने सोवियत संघ को कूटनीतिक मान्यता भी नहीं दी थी। 1941 में हिटलर द्वारा अचानक सोवियत रूस पर आक्रमण करने की वजह से इसे पश्चिमी देशों से हाथ मिलाना पड़ा। द्वितीय विश्व युद्ध के दौरान साम्यवादी रूस के सैन्य साहस की वजह से सहयोगी शक्तियों को विजय प्राप्त करने में मदद मिली। जिससे आशा जगी कि पूरब और पश्चिम के बीच अच्छे संबंधों का एक नया दौर शुरू होगा। लेकिन युद्ध के अंतिम चरण में अमेरीका ने जापान के हिरोशिमा और नागासाकी शहरों पर नाभिकीय बम गिरा दिए। जिस वजह से इस

युद्ध ने दीर्घकालिक प्रभाव छोड़े। संयुक्त राज्य अमेरिका अपनी आर्थिक संपन्नता और सैन्य शक्ति के कारण निःसंदेह इस युद्ध में अचानक ही परमाणु बम का प्रयोग करके विजय का श्रेय लेने वाला एकमात्र कर्ता बन गया। जिसके पश्चात अब यह महसूस किया जाने लगा कि युद्ध के बाद भी अमेरिका की सैन्य शक्ति और नेतृत्व की विश्व में शांति कायम रखने में आवश्यकता होगी।

परन्तु इस युद्ध के पश्चात ही अमेरीका और सोवियत संघ के मध्य यूरोप की शांति और स्थायित्व के मुद्दे पर मतभेद पैदा हो गए। यद्यपि इसके कुछ कारण राजनैतिक और सैद्धांतिक भी थे। अमेरीका ने जहाँ सरकार के स्वरूप के लिए प्रजातंत्र और मुक्त व्यापार पर बल दिया। वहीं दूसरी तरफ सोवियत संघ ने साम्यवादी एक दलीय शासन और राज्य नियत्रित अथर्व्यवस्था पर बल दिया। शासन के स्वरूप को लेकर इन भिन्नताओं नें एक-दूसरे राष्ट्र के मध्य भय की भावना उत्पन्न कर दी। जिस वजह से द्वितीय युद्ध के बाद विश्व का द्विःधुव्रीय चरण आरम्भ हो गया। अमेरिका और सोवियत संघ दो विरोधी ध्रुव बने जिनके इर्द-गिर्द यूरोपीय राजनीति घूमने लगी। इस भययुक्त वातावरण को ही शीतयुद्ध कहा जाता है। इस दौरान जहां पश्चिमी यूरोप के देशो ने अमेरीका का साथ दिया और स्वयं को मुक्त विश्व की संज्ञा दी वही दूसरी ओर पूर्वी यूरोप के देश सोवियत संघ के नेतृत्व वाले समाजवादी शिविर का हिस्सा बन गए।

द्विध्रुवीय विश्व

शीत युद्ध के दौरान, विश्व दो गुटे में विभाजित हो गया। एक गुट पूंजीवादी देशों का था, जिसका नेतृत्व अमेरिका करता है, दूसरा गुट साम्यवादियों का था जिसका नेतृत्व सोवियत संघ करता है। अब विश्व की समस्याओं को इसी गुटबन्दी के आधार पर देखा जाने लगा था। इसी वजह अनेक अन्तर्राष्ट्रीय समस्याएं उलझी पड़ी थी। द्वितीय महायुद्ध के बाद विकसित, द्वि-ध्रुवीय राजनीति के परिणामस्वरूप, इन गुटे में शामिल राष्ट्रों को अपनी स्वतंत्रता के साथ समझौता करना पड़ा। रूमानिया, बुलगारिया जैसे राष्ट्रों को सोवियत दृष्टिकोण से सोचने के लिए मजबूर होना पड़ा और फ्रांस व ब्रिटेन को अमेरिका नजरिये से दुनिया देखने को विवश होना पड़ा। शीत युद्ध की बदौलत अपनी द्विगुटीय विश्व राजनीति ने मध्यम मार्ग की गुजांइश को समाप्त कर दिया और इस भावना को जन्म दिया कि, जो हमारे साथ नहीं, वह हमारा शत्रु है।

इसका कोई एक जवाब नहीं दिया जा सकता है लेकिन इतिहासकारों की ये राय है कि साल 1945 में द्वितीय विश्व युद्ध खत्म होना वो मोड़ था जहां से इसकी शुरुआत हुई। ऐसा इसलिए था क्योंकि युद्ध के दिनों में रूस और सोवियत संघ एक दूसरे के सहयोगी थे और नाज़ी जर्मनी उनका साझा दुश्मन था, लेकिन हकीकत ये थी कि युद्ध खत्म होने के बाद नाज़ी जर्मनी का वजूद मिट चुका था। इस युद्ध ने यूरोप को बांट दिया था और दोनों ही देश दुनिया के दो सबसे ताकतवर देशों की तरह उभरे थे। विश्व युद्ध खत्म होने के बाद दोनों ही देश दुनिया को अपने-अपने तरीके से चलाना चाहते थे और उनके बीच इस बात को लेकर भी मतभेद था कि यूरोप को कैसे बांटा जाए। इसी वजह से अमरीका और सोवियत संघ के बीच संघर्ष का दौर शुरू हुआ क्योंकि दोनों ही देश दुनिया पर अपना दबदबा बढ़ाने की होड़ में उलझ गए। अन्तर्राष्ट्रीय राजनीति में इसे ही द्विध्रुवीयता कहते हैं जब दोनों ही देशों ने अपने सहयोगी देशों का गठबंधन बनाना शुरू कर दिया।

अमरीका और पश्चिमी देशों ने मिलकर नाटो जैसे सैन्य सहयोग संगठन का गठन किया तो वहीं दूसरी तरफ सोवियत संघ ने पूर्वी यूरोप के पोलैंड और हंगरी जैसे देशों के साथ वॉरसा पैक्ट का गठन किया। दोनों ही पक्षों को एक दूसरे के हमले का डर था और इसका नतीजा हथियारों की होड़ के तौर पर देखने को मिला। उन्होंने अपने हथियारों का भंडार बढ़ाना शुरू कर दिया। साठ के दशक आते-आते अमरीका और सोवियत संघ ने अपनी ताकत इस कदर बढ़ा ली थी कि उनकी परमाणु मिसाइलें महादेशों की सीमा पार कर हमला कर सकते थे। साल 1962 में क्यूबा मिसाइल संकट के दिनों में परमाणु युद्ध की संभावना चरम पर पहुंच गई थी।

एक ध्रुवीयता का दौर

निकिता खुश्च्रेव की खुलेपन की नीति नें जहाँ डेनियल बेल को "विचारधारा का अंत" जैसे पद गढ़ने का अवसर दिया, वहीं दोनों राष्ट्रों की इस वैचारिक लड़ाई के कुछ वर्षों पश्चात विचारधारा के आधार पर विभाजित जर्मनी नें अपने विभाजन को अस्वीकार कर दिया। बर्लिन दीवार के ढहने और जर्मनी के एकीकरण के पश्चात यूरोप में विस्मयकारी विकास की एक प्रकिया आरम्भ हुई। जिस वजह से पोलैंड, हंगरी, बुल्गारिया और अन्य देशों के नागरिकों की बड़ी भीड़ इन समाजवादी तानाशाहों के विरोध में आ गई। क्योंकि तत्कालीन मिखाईल गोर्बाचोव के नेतृत्व वाली सोवियत संघ सरकार इन राष्ट्रों में सैन्य हस्तक्षेप करने

को अनिच्छुक थी, जिस वजह से शीघ्र ही इन राष्ट्रों की स्वतंत्रता की बलवती होती इच्छा ने समाजवादी शिविर के स्वामित्व को समाप्त कर दिया। जिसके परिणामस्वरूप 1991 में सोवियत संघ, रूस संघ और 14 अन्य देशों में विभाजित हो गये। सोवियत संघ के इस विघटन को सैद्धांतिक अमलीजामा पहनाते हुए फ्रांसिस फुकुयामा ने एंड ऑफ़ द हिस्ट्री एंड द लास्ट मैन नामक पुस्तक लिखते हुए द्विध्रुवीय विश्व के एक ध्रुवीय विश्व की तरफ आगमन को वैचारिक आधार प्रदान किया। समाजवाद के अंत और सोवियत संघ के विघटन के बाद अमेरिका एक अकेला महाशक्ति रह गया। परन्तु 2001 में उसके यहाँ हुए आतंकी हमले और उसके पश्चात चीन, जापन, दक्षिण कोरिया, रूस, संयुक्त राष्ट्र संघ, भारत आदि की बढ़ती शक्ति नें उसके आर्थिक एवं सैन्य एकाधिकार को अब कमजोर कर दिया है। जिस वजह से अब ध्रुवीयता की संकल्पना में हमें बहुध्रुवीयता देखने को प्राप्त हो रही है। जिसमें शक्ति का पर्याय केवल एक राष्ट्र न होकर विश्व में कई सारी तेजी से उभरती शक्ति देखने को प्राप्त हो रही है।

समकालीन बहुध्रुवीय विश्व में किस तरह का भारत?

अगर हम अगले कुछ वर्षों की बात करें तो कमजोर विश्व व्यवस्था पर विचार करने को विवश होंगें, जो अंतर्राष्ट्रीय राजनीति के लिये एक बुरी खबर है, तो इसके प्रतिउत्तर में मेरा विश्वास है कि हम एक मजबूत भारत भी देखेंगे, और यह अंतर्राष्ट्रीय राजनीति के लिए बेहद अच्छी खबर है। आने वाले वर्षों में हम पहले से एक अधिक मजबूत भारत देखेंगे, जिसके वस्तुतः दो कारण हैं। पहला, क्योंकि भारत के पास खूबियों का एक संयोजन मौजूद है, जो अन्य देशों के पास नहीं है, प्रतिभा, महत्वाकांक्षा, स्तरीयता, सकारात्मकता, विविधता में एकता, शिक्षा के प्रति एक गहन प्रतिबद्धता, सूचना-तकनीकी का बढ़ता जाल, औषधि तथा वैज्ञानिक शोध जैसे क्षेत्रों में विश्व स्तर की उत्कृष्टता, एक विस्तृत रूप से बढ़ता हुआ मध्यवर्ग तथा एक जीवंत लोकतंत्र। दूसरा, तत्कालीन भारतीय प्रधानमंत्री ने भारत की प्रगति के लिए एक अप्रतिरोध्य दृष्टिकोण निश्चित किया है और उनकी सरकार को ऐसा करने का प्रबल जनादेश मिला है। इस समकालीन अस्थिर और अप्रत्याशित विश्व में भारत कैसी भूमिका निभाएगा? इस प्रश्न पर भारत को आनेवाले वर्षों में निम्न विषयों पर केंद्रित करना चाहिये, ताकि वह अपनी वर्तमान सशक्त स्थिति को दीर्घकालिक बनाकर रख सके।

आंतरिक क्षेत्र में स्थिरता—भारत को अपने आंतरिक क्षेत्र में स्थिरता पर और अधिक ध्यान देना चाहिये, ताकि आनेवाले वर्षों में भारत के रूपांतरण का रणनैतिक लक्ष्य आधुनिकीकरण तथा समन्वित विकास के माध्यम से स्वयं को 21 वीं सदी की और अधिक सफल शक्ति के रूप में बदलना संभव हो सके। यहाँ अधिक सफल शक्ति से तात्पर्य है कि एशिया महाद्वीप में वह चीन तथा जापान को या तो आधुनिकीकरण तथा समन्वित विकास के पायदान पर पीछे छोड़ दे या फिर उनसे कभी भी कमतर स्थिति में न रहे। ऐसा करते हुए भारत को अपनी सीमाओं पर शांति और एशिया महाद्वीप क्षेत्र में स्थिरता की आवश्यकता है, इसके बिना यह अपने घरेलू विकास पर ध्यान नहीं दे सकता।

शायद यही वजह भी है कि हम भारत में नवनिर्वाचित सरकार को अपने पड़ोसियों के साथ अति-आत्मियता और सक्रियता से अच्छे संबंध बनाते हुए देख रहे हैं। वर्तमान प्रधानमंत्री नरेंद्र मोदी द्वारा सभी सार्क नेताओं को अपने शपथ ग्रहण समारोह में आमंत्रित करने से उनके इरादों का कहीं-न-कहीं स्पष्ट संकेत प्राप्त हो गया कि वह अब दक्षिण एशिया में भारत को और अधिक क्रियाशील भूमिका में देखना चाहते हैं ताकि अन्य बाह्य शक्तियों का इस क्षेत्र में हस्तक्षेप खत्म हो सके, आश्चर्य की बात यह कि भारत के इस कदम को दुनिया भर में सराहा गया। जो यह दर्शाता है कि भारत की शक्तिशाली स्थिति अन्य किसी गैर शक्तिशाली देश को भयभीत नहीं करती है।

वैश्विक निवेशकों के साथ साझेदारी—भारत को अपने आंतरिक क्षेत्र में स्थिरता के पश्चात क्षेत्र से परे, जहाँ क्षेत्र से मेरा मानना दक्षिण एशिया से है, अब हमें भारत को वैश्विक निवेशकों के साथ साझेदारी करते हुए देखना चाहिये, जिसके तहत अमेरिका के साथ, चीन के साथ, जापान के साथ तथा अन्य पूंजी व उच्च तकनीक संपन्न देश के साथ सफल आर्थिक व तकनीकी साझेदारी संपन्न करनी चाहिए जो भारत के वैश्विक शक्ति के रूपांतरण में अत्यधिक मददगार साबित हो सकते हैं। इसी वैश्विक निवेशकों के साथ साझेदारी के तहत भारतीय प्रधानमंत्री ने स्पष्ट किया है कि वे वैश्विक शक्ति की चाह में नहीं वरन संवृद्धि को बढ़ावा देने के लिए निवेश चाहते हैं। जिसके तहत ब्रिटेन कुछ मानकों पर भारत में अकेला सबसे बड़ा निवेशक प्रतीत होता है। ब्रिटेन और भारत का व्यापार गत वर्ष 16 अरब पौंड से ज्यादा रहा और यह निरंतर बढ़ता हुआ दिख रहा है।

वर्तमान भारतीय प्रधानमंत्री मोदी अपनी महत्वाकांक्षी योजनाओं के वित्तपोषण के लिए पूंजी चाहते हैं। इन्हें जुटाने की सबसे उपयुक्त जगह ब्रिटेन हो सकता है। वे भारत के मूलभूत ढांचे का आधुनिकीकरण करना चाहते हैं, उन्हें इसके लिए विशेषज्ञता और वित्तीय सहायता की आवश्यकता होगी जिसमें ब्रिटेन सहायक हो सकता है। वे दुनिया को अपने आह्वान "भारत में बनाएं" के साथ, भारत में विनिर्माण क्षेत्र को बढ़ावा देना चाहते हैं। ब्रिटेन के पास दुनिया की कुछ आधुनिकतम विनिर्माण इकाइयां हैं और ब्रिटेन इन्हें भारत के साथ साझा करने को तैयार हैं। अर्थव्यवस्था में परिवर्तन लाने के लिए भारत को 50 करोड़ युवा भारतीयों को सही शिक्षा और दक्षता प्रदान करने की जरूरत है। जिसकी पूर्ति ब्रिटेन से हो सकती है क्योंकि ब्रिटेन की शिक्षा विश्व में बेहतरीन है और ब्रिटेन भारत की सहायता के लिए सदैव तैयार रहता है। ब्रिटेन इन सब के अतिरिक्त प्रधानमंत्री मोदी की गंगा को स्वच्छ बनाने की राजनैतिक, धार्मिक, पारिस्थितिक तथा आर्थिक महत्व की एक विस्तृत परियोजना को भी ब्रिटेन, टेम्स नदी की सफलतापूर्वक सफाई के अपने अनुभवों को साझा करते हुए इसमें भी मदद कर सकता है[8]।

अंतर्राष्ट्रीय स्तर पर भारत की सशक्त उपस्थिति– भारत को आने वाले वर्षों में अंतर्राष्ट्रीय स्तर पर काम करते हुए अपनी मजबूत स्थिति को प्रदर्शित करने की अपेक्षा रखता हूं। वैश्विक साझा हितों के साथ-साथ विश्व में मानवीय हितों को बढ़ावा देते हुए तथा सभी के लिए इस विश्व को एक बेहतर स्थान बनाने के लिए शेष अंतर्राष्ट्रीय समुदाय के साथ मिलकर समस्त जन आवश्यक कार्रवाइयों में भारत को सहयोग करना चाहिए। वस्तुतः इस पथ पर वह सयुंक्त राष्ट्र संघ के साथ निरंतर अग्रसर भी है। भारत विश्व मंच का एक जिम्मेदार कर्ता है और अच्छाई, स्थिरता तथा संपन्नता के लिए एक शक्ति बनकर भी उभर रहा है और शायद यही वजह है कि संयुक्त राष्ट्र की स्थायी सदस्यता के लिए भारत को विश्व की लगभग सभी सरकारों का मजबूत समर्थन प्राप्त हो रहा है और जो शायद उसकी इस स्थिति में हमेशा मिलता भी रहेगा।

समकालीन बहुध्रुवीय विश्व व्यवस्था में भारत से अपेक्षा–समकालीन बहुध्रुवीय विश्व व्यवस्था में भारत से सर्वप्रथम यही अपेक्षा की जाती है कि भारत अपने पड़ोसियों के साथ अपने सम्बन्ध मजबूत करके रखे ताकि दक्षिण एशिया क्षेत्र में किसी अन्य उभरती राजनीतिक या आर्थिक शक्ति का आगमन न हो सके। इसके लिए वर्तमान भारतीय सरकार ने आते ही कार्य करना शुरू कर दिया जिसके

तहत उसने पुराने "एशिया की तरफ देखों" की नीति को और बेहतर परिणामों की तरफ अग्रसर करते हुए "एशिया में कार्य करों" (Act East Policy) में तब्दील किया। नवनिर्वाचित भारतीय प्रधानमंत्री का देश के बाहर का उनका पहला द्विपक्षीय दौरा भूटान और नेपाल का था, जो इस क्षेत्र को महत्व देने के उनके और उनकी सरकार के दृष्टिकोण को रेखांकित करता है और ऐसा ही तत्कालीन विदेश मंत्री सुषमा स्वराज के अफगानिस्तान, बांग्लादेश तथा अन्य निकट पड़ोसी देशों की यात्रा से भी जाहिर हुआ।

अफगानिस्तान

भारत के लिए अफगानिस्तान बहुत मायने रखता है। यह भारतीय सुरक्षा के लिए प्राथमिक और महत्वपूर्ण मसला है। ऐसा अफगानिस्तान जो फिर से एक बार आतंकियों के सुरक्षित स्वर्ग में बदल जाए, भारत के लिए सदैव अति खतरनाक होगा। यह मसला रणनैतिक महत्व का है, क्योंकि एक अस्थिर अफगानिस्तान इस समूचे दक्षिण एशिया के क्षेत्र में और इस क्षेत्र में स्थित भारत के अन्य मित्र राष्ट्रों, जिसमें भूटान जैसे देश भी शामिल है, के लिए एक खतरा होगा। अफगानिस्तान को अपनी सुरक्षा में सहायता देना ही भारत को अपनी सुरक्षा को बचाने का सबसे बेहतर तरीका है। इसलिए भारत, अफगान नेशनल आर्मी को प्रशिक्षण तथा वित्तीय सहायता द्वारा समर्थन प्रदान करने में सक्रिय भूमिका निभा रहा है। भारत अफगानिस्तान में लोकतंत्र को समर्थन देना जारी रखेगा। जिस हेतु हम अफगान संस्थानों के निर्माण में सहायता कर रहे हैं, जिससे बढ़िया प्रशासन, कानून का शासन, उत्तरदायित्व तथा टिकाऊ स्थायित्व सुनिश्चित हो सके।

वस्तुतः भारत का लक्ष्य एक मजबूत, शांतिपूर्ण, लोकतांत्रिक तथा खुशहाल अफगानिस्तान है। भारत इस दिशा में आगे भी बढ़ रहा है। इस दिशा में वैश्विक नागरिक समाज व संयुक्त राष्ट्र संघ का भी यही सोचना है कि भारत को अफगानिस्तान के पुनर्निर्माण में एक केंद्रीय भूमिका निभानी चाहिए। अफगानिस्तान में भारत के कई महत्वपूर्ण हित भी छुपे हुए हैं। भारत से निकटता और आकार के लिहाज से आने वाले वर्षों में यह इस देश में एक मुख्य भूमिका निभाने वाला है। अफगानिस्तान में भारत का जितना असर है, उतना अन्य देशों का नहीं। भारतीय सिने कलाकार व भारतीय सिनेमा भारत से कहीं ज्यादा अफगानिस्तान में पसंद किए जाते हैं। भारत पर अफगान लोग अत्यधिक विश्वास करते हैं जो मत-संग्रहों में नियमित रूप से प्रदर्शित होता रहा है, कि अफगान लोग भारत को अन्य किसी

भी देश से ज्यादा महत्व देते हैं। भारत का 2 अरब डॉलर का सहायता कार्यक्रम अफगानिस्तान के विकास में एक बड़ी भूमिका अदा कर रहा है तथा भारतीय कंपनियां यहां के सबसे बड़े निवेशकों में हैं। भारत की समृद्धि तथा अफगानिस्तान के साथ इसके घनिष्ठ व्यावसायिक संपर्क का तात्पर्य है कि भारत, आनेवाले वर्षों में इस देश की अर्थव्यवस्था के विकास और पोषण के क्षेत्र में महत्वपूर्ण भूमिका निभाएगा। इसलिए अफगानिस्तान व्यापक रूप से भारत के लिए महत्वपूर्ण है और भारत भी अफगानिस्तान के लिए महत्वपूर्ण हैं।

आतंकवाद

एक क्षेत्रीय चुनौती से आगे निकल कर भारत के लिए विश्वस्तर की चुनौती पर बात करने की आवश्यकता है जिसमें वर्तमान समय में आतंकवाद सर्वाधिक महत्वपूर्ण मुद्दा है। वस्तु स्थिति यह है कि भारत वर्तमान समय में जिस बड़ी चुनौती का सामना कर रहा है, वह वैश्विक आतंकवाद है। उत्तरी अफ्रीका तथा साहेल से लेकर मध्य-पूर्व तक अस्थिरता का एक अर्धगोलाकार क्षेत्र मौजूद है। इराक और सीरिया में इसका विकास खास तौर पर खतरनाक है और आतंकवाद अपने मूल देशों तक ही सीमित नहीं है जिसको हम ट्रॉटस्की के विचारों में निम्न प्रकार समझ सकते। ट्रॉटस्की ने एक बेहद स्मरणीय बात कही थी, जो कुछ इस तरह है : "आप भले ही युद्ध में दिलचस्पी नहीं लेते, पर युद्ध आपमें दिलचस्पी लेता है"। अत: आतंकवाद चाहे आपके यहाँ पैदा हुआ हो या न हुआ हो लेकिन उसका क्षेत्र इतना व्यापक है कि वह आपके यहाँ भी अपने प्रभाव को दृष्टिगत करता है अर्थात आतंकवाद के हाथ इतने लंबे हैं कि यह सम्पूर्ण मानवीय जीवन के लिए आज के दिन में सदैव एक खतरनाक समस्या बनी रहती है। भारत के साथ विश्व के तमाम देश अपने देश, अपने ही इलाकों में इसके शिकार बन रहे हैं। हम इन खतरों को नजरअंदाज कर इनसे नहीं निपट सकते।

हमें आतंकी खतरों से सतर्क रहना चाहिए, पर इनसे चिंतित होने की आवश्यकता नहीं। अगर विश्व साथ मिलकर काम करें तो हम इनसे सफलतापूर्वक निपट सकते हैं। इराक और सीरिया में इस्लामिक स्टेट या आईएसआईएल के उभार के प्रत्युत्तर का एक हिस्सा सैन्य कार्रवाई है। इनमें आईएसआईएल के साथ जमीन पर लड़ने वालों की मदद करना शामिल है, जैसा कि ब्रिटेन, अमेरिका तथा अन्य देश कुर्द तथा इराकी सुरक्षा बलों को हमारा समर्थन बढ़ाते हुए कर रहे हैं। इस उत्तरदायित्व का एक अन्य अंग है, भारतीय सुरक्षा एजेंसियों के बीच घनिष्ठ

तालमेल, जिससे भारत अपनी जमीनों पर तथा अन्य देशों में भारतीय हितों के खिलाफ आतंकी गतिविधियों से सक्रियता से निपटा जा सके। भारत और अन्य शक्तिशाली देश इस क्षेत्र में पहले से साथ मिलकर काम कर रहे हैं। यह सहयोग अप्रत्यक्ष है, जिसके कारण स्पष्ट हैं। लेकिन इससे दुनिया भर में भारत के कई नागरिकों के जीवन की रक्षा हुई है।

लेकिन जब वैश्विक आतंकी खतरों के लिए एक मजबूत सुरक्षात्मक प्रतिक्रिया अनिवार्य हो जाए, तो हम केवल अपने सैन्य बलों और आतंक-निरोधी एजेंसियों पर निर्भर नहीं रह सकते। हमें अपने समाधान-प्रयासों में सभी उपायों का इस्तेमाल करना चाहिए- सैन्य, खुफिया, आर्थिक, राजनैतिक, कूटनैतिक। आतंकी राजनैतिक अस्थिरता पर पनपते हैं। इसलिए हमें स्वतंत्र और खुले समुदायों के निर्माण में अनिवार्य रूप से निवेश करना होगा, जिनमें शामिल है-इराक में वास्तविक रूप से गठित सरकार बनाने की आवश्यकता, जो सभी इराकियों को एकजुट कर सके, और सीरिया में चल रहे संघर्ष का एक राजनैतिक समाधान तलाशने के प्रयासों को समर्थन देना। हमें इन दोनों देशों में भयानक मानवीय उत्पीड़न को खत्म करने के लिए भी जहां तक संभव हो, सभी प्रयास करने होंगे। इन देशों और इस क्षेत्र में भारत के हित और प्रभाव मौजूद हैं। वस्तुतः भारत विश्व के अन्य देशों के साथ मिलकर यहां आम लोगों के उत्पीड़न को कम करने के लिए और ऐसी स्थितियां बनाने के लिए काम करना चाहता हैं, जिससे आतंकवाद ज्यादा दिनों तक फल-फूल न सके।

मालद्वीप में राजनीतिक संकट और भारत

भारत के लिए मालद्वीप आर्थिक, सामरिक और सांस्कृतिक नजरिये से बेहद अहम देश है। मालद्वीप हिंद महासागर में स्थित 1200 द्वीपों का देश है, जो भारत के लिए रणनीतिक दृष्टि से काफी अहम है। मालद्वीप के समुद्री रास्ते से निर्वाध रूप से चीन, जापान और भारत को एनर्जी की सप्लाई होती है। चीन 10 साल पहले से ही हिंद महासागर क्षेत्र में नौसेना के जहाजों को भेजना शुरू कर चुका था। अदन की खाड़ी में ऐंटी पायरेसी अभियानों के नाम पर मालद्वीप इंटरनैशनल जियो पॉलिटिक्स में धीरे-धीरे काफी अहम बन गया है। दक्षिण एशिया की मजबूत ताकत होने और हिंद महासागर क्षेत्र में नेट सिक्यॉरिटी प्रोवाइडर होने के नाते भारत को मालद्वीप के साथ सुरक्षा और रक्षा क्षेत्र में मजबूत संबंध बनाये रखने की जरूरत है। मालद्वीप में चीन की बड़ी आर्थिक मौजूदगी भी भारत के लिए चिंता की बात है। मालद्वीप

सार्क का भी सदस्य है। ऐसे में इस इलाके में भारत को अपना प्रभुत्व बनाये रखने के लिए मालद्वीप को अपने साथ रखना जरूरी है। पाकिस्तानी आतंकवादियों द्वारा उड़ी में किए गए आतंकी हमले के बाद पाकिस्तान में होने वाले सार्क सम्मेलन का भारत द्वारा बहिष्कार करने के आह्वन पर मालद्वीप एकमात्र ऐसा देश था जिसने इस आह्वान पर अनिच्छा जताई थी। मालद्वीप के साथ भारत के सदियों पुराने सांस्कृतिक संबंध हैं। मालद्वीप के साथ नई दिल्ली का धार्मिक, भाषाई, सांस्कृतिक और व्यावसायिक संबंध है। 1965 में आजादी के बाद मालद्वीप को सबसे पहले मान्यता देने वाले देशों में भारत शामिल था। बाद में भारत ने 1972 में मालद्वीप में अपना दूतावास भी खोला। मालद्वीप में करीब 25 हजार भारतीय रह रहे हैं। हर साल मालद्वीप जाने वाले विदेशी पर्यटकों में 6 फीसदी भारतीय होते हैं। मालद्वीप के लोगों के लिए शिक्षा, चिकित्सा और व्यापार के लिहाज से भारत एक पसंदीदा देश है।

मालद्वीप इस वक्त गहरे सियासी संकट से जूझ रहा है। राजनीतिक विरोधियों को रिहा करने के सुप्रीम कोर्ट के आदेश को मानने से इनकार करने वाले राष्ट्रपति अब्दुल्ला यामीन ने 15 दिनों के आपातकाल का ऐलान कर दिया है। संसद पहले ही भंग की जा चुकी है। आपातकाल की घोषणा के बाद कुछ ही घंटों के भीतर सुप्रीम कोर्ट के चीफ जस्टिस अब्दुल्ला सईद और एक दूसरे जज के साथ-साथ पूर्व राष्ट्रपति मौमून अब्दुल गयूम (जो मौजूदा राष्ट्रपति के सौतेले भाई) को गिरफ्तार किया जा चुका है। पड़ोसी देश के घटनाक्रम पर भारत की करीबी नजर है। इस सम्बन्ध में मालद्वीप के सुप्रीम कोर्ट ने भारत से मदद की गुहार लगाई थी। मालद्वीप के ताजा राजनीतिक संकट की जड़ें 2012 में तत्कालीन और पहले निर्वाचित राष्ट्रपति मुहम्मद नशीद के तख्तापलट से जुड़ी हुईं हैं। नशीद के तख्तापलट के बाद अब्दुल्ला यामीन राष्ट्रपति बने। उन्होंने चुन-चुनकर अपने राजनीतिक विरोधियों को निशाना बनाया। नशीद को 2015 में आतंकवाद के आरोपों में 13 साल जेल की सजा भी हुई लेकिन वह इलाज के लिए ब्रिटेन गए और वहां राजनीतिक शरण ले ली। मुहम्मद नशीद को भारत समर्थक माना जाता है। मालद्वीप के सुप्रीम कोर्ट ने नशीद समेत 9 राजनीतिक बंदियों को रिहा करने का आदेश दिया। सुप्रीम कोर्ट ने अब्दुल्ला यामीन की पार्टी से बगावत करने वाले 12 सांसदों को भी बहाल करने का आदेश दिया। इन 12 सांसदों की सदस्यता बहाल होने के बाद यामीन सरकार अल्पमत में आ जाती और नशीद की पार्टी की अगुआई वाला संयुक्त विपक्ष बहुमत में आ जाती लेकिन अब्दुल्ला यामीन ने सुप्रीम कोर्ट के फैसले को मानने से

इनकार कर दिया और सेना को स्पष्ट आदेश दिया कि वह सुप्रीम कोर्ट के आदेश की अवज्ञा करे।

मालद्वीप के साथ भारत के सदियों पुराने सांस्कृतिक संबंध हैं। हाल के वर्षों में मालद्वीप का भारत के बजाय चीन की तरफ झुकाव बढ़ रहा है। 2012 में हुए सैन्य तख्तापलट में मालद्वीप के पहले निर्वाचित राष्ट्रपति मुहम्मद नशीद को सत्ता से बेदखल कर दिया गया था। उसके बाद चीन ने मालद्वीप को अपने पाले में करने के लिए आक्रामक रणनीति अपनाई। चीन ने एक तरह से मालद्वीप को कर्ज के जाल में फंसा लिया है। मालद्वीप के लिए कुल अंतरराष्ट्रीय कर्ज में करीब दो–तिहाई हिस्सेदारी तो अकेले चीन की है। आश्चर्य की बात यह है कि 2011 तक मालद्वीप में जिस चीन का दूतावास तक नहीं था, वह अब वहां की घरेलू राजनीति में प्रभावी दखल रखता है। मालद्वीप अब चीन के महत्वाकांक्षी बेल्ट ऐंड रोड इनिशिएटिव (BRI) का हिस्सा है। पिछले साल चीन और मालद्वीप ने मुक्त व्यापार समझौता (FTA), पर दस्तखत किए थे। चीन के साथ FT। समझौते को मालद्वीप के पूर्व राष्ट्रपति मुहम्मद नशीद ने देश की संप्रभुता के लिए खतरा बताया था। माले के इंटरनैशनल एयरपोर्ट का मसला भी मालद्वीप में चीन के बढ़ते दखल को बताता है। माले एयरपोर्ट को बनाने का ठेका एक भारतीय कंपनी को मिला था लेकिन वह ठेका रद्द करके चीन की एक कंपनी को दे दिया गया।

संकट के वक्त मालद्वीप के साथ हमेशा खड़ा रहा भारत

मालद्वीप के साथ भारत के सदियों पुराने व्यापारिक और सांस्कृतिक संबंध रहे हैं। जब–जब इस द्वीपीय देश पर कोई संकट आया है तो भारत ने बिना कोई देर किए सबसे पहले मदद की है। मिसाल के तौर पर 1988 में जब मालद्वीप में तख्तापलट की कोशिश को भारत ने नाकाम किया था, तब अब्दुल्ला लुतूफी नाम के विद्रोही नेता ने श्री लंकाई विद्रोहियों की मदद से तत्कालीन राष्ट्रपति मौमून अब्दुल गयूम की सत्ता पलटने की कोशिश की थी। इस संकट से निपटने के लिए मालद्वीप ने भारत और अमेरिका समेत अंतरराष्ट्रीय समुदाय से मदद की गुहार लगाई थी। तत्कालीन प्रधानमंत्री राजीव गांधी ने तत्काल भारतीय वायु सेना को मालद्वीप की मदद का निर्देश दिया। भारतीय वायुसेना के ऑपरेशन में सारे विद्रोही या तो ढेर कर दिए गए या फिर गिरफ्तार। भारत की इस कार्रवाई की अंतरराष्ट्रीय स्तर पर तारीफ हुई। भारतीय वायुसेना के उस अभियान को 'ऑपरेशन कैक्टस' के नाम से जाना जाता है। इसी तरह दिसंबर 2014 में माले में वॉटर सप्लाइ कंपनी के जेनरेटर

कंट्रोल पैनल में भीषण आग लग गई थी। इस वजह से पूरे देश में पेयजल का अभूतपूर्व संकट खड़ा हो गया। मालद्वीप सरकार ने भारत सरकार से मदद मांगी। भारत ने तत्काल मदद करते हुए आईएनएस सुकन्या को पानी के साथ माले के लिए रवाना किया। इसके अलावा आईएनएस दीपक को 1000 टन पानी के साथ माले भेजा गया। भारतीय वायुसेना ने भी अपने एयरक्राफ्ट्स के जरिये सैकड़ों टन पानी माले पहुंचाया था। भारत के इस अभियान को 'ऑपरेशन नीर' नाम से जाना जाता है।

परन्तु इस बार भारत मालद्वीप के इस राजनैतिक संकट के दौर में मदद की अवस्था में जल्दबाजी करने के पक्ष में नहीं है। श्रीलंका के अनुभव से वह सीख चुका है कि दूसरे देशों के राजनीतिक मामलों में सैन्य हस्तक्षेप करने का क्या परिणाम निकल सकता है। मालद्वीप के संविधान के अनुसार आपातकाल की घोषणा को संसद की स्वीकृति मिलनी चाहिए। यदि संसद का सत्र चल रहा हो तो 48 घंटे में और यदि न चल रहा हो तो 15 दिन में यह स्वीकृति मिल जानी चाहिए। संसद का सत्र 5 फरवरी को शुरू होने वाला था, लेकिन उसे भी टाल दिया गया। भारत धैर्य के साथ देखना चाहता है कि यामीन इस संबंध में क्या करते हैं। फिलहाल भारत अमेरिका, सऊदी अरब और संयुक्त राष्ट्र के माध्यम से मालद्वीप पर दबाव डालने का प्रयास कर रहा है। मालद्वीप की अर्थव्यवस्था पर्यटन पर टिकी है इसलिए भारत समेत अनेक यूरोपीय देशों ने अपने-अपने नागरिकों को मालद्वीप से दूर रहने की सलाह दी है। दिलचस्प बात यह है कि यात्रा संबंधी ऐसा सुझाव जारी करने वालों में चीन भी शामिल है। भारत की यह भी कोशिश है कि यामीन सरकार के सदस्यों और अधिकारियों की यात्राओं पर भी प्रतिबंध लगा दिए जाएं ताकि वे भारत या अन्य देशों की यात्रा पर न जा पाएं। अभी यही कोशिश की जा रही है कि सैनिक हस्तक्षेप के अलावा अन्य सभी विकल्पों को आजमा लिया जाए। इस क्षेत्र की महत्वपूर्ण शक्ति होने के कारण भारत बहुत दिनों तक अपनी अपेक्षित भूमिका निभाने से बच नहीं सकेगा। देर-सबेर उसे कड़े फैसले लेने ही होंगे, लेकिन उनका दूरगामी लाभ तभी होगा जब वह मालद्वीप सरकार के साथ इस बारे में दीर्घकालिक समझ बनाये कि उसके हितों की अनदेखी नहीं की जाएगी।

चीन से मिलती निरंतर चुनौतियां

चीन ने दक्षिण एशिया में स्थानीय परियोजनाओं में आर्थिक निवेश को बढ़ा दिया है जिसका भारी लाभ उसे प्राप्त हो रहा है। इस स्थिति में भारत को अपनी

पकड़ बनाये रखने के लिए इस क्षेत्र में अधिक मेहनत करनी पड़ेगी। वर्तमान समय में अपने पड़ोसी देशों पर भारत की पकड़ को लेकर खूब चर्चाएं होने लगी हैं, खास तौर से नेपाल और मालद्वीप चुनाव के नतीजे आने के बाद। इसको लेकर सरकार की आलोचना हालांकि घरेलू राजनीतिक परिस्थितियों से निर्देशित होती है, लेकिन कड़वी सचाइयों का सामना करना भी महत्व रखता है, वह यह कि इस क्षेत्र में जमीनी हकीकतें बदल गई हैं। कुछ समय से यह तो साफ ही हो गया है इसलिए भारत के पास क्षेत्रवाद की नई समझ के इर्दगिर्द केंद्रित अलग रुख अपनाने के सिवाय कोई रास्ता नहीं है। लेकिन इन सब नई बातों को विस्तार से समझने से पहले यह देखने की जरूरत है कि इस क्षेत्र में वर्तमान समय में क्या कुछ बदल गया है? मोटे तौर पर तीन मुख्य बाते हैं- चीन का प्रभाव क्षेत्र बढ़ रहा है; अमेरिका की स्थिति कमजोर हो रही है; और भारत भविष्य के लिए पारस्परिक निर्भरता की स्थिति बनाने में कहीं-न-कहीं अक्षम सिद्ध होता दिख रहा है और बिना पक्षपात कि, कहा जाये तो इस अक्षमता का इस बात से कोई ताल्लुक नहीं है कि कौन-सी पार्टी सत्ता में है।

चीन का बढ़ता वर्चस्व

लंबे समय से भारत की नीति इस बुनियादी धारणा के ऊपर आधारित रही है कि वह चीन के उत्कर्ष के परिणामों से तो निबट ही लेगा, बल्कि साथ-साथ पाकिस्तान को भी किसी-न-किसी तरह अनुशासन में रहने को मजबूर कर सकता है लेकिन दोनों बातें सफल नहीं हो पाई हैं। नेपाल और मालद्वीप में घटी घटनाओं से साफ है कि चीन का बढ़ता प्रभाव इस क्षेत्र के अधिकतर देशों की घरेलू राजनीति को काफी प्रभावित कर रहा है और यह कोई अचानक नहीं हो गया है। इसलिए यह कहना गलत नहीं होगा कि पिछले एक दशक में भारत इस क्षेत्र में चीन के बढ़ते प्रभाव के परिणामों को कमतर करके आंकता रहा है। 1990 के दशक में चीन को 'दक्षिण एशिया की सेनाओं' में निवेश करना फायदेमंद दिखा। इसके पीछे दो तर्क काम कर रहे थे— पहला यह कि दक्षिण एशिया की विस्फोटक आंतरिक राजनीति में सेना ही एकमात्र मजबूत पक्ष है; दूसरा यह कि इस निवेश से इस तरह की पारस्परिक निर्भरता बढ़ेगी, जो भारत को चिंता में डाले रखेगी। इसलिए पाकिस्तान, म्यानमार, बांग्लादेश और श्रीलंका को चीनी सैन्य सहायता निरंतर बढ़ती गई। यही कारण है कि उनके साजो-सामान में चीनी मूल के उपकरण प्रमुख हो गए हैं। 2017 तक यह रणनीति बदल गई थी और उसके नतीजे अब सामने आ रहे हैं। जहां

संभव हो वहां पाकिस्तान की मदद से चीन वित्तीय सहायता, राजनीतिक सलाह और संकट से उबरने के पैकेज के रूप कम-से-कम एक मुख्य राजनीतिक दांव में निवेश कर रहा है।

चीन नें नेपाल में के.पी. ओली, श्रीलंका में महिंद्रा राजपक्षे, मालद्वीप में अब्दुल्ला यामीन और यहाँ तक कि बांग्लादेश में खालिदा जिया तक को निशाना बना लिया गया है। इसके अलावा, बुनियादी ढांचे की अहम परियोजनाओं में निवेश उन राजनीतिक नेतृत्व को खासा आकर्षक लगता है, जिन्हें चीन संरक्षण दे रहा है। काठमांडू में रेलवे, श्रीलंका में हंबनटोटा परियोजना, या माले के पास नया शहर ऐसी परियोजनाओं के कुछ उदाहरण हैं। ऐसा नहीं है कि यह सब नई बात है, लेकिन अब यह ज्यादा तेजी से उभर रहा है क्योंकि दक्षिण एशिया में भारत की प्रमुखता का निरंतर समर्थन कर रहे अमेरिका का प्रभाव घट रहा है। चीन के महत्वाकांक्षी विस्तारवाद ने इस पारंपरिक वर्चस्व को चुनौती दी है। अब भारत को गहन पुनर्विचार करना पड़ेगा कि भारत अपनी राजनीतिक तथा भौगोलिक प्रमुखता के बावजूद ऐतिहासिक तौर पर एकजुट इस उपमहादेश में आधुनिक जुड़ाव का नक्शा बनाने में विफल क्यों रहा? सरल शब्दों में कहें तो पूछा जा सकता है कि भारत ने दक्षिण एशिया में देशों को जोड़ने वाली कितनी नई सड़कें बनवाई है? इसी तरह, भारत के बंदरगाह उसके पड़ोसियों के लिए बमुश्किल पहुंच में हैं। उदाहरण के लिए, श्रीलंका का भारत के दूसरे बंदरगाह तक इस साल पहुंच मिली।

भारत ने दक्षिण एशिया के प्रति क्षेत्रीय रुख अपनाने का संकेत अब कहीं जाकर देना शुरू किया है। काठमांडू को बिजली सप्लाइ और बांग्लादेश के, जो अब भारत से 600 मेगावाट बिजली ले रहा है, साथ ग्रिड के जुड़ाव में सुधार इसके कुछ ताजा उदाहरण हैं। लेकिन भारत को इस क्षेत्र में अपने भौगोलिक अस्तित्व का लाभ उठाना है तो ऐसे उदाहरणों की संख्या कई गुना बढ़ानी पड़ेगी। श्रीलंका में एलएनजी टर्मिनल बनाने के लिए भारत और जापान जिस तरह सहयोग कर रहे हैं वह ऐसा मॉडल बन सकता है जो भारत को चीन से प्रतिस्पर्धा में फासला कम करने के लिए ताकत जुटाने में मदद कर सकता है। समस्या यह है कि भारत को अपने ही क्षेत्र में चीन की 'बेल्ट ऐंड रोड' अभिक्रम से उत्पन्न चुनौतियों का सामना करने के लिए ऐसे सरल तथा नये मॉडल लाने के लिए दोगुनी मेहनत करनी पड़ेगी। इस दिशा में विश्वसनीय सुरक्षा तथा वित्तीय गारंटी के साथ नई, भारत-केंद्रित अभिक्रम पहली चुनौती होगी, न कि सत्ता परिवर्तन का पुराना खेल जो कि दिन-ब-दिन ऊंचे

होते दांव के कारण कठिन होता जाएगा। दूसरे शब्दों में, भारत को यह स्वीकार करना होगा कि चीन नें दक्षिण एशिया में संतुलन को बिगाड़ दिया है इसलिए उसके पास इसका जवाब देने के सिवाय कोई रास्ता नहीं है।

नेपाल-चीन संबंध : बीजिंग की रणनीतिक प्रेरणा

1955 में औपचारिक राजनयिक संबंध स्थापित करने के बाद से नेपाल और चीन के संबंध व्यापक रूप से मित्रतापूर्ण रहे हैं। पर इन संबंधों को बल तब मिला जब 2008 में नेपाल ने संवैधानिक राजतंत्र त्याग दिया। विशेष रूप से 2015 के गोरखा भूकंप के बाद यह रिश्ता और पक्का हुआ। इसी बीच भारत-नेपाल संबंधों में खटास आई जब नेपाल सरकार ने नई दिल्ली पर यह आरोप लगाया कि भारत ने 2015 में चार महीनों तक मधेसी अगुआई से हुई नाकाबंदी का अकथित रूप से समर्थन किया (मधेसी एक जातीय समूह है जिसका भारत के साथ घनिष्ठ संबंध है)। इस नाकाबंदी के कारण नेपाल को ईंधन और अन्य आपूर्तियों की भारी कमी का सामना करना पड़ा। इस घटना से शायद यह समझने में मदद मिलती है कि क्यों काठमांडू बीजिंग से रिश्ता बढ़ा कर नई दिल्ली पर अपनी दशकों से चली आ रही निर्भरता को संतुलित करने का प्रयास कर रहा है।

वहीँ भारत और नेपाल के बीच बिगड़ते द्विपक्षीय संबंध बीजिंग के लिए एक रणनीतिक अवसर है। चीन ने नेपाल में अब रूचि लेना प्रारंभ कर दिया है क्योंकि नेपाल चीन के तिब्बती स्वायत्त क्षेत्र (टीएआर) की सीमा पर है, जहां बीजिंग दशकों से स्थिरता बनाये रखने के बारे में चिंतित है। 1959 के तिब्बती विद्रोह के बाद अनुमानित 20000 तिब्बती शरणार्थी नेपाल में बस गये और चीन इन शरणार्थियों को अपनी संप्रभुता और स्थिरता के लिए हानिकारक समझता है। 2008 के काठमांडू विरोध को देखते हुए चीन चिंतित है कि यह शरणार्थी टीएआर में चीन के दमनकारी शासन का विरोध करके अशांति पैदा कर सकते हैं जिससे चीन की तरफ अंतरराष्ट्रीय राजनीति का ध्यान आकर्षित हो सकता है और उसकी वैश्विक स्थिति को नुकसान पहुंच सकता या अन्य घरेलू जातीय समूहों में विरोध प्रेरित हो सकता है।

तिब्बत सम्बंधित चिंताओं के साथ-साथ बीजिंग इस क्षेत्र की प्रबल शक्ति नई दिल्ली के साथ नेपाली सरकार की दीर्घकालिक निकटता के कारण भी सहयोग बनाने के लिए उत्सुक हो सकता है। चीन की दृष्टि से, 2015 की नाकाबंदी एक अवसर था; भारत पर विदेश नीति और आर्थिक विकास के लिए नेपाल की

निर्भरता छुड़ाने का। इन रणनीतिक चिंताओं को ध्यान में रखते हुए, चीन ने नेपाल में अपनी प्रतिबद्धता का प्रदर्शन करने के लिए प्राथमिक रूप से एक तरीका अपनाया है— आर्थिक भागीदारी। भारत के बाद चीन नेपाल का दूसरा सबसे बड़ा व्यापारिक भागीदार है, पर भारतीय आयात के सामने अभी भी चीनी आयात बहुत कम है— भारतीय आयात 58 प्रतिशत है जबकि चीनी आयात केवल 14 प्रतिशत। चीन नेपाल में एफडीआई के सबसे बड़े स्रोत के रूप में भी उभरा है जबकि जुलाई 2016 से जनवरी 2017 तक भारतीय निवेश 76 प्रतिशत गिर गया है। इस साल मार्च तक अन्य परियोजनाओं के साथ चीनी कंपनियों ने नेपाल में पनबिजली, स्मार्ट ग्रिड और सड़क मार्गों के लिए 8.3 अरब डॉलर का भी आश्वासन दिया है।

क्षेत्रीय संयोजकता से भी चीन नेपाल पर प्रभाव डालना चाहता है। अधिकतर व्यापार के लिए नेपाल भारत के साथ अपनी दक्षिणी सीमा रेखा पर निर्भर रहा है। लेकिन चीन का महत्वपूर्ण बेल्ट और रोड इनिशिएटिव (बीआरआई) इस यथास्थिति को बदल सकता है और संभावित रूप से नेपाल में एक आर्थिक पुनर्जागरण प्रेरित कर सकता है। मई में, नेपाल ने बीआरआई पर हस्ताक्षर किया, जो उसे मध्य एशिया और यूरोप के बाजारों से जोड़ सकता है। इसके अतिरिक्त नेपाल-चीन रक्षा सहयोग में आगे आ रहे हैं जिसका सबसे महत्वपूर्ण उदाहरण अप्रैल 2017 का संयुक्त सैन्य अभ्यास था, जिसे सागरमाथा मैत्री के नाम से जाना जाता है। नेपाल ने पूर्व में भारत और अमेरिका दोनों के साथ संयुक्त द्विपक्षीय सैन्य अभ्यास आयोजित किया है लेकिन यह चीन की पीपुल्स लिबरेशन आर्मी (पीएलए) और नेपाल आर्मी (एनए) के बीच पहला अभ्यास था। इस तरह के संयुक्त अभ्यास के अपने महत्व होते हैं क्योंकि इनसे देशों के बीच समझदारी बढती है, सैन्य बलों के बीच निजी और संस्थागत संबंध बनते हैं और राजनीतिक, आर्थिक, एवं सांस्कृतिक संबंध और शक्तिशाली बन जाते हैं। उपर्युक्त घटनाओं से पता चलता है कि नेपाल की विदेश नीति अब एक नये मोड़ पर पहुंच गई है। आने वाले कुछ सालों में काठमांडू क्या नीति अपनाता है यह दक्षिण एशिया में सत्ता के क्षेत्रीय संतुलन के लिए महत्वपूर्ण साबित होगा। या तो नेपाल भारत के साथ अपना पारंपरिक संबंध कायम रखेगा या उसे छोड़कर चीन के साथ अपने संबंध बढ़ाएगा। परंतु उससे अधिक विवेकपूर्ण रणनीति यह होगी कि नेपाल भारत और चीन के बीच सामरिक अस्पष्टता बनाकर रखे और दोनों के साथ संबंधों से आर्थिक लाभ प्राप्त करे।

भारत को मजबूत करते दक्षिण एशिया के नये भागीदार

वर्ष 2000 के मध्य से दक्षिण एशिया में चीन के बढ़ते प्रभुत्व के कारण इस क्षेत्र में पाकिस्तान से लेकर म्याँमार तक और हिंद महासागर में भी भारत का परंपरागत दबदबा कुछ कम हो गया है। चूँकि चीन पूरे उप महाद्वीप में इतनी भारी मात्रा में वित्तीय निवेश करता है और अपनी रणनीतिक धौंस जमाता है कि भारत को अपने रणनीतिक ढंग से भारी क्षमताओं वाली चीनी चुनौतियों का सामना करना पड़ता है। परन्तु इस क्षेत्र में अन्य विकसित देशों की बढ़ती भागीदारी से चीन की रणनीतिक बढ़त पुनः सीमित होती दिखाई देती है। सन् 2014 में प्रधानमंत्री मोदी ने नेबरहुड फ़र्स्ट अर्थात् "पहले पड़ोसी" नाम से जो योजना शुरू की थी उसके परिणामस्वरूप भारत ने इस क्षेत्र के अन्य देशों के साथ अपनी भागीदारी बढ़ाना शुरू कर दिया है। संतुलन बनाने की यह रणनीति दक्षिण एशिया को उसके विशिष्ट क्षेत्र में अपना प्रभाव बनाये रखने और इस क्षेत्र में इतर देशों के प्रभाव को रोकने के भारत के बढ़ते अस्थायी प्रयासों से बिल्कुल अलग है। भारत की क्षेत्रीय रणनीति के इस नये आयाम की खूब चर्चा हो रही है। अमरीका के साथ-साथ भारत अब नेपाल, बंगलादेश या श्रीलंका जैसे छोटे-छोटे देशों से भी परामर्श करता है। पिछले वर्ष मोदी द्वारा दिये गये इस बयान में कि, "हम अफ़गानिस्तान के विकास के लिए समान विचारधारा वाले देशों के साथ काम करने के लिए तैयार हैं" वाशिंगटन के साथ मिलकर काम करने की नई दिल्ली की इच्छा व्यक्त करती है।

बाह्य शक्तियों द्वारा भारत को सहयोग

सन् 2014 में भारत और रूस ने बंगलादेश और श्रीलंका को केंद्र में रखते हुए तीसरे देशों में सहयोग करते हुए परमाणु ऊर्जा विकसित करने के अप्रत्याशित करार पर हस्ताक्षर किये थे। सन् 2017 में भारत के पूर्वी तट पर पहला ऑस्ट्रेलिया-भारत सामुद्रिक अभ्यास (AUSINDEX) किया गया। ब्रिटेन और भारत ने दक्षिण एशिया में विकास के लिए आवश्यक सहायता-निधि को केंद्र में रखकर "तीसरे देशों में सहयोग की भागीदारी" संबंधी आशय कथन (Statement of Intent) पर हस्ताक्षर किये और सन् 2016 में क्षेत्रीय मामलों पर अपना पहला औपचारिक संवाद शुरू किया। सन् 2015 में मालाबार नौसैनिक अभ्यास में जापान को स्थायी तौर पर शामिल करने के बाद टोक्यो और नई दिल्ली ने संयुक्त दृष्टिकोण 2025 की एक योजना बनाई है, जिसमें खास तौर पर बंगाल की खाड़ी में बेहतर क्षेत्रीय समन्वय और कनैक्टिविटी में सुधार लाने के लिए समन्वय की भावना से द्विपक्षीय

रूप में और अन्य भागीदारों के साथ मिलकर सिनर्जी के रूप में मिलकर काम करने का संकल्प किया गया था। सन् 2016 में घोषित एशिया-अफ्रीका विकास कॉरिडोर में इस भावना को और अधिक स्पष्ट करते हुए भारत ने चीनी बैल्ट व सड़क पहल (BRI) का विकल्प तैयार करने के लिए जापान के साथ मिलकर काम करने की इच्छा व्यक्त की है। ब्रसेल, पेरिस और बर्लिन के साथ नई दिल्ली ने हिंद महासागर क्षेत्र में सामुद्रिक सुरक्षा पर चर्चा की और क्षेत्रीय आतंकवाद से मुकाबला करने के लिए प्रयासों मे तेज़ी लाने के लिए खुफ़िया जानकारी साझा की। अंततः पिछली नीति से अलग हटकर भारत ने आगे बढ़कर क्षेत्र के बहुपक्षीय संगठनों का समर्थन किया और 2016-25 के एशियाई विकास बैंक के दक्षिण एशिया उप-क्षेत्रीय आर्थिक सहयोग (SASEC) ऑपरेशन प्रोग्राम में पूरे उत्साह से भाग लिया, जिसका मुख्य उद्देश्य उपमहाद्वीप और दक्षिण पूर्वेशिया के बीच कनैक्टिविटी में सुधार लाना था।

भागीदारी का विस्तार

जहाँ एक ओर भागीदारी के कई प्रयास अभी उभर ही रहे हैं, वहीं कई उपाय ऐसे भी किये गये हैं जिनसे तीन क्रमिक स्तरों पर उनका विस्तार हो जाएगा। पहले स्तर पर आपसी सलाह-मशविरा को बढ़ावा देने के लिए नई दिल्ली और क्षेत्र से इतर शक्तियों को चाहिये कि वे दक्षिण एशिया में विकास के मुद्दों पर चर्चा करने और मूल्यांकन को साझा करने के लिए इसी उद्देश्य के लिए समर्पित नये संस्थागत तंत्र का विस्तार करने या निर्माण करने के लिए निवेश करें। मौजूदा क्षेत्रीय परामर्श के दौरान अक्सर अफ़गानिस्तान, पाकिस्तान या व्यापक एशियाई रणनीतिक मुद्दे नेपाल या श्रीलंका पर छा जाते हैं। इससे तीन विशिष्ट क्षेत्रीय मार्गों पर विशेष द्विपक्षीय संवाद का मार्ग प्रशस्त हो जाएगा: चीन पर मुख्यतः केंद्रित राजनैतिक और रणनीतिक मुद्दे, आतंकवाद के प्रतिकार से जुड़े मुद्दे और सामुद्रिक सुरक्षा संबंधी मुद्दे; कनैक्टिविटी, व्यापार और निवेश की पहलों से जुड़े आर्थिक मुद्दे और सहायता-प्राप्त परियोजनाओं और अन्य आर्थिक मदद संबंधी पहलों से जुड़े विकास के मुद्दे।

दूसरा स्तर है, समन्वय की संभावनाओं को बढ़ाने के लिए भारत और उसके भागीदारों द्वारा उसके बाद दक्षिण एशिया में नीति संबंधी समन्वय के उद्देश्य से द्विपक्षीय क्षेत्रों को चिह्नित करना, ताकि श्रम के विभाजन पर सहमति बनाते हुए प्रत्येक पक्ष के तुलनात्मक लाभ को अधिकाधिक सुनिश्चित किया जा सके।

उदाहरण के तौर पर बंगलादेश में भारत ने राजनैतिक और क्षमता-निर्माण पर अपना ध्यान केंद्रित रखा है, जबकि जापान बुनियादी ढाँचागत परियोजनाओं के वित्तपोषण पर अपना ध्यान केंद्रित कर रहा है। तीसरा और सबसे ऊँचा स्तर तो यही है कि चीन के प्रतिकार के लिए और दक्षिण एशिया में ठोस सहयोग को बढ़ाने के लिए भारत और क्षेत्र से इतर उसके भागीदारों को चाहिये कि वे अपने प्रयासों को समन्वित करने और संयुक्त परियोजनाओं को लागू करने का प्रयास करें। इसके लिए आवश्यक है कि भारत-अमरीका-अफ़गानिस्तान के त्रिपक्षीय मॉडल के आधार पर तीसरे देशों को भी द्विपक्षीय संवादों में शामिल किया जाए। क्षेत्र के तीसरे देशों को सुदृढ़ करने के लिए ऐसी भागीदारी अनेक विशिष्ट क्षेत्रों पर केंद्रित की जा सकती है। जैसे, विकास के लिए दी जाने वाली सहायता-राशि का संयुक्त संवितरण, कार्यान्वयन और निगरानी; ढाँचागत विकास को सुगम बनाने के लिए इसी उद्देश्य के लिए वितरित निधि की स्थापना या सैनिक साजो-सामान की प्राप्ति; प्रशासनिक और सुरक्षा कर्मियों के लिए क्षमता-निर्माण का प्रशिक्षण; सुशासन और कानून के शासन की स्थापना के लिए लोकतंत्र की सहायता; और संयुक्त सैनिक अभ्यास, मानवीय सहायता और आपदा राहत कार्य (HADR) आदि।

एशिया में मजबूत होती भारत की स्थिति

सिंगापुर के रक्षामंत्री ने अपने एक बयान में यह इच्छा व्यक्त की थी कि भारत को दक्षिण चीन सागर में एक बड़ी भूमिका अदा करनी चाहिए। हाल ही के वर्षों में इसी तरह के बयान वियतनाम और फिलीपींस के नेताओं ने भी दिये हैं। दक्षिण पूर्वेशिया के नेताओं द्वारा उस क्षेत्र के सुरक्षा मामलों में भारत की भागीदारी के लिए उसे दिये गये "निमंत्रण" का मतलब है दक्षिण-पूर्व एशिया में महाशक्ति के रूप में भारत का उदय और फिर एशिया में महाशक्ति के रूप में भारत का उदय। दक्षिण-पूर्व एशिया का महत्व इस तथ्य में निहित है कि यह एक ऐसा महत्वपूर्ण रणनीतिक क्षेत्र है जो हिंद और प्रशांत महासागरों को आपस में जोड़ता है जिसमें कुछेक बेहद महत्वपूर्ण समुद्री संकीर्ण स्थल भी हैं और चीन के उदय के संदर्भ में यह व्यवस्था निर्माण का स्थल बन सकता है। जब अमेरिका ने अपने "केंद्र बिंदु/पुनर्संतुलन" की घोषणा की थी, उस समय अमेरिका के राष्ट्रीय सुरक्षा सलाहकार थॉमस डोनिलन ने स्पष्ट कर दिया था कि केंद्र बिंदु का मतलब केवल एशिया का ही पुनर्संतुलन नहीं है, बल्कि इसमें "एशिया के अंदर" का पुनर्संतुलन भी आ जाता है, क्योंकि अमेरिका ने "दक्षिण-पूर्व एशिया और आसियान पर भी नये सिरे से ध्यान देना शुरू कर दिया है"।

इसलिए दक्षिण–पूर्व एशिया में भारत का उभरता प्रोफ़ाइल बहुत महत्वपूर्ण है और इससे महाशक्ति के रूप में उसके उदय का संकेत भी मिलता है। जिसका मुख्य कारण तो यह है कि दक्षिण–पूर्व एशिया में भारत और उसके पड़ोसियों के बीच कोई सीमा विवाद नहीं है। पूरे दक्षिण–पूर्व एशिया में केवल म्याँमार ही ऐसा देश है, जिसके साथ भारत की स्थल सीमा जुड़ी हुई है और जिसका सीमांकन सन् 1937 में ब्रिटिश उपनिवेशवादी शासन द्वारा कर दिया गया था। तीन ऐसे दक्षिण–पूर्व एशियाई देश हैं, जिनके साथ भारत की समुद्री सीमा जुड़ी हुई है, म्याँमार, थाईलैंड और इंडोनेशिया। इनका भी निर्धारण सन् 1978 में त्रिपक्षीय करार द्वारा कर दिया गया था, जबकि म्याँमार के साथ भारतीय समुद्री सीमा का निर्धारण सन् 1987 में किया गया था। इस प्रकार इस क्षेत्र की अन्य महाशक्तियों अमेरिका, जापान और चीन के साथ भारत भी एशियाई सुरक्षा तंत्र का प्रमुख अंग बनता जा रहा है। यह उल्लेखनीय है कि ये तीनों महाशक्तियाँ दक्षिण–पूर्व एशिया में भारत के साथ काम करने को इच्छुक लगती हैं। राष्ट्रपति ओबामा ने कई अवसरों पर भारत से "पूर्वोन्मुख होकर काम करने के लिए" आग्रह किया है। इसके अलावा अमेरिका और भारत ने इस वर्ष के आरंभ में एक संयुक्त दृष्टिपत्र जारी किया है जिसमें खास तौर पर सारे क्षेत्र में ही विशेषकर दक्षिण चीन सागर में समुद्री सुरक्षा और नौवहन एवं उड्डयन की सुरक्षा को सुनिश्चित करने के लिए कहा गया है। जापानी प्रधानमंत्री शिन्ज़ो अबे जापान–भारत मैत्री को हिंद महासागर और प्रशांत महासागर के "संगम" के रूप में देखते हैं। वस्तुतः दक्षिण–पूर्व एशिया भौगोलिक रूप में और भू–राजनैतिक रूप में इसी संगम पर ही स्थित है। अपनी रणनीतिक और वैश्विक भागीदारी के संबंध में जारी जापान–भारत संयुक्त बयान में "आसियान के मामलों पर अपने द्विपक्षीय संवाद" की शुरुआत का विशेष रूप से उल्लेख किया गया है। इन सभी महत्वपूर्ण प्रयासों के बावजूद दक्षिण–पूर्व एशिया के देश चाहते हैं कि भारत आगे बढ़कर उनकी "और मदद करे" अब सबसे महत्वपूर्ण प्रश्न तो यही है कि क्या भारत का राजनैतिक नेतृत्व इस भू–राजनैतिक अवसर का लाभ उठा पाएगा ताकि भारत उभरती एशियाई व्यवस्था को लागू कर सके और नई महाशक्ति के रूप में स्वयं को उदीयमान कर सके।

निष्कर्ष

निष्कर्ष प्रस्तुत करें तो भविष्य की विश्व–व्यवस्था का पूर्वानुमान करना जोखिम भरा काम है। लेकिन यह कहना उपयुक्त होगा कि अगले दो दशकों तक दुनिया

की परिस्थितियां जटिल और अप्रत्याशित रहेंगी, और इसमें जितने अवसर पैदा होंगे उतने ही जोखिम भी उत्पन्न होंगे। दुनिया के लिए भारत का महत्व लगातार बढ़ता जाएगा। स्थिरता, शांति और समृद्धि की शक्ति के रूप में भारत सकारात्मक भूमिका निभाएगा। इक्कीसवीं शताब्दी में भारत की गणना विश्व के अधिकतम प्रगतिशील देशो में होती है। अगर हम नज़र डालें तो हम भारत के चहुँदिशि विकास को महसूस कर सकते हैं। वर्तमान में भारत का सर्वाधिक विकास सूचना एवं प्रौद्योगिकी (Information Technology) के क्षेत्र में हुआ है। विदेशों में स्थित ख्याति प्राप्त सूचना एवं प्रौद्योगिकी संस्थान भारतीय पेशेवरों से सेवायें लेते हैं जिससे भारतीय अर्थव्यवस्था में विदेशी मुद्रा का समावेश होता है। पिछले कुछ सालों में भारत ने अंतरिक्ष विज्ञानं एवं प्रौद्योगिकी में भी काफी विकास किया है। ये योजनाएं अति-आधुनिक होने के साथ ही अत्यंत ही किफायती होने की वजह से विश्व में बहुत लोकप्रिय हुई हैं जिसके कारण बहुत सारे देश अपने उपग्रह भारत से प्रक्षेपित करवाने लगे हैं। मौजूदा सरकार ने गृह उद्योगों को भी काफी बढ़ावा दिया है। 'मेड इन इंडिया' अभियान की सहायता से भारत को पूर्ण रूप से स्वावलम्बी बनाने की कोशिश की जा रही है। विगत समय में हमने भारत में एक "Start-up Culture" की शुरुआत देखी है। इस प्रगति से देश की कई समस्याओं का हल निकलने की उम्मीद है।

भारत ने कृषि क्षेत्र में भी काफी वृद्धि की है और अपने प्रमुख पैदावारों में बढ़ोत्तरी की है। इस तरह और कई क्षेत्रों में भारत के मज़बूत प्रदर्शन से विश्व पटल पर भारत की स्थिति काफी मज़बूत हुई है। संयुक्त राज्य अमेरिका, यूनाईटेड किंगडम और रूस जैसे विश्व के शक्तिशाली देश भारत के बढ़ते अस्तित्व को स्वीकार कर रहे हैं जिस वजह से पूरा विश्व भारत को भविष्य के अत्यंत शक्तिशाली देशों में एक निगाह से देख रहा है। इसका उदाहरण विभिन्न देशो का भारत की योजनाओं में शामिल होने की होड़ है। भारतीय बाज़ारो के खुलने की वजह से विदेशी कंपनियों ने वृहत पैमाने पर भारत में निवेश शुरू किया है। इस बात में कोई शंका नहीं कि भारत चतुर्मुख विकास की ओर अग्रसर है, परन्तु इसे अभी भी बहुत सारी बाधाओं का सामना करना पड़ रहा है। इसमें सबसे प्रमुख है पूरे भारत में फैला भ्रष्टाचार। सरकारी बाबुओं एवं नेताओं के भ्रष्टाचार के बड़े बड़े किस्से आये दिन हमें सुनने को मिलते हैं। आतंकवाद एवं उग्रवाद भी भारत की प्रमुख समस्याओं में एक है। हमें बुनियादी शिक्षा के क्षेत्र में भी काफी प्रगति करनी है। भारत के एक बड़े तबके

को अभी भी बुनियादी स्वास्थ्य सेवायें प्राप्त नहीं हैं। किसानो की आत्महत्या के कई किस्से हमें नित्य-प्रति सुनने को मिलते हैं।

उपर्युक्त मायनों में भारतीय सरकार को तय करना होगा कि अगर हमें सही मायनो में भारत को एक विश्व शक्ति के रूप में स्थापित करना है तो हर एक भारतीय को प्रण दिलाना होगा की किसी भी प्रकार के भ्रष्टाचार को बढ़ावा नहीं देंगे। शिक्षा के क्षेत्र में शोध और अनुसन्धान को बढ़ावा देने की जरुरत है। मौजूदा सरकार को यह सुनिश्चित करना होगा कि लोगों को बुनियादी स्वास्थ्य सेवाएं मिलें। आतंकवाद एवं उग्रवाद के निवारण के लिए भारत को बातचीत के साथ-साथ एक कड़ा रुख अपनाने की जरुरत है। सरकार को किसानों को ध्यान में रख कर नीतियां निर्धारित करनी होंगी क्यूंकि भारत की अर्थव्यस्था अभी भी प्रमुखतः कृषि आधारित है। भारत में क्षमता की कोई कमी नहीं। जिस दिन भारतीयों ने अपनी योग्यता का सही आंकलन कर लिया एवं सभी बुराइयों को दूर करने का प्रण ले लिया तो फिर वो दिन दूर नहीं जब भारत पुनः सोने की चिड़िया कहलायेगा।

सन्दर्भ-ग्रन्थ सूची

Baylis John, Smith.Steve, Patricia Owens (ed.)(2011), The Globalization of World Politics : *An Introduction to World Politics, London* : Oxford University Press.

Heywood, Andrew (2011), Global Politics, UK : Palgrave Macmillan

Michael, Arndt (2013), Sovereignty vs. Security : SAARC and its Role in the Regional SecurityArchitecture in South Asia, Harvard Asia Quarterly Summer 2013, Vol. VX, No.2 : pp. 37-45

S. Muni (2003), Problems Areas in India's Neighborhoods Policy, in South Asian Survey, Vol.10 (2), pp.185-196

Saez, Lawrence (2012), The South Asian Association for Regional Cooperation (SAARC) : An Emerging Collaboration Architecture, Oxon : Routledge

Wilkinson, Paul (2007), International Relations : A Very Short Introduction (1st ed.), London : Oxford University Press.

"Is India a Great Power\Understanding Great Power Status in Contemporary International Relations," Asian Security 11 : 1 (2015) : 1-30.

https://casi.sas.upenn.edu/hindi/iit/india's"-minded-partnerships-counter-china-south-asia

https: //southasianvoices.org/

गांगुली, सुमित (सं.) (2018), भारत की विदेश नीतिः पुनरावलोकन एवं संभावनाएं नई दिल्लीः ऑक्सफ़ोर्ड यूनिवर्सिटी प्रेस

सीकरी, राजीव (2017), भारत की विदेश नीतिः चुनौती और रणनीति, नई दिल्ली : सेज प्रकाशन

पन्त, पुष्पेश (2010), भारत की विदेश नीति, नई दिल्लीः टाटा मैग्राहिल प्रकाशन

दत्त, वी.पी. (2015), स्वतंत्र भारत की विदेश नीति, नई दिल्लीः राष्ट्रीय पुस्तक न्यास

पन्त, पुष्पेश (2014), 21वीं शताब्दी में अंतर्राष्ट्रीय सम्बन्ध, नई दिल्लीः टाटा मैग्रा हिल प्रकाशन

दीक्षित, जे.एन (2018), भारतीय विदेश नीति, नई दिल्लीः प्रभात प्रकाशन

घई, यू. आर (2006) अंतर्राष्ट्रीय संबंधः सिद्धांत एवं व्यवहार, नई दिल्लीः न्यू अकेडेमिक्स पब्लिशिंग कंपनी

बिस्वाल, तपन (2016), अंतर्राष्ट्रीय संबंध, हैदराबादः ओरियंट ब्लैकस्वान

संदर्भ

1. पन्त, पुष्पेश (2014)
2. सीकरी, राजीव (2017)
3. पन्त, पुष्पेश (2014)
4. सीकरी, राजीव (2017)
5. पन्त, पुष्पेश (2013)
6. पन्त, पुष्पेश (2014)
7. सीकरी, राजीव (2017)
8. घई, यू.आर (2006)

• • •

4

यूरोपीय संघ और भारत

सुशांत यादव*

प्रस्तावना

द्वितीय विश्व युद्ध के पश्चात पश्चिमी यूरोप के देशों में एकता के पक्ष में माहौल बनना शुरु हुआ जिसे अंर्तराष्ट्रवाद के परिणाम स्वरूप उत्पन्न परिस्थितियों से पलायन के रूप में भी देखते हैं।[1] जिसके फलस्वरूप यूरोप के एकीकरण का सबसे पहला सफल प्रस्ताव 1951 में आया जब यूरोप के कोयला एवं स्टील उद्योग समूहों ने लामबंदी शुरु की। यह मुख्यतया सदस्य राष्ट्रों, खासकर फ्रांस और पश्चिमी जर्मनी में कोयला और इस्पात उद्योगों को एकीकृत नियंत्रण में लाने का प्रयास था। ऐसा मुख्यतः इसलिए सोचा गया ताकि इन दो राष्ट्रों में संघर्ष की स्थिति भविष्य में उत्पन्न न हो। यूरोपीय संघ के अन्य संस्थापक राष्ट्रों में बेल्ज्यिम, इटली, लक्समबर्ग एवं नीदरलैंड प्रमुख थे। इस तरह यूरोपीय संघ का जन्म यूरोपीय कोयला एवं इस्पात समुदाय अर्थात् ई.सी.एस.सी. से हुआ, जिसकी स्थापना बेल्जियम, फ्रांस, जर्मनी, इटली, लक्जमबर्ग और नीदरलैंड द्वारा 1951 में पेरिस में हुए एक संधि द्वारा हुई थी। ईसीएससी का औपचारिक नाम– "कम्युनिटी यूरोपीने डु कार्बोन एट डी आई एशैर" या सीईसीए (Communaute Europeenne du Charbon et de I'Acier or CECA) था। इस संगठन का प्रस्ताव फ्रांस के तत्कालीन विदेश मंत्री श्री रॉबर्ट स्कूमैन ने रखा था।[2]

यूरोपीय संघ वर्तमान में विश्व का सफलतम क्षेत्रीय संगठन है, जो 28 यूरोपीय देशों का समूह है। यह पेरिस संधि (1951) तथा रोम संधि (1957) के अधीन स्थापित यूरोपीय समुदाय (ई.सी.) के आधार पर गठित किया गया है तथा एकल यूरोपीय अधिनियम (1986), यूरोपीय संघ के लिये मैस्ट्रिच संधि (1991) तथा

---

* शोधार्थी, पूर्वी एशियाई अध्ययन विभाग, दिल्ली विश्वविद्यालय, दिल्ली

अम्स्टर्डम प्रारूप संधि (1997), आदि संधियों ने इसके गठन को संपूरकता प्रदान की। दिसम्बर 2007 में लस्बिन समझौता जिसके द्वारा इसमें और व्यापक सुधारों की प्रक्रिया 1 जनवरी 2008 से शुरु की गयी है।[3] यूरोपीय संघ सदस्य राष्ट्रों को एकल बाजार के रूप में मान्यता देता है एवं इसके कानून सभी सदस्य राष्ट्रों पर लागू होता है जो सदस्य राष्ट्र के नागरिकों की चार तरह की स्वतंत्रताएँ सुनिश्चित करता है: लोगों, सामान, सेवाएं एवं पूँजी का संवत्सर आदान-प्रदान और इसके अतिरिक्त संघ सभी सदस्य राष्ट्रों के लिए एक तरह की व्यापार, मतस्य, क्षेत्रीय विकास की नीति पर अमल करता है।[4]

वर्ष 1999 में यूरोपीय संघ ने साझी मुद्रा यूरो की शुरुआत की जिसे पंद्रह सदस्य देशों ने अपनाया। संघ ने साझी विदेश, सुरक्षा, न्याय नीति की भी घोषणा की। सदस्य राष्ट्रों के बीच श्लेगन संधि के तहत पासपोर्ट नियंत्रण भी समाप्त कर दिया गया। यूरोपीय संघ में लगभग 500 मिलियन नागरिक हैं, एवं यह विश्व के सकल घरेलू उत्पाद का 31 प्रतिशत योगदानकर्ता है जो 2007 में लगभग (यू.एस. 16.6 ट्रिलियन) था। यूरोपीय संघ समूह आठ संयुक्त राष्ट्रसंघ एवं विश्व व्यापार संगठन में अपने सदस्य देशों का प्रतिनिधित्व करता है। यूरोपीय संघ के 21 देश नाटो के भी सदस्य हैं। यूरोपीय संघ के महत्वपूर्ण संस्थानों में यूरोपीयन कमीशन, यूरोपीय संसद, यूरोपीय संघ परिषद्, यूरोपीय न्यायालय एवं यूरोपियन सैन्ट्रल बैंक इत्यादि शामिल हैं। यूरोपीय संघ के नागरिक हर पाँच वर्ष में अपनी संसदीय व्यवस्था के सदस्यों को चुनती है।

ऐतिहासिक परिप्रेक्ष्य

इस सांगठनिक प्रयास के बाद 1957 में दो अन्य संस्थायें गठित की गयी जिसमें यूरोपियन आर्थिक समुदाय एवं यूरोपीय परमाणु उर्जा समुदाय प्रमुख थे। इन संस्थाओं का उद्देश्य नाभिकीय ऊर्जा एवं आर्थिक क्षेत्र में सहयोग करना था। 1967 में उपरोक्त तीनों संस्थाओं का विलय करके एक संगठित संस्था का निर्माण किया गया जिसे यूरोपियन समुदाय के नाम से जाना जाता है। 1973 में इस समुदाय में डेनमार्क, आयरलैंड एवं ब्रिटेन का पदार्पण हुआ। नार्वे भी इसी समय इसमें शामिल होना चाहता था लेकिन जनमत संग्रह के विपरित परिणामों के कारण उसे सदस्यता से वंचित रहना पड़ा। 1979 में पहली बार यूरोपीय संसद का गठन हुआ और इसमें लोकतांत्रिक पद्धति से सदस्य चुने गये। यूनान, स्पेन एवं पुर्तगाल 1980 में यूरोपीय संघ के सदस्य बने। 1985 में श्लेगेन संधि संपन्न हुई जिसके बाद सदस्य राष्ट्रों के नागरिकों का एक-दूसरे के राष्ट्र में बगैर पासपोर्ट के आना जाना शुरु हुआ। 1986

में यूरोपीय संघ के सदस्यों ने एकल यूरोपियन एक्ट पर हस्ताक्षर किया जिसके पश्चात संघ का झंडा अस्तित्व में आया। 1990 में पूर्वी जर्मनी का पश्चिमी जर्मनी में एकीकरण हुआ।[5]

मस्त्रिख की संधि 1 नवंबर 1993 से प्रभावी हुई। मस्त्रिख की संधि के बाद यूरोपियन समुदाय अब आधिकारिक रूप से यूरोपियन कम्यूनिटी बन गया। जिसमें एकीकृत रूप से विदेश नीति, पुलिस एवं न्याय व्यवस्था के मसलों पर एक जैसी नीतियाँ बनने लगीं। 1995 में इस संघ में आस्ट्रिया, स्वीडन एवं फिनलैंड भी आ जुड़े। 1997 में मस्त्रिख संधि का स्थान एम्सटर्डम संधि ने ले लिया जिसके बाद विदेश नीति एवं लोकतंत्र संबंधी नीतियों में व्यापक परिवर्तन हुए। एम्स्टर्डम के पश्चात 2001 में नीस की संधि आई जिससे रोम एवं मिस्त्रिख में हुई संधियों में सुधार किया गया जिससे पूर्व में संघ के विस्तार का मार्ग प्रशस्त हुआ। 2002 में यूरो को 12 सदस्य राष्ट्रों ने अपनी राष्ट्रीय मुद्रा के रूप में स्वीकार किया। 2004 में दस नये राष्ट्रों का इसमें और जुड़ाव हुआ जो ज्यादातर पूर्वी यूरोप के देश थे। 2007 के प्रारंभ में रोमानिया एवं बुल्गारिया ने यूरोपीय संघ की सदस्यता ग्रहण की और स्लोवानिया ने यूरो को अपनाया। पहली जनवरी 2008 को माल्टा एवं साइप्रस ने भी यूरोपीय संघ में प्रवेश लिया। यूरोपीय संघ के गठन के लिए 2004 में रोम में एक संधि पर हस्ताक्षर किए गये जिसका उद्देश्य पिछले सभी संधियों को नकार कर एकीकृत कर एकल दस्तावेज तैयार करना था। लेकिन ऐसा कभी संभव न हो सका क्योंकि इस उद्देश्य के लिए कराए गये जनमत सर्वेक्षण में फ्रांसिसी एवं मतदाताओं ने इसे नकार दिया। 2007 में एक बार फिर लस्बिन समझौता हुआ जिसमें पिछली संधियों को बगैर नकारे हुए उनमें सुधार किए गये। जनवरी 2009 से इस संधि के प्रावधानों को पूरी तरह लागू कर दिया गया।[6]

सदस्य देश

आस्ट्रिया, बेल्जियम, डेनमार्क, जर्मनी, फ़िनलैंड, फ्रांस, यूनान, आयरलैंड, इटली, लक्समबर्ग, नीदरलैंड, पुर्तगाल, स्पेन, स्वीडन और यूनाइटेड किंगडम, यूरोपियन संघ के नए सदस्य हंगरी, चेक गणराज्य, पोलैंड, स्लोवेनिया, एस्टोनिया, साइप्रस, स्लोवाकिया, माल्टा, बुल्गारिया, रोमानिया, लाटविया, लिथुआनिया ने 1 मई 2004 तक औपचारिक तौर पर संघ की सदस्यता ग्रहण की। 1 जनवरी, 2007 को बुल्गारिया और रोमानिया ने संघ की सदस्यता ली। क्रोएशिया 1 जुलाई, 2013 को यूरोपीय संघ में शामिल हुआ जिससे यूरोपीय संघ की कुल सदस्य संख्या 28 हो गई।[7]

यूरोपीय परिषद द्वारा यूरोपीय संघ की सदस्यता के लिए कोपनहेगन पात्रता की शर्ते निर्धारित की गयी हैं जिसके अनुसार, स्थायी लोकतंत्र जिसमें मानवाधिकारों एवं न्याय पर आधारित शासन व्यवस्था हो; एक कार्यकारी बाजार व्यवस्था हो जो संघ के अंतर्गत प्रतियोगिता को बढ़ावा देता हो; एवं संघ की नीतियों का पालन करने की वचन बद्धता शामिल है। पश्चिम यूरोप के चार राष्ट्र संघ की सदस्यता न लेकर आंशिक रूप से संघ की आर्थिक व्यवस्था में शामिल हैं। जिनमें आइसलैंड, लीकस्टिन एवं नार्वे प्रमुख हैं। स्विटजरलैंड ने भी द्वीपक्षीय समझौते के तहत ऐसा स्वीकार किया है। इसके तहत ये देश यूरो का प्रयोग एवं अन्य सहयोग कर सकते हैं। 20 फरवरी 2016 को ब्रिटेन के प्रधानमंत्री डैविड कैमरुन ने ब्रिटेन की यूरोपीय संघ में सदस्यता पर जनमत संग्रह कराने की घोषणा की। 23 जून को हुए इस जनमत संग्रह का परिणाम ब्रिटेन के यूरोपीय संघ से अलग होने के पक्ष में आया। इसे यूरोपीय संघ की एकता के लिए गहरे आघात के रूप में देखा गया। लिस्बन संधि के अनुसार ब्रिटेन के पास इस अलगाव की प्रक्रिया पूरा करने के लिए दो वर्ष का समय है।

भौगोलिक स्थिति

यूरोपीय संघ का भौगोलिक क्षेत्र 28 सदस्य देशों की भूमि है जिनमें कुछ अपवादीय स्थितियाँ शामिल हैं। यूरोपीय संघ का क्षेत्र पूरा यूरोप नहीं है चूँकि कुछ यूरोपीय देश जैसे स्विटजरलैंड, नार्वे इसका हिस्सा नहीं हैं। कुछ सदस्य राष्ट्रों के भूमि क्षेत्र भी यूरोप का हिस्सा होते हुए भी संघ के भौगोलिक नक्शे में शामिल नहीं है, उदहारण के तौर पर चौनल एवं फरोर द्विप के हिस्से। सदस्य देशों के वे हिस्से जो यूरोप का हिस्सा नहीं हैं वे भी यूरोपीय संघ की भौगोलिक सीमा से परे माने गये हैं जैसे ग्रीनलैंड, अर्वा, नीदरलैंड के कुछ हिस्से और ब्रिटने के वे सारे क्षेत्र जो यूरोप का हिस्सा नहीं हैं। कुछ खास सदस्य देशों का भौगोलिक क्षेत्र जो यूरोप का अंग नहीं है, फिर भी उन्हें यूरोपीय संघ की भौगोलिक सीमा में शामिल माना गया है, उदहारण के तौर पर अजोरा, कैनरी द्वीप, फ्रैंच गुयाना, गुडालोप, मदेयिर, मार्तीनिक एवं रेयूनयेन।[8]

यूरोपीय संघ की संयुक्त भौगोलिक सीमा 4422773 वर्ग किमी है। यूरोपीय संघ विश्व की भौगोलिक क्षेत्रीय सीमा के अनुसार सांतवी सबसे बड़ी है और इस सीमा के अंदर सबसे ऊँचा क्षेत्र आल्पस पर्वत स्थित माउंट ब्लांक है जो समुद्रतल से 4807 मीटर ऊँचा है। यहाँ का भूक्षेत्र, यहाँ की जलवायु एवं यहाँ की अर्थव्यवस्था

में इसकी 65993 किमी लंबी तटरेखा महत्वपूर्ण भूमिका निभाती है जो कनाडा के बाद सबसे लंबी तटरेखा है। यूरोपीय संघ की भौगोलिक सीमा में (यूरोप से बाहर के देशों को मिलाकर) जलवायु के लिहाज से यहाँ का मौसम ध्रुवीय जलवायु से लेकर शीतोष्ण कटिबंधीय का अनुभव किया जा सकता है, इसलिए पूरे संघ के औसत मौसम की बात करना बेमानी होती है। व्यवहारिक तौर पर यूरोपीय संघ के ज्यादातर क्षेत्र में मेडिटेरेनियन (दक्षिणी यूरोप), विषुवतीय (पश्चिमी यूरोप) एवं ग्रीष्म (पूर्वी यूरोप) जलवायु पाया जाता है।

प्रशासन

यूरोपीय संघ अपने कई प्रशासनिक एवं अन्य इकाइयों द्वारा संचालित होता है, जिनमें मुख्य रूप से यूरोपियन संघ का परिषद्, यूरोपियन आयोग एवं यूरोपियन संसद सबसे प्रमुख हैं। यूरोपीय आयोग संघ के प्रमुख कार्यकारी अंग के तौर पर काम करता है और इसके दैनिक कामों की जिम्मेवारी इसी पर होती है जिसे इसके 28 कमिश्नर संचालित करते हैं जो 28 सदस्य राष्ट्रों का प्रतिनिधित्व करते हैं। इस आयोग के अध्यक्ष एवं सभी 28 प्रतिनिधि यूरोपीय परिषद द्वारा नामित किये जाते हैं। अध्यक्ष एवं सभी 28 प्रतिनिधियों की नियुक्ति पर यूरोपीय संसद की मंजूरी आवश्यक होती है। यूरोपीय परिषद (यूरोपियन काउंसिल) जिसे काउंसिल ऑफ मिनिस्टर्स या मंत्रिपरिषद के नाम से भी जाना जाता है, के आधे सदस्य संघ की न्यायिक व्यवस्था का हिस्सा होते है। न्यायिक कामों के अलावा परिषद विदेश एवं सुरक्षा नीतियों के कार्यान्वण एवं निर्माण में महत्वपूर्ण भूमिका निभाती है।[9]

यूरोपीय संघ में उच्च स्तर के राजनैतिक निर्णय के लिए नेतृत्व यूरोपीय काउंसिल अर्थात यूरोपीय परिषद द्वारा किया जाता है। यूरोपीय परिषद की बैठक साल में चार बार होती है एवं इसकी अध्यक्षता उस साल यूरोपीय संघ का अध्यक्ष राष्ट्रप्रमुख करता है जिसका मुख्य कार्य यूरोपीय संघ की नीतियों के अनुरूप काम करना एवं भविष्य के लिए दिशा निर्देश जारी करना होता है। यूरोपीय संघ की अध्यक्षता का कार्य हर सदस्य देश के जिम्मे रोटेटिंग आधार पर छह महीने के लिए आता है, इस दौरान यूरोपियन परिषद् एवं काउंसिल ऑफ मिनिस्टर्स या मंत्रिपरिषद की हर बैठक की जिम्मेवारी उस सदस्य राष्ट्र पर होती है। अध्यक्षता के दौरान अध्यक्ष राष्ट्र अपने खास एजेंडों पर ध्यान देता है जिसमे आम तौर पर आर्थिक एजेंडा, यूरोपीय संघ में सुधार एवं संघ के विस्तार एवं एकीकरण के मुद्दे खास होते हैं।

यूरोपियन संसद

यूरोपीय संघ के न्यायिक प्रक्रिया का दूसरा महत्वपूर्ण हिस्सा यूरोपियन संसद होती है। यूरोपीय संसद के 785 सदस्य हर पांच वर्ष में यूरोपीय संघ की जनता द्वारा सीधे चुने जाते हैं। हलांकि इन सदस्यों का चुनाव राष्ट्रीय स्तर पर होता है परंतु यूरोपीय संसद में वे अपनी राष्ट्रीयता के अनुसार न बैठकर दलानुसार बैठते हैं। हर सदस्य राष्ट्र के लिए सीटों की एक निश्चित संख्या आवंटित होती है। यूरोपीय संसद को संघ के विधायी शक्तियों के मामलों में यूरोपीय परिषद की तरह ही शक्तियां हासिल होती हैं और संसद वे संघ की खास विधायिकाओं को स्वीकृत या अस्वीकृत करने की शक्ति से लैस होते हैं। यूरोपीय संसद का अध्यक्ष न सिर्फ बाहरी मंचों पर संघ का प्रतिनिधित्व करता है बल्कि यूरोपीय संसद के स्पीकर का भी दायित्व निभाता है। अध्यक्ष एवं उपाध्यक्ष का चुनाव यूरोपीय संसद के सदस्य हर ढाई साल के अंतराल पर करते हैं। कुछेक मामलों को छोडकर ज्यादातर मामलों में न्यायिक प्रक्रिया की शुरुआत करने का अधिकार यूरोपियन कमीशन को होता है, ऐसा ज्यादातर रेग्यूलेशन, एवं संसद के अधिनियमों द्वारा किया जाता है जिसे सदस्य राष्ट्रों को अपने अपने देशों में लागू करने की बाध्यता होती है।[10]

राजनीति

अक्सर यूरोपीय संघ की राजनीति को तीन तत्वों से सबसे ज्यादा संचालित माना जाता है जिसे 'पिलर्स' या स्तंभ कहा जाता है। यूरोपीय समुदाय की पुरानी नीतियों को इसका पहला स्तंभ कहा जाता है, दूसरे स्तंभ के तौर पर संयुक्त विदेश एवं सुरक्षा नीति का नाम लिया जाता है जबकि तीसरा स्तंभ पहले तो न्यायिक एवं घरेलू मामले हुआ करते थे लेकिन एम्सटर्डम एवं नीस के समझौतों के बाद पुलिस एवं आपराधिक मामलों में सहयोग पर ज्यादा केंद्रित हो गया है। मोटे तौर पर कहा जाए तो अंतर्राष्ट्रीय मामलों को देखते हुए दूसरा एवं तीसरा स्तंभ महत्वपूर्ण हो जाता है। इस समय यूरोपीय संघ के समक्ष दो सबसे बड़े मुद्दे हैं, वे हैं यूरोपीय एकीकरण एवं विस्तार। खासकर विस्तार, नये राष्ट्रों का यूरोपीय संघ में समावेश बड़ा राजनैतिक मुद्दा है। नये राष्ट्रों के समावेश का समर्थन करने वालों का मानना है कि इससे लोकतंत्र का विस्तार होता है एवं यूरोपीय अर्थव्यवस्था को भी संबल मिलता है। जबकि विरोध करने वालों का मानना है कि यूरोपीय संघ अपनी वर्तमान राजनैतिक क्षमताओं एवं सीमाओं से परे एवं अपनी भौगोलिक सीमाओं से बाहर जा रहा है जो इसके हित में नहीं है। जहां तक जनमत और राजनैतिक दलों का

सवाल है, इस बारे में वे खासे सशंकित हैं खासकर 2004 में एक साथ दस नये सदस्य देश बनने के पश्चात और यह आशंका तुर्की की उम्मीदवारी के बाद और भी बलवती हो गयी है।

एकीकरण एक दूसरा महत्वपूर्ण मसला जहां अक्सर माना जाता है कि राष्ट्रीय भावनायें अक्सर यूरोपीय संघ के बृहत उद्देश्यों से टकराहट मोल लेती रहती है। विभिन्न राष्ट्रों के बीच समन्वय का लक्ष्य अक्सर राष्ट्रीय शक्तियों को यूरोपीय संघ में विलयित करने को बाध्य करता है जिसकी आलोचना अक्सर यूरोस्केपिस्ट लोगों द्वारा संप्रभुता खोने का डर दिखाकर की जाती रहती है।[11] सन 2004 में राष्ट्रीय नेताओं एवं यूरोपीय संघ के अधिकारियों द्वारा एक साझा यूरोपीय संविधान पर सहमति बनायी गयी थी लेकिन इसे दो सदस्य राष्ट्रों के जनमत सर्वेक्षण में खारिज कर दिये जाने के कारण लागू नहीं किया गया क्योंकि उन्हें डर था कि अन्य देशों में भी इसे खारिज कर दिया जाएगा। बाद में अक्टूबर 2007 में लस्बिन समझौते के बाद एक नया संविधान बनाया गया जिसमें ज्यादातर पुराने नियमों एवं प्रावधानों को ही रखा गया। प्रस्तावित समझौते का 2009 में प्रभावी होना तय किया गया है। यदि यह सर्वस्वीकृत रहा तो इससे यूरोपीय संसद की शक्तियां काफी बढ़ जायेगी। इस समझौते के लागू होने से ऊपर उल्लेख किये गये पिलर्स भी निष्प्रभावी हो जायेंगे। विदेश नीति के बहुत से मुद्दे इससे विभिन्न राष्ट्रों के बीच सुलझाये जाने की बजाय सीधे-सीधे यूरोपीय संघ की संस्थाओं द्वारा निर्देशित एवं संचालित होंगे।

यूरोपीय परिषद

यूरोपीय परिषद सदस्य देशों के राष्ट्राध्यक्षों या शासनाध्यक्षों को एक मंच पर लाती है। परिषद की बैठक को सामान्यतया यूरोपीय शिखर सम्मेलन के नाम से जाना जाता है। परिषद यूरोपीय संघ के लिये प्राथमिकताओं का निर्धारण करती है, इसे राजनीतिक दिशा देती है तथा इसके विकास के लिये प्रेरणा प्रदान करती है। यह विदैशिक मामले, सुरक्षा, न्याय और आन्तरिक विषयों के संबंध में सामूहिक नीतियां तैयार करती है। रोम और पेरिस की संधियों में यूरोपीय परिषद के गठन पर विचार नहीं किया गया। इस परिषद के गठन को एसईए में औपचारिक रूप दिया गया। यूरोपीय परिषद और मंत्रिपरिषद संयुक्त रूप से यूरोपीय संघ प्रणाली के अंतर्गत अन्तर-सरकारवाद का प्रतिनिधित्व करती हैं। परिषद की वर्ष में कम-से-कम दो बार बैठक होती है तथा इसकी अध्यक्षता छह महीनों के लिए निर्धारित रहती है। यह वर्ष में एक बार संघ की प्रगति का ब्यौरा यूरोपीय संसद में प्रस्तुत करती है।

यूरोपीय संसद

यूरोपीय संसद यूरोपीय संघ की प्रतिनिधि सभा है। इसमें सदस्य देशों के कुल 626 सदस्य होते हैं, जिनका चुनाव पांच वर्षों के लिये होता है। सभी यूरोपीय संघ देशों के नागरिक अपने दत्तक निवास-देश में मत देने या चुनाव लड़ने के अधिकारी होते हैं। 1 मई, 1999 को लागू हुई एम्सटर्डम संधि, तथा मैस्ट्रिच संधि के पश्चात् संसद के अधिकारों में बढ़ोतरी हुई है। आज इसे व्यापक विधायी अधिकार प्राप्त हैं, जैसे-यूरोपीय संघ के विशाल बजट का विश्लेषण करने का अधिकार तथा कुछ निश्चित आंतरिक विषयों पर विधान बनाने के संबंध में मंत्रिपरिषद के साथ सह-निर्णय (Co-decision) का अधिकार।[12] यूरोपीय परिषद से यह आशा भी की जाती है कि वह विदेश और सुरक्षा नीतियों की वर्तमान स्थिति के संबंध में संसद के समक्ष रिपोर्ट प्रस्तुत करे। यूरोपीय आयोग के गठन में संसद को व्यापक अधिकार प्राप्त हैं। वह पूरे आयोग को बर्खास्त कर सकती है। प्रत्येक महीने में स्ट्रासबर्ग में संसद की पूर्ण बैठक होती है। संसदीय समितियों की बैठक ब्रूसेल्स में होती है।

यूरोपीय संघ का मंत्रिपरिषद

परिषद यूरोपीय संघ का सर्वोच्च निर्णयकारी निकाय है। यह 15 सदस्य देशों के विदेश मंत्रियों से बनी होती है तथा यूरोपीय संघ के सामूहिक दृष्टिकोण के विपरीत प्रत्येक सदस्य देश के राष्ट्रीय हितों का प्रतिनिधित्व करती है। मंत्रिपरिषद के माध्यम से ही सदस्य देश एक-दूसरे की राष्ट्रीय नीतियों में समन्वय स्थापित करते हैं तथा आपसी एवं अन्य संस्थाओं के साथ उत्पन्न मतभेदों को दूर करते हैं। परिषद संघ के बजट प्रस्तावों तथा विधानों को तैयार करने में संसद के साथ तथा नीतियों के क्रियान्वयन में आयोग के साथ घनिष्ठ सम्पर्क बनाकर रखती है। कुछ विशेष नीतियों से जुड़े विषयों पर विचार करने के लिये विशिष्ट परिषदों (जैसे-कृषि परिषद) का गठन किया गया है। सभी निर्णय निर्विरोध या उचित बहुमत के आधार पर लिये जाते हैं। सदस्य देशों के मतों की संख्या का निर्धारण एक निश्चित भारित (Weightage) प्रणाली के आधार पर किया जाता है। मंत्रिपरिषद की अध्यक्षता प्रत्येक छह महीने पर सदस्य देशों के बीच बदलती रहती है। मंत्रिपरिषद का मुख्यालय ब्रूसेल्स, (बेल्जियम) में है। अप्रैल, जून और अक्टूबर महीनों को छोड़कर मंत्रिपरिषद की प्रत्येक मासिक बैठक ब्रूसेल्स में होती है। इन तीन महीनों में मंत्रिपरिषद की बैठक लक्जमबर्ग में होती है।

यूरोपीय आयोग

यह यूरोपीय संघ के अधिशासी अंग के रूप में कार्य करता है तथा संगठन के दैनिक प्रशासन के लिये उत्तरदायी है। इसे मंत्रिपरिषद के समक्ष किसी कार्यवाही के लिये प्रस्ताव रखने और मंत्रिपरिषद के निर्णयों को क्रियान्वित करने के अधिकार प्राप्त हैं। यदि कोई संस्था या देश यूरोपीय संघ के एक अंग के रूप में अपने उत्तरदायित्वों को निभाने में असफल रहता है तो आयोग उसके विरुद्ध यूरोपीय न्यायालय में मामला दर्ज कर सकता है।

आयोग में 20 सदस्य होते हैं जिन्हें आयुक्त या कमिश्नर के नाम से जानते हैं, जिनकी नियुक्ति सदस्य देशों के द्वारा पांच वर्षों के लिये होती है। प्रत्येक कमिश्नर को किसी विशिष्ट क्षेत्र का कार्य सौंप दिया जाता है। मैस्ट्रिच संधि के तहत किसी यूरोपीय संघ सदस्य देश के दो से अधिक कमिश्नर नियुक्त नहीं हो सकते हैं और प्रत्येक सदस्य देश का कम-से-कम एक कमिश्नर अवश्य होना चाहिए। सदस्य देश सबसे पहले आयोग के अध्यक्ष का मनोनयन करते हैं और फिर अध्यक्ष से परामर्श करके अन्य कमिश्नरों का चुनाव करते हैं। अध्यक्ष और कमिश्नरों की नियुक्तियों को यूरोपीय संसद का अनुमोदन प्राप्त होना अनिवार्य है तथा ये नियुक्तियां अंतिम रूप से सदस्य देशों के 'सामूहिक समझौते' (Common Accord) के द्वारा होती हैं। कमिश्नर अपने कार्यों में पूर्ण रूप से स्वतंत्र होते हैं तथा इन्हें किसी राष्ट्रीय सरकार के निर्देशन में कार्य करने से स्पष्ट रूप से मना किया जाता है। आयोग में निर्णय बहुमत के आधार पर लिये जाते हैं तथा यह सामूहिक रूप से यूरोपीय संसद के प्रति जवाबदेह होता है। आयोग की सहायता के लिये 23 महानिदेशकों और एक बड़े अधिकारी तंत्र का प्रावधान किया गया है। आयोग का मुख्यालय ब्रूसेल्स (बेल्जियम) में है। इसकी आधिकारिक भाषाएं हैं—डेनिश, डच, इंग्लिश, फिनिश, फ्रेंच, जर्मन, यूनानी, इटलवी, पुर्तगाली, स्पेनिश और स्वीडिश।

यूरोपीय संघ का न्यायालय

15 न्यायाधीशों तथा 9 महाधिवक्ताओं (Advocates General) से बना यूरोपीय न्यायालय लक्जमबर्ग में अवस्थित है। इसके प्रमुख कार्य हैं—यूरोपीय संघ संधियों और विधानों की व्याख्या करना तथा सदस्य देशों के घरेलू न्यायालयों द्वारा निर्दिष्ट प्रांसगिक कानूनी पहलुओं तथा संधियों के क्रियान्वयन से उठे विवादों में निर्णय प्रेषित करना।[13] इसके निर्णय सभी सदस्य देशों पर लागू होते हैं। 1989

में गठित प्रथम दृष्टांत (Court of First Instance) यूरोपीय संघ के प्रतियोगिता नियमों (Competition Rules) के अंतर्गत दर्ज मामलों तथा समुदाय के अधिकारियों द्वारा उठाए गए मामलों की जांच करता है।

यूरोपीय लेखा परीक्षक न्यायालय

15 सदस्यों से बना यह न्यायालय यूरोपीय संघ की समस्त आय और व्यय संबंधी लेखाओं की जांच करने के लिये उत्तरदायी होता है। 1975 में स्थापित तथा 1977 से प्रभावी इस न्यायालय का मुख्यालय लक्जमबर्ग में है।

सलाहकारी और परामर्शकारी निकाय

यूरोपीय संघ की तीन मुख्य सलाहकारी समितियां हैं जो इस प्रकार हैं— आर्थिक और समाजिक समिति, ईसीएससी परामर्श समिति और क्षेत्रीय समिति। आर्थिक और सामाजिक समिति की स्थापना एक परामर्शकारी निकाय के रूप में 1958 में हुई। इसमें तीन प्रकार के प्रतिनिधि सम्मिलित होते हैं— नियोजक संगठनों के प्रतिनिधि, श्रमिक संघों के प्रतिनिधि और विशेष क्षेत्रों जैसे—कृषक, उपभोक्ता, आदि के प्रतिनिधि। यह समिति प्रभावों के संबंध में सलाह देती है। इसी एससी परामर्शक समिति में कोयला और इस्पात उद्योगों से जुड़े अनेक समूहों के प्रतिनिधि सम्मिलित होते हैं, जैसे—उत्पादक, श्रमिक, उपभोक्ता और व्यापारी। यूरोपीय परिषद द्वारा नियुक्त यह समिति कोयला एवं इस्पात नीतियों के संबंध में यूरोपीय आयोग की सलाह देती है। क्षेत्रीय समिति में ऐसे सदस्य होते हैं, जो क्षेत्रीय और स्थानीय निकायों का प्रतिनिधित्व करते हैं यह समिति शिक्षा, संस्कृति, लोक स्वास्थ्य, पर-यूरोपीय नेटवर्कों तथा आर्थिक एवं सामाजिक सामंजस्य जैसे विषयों पर सलाह देती है।

यूरोपीय संघ के संगठनात्मक ढांचे में शामिल अन्य संस्थाएं

यूरोपीय निवेश बैंक (ईआईबी) : इस बैंक की स्थापना रोम संधि के अंतर्गत 1958 में हुई। इसके मुख्य उद्देश्य है—पूंजी परियोजनाओं के वित्तीय पोषण के द्वारा क्षेत्रीय विकास में तेजी लाना, उपक्रमों में आधुनिकीकरण और परिवर्तन लाना तथा नई गतिविधियों को विकसित करना।

यूरोपीय केंद्रीय बैंक प्रणाली (ईएससीबी) : इस प्रणाली में यूरोपीय केंद्रीय बैंक (ईसीबी) तथा 15 राष्ट्रीय केंद्रीय बैंक (यूरो क्षेत्र के 11 देश और विशेष दर्जे वाले 4 देश) सम्मिलित होते हैं। ईएससीबी के मुख्य कार्य हैं— सदस्य

देशों की मौद्रिक नीति की व्याख्या और क्रियान्वयन; विदेशी मुद्रा विनियमन का संचालन; सम्मिलित सदस्य देशों की अधिकारिक विदेशी मुद्रा निधि का धारण और उसका प्रबंधन; भुगतान-प्रणाली के सरल संचालन को प्रोत्साहन; क्रेडिट संस्थाओं के विवेकपूर्ण पर्यवेक्षण से जुड़े योग्य प्राधिकरणों की नीतियों को सहयोग तथा वित्तीय प्रणाली की स्थिरता।

यूरोपीय समुदाय सांख्यिकीय कार्यालय (यूरोस्टैट) : यह कार्यालय सदस्य देशों के सांख्यिकीय आंकड़े एकत्रित, संवित और प्रकाशित करता है।

यूरोपोल : इसकी स्थापना 1994 में हुई। यह यूरोपीय संघ देशों के मध्य आपराधिक सूचनाओं के आदान-प्रदान के लिये एक चैनल का कार्य करता है।

भारत के सन्दर्भ में यूरोपियन यूनियन

भारत ने यूरोपीय देशों के साथ 1973 और 1983 में समझौता किया। तीसरा समझौता 1994 में हुआ। 1991 से भारत अपने देश में आर्थिक उदारीकरण की नीति अपना रहा है। इसके परिणामस्वरूप 1994 का समझौता हुआ। इससे स्पष्ट होता है कि 90 के दशक में भारत और यूरोपीय संघ के बीच व्यापक रूप से व्यापार और वाणिज्य का संबंध स्थापित हुआ है और व्यापार में वृद्धि भी हुई है। यह वृद्धि अनवरत रूप से बढ़ रही है, क्योंकि दोनों पक्षों के बीच 2001 में व्यापार 25.2 अरब यूरो का हो गया। यह हमारे कुल निर्यात का 26 प्रतिशत तथा आयात का 25 प्रतिशत है। यूरोपीय संघ के लिए भारत का निर्यात की दृष्टि से 17 वाँ और आयात की दृष्टि से 20वाँ स्थान है। भारत यूरोपीय संघ को जिन सामग्रियों का निर्यात करता है उनके अंतर्गत अन्न, वस्त्र, कृषि सामान, समुद्र से उत्पादित वस्तुएँ, चमड़ा, इंजीनियरिंग एवं इलेक्ट्रॉनिक्स उत्पाद प्रमुख हैं।[14]

भारत ने जब यूरोपीय संघ के साथ व्यापार शुरू किया तो रसायन, गलीचे, ग्रेनाइट के सामान, इलेक्ट्रॉनिक्स के सामान का निर्यात व्यापक रूप से बढ़ा। आयात के रूप में भारत विभिन्न प्रकार के रत्न, रसायन, खनिज और इंजीनियरिंग के सामानों को महत्त्व दे रहा है। भारत का बेल्जियम, इटली, फ्रांस, जर्मनी, इंग्लैंड और हॉलेंड के साथ व्यापार प्रारंभ हुआ है। 1999 में भारत में यूरोपीय संघ का पूँजी निवेश 1.1 अरब यूरो था, परंतु अब भारत का निवेश यूरोपीय संघ में 6 करोड़ 90 लाख यूरो तक पहुँच गया है। इस तरह स्पष्ट होता है कि भारत में यूरोपीय संघ ने बड़े पैमाने पर आर्थिक निवेश करना प्रारंभ कर दिया है। ये निवेश बुनियादी ढाँचे विशेषकर बिजली तथा दूरसंचार सेवाओं के क्षेत्र में किए जा रहे हैं।

वर्ष 2004 भारत और यूरोपीय संघ दोनों के लिए एक लाभकारी वर्ष रहा (अब यूरोपीय संघ की सदस्यता 15 से 25 सदस्य देशों तक बढ़ गई है)। यूरोपीय संघ ने अनुकूल भागीदारी के लिए भारत के साथ अपने द्विपक्षीय संबंधों का दर्जा बढ़ाया। भारत अब उन पांच अन्य देशों में शामिल हो गया है, जिनके साथ यूरोपीय संघ के इस प्रकार के विशेष संबंध हैं। 5वां भारत-यूरोपीय संघ शिखर सम्मेलन, यूरोपीय संघ की डच प्रेसीडेंसी के अधीन 8 नवम्बर, 2004 को हेग में आयोजित किया गया। भारतीय प्रधानमंत्री मनमोहन सिंह ने सम्मेलन में भाग लेने के लिए गए भारतीय प्रतिनिधि मण्डल का नेतृत्व किया, जिसमें विदेश मंत्री नटवर सिंह, वाणिज्य एवं उद्योग मंत्री कमलनाथ और राष्ट्रीय सुरक्षा सलाहकार जे.एन. दीक्षित प्रमुख थे। शिखर सम्मेलन में यूरोपीय संघ और भारत के बीच एक अनुकूल साझीदारी की शुरूआत की गई।[15] इसमें ऐसा कार्यक्रम बनाया गया जिसमें अंतर्राष्ट्रीय आतंकवाद के विरुद्ध लड़ाई, बहुपक्षता की भूमिका, पारस्परिक हित की क्षेत्रीय घटनाओं और आर्थिक एवं व्यापारिक मामलों के संबंध में दोनों पक्षों के बीच सहयोग की समीक्षा जैसे सार्वभौमिक मुद्दों सहित भारत-यूरोपीय संघ के संबंधों का सम्पूर्ण प्रतिबिम्ब सम्मिलित हो। विज्ञान एवं प्रौद्योगिकी मोर्चे पर संबंधों को बढ़ाने की सम्भावना, विशेषकर गेलीलियो परियोजना में भारत की भागीदारी और आईटीईआर परियोजना में भारत की अभिरुचि के बारे में दोनों पक्षों के बीच संरचना करार पर प्रस्तावित हस्ताक्षर किए जाने के परिप्रेक्ष्य में बल दिया गया। भारत और यूरोपीय संघ ने एक एनर्जी पैनल तथा एक पर्यावरण मंच स्थापित करने का भी निर्णय लिया और भारत-यूरोपीय संघ संबंधों के सम्पूर्ण क्षेत्र को सम्मिलित करते हुए संयुक्त कार्रवाई योजना बनाने के लिए सहमत हुए।

इसी वर्ष के दौरान यूरोपीय संसद के साथ अन्योन्य क्रिया निरंतर जारी रहीं। दक्षिण एशिया का एक प्रतिनिधि मण्डल और अध्यक्ष नीना गिल के नेतृत्व में ईपी का एक सार्क प्रतिनिधि मण्डल 1-6 नवम्बर, 2004 को भारत की यात्रा पर आया। इस प्रतिनिधि मण्डल ने विदेशी मामलों संबंधी लोकसभा स्थायी समिति, राज्यसभा सदस्यों, पूर्व गृहमंत्री एल.के. आडवाणी, एन.एन. बोरा, भारत-यूरोपीय संघ गोलमेज के सह-अध्यक्ष, राष्ट्रीय मानवाधिकार आयोग के अध्यक्ष एवं अन्य सदस्यों, एफआईसीसीआई और सीआईआई के साथ बैठकों में भाग लेने के अलावा विदेश मंत्री, सूचना एवं प्रसारण मंत्री तथा पर्यावरण मंत्री से भी मुलाकात की। चार भारतीय सांसदों का एक दल विश्व व्यापार संगठन के मुद्दों संबंधी आईपीयू सम्मेलन में भाग लेने के लिए नवम्बर 2004 के अन्त में ब्रूसेल्स की यात्रा

पर गया। भारत और यूरोपीय संघ के बीच आर्थिक एवं व्यापारिक अभिरुचि के पर्याप्त मामले हैं। यूरोपीय संघ (25 राष्ट्रों के एक समूह के रूप में) भारत का सबसे बड़ा निर्यात बाजार है और भारत के कुल निर्यात में उसका हिस्सा 24 प्रतिशत से भी अधिक है। यूरोपीय संघ भारत के लिए विदेशी प्रत्यक्ष निवेश का एक सबसे बड़ा स्रोत है। यूरोपीय संघ से विदेशी प्रत्यक्ष निवेश के अति महत्वपूर्ण स्रोतों में इंग्लैण्ड, जर्मनी तथा नीदरलैण्ड हैं और उनके बाद फ्रांस, इटली और बेल्जियम आते हैं।

भारत-यूरोपीय संघ के बीच विज्ञान एवं प्रौद्योगिकी सहयोग संबंधी संरचना करार ने दोनों पक्षों के आर्थिक प्रतियोगियों एवं अन्वेषकों का ध्यान आकर्षित करने में वृद्धि की है। मार्च 2004 में विज्ञान एवं प्रौद्योगिकी विभाग के सचिव श्री वी.एस. राममूर्ति ने इण्डिया-ईसी स्टीयरिंग कमेटी की पहली बैठक में भाग लेने के लिए ब्रूसेल्स की यात्रा पर गए एक प्रतिनिधि मण्डल का नेतृत्व किया जिसके दौरान विज्ञान एवं प्रौद्योगिकी में भारत-ईसी सहयोग कार्यक्रम 2004-2006 तथा एक संयुक्त वक्तव्य पर हस्ताक्षर किए गए। दोनों पक्ष नैनो-प्रौद्योगिकी, स्वास्थ्य के गुणसूत्र, भूतल परिवहन (वाहन क्षेत्र) तथा स्थायी विकास (प्राकृतिक आपदा शमन) के क्षेत्रों में वर्ष 2004-05 के दौरान 4 कार्यशालाएं संयुक्त रूप से आयोजित करने के लिए सहमत हुए। संयुक्त गतिविधियों तथा परियोजनाओं को यूरोपीय संघ के वर्ष 2002-2006 के लिए अन्वेषण तथा प्रौद्योगिकी विकास (आरटीडी) की छठी संरचना में सहायता दी गयी। भारत-यूरोपीय संघ संयुक्त आयोग की 14वीं बैठक 10 सितम्बर, 2004 को ब्रूसेल्स में आयोजित की गई।

भारत-यूरोपीय संघ गोलमेज की सातवीं और आठवीं बैठकें क्रमशः श्रीनगर में जून 2004 में और लन्दन में दिसम्बर 2004 में आयोजित की गई। पर्यटन को बढ़ावा देने तथा व्यापार एवं स्थायी विकास को प्रोत्साहित करने के लिए द्विपक्षीय सहयोग तथा सिविल सोसायटी इण्टरनेशनल फोरम पर सातवें दौर में चर्चा की गई। गोलमेज की आठवीं बैठक की सह-अध्यक्षता यूरोपीय संघ की ओर से यूरोपीय आर्थिक तथा सामाजिक समिति (ईईएससी) की अध्यक्ष सुश्री ए.एम. सिगमुन्द द्वारा तथा भारत की ओर से श्री एन.एन. बोरा द्वारा की गई। अन्य मुद्दों के साथ-साथ इसमें यूरोपीय संघ तथा भारत में श्रम संबंधों और शिक्षा तथा प्रशिक्षण में सहयोग के बारे में चर्चा की गई।

भारत को दी जाने वाली यूरोपीय संघ विकास सहयोग सहायता के केंद्र बिन्दु आमतौर पर पर्यावरण, सार्वजनिक स्वास्थ्य तथा शिक्षा के क्षेत्र रहे हैं। इस कार्यक्रम

के दूसरे चरण में यूरोपीय आयोग ने 42 जिलों को सम्मिलित करते हुए प्राथमिक शिक्षा के विकास के लिए परिकलित सर्वशिक्षा अभियान कार्यक्रम के लिए 200 मिलियन यूरो की वचन बद्धता की। यूरोपीय आयोग ने कन्टरी सट्रेटर्जी पेपर फॉर इण्डिया 2002–2006, जिसके अधीन उसने इस अवधि के लिए 225 मिलियन यूरो की वचनबद्धता की, में स्पष्ट रूप से भारत के साथ अपने संबंधों के लिए एक नई विकास सहयोग नीति का मसौदा तैयार किया। क्षेत्रीय संकल्पना के स्थान पर अब एक राष्ट्र–भागीदारी संकल्पना शुरू की गई है। इस कार्यक्रम के तहत यूरोपीय आयोग द्वारा छत्तीसगढ़ और राजस्थान का चयन किया गया है। इस उद्देश्य की पूर्ति के लिए दोनों पक्षों ने वर्ष के दौरान राज्य भागीदारी कार्यक्रम संबंधी एक समझौता ज्ञापन पर हस्ताक्षर किए। यूरोपीय आयोग ने दो नए कार्यक्रम आरम्भ किए हैं— 14 मिलियन यूरो की लागत के साथ व्यापार एवं निवेश विकास कार्यक्रम तथा 33 मिलियन यूरो की लागत के साथ छात्रवृति कार्यक्रम। भारत–यूरोपीय आयोग छात्रवृति कार्यक्रम के संबंध में हस्ताक्षर किए गए।

वर्ष 2008–09 में भारत और यूरोप के बीच उच्च स्तरीय यात्राओं का आदान–प्रदान जारी रहा और शिखर वार्ताएं हुई। भारत एवं यूरोपीय संघ के संबंधों में रक्षा एवं सुरक्षा, परमाणु एवं अंतरिक्ष, व्यापार एवं निवेश, ऊर्जा, खाद्य सुरक्षा, जलवायु परिवर्तन, विज्ञान प्रौद्योगिकी एवं संस्कृति, शिक्षा जैसे क्षेत्रों में विविधता और गहनता आयी। अमेरिका के साथ असैनिक परमाणु सहयोग के लिए एनएसजी में छूट हासिल करने में समर्थन जुटाने के लिए यूरोपीय संघ के सभी देशों में विशेष राजनयिक भेजे गए। 30 सितंबर, 2009 में पेरिस में आयोजित किए गए भारत–यूरोपीय संघ व्यापार सम्मेलन भागीदारी के लिए नई समाभिरूपताएं में भारत के प्रधानमंत्री ने शिरकत की। यूरोपीय संघ भारत का सबसे बड़ा व्यापारिक भागीदार है। दोनों के मध्य द्विपक्षीय व्यापार 55 अरब यूरो को अगले पांच वर्षों में 100 अरब यूरो तक पहुंचाने का लक्ष्य रखा गया है।

यूरोपीय संघ और भारतीय व्यापारिक विवाद

भारत को यूरोपीय संघ के साथ व्यापार करने में विभिन्न प्रकार की कठिनाइयों का सामना करना पड़ रहा है, क्योंकि यूरोपीय संघ भारत के निर्यात करने पर ऊँची मात्रा में सीमा शुल्क लगा देता है और प्रतिबंध के कारण कुछ निश्चित वस्तुओं के निर्यात की ही अनुमति देता है। इसलिए भारत सीमित मात्रा में ही कुछ वस्तुओं का

निर्यात कर पाता है, जिससे भारत को निर्यात करने में बहुत कठिनाई का सामना करना पड़ रहा है। यूरोपीय संघ संरक्षणवाद को महत्त्व दे रहा है और भारत को बराबरी पर लाने को तैयार नहीं है। फलतः भारत को खुले रूप में विभिन्न प्रतिबंधों के कारण बहुत प्रकार की कठिनाइयों का सामना करना पड़ रहा है। सामानों की गुणवत्ता के आधार पर संघ भारत पर दबाव डालता है, जिसके कारण भारत यूरोपीय व्यापारिक संघ के साथ सफलतापूर्वक व्यापारिक संबंध स्थापित नहीं कर पा रहा है। यूरोपीय संघ मानवाधिकार, वन्य पशुओं की निर्मम हत्या, बालश्रम, शोषण आदि मानकों के आधार पर भारतीय व्यापार को दबाने का प्रयत्न करता है। इसके परिणामस्वरूप भारत यूरोपीय संघ में प्रतिकूल प्रभाव का सामना कर रहा है।[16]

भारत और यूरोपीय संघ के बीच आर्थिक एवं व्यापारिक असंतुलन

यूरोपीय आर्थिक समुदाय 1957 से ही काम कर रहा है और यह पूर्ण विकसित हो गया है। भारत के लिए यूरोपीय आर्थिक समुदाय का महत्त्व भले ही न हो, परंतु भारत का यूरोपीय आर्थिक समुदाय के लिए अधिक महत्त्व है। यूरोपीय आर्थिक समुदाय के साथ भारत के पक्ष में कुछ निम्नलिखित सीमाएँ हैं :

- भारत यूरोपीय व्यापारिक संघ को कुछ सीमित वस्तुएँ ही निर्यात करता है। इसके कारण भारत बड़ा निर्यातक देश नहीं बन पा रहा है।
- भारत यूरोपीय बाजार का पूरा फायदा नहीं उठा पा रहा है, क्योंकि भारत का तीन–चौथाई व्यापार केवल जर्मनी, इटली इंग्लैंड और बेल्जियम के साथ ही होता है।
- यूरोपीय आर्थिक समुदाय में अन्य देशों की अपेक्षा भारत का निवेश कम है, जिसके कारण भारत यूरोपीय समुदाय को आकर्षित नहीं कर पा रही है और यूरोपीय समुदाय भी भारत के प्रति आकर्षित नहीं हो पा रहा है। यूरोपीय आर्थिक संघ और भारत के बीच व्यापारिक संबंध समानता के स्तर पर नहीं है, परंतु यूरोपीय संघ का भारत के प्रति व्यापक व्यापार है।

वर्तमान सम्बन्ध

भारत–यूरोपीयन यूनियन शिखर बैठक 6 अक्टूबर 2017 को नई दिल्ली में संपन्न हुई जिसमें भारतीय प्रधानमंत्री नरेंद्र मोदी ने यूरोपियन परिषद् के अध्यक्ष डोनाल्ड फ्रैंकसिजेक टस्क और यूरोपियन कमिशन के अध्यक्ष जीन जंकर से मुलाकात की। बैठक में भारत और यूरोपीय यूनियन के बीच सौर गठबंधन निवेश,

बैंगलोर मेट्रो निवेश और विज्ञान अनुसंधान विनिमय समझौता पर हस्ताक्षर किए हैं। यूरोपियन परिषद के अध्यक्ष डोनाल्ड टस्क और प्रधानमंत्री नरेंद्र मोदी ने संयुक्त प्रेस कॉन्फ्रेंस की, जिसमें आतंकवाद पर खास जोर दिया गया। इसमें प्रधानमंत्री नरेंद्र मोदी ने कहा यूरोपीय यूनियन बहुआयामी संबंध और सामरिक भागीदारी सबसे महत्वपूर्ण है। उन्होंने कहा कि पिछले साल हुए शिखर बैठक के मुकाबले इस साल हमारे संबंध ज्यादा मजबूत हुए हैं। दोनों देशों ने आतंकवाद पर भी विस्तृत चर्चा की और इस पर बोलते हुए कहा कि हम आतंकवाद के खिलाफ एक साथ लड़ाई लड़ेंगे, हमें इसे खत्म करने के लिए सहयोग करना चाहिए। वहीँ डोनाल्ड टस्क ने कि कहा हमारी आतंकवाद के खिलाफ घोषणा से साफ है कि हम अंतरराष्ट्रीय आतंकवाद के खिलाफ कठोरता से पेश आएंगे, इसमें आतंकवाद को आर्थिक मदद और हथियारों की सप्लाई भी शामिल होगी।[17]

इसके अतिरिक्त डोनाल्ड टस्क ने गतिशील व्यापार को विकसित करने, वैश्विक व क्षेत्रीय मुद्दों पर सहयोग बढ़ाने के लिए भी सहमति व्यक्त की। यूरोपीय संघ द्विपक्षीय व्यापार में भारत का सबसे बड़ा व्यापारिक साझेदार है। टस्क ने कहा कि भारतीय समुद्री सीमा की रक्षा के लिए दोनों में सहमति बनी है। उनका कहना है कि भविष्य में दोनों के बीच सैन्य सहयोग में भी बढ़ोतरी होगी। गौरतलब है कि साल 2016 में यूरोपीय संघ के साथ करीब 88 अरब डॉलर का व्यापार हुआ। इसके अलावा यूरोपीय संघ भारत के निर्यात का भी सबसे बड़ा केंद्र है। भारत ने यूरोप से 2000–2017 के दौरान करीब 83 अरब डॉलर का विदेशी प्रत्यक्ष निवेश प्राप्त किया। यह देश के कुल विदेशी प्रत्यक्ष निवेश का 24 फीसद है। भारत और यूरोपीय यूनियन 2004 से रणनीतिक साझेदार रहे हैं। 13वीं भारत–यूरोपीय संघ वार्ता 30 मार्च 2016 को ब्रूसेल्स में हुई थी।

मुक्त व्यापार समझौता अधर में

यूरोपीय संघ के साथ वार्ता में भारतीय प्रधानमंत्री ने यद्यपि कई समझौते किए, लेकिन मुक्त व्यापार समझौता अधर में ही दिख रहा है। इस पर कोई सार्थक चर्चा नहीं हो सकी। जीन जंकर ने केवल इतना कहा कि जब स्थितियां अनुकूल होंगी तब इस मसले पर फिर से वार्ता शुरू की जाएगी।

ब्रिटेन के यूरोपियन यूनियन से अलग होने का भारत पर प्रभाव

ब्रिटेन के लोगों ने 24 जून 2016 को यूरोपीय संघ से बाहर होने का फैसला किया है। ब्रिटेन के इस फैसले से केवल ब्रिटेन ही नही बल्कि बाकी दुनिया पर

भी असर होगा और उससे भारत भी अछूता नहीं रहेगा। भारत पर इस फैसले का मिला-जुला असर देखने को मिलेगा। ब्रिटेन के यूरोप से अलग होने के फैसले के साथ ही पाउंड की स्थिति डॉलर के मुकाबले कमजोर हो गई। डॉलर के मजबूत होने पर रुपए की कीमत गिरना लगभग तय है। कच्चे तेल की खरीद डॉलर में की जाती है। इस वजह से डॉलर के मंहगे होने पर कच्चा तेल भी महंगा हो जाएगा। इससे पेट्रोल और डीजल के दाम बढ़ जायेंगें। ब्रिटेन में 800 से ज्यादा भारतीय कंपनियां हैं। ब्रिटेन के यूरोपियन यूनियन से बाहर होने पर इन भारतीय कम्पनियों के कारोबार पर असर पड़ेगा, क्योंकि इसमें ज्यादातर कम्पनियाँ ब्रिटेन में रहकर मुक्त यूरोपियन बाज़ार में व्यापार करती हैं। इन कंपनियों में सुप्रसिद्ध भारतीय कंपनी टाटा मोटर्स भी शामिल है।

इसके अतिरिक्त इससे एक बड़ी समस्या तब और पैदा होगी जब यूरोप के देश अपने रास्ते ब्रिटेन के लोगों के लिए बंद कर लेंगे। अब तक तो यूरोप में रह रहे लोग एक दूसरे देश में बिना किसी रुकावट, बॉर्डर या वीजा के आवागमन कर रहे थे। अगर यूरोप ने आवागमन के नए नियम ला दिए तो भारतीय कंपनियों को यूरोप में प्रवेश के नए रास्ते बनाने होंगे। ऐसे में ब्रिटेन के यूरोप से अलग होने पर यूरोप के देशों से इन भारतीय कंपनियों को नए करार करने होंगे। इससे खर्च बढ़ेगा और अलग-अलग देशों के अलग अलग नियम-कानून से जूझना होगा। आईटी कंपनी ने ब्रिटेन के बाहर होने पर आईटी सेक्टर में 108 बिलियन डॉलर का नुकसान होने की बात कही थी। उन्होंने यह भी कहा था कि यह आर्थिक संकट साल-दो साल के लिए ही होगा। इसके साथ ही भारतीय आईटी सेक्टर की 6 से 18 फीसद कमाई ब्रिटेन से ही होती है।[18]

भारत ब्रिटेन में निवेश करने वाला तीसरा सबसे बड़ा देश है। इसके अलावा द्विपक्षीय व्यापार करने वाले देशों की गिनती में ब्रिटेन 12वें नबर पर आता है। ब्रिटेन उन 25 देशों में 7वें नंबर पर आता है जिनसे भारत सामान लेता कम है और वहां भेजता ज्यादा है।

निष्कर्ष

'वर्ल्ड इकोनामिक आउटलुक' को जारी करते हुए अंतर्राष्ट्रीय मुद्राकोष ने अपने दो साल के आंकलन में कहा है कि, "यूरो जोन की अर्थव्यवस्था में आये, लम्बे समय से ठहराव का प्रभाव मध्य यूरोप, पूर्वी यूरोप और अन्य देशों की अर्थव्यवस्था के विस्तार पर भी पड़ने लगा है।" उसने स्वीकार किया है कि यूरो जोन की वजह

से, यूरोपीय देशों की अर्थव्यवस्था और कमजोर पड़ सकती है। उसके इकोनामिक काउन्सलर ओलिवर बलानचार्ड ने कहा है कि "यूरोपीय देशों के सामने कई बड़ी चुनौतियां हैं।" उन्होंने यूरोपीय देशों से कहा- "जो आपके पास है वह है, कमजोर बैंक, कमजोर सरकारें, और कमजोर विकास दर, और यह खतरा कि स्थितियां बद से बदतर होती जा रही हैं।" उन्होंने निजीकरण की मांग को मजबूत करने के लिये वह सब करने को कहा जिससे बैंकिंग व्यवस्था और राजस्व एकीकरण को इस तरह व्यवस्थित किया जा सके कि वह विकास को खत्म न करे।

आज यूरो जोन, यूरोपीय संघ और यूरोपीय देशों के मित्र देशों की ऐसी हालत कैसे बन गयी? किन कारणों ने उसे उनकी अपनी ही वैश्विक वित्तीय संरचना के लिये, सबसे बड़ा खतरा बना दिया? उनका वास्तविक उल्लेख या आंकलन नहीं किया गया है। जिस मजबूती की अपेक्षा ओलिवर रखते हैं, वह मजबूती कैसे आयेगी? शायद उन्हें ठीक से नहीं मालूम है, और मालूम है, तो वह अंतर्राष्ट्रीय मुद्राकोष की नीतियों से मेल नहीं खाती है, जिसने विश्व बैंक, यूरोपीय सेण्ट्रल बैंक और निजी वित्तीय इकाईयों के साथ मिल कर ऐसी स्थितियां पैदा कर दी है, कि सरकारें कमजोर पड़ गयीं और आम यूरोपीय लोगों का विश्वास यूरोपीय संघ और मौजूदा व्यवस्था से ही उठ गया है। जिसे जानने या बनाये रखने की कोशिश आज तक नहीं की गयी। सरकार को जनविरोधी और आम जनता को सरकार विरोधी बना कर किसी भी अर्थव्यवस्था को बचाया नहीं जा सकता। इस बात को अंतर्राष्ट्रीय वित्तीय इकाईयां आज तक समझ नहीं सकी हैं। यही कारण है कि यूरोपीय संघ ने आम लोगों का विश्वास खो दिया है। 24 अप्रैल को 'गार्जियन' में प्रकाशित रिपोर्ट के अनुसार— स्पेन, ब्रिटेन, जर्मनी, फ्रांस, इटली और पोलैण्ड के ज्यादातर लोगों का विश्वास यूरोपीय संघ से उठ गया है।

यूरोप ने अपने लिये खुद उन विसंगतियों को पैदा किया है, जिसका जवाब उनके पास नहीं है। 24 अप्रैल को यूरोपीय संघ के आतंकवाद विरोध प्रमुख गिलिस डी कैकोफ ने ब्रिटिश मीडिया से कहा कि "लगभग 500 यूरोपियन सीरिया में राष्ट्रपति बशर-अल-असद की सरकार के खिलाफ लड़ रहे हैं। यूरोपीय संघ के देशों में ब्रिटेन, आयरलैण्ड और फ्रांस के सबसे ज्यादा लड़ाके सीरिया में हैं" और ऐसे ठिकानों की कमी तीसरी दुनिया में नहीं है। अमेरिका और यूरोपीय देशों ने मिलकर ऐसे कई ठिकानों को बना लिया है जहां वो विद्रोह के नाम पर आतंकवादियों के साथ मिल कर आतंकी गतिविधियों को संचालित कर रहे हैं। वो

इसका आर्थिक एवं सामरिक आंकलन तो करते हैं, मगर इस बात का आंकलन नहीं करते कि उनके देश एंव संघ की आम जनता पर इन घटनाओं एवं गतिविधियों का क्या प्रभाव पड़ेगा? खासकर तब जब उनकी जनविरोधी एवं दमनकारी नीतियों के खिलाफ आम जनता सड़कों पर है। वह अपनी समस्याओं के समाधान और अपने अधिकारों की लडाई लड़ रही है। यूरोपीय संघ के खिलाफ यूरोप की आम जनता ही नहीं, विश्व जनमत भी हो गयी है। तीसरी दुनिया के किसी भी देश में आम जनता उनका स्वागत नहीं करती। जहां वो अपनी लड़खड़ाती अर्थव्यवस्था को बचाने के लिये लड़ाईयां लड़ रहे हैं।

वहीँ वह इस बात से भी परेशान है कि तीसरी दुनिया के देशों की ओर उनके यहां से औधोगिक पलायन हो रहा है, जिसकी वजह से जन असंतोष और बेरोजगारी बढ़ रही है, बल्कि, उनकी अर्थव्यस्था के संभलने की संभावनायें भी मरती जा रही हैं। मुनाफे के पीछे चलती वित्तीय पूंजी का बहाव तीसरी दुनिया की ओर बन गया है। वो तीसरी दुनिया के देशों पर, उसके प्राकृतिक संसाधन और राजनीतिक संरचना पर अधिपत्य चाहती है। वित्तीय पूंजी ने उन्हें जिस मुकाम पर पहुंचा दिया है, उसी वित्तीय पूंजी के लिये वो लड़ाईयां लड़ रही है।

अपने एक साक्षात्कार में यूरोपीय संघ की कमिश्नर मारिया डामानाकि ने कहा है कि "पिछले डेढ़-दो सालों से यूरोपीय आयोग की नीति रही है, कि पूरे यूरोपीय महाद्वीप में "श्रममूल्य" को घटाया जाये, ताकि यूरोपीयन कम्पनियों को पूर्वी यूरोप और एशिया से मिल रही प्रतिद्वंदीता में भारत टिक सकें।" जहां श्रम मूल्य कम है वहां यूरोप से उधोगों के पलायन के बाद नये उधोग लगाये जा रहे हैं। यूरोप का सिकुड़ता बाजार और बाजार में कम दामों पर मिलते विदेशी सामानों के बीच आम यूरोपीयन की घटती क्रय क्षमता का जवाब उनके पास नहीं है। उस असंतोष का जवाब उनके पास नहीं है, जो काम के अवसर की कमी, कम वेतन और कम सुविधाओं और कटौतियों की वजह से है। सत्तारूढ़ वर्ग को सबसे बड़ा खतरा श्रमिक वर्ग के बढ़ते असंतोष से है। 22 अप्रैल 2016 को यूरोपीय कमीशन के प्रेसिडेण्ट जोस बानरोस ने चेतावनी देते हुए कहा कि "कटौती की नीतियां राजनीतिक एवं सामाजिक सीमा तक ही संभव है।"

उपर्युक्त विमर्श के अध्ययन से हम यह निष्कर्ष निकाल सकते हैं कि भारत दक्षिण कोरिया के बाद और ब्राजील से पहले 9 वां यूरोपीय संघ व्यापारिक साझेदार है। भारत के साथ हाल में यूरोपीय संघ के व्यापार में साल 2015 में एक मामूली

सा घाटा हुआ है (3 बिलियन यूरो) और यह लगातार तीन वर्ष से हो रहा है। विनिर्मित वस्तुएँ काफी हद तक निर्यात और आयात दोनों पर हावी रहती हैं। भारत के साथ सेवाओं के संतुलन में यूरोपीय संघ के व्यापार में 0.3 बिलियन यूरो का एक अधिशेष दिखाई देता है। यूरोपीय संघ भारत के साथ एक शुद्ध निवेशक है।

भारत न केवल यूरोपीय संघ के लिए बल्कि कई अन्य संस्थाओं के लिए भी एक महत्वपूर्ण व्यापारिक साझेदार है। भारत एक अरब से अधिक लोगों के एक बड़े और बढ़ते हुए बाजार को जोड़ता है। यह विकास भविष्य में जारी रहेगा। यूरोपीय संघ भारत का सबसे बड़ा व्यापारिक भागीदार (वस्तुओं और सेवाओं में कुल व्यापार का 15%) है। यूरोपीय संघ भारत के निर्यात के लिए भी एक महत्वपूर्ण बाजार है। द्विपक्षीय व्यापार 2010 के बाद से दोगुना हो गया है और निवेश भी समान अवधि में कई गुना बढ़ गए हैं। आज, भारतीय अर्थव्यवस्था नाम मात्र सकल घरेलू उत्पाद में दुनिया की दसवीं सबसे बड़ी और तीसरी सबसे बड़ी क्रय शक्ति है। यूरोपीय संघ और भारत एयरोसोल उद्योग सहित कई उद्योगों के लिए प्रमुख बाजार हैं। दोनों बाजार अभी भी भविष्य के लिए मजबूत विकास क्षमता प्रदान करते हैं।

सन्दर्भ-ग्रन्थ सूची

Berend, Ivan T. (2017), *The Contemporary Crisis of the European Union : Prospects for the Future*, New York : Routledge

Bomberg, Elizabeth; Peterson, John; Corbett, Richard, (ed.) (2012), *The European Union : How Does It Work, Oxford* : Oxford University Press

Wilkinson, Paul (2007), *International Relations : A Very Short Introduction* (1st ed.), Oxford : Oxford University Press.

Pinder, John; Usherwood, Simon (2013), *The European Union :A Very Short Introduction* (3rd ed.), Oxford : Oxford University Press

Jones, Erik; Anand, Menon; Weatherall, Stephen (2012), *The Oxford Handbook of the European Union*, Oxford : Oxford University Press

S, Muni (2003), ProblemsAreas in India's Neighborhood Policy, in South Asian Survey, Vol.10 (2), pp.185-196

Michael, Arndt (2013), Sovereignty vs. Security: SAARC and its Role in the Regional Security Architecture in SouthAsia, Harvard Asia Quarterly Summer 2013, Vol. XV, No.2 : pp37-45

Saez, Lawrence (2012), The South Asian Association for Regional Cooperation (SAARC) An Emerging Collaboration Architecture, Oxon : Routledge

Wilkinson, Paul (2007), International Relations: A Very Short Introduction (1st ed.), London : Oxford University Press.

Heywood, Andrew (2011), Global Politics, UK : Palgrave Macmillan

Baylis. John, Smith.Steve, Patricia Owens (ed.) (2011), The Globalization of World Politics : An Introduction to World Politics, London : Oxford University Press.

पन्त, पुष्पेश (2013), अंतर्राष्ट्रीय संगठन, नई दिल्ली : टाटा मैग्रा हिल प्रकायन

पन्त, पुष्पेश (2014), 21वीं शताब्दी में अंतर्राष्ट्रीय सम्बन्ध, नई दिल्ली: टाटा मैग्रा हिल प्रकाशन

http ://indian-aerosols.de/भारत-और-यूरोपीय-संघ-के-बीच

संदर्भ

1. Baylis. John, Smith.Steve, Patricia Owens(ed.)(2011)
2. Pinder, John; Usherwood, Simon (2013)
3. Baylis. John, Smith.Steve, Patricia Owens(ed.)(2011)
4. Berend, Ivan T. (2017)
5. Pinder, John; Usherwood, Simon (2013)
6. Baylis. John, Smith.Steve, Patricia Owens(ed.)(2011)
7. पन्त, पुष्पेश (2013)
8. Baylis. John, Smith.Steve, Patricia Owens(ed.)(2011)
9. Baylis. John, Smith.Steve, Patricia Owens(ed.)(2011)
10. पन्त, पुष्पेश (2014)
11. Pinder, John; Usherwood, Simon (2013)
12. Pinder, John; Usherwood, Simon (2013)
13. पन्त, पुष्पेश (2013)
14. Berend, Ivan T. (2017)
15. Berend, Ivan T. (2017)
16. पन्त, पुष्पेश (2014)
17. Baylis. John, Smith.Steve, Patricia Owens(ed.)(2011)
18. पन्त, पुष्पेश (2013)

• • •

5

भारत-पाकिस्तान संबंधः अस्थिरता व स्थिरता

सरिता*

दक्षिण एशियाई राष्ट्रों (नेपाल, भूटान, बांग्लादेश, मालद्वीप, म्यानमार, पाकिस्तान व श्रीलंका) में भारत सबसे महत्वपूर्ण राष्ट्र है। यह भौगोलिक दृष्टि से सबसे बड़ा एवं अपने सभी पड़ोसी देशो के साथ सीमांए साझा करता है। दक्षिण एशिया को समृद्ध एवं अधिक स्थिर रखने के लिए भारत को सभी देशों के साथ व्यापक स्तर पर जुड़ने की जरूरत है। जब भी हम भारत के गौरवशाली अतीत की बात करते है, तो सभी एकमत से इस बात पर बल देते हैं कि कैसे भारत अपने पड़ोसी देशों के साथ जुड़ा है और था। इसी परिप्रेक्ष्य में यदि हम देखें तो भारत व पाकिस्तान दो ऐसे राष्ट्र हैं जो विश्व स्तर पर एक बेहद बड़े व समृद्ध इतिहास को रखते हैं। इस आधार पर हमें इन दोनों राष्ट्रों के इतिहास व संबंधो पर पुनः दृष्टि डालने की आवश्यकता है।

मोटे तौर पर किसी भी राष्ट्र की विदेश नीति उसके आर्थिक क्षेत्र को बढ़ावा देने पर आधारित रहती है। वही भारत विस्थापन के उपरांत अंतर्राष्ट्रीय स्तर पर अपने पड़ोसी देशो के साथ सुरक्षा स्तर को बढ़ावा देने के दृष्टिकोण को विस्तृत व विकसित कर रहा है। वही इसके दूसरी तरफ ये काफी कठिन व दुविधाओं से भरा नजर आता है। सामान्य व ऐतिहासिक तौर पर इन सभी पड़ोसी रष्ट्रों के साथ ऐतिहासिक, आर्थिक, धार्मिक, संजातीया विषय व भाषायी संबंध होने के साथ-साथ ये दक्षिण एशियाई उप महाद्वीप एक भौगोलिक अनिर्वायता के रूप में जटिल और सुव्यवस्थित संबंधों को बनाए रखने में अद्‌भुत व आश्चर्यजनक स्थिति उत्पन्न करते हैं।

---

* पीएचडी शोधार्थी, सेंटर फॉर साउथ एशियन स्टडीज, स्कूल ऑफ इंटरनेशनल स्टडीज, जवाहरलाल नेहरु विश्वविद्यालय एवं गेस्ट फैकल्टी, दिल्ली विश्वविद्यालय, दिल्ली

1947 में आजादी के बाद से ही भारत आंतरिक सामंजस्य व तनावपूर्ण पड़ोसी राष्ट्रों के संबंधो के प्रबंध को भारत ने अपनी प्रमुख चुनौतियों में शामिल किया हुआ है। इसी विषय पर प्रो. एस.डी. मुनी कहते हैं कि, "भारत की विदेश नीति अपने तथा तात्कालिक पड़ोसी देशों में हो रही आतंरिक उथल-पुथल के चलते गंभीर चुनौतियों का सामना करने की ओर आशंकित है।"[1]

भारत की विदेश नीति ने हमेशा, अपने पड़ोसी देशों के साथ आंतरिक व गंभीर चुनौतियों का सामना करने व स्वयं भी इन चुनौतियों को संचालित व सुलझाने में अलग-अलग लेकिन हमेशा मुद्दे को सुलझाने के दृष्टिकोण से ही, अधिक रूझान रखते हुए वैश्विक स्तर पर उपस्थित किया है। इसी आधार पर अपने एक लेख में सी. राजा मोहन व एस.डी. मुनी तर्क देते हैं कि, "भारत का एक वैश्विक शक्ति के रूप मे उभर कर आना पूर्णतः केवल उसके पड़ोसी राष्ट्रों के साथ आपसी संबंधो की क्षमता पर निर्भर करता है।"[2] इसी सन्दर्भ में हाल ही में पूर्व राष्ट्रपति प्रणब मुखर्जी ने क्षेत्रिय संदर्भ में भारत की विदेश नीति को "भारत की विकास प्रक्रियाओं को सुगम बनाने के लिए एक महत्वपूर्ण कारक बताया है।"[3]

भारत पाकिस्तान संबंध

अगस्त 1947 में भारत उपमहाद्वीप में दो स्वतंत्र राज्यों का जन्म हुआ। इनकी स्थापना ब्रिटिश संसद द्वारा पारित एक कानून के अनुसार हुई, इस कानून में औपनिवेशिक भारत को दो भागों में विभाजित किया -भारत व पाकिस्तान डोमेन। ये दोनों नए देश ब्रिटिश राष्ट्रमंडल (British Commonwealth) के सदस्य बनाए गए व ब्रिटेन का राजा उनका भी राजा घोषित किया गया। दोनों राज्यों को राजनीतिक आधार पर पूर्णतः स्वतंत्र बनाया गया। वहीं पाकिस्तान का जन्म इसलिए हुआ क्योंकि 'मुस्लिम लीग का यह दावा था कि हिन्दू और मुसलमान दो अलग धर्म हैं इसलिए उन्हें दो अलग-अलग राज्यों में संगठित होना चाहिए। दूसरी तरफ राष्ट्रीय कांग्रेस दल धर्म निरपेक्षता में विश्वास करती थी और संपूर्ण भारत को एक रखना चाहती थी। इस धार्मिक परिप्रेक्ष्य के आधार पर स्वतंत्रता से कुछ समय पूर्व अविभाजित भारत के कई भागों में हिंसा फैल चुकी थी। अब केवल दो ही विकल्प थे, या तो देश की हिंसा को भड़कते रहने दिया जाए, या फिर इसे दो भागों में विभाजित कर दिया जाए। मुस्लिम लीग ने दूसरा रास्ता चुना और अंग्रेजो की उस नीति का परिणाम हिंदु व मुसलमानो में मतभेद पैदा करना था।

परिणामस्वरूप 500 से अधिक देशी रियासतों के ऊपर से भारत का अधिकार समाप्त कर दिया गया व इन रियासतों को अधिकार दिया गया कि वे इन दोनों डोमेनियन में से किसी को भी चुनने के लिए पूरी तरह स्वतंत्र है इसी आधार पर भारत–पाकिस्तान के शत्रुताओं के मूल कारणों में कश्मीर विवाद मूलभूत रूप से बना हुआ है। तीन बड़े महायुद्धो के बाद ये दोनों राष्ट्र एक–दूसरे के विरोध में खड़े हैं। 70 वर्षो से दूसरे विश्वयुद्ध के बाद ये दोनों स्थाई रूप से एक दूसरे के प्रतिद्वंदियों की भूमिका अदा कर रहे हैं।

दो राष्ट्रों का सिद्धांत व पाकिस्तान की मांग

अगस्त 1947 के भारत–पाकिस्तान विभाजन को दूसरे विश्व युद्ध के बाद की सबसे भयावह घटना माना जाता है। वर्षों से साथ रह रहे हिन्दू–मुसलमानों को धर्म के आधार पर भारत हिन्दुओं के लिए तथा पाकिस्तान मुस्लिमों के रूप में देखे जाने लगे। धार्मिक आधार पर पृथक दृष्टिकोण रखने वाले चिंतको में इकबाल (मो.) को मुसलमानों के लिए पृथक राज्य की मांग का प्रवर्तक माना जाता है। सर्व–इस्लाम की भावना से प्रेरित होकर इकबाल ने अखिल भारतीय मुस्लिम लीग के लखनऊ अधिवेशन में कहा था,

> "यदि यह सिद्धांत स्वीकार कर लिया जाता है, कि भारत के सांप्रदायिक प्रश्न का स्थाई हल भारतीय मुसलमानो को अपने देश भारत में अपनी संस्कृति और परंपराओं के संपूर्ण और स्वतंत्र विकास का अधिकार है, तो मेरी इच्छा यह होगी की पंजाब, उत्तर पश्चिम सीमा–प्रांत, सिंध, ब्लूचिस्तान को मिलाकर एक राज्य बना दिया जाए। ब्रिटिश साम्राज्य के अंदर अथवा बाहर एक उत्तर पश्चिम भारतीय मुस्लिम राज्यों का गठन मुझे कम से कम उत्तर पश्चिमी भारत में मुसलमानो का अंतिम लक्ष्य प्रतीत होता है।"[4]

वहीं लाहौर अधिवेशन मे मो. अली जिन्ना ने 1940 में अपने भाषण में स्पष्ट कहा था कि,

> "यह हिन्दु और मुसलमान शब्द के नियमनिष्ठ अर्थ में धर्म नहीं है, अपितु वास्तव में भिन्न और स्पष्ट सामाजिक व्यवस्था है और यह एक स्वप्न है कि कभी भी हिन्दु और मुसलमान एक राष्ट्र बन सकते हैं इन दोनों के धार्मिक दर्शन, रीति–रिवाज और साहित्य भिन्न है, इससे दोनों जातियों के राज्य में बांधने से एक अल्प संख्यक और दूसरा बहुसंख्यक हो जायेगा, इससे असंतोष बढ़ेगा और राज्य भी नष्ट होगा।"[5]

बंटवारे की मांग पर जोर देते हुए मुस्लिम लीग ने यह आदेश पारित किया कि –

"अखिल भारतीय मुस्लिम लीग के इस अधिवेशन का यह दृढ़ विचार है कि इस देश में कोई भी संवैधानिक योजना मुसलमानो को स्वीकृत नहीं होगी, जो कि निम्नलिखित सिद्धांतो पर आधारित न हो, भौगोलिक स्थिति से एक दूसरे से लगे इुए प्रदेश आवश्यक परिवर्तनो सहित इस प्रकार गठित किये जाए ताकि वहां मुसलमानों बहुसंख्यक हो। जैसा की भारत के उत्तर-पश्चिमी और पूर्वी प्रदेश और इनको मिलाकर एक स्वतंत्र राज्य बना दिया जाए और उससे सम्मिलित प्रदेश स्वशासी और प्रभुसत्ता पूर्ण हो। इस प्रस्ताव में जो प्रदेश पाकिस्तान में सम्मिलित होने थे उनका विवरण नहीं था।"[6]

1942 में जिन्ना ने प्रोफेसर क्यूपलैंड की व्याख्या करते हुए कहा था कि पाकिस्तान एक मुस्लिम राज्य होगा और भारत के एक ओर उत्तर-पश्चिमी सीमा प्रांत, पंजाब, सिंघ और दूसरी ओर बंगाल होगा। उसमें ब्लूचिस्तान और आसाम का उल्लेख नहीं किया, न ही कश्मीर और हैदराबाद का, परंतु 12 मई 1946 को मंत्री मंडलीय, शिष्ट मंडल को एक स्मरण पत्र में मुस्लिम लीग ने छः प्रांत पंजाब, उत्तर-पश्चिमी सीमा-प्रांत, ब्लूचिस्तान, सिंध, बंगाल और आसाम को एक समूल में सम्मिलित करने की बात कही और इस प्रकार लाहौर अधिवेशन में इसे दिशा और कार्यक्रम दिया गया।

सन् 1947 में भारत के स्वतंत्र हाने से पूर्व भारत उपमहाद्विप में लगभग 565 देशी राज्य थे। इसमें से 140 ऐसे थे जिन्हें पूर्ण सत्ता प्राप्त थी, 300 पश्चिमी भारत के अस्थान और तालुके थे और शेष मध्यवर्ती वर्ग के राज्य थे। 1947 को लार्ड माउंट बेटन ने बैठक बुलाई। इस बैठक में पंडित नेहरू ने कहा कि, "वह इससे सहमत है कि कोई भी रियासत पाकिस्तान में शामिल हो सकती है किंतु कैबिनेट मिशन के ज्ञाप के अधिन वह स्वतंत्र रहने का दावा नहीं कर सकती।"[7] जिन्ना ने यह मत व्यक्त किया कि यह "अधिकार रियासतो को प्राप्त है कि वह यदि चाहे तो किसी भी संविधान सभा में शामिल न हो और यह कि हर देशीय रियासत संपूर्ण प्रभुत्व संपन्न राज्य है। उसे पाकिस्तान में शामिल होने के लिए बाध्य नहीं किया जा सकता।"[8] 25 जुलाई 1947 को लार्ड माउंट बेटन ने यह कहा कि,

"संवैधानिक रूप से सभी राज्य अपने भविष्य निर्धारण के लिए स्वतंत्र हैं व अपना भविष्य किसी भी डोमेनियन से जोड़ सकते हैं, किंतु किसी भी डोमेनियन

से भविष्य जोड़ते समय यह तय करना पड़ेगा कि उनकी भौगोलिक स्थिति क्या है?"[9]

इसी विषय पर जूनागढ़, हैदराबाद और कश्मीर को लेकर भारत-पाकिस्तान में तनाव उत्पन्न हुआ। जूनागढ़ और हैदराबाद के दोनों राजा मुसलमान थे लेकिन उनकी प्रजा हिंदू होने के कारण भारत ने सैनिक कार्यवाही कर के जूनागढ़ के राजा को पाकिस्तान में सम्मिलित होने पर विवश कर दिया और वहां के पुलिस प्रशासन ने जूनागढ़ को भारत संघ में मिलाने की घोषणा कर दी। भारत की इस कार्यवाही का पाकिस्तान ने कड़ा विरोध किया और जनमत संग्रह को ढोंग कहते हुए इस प्रश्न को संयुक्त राज्य की सुरक्षा परिषद में उठाया किंतु संपूर्ण प्रक्रिया असफल रही और इस प्रकार जूनागढ़ राज्य का विलय भारत में हो गया। वही पाकिस्तान ने हैदराबाद के विषय में किया लेकिन इसका भी सुरक्षाा परिषद में कोई निर्णय नहीं हुआ।

कश्मीर विवाद

1947 का भारत विभाजन राष्ट्रीय पहचान (National Indentity) के विरोधाभास से भरा हुआ था। इन विरोधाभासों के लिए दोनों राष्ट्र भारत-पाकिस्तान जिम्मेदार रहे हैं। जहां धर्मनिरपेक्षता के आधार पर पंडित नेहरू की छत्र-छाया में भारत की पहचान बनाई गई, वहीं अन्य धार्मिक व सामाजिक समूहों को गले लगाने की कोशिश की गई। पाकिस्तान बनाने की जिम्मेदारी मो. अली जिन्ना की थी, जिन्होंने मुस्लीम समुदाय के लोगों के लिए राजनैतिक स्थान की मांग की, बजाय एक इस्लामिक राज्य की मांग के।

यह दोनों राष्ट्र अपने आंतरिक विविधता के प्रति जागरूक थे लेकिन कश्मीर के खोने का डर उनके राजनीतिक विघटन की प्रक्रिया को सांकेलिक कर रही थी। लेकिन भारत ने कड़ी मेहनत से कश्मीर घाटी की स्थिति को बदलने के लिए गंभीर प्रयास किये, एक मुस्लिम बहुमत क्षेत्र होने के कारण, मुसलमानो के लिए उसे एक ऐसा राज्य बनाने का दावा था जो मुसलमानो को समायोजित कर सकती है।

स्वतंत्रता से पहले भारत में बहुत से ऐसे देशी राज्य थे जिनका ब्रिटिश सरकार के साथ विशेष संधियों के आधार पर संबंध कायम था। स्वतंत्रता प्राप्ति के पूर्व ब्रिटिश सरकार ने यह घोषणा कर दी कि राज्य अपनी इच्छा अनुसार अपनी स्थिति का निर्धारण करेंगें। फिर चाहे वे भारत डोमेन में या पाकिस्तान डोमेनियन में शामिल हों। कश्मीर चार राज्यों की सीमा से लगा होने के कारण अत्याधिक महत्वपूर्ण था

जो कि विश्व शक्तियों के लिए मजबूती प्रदान कर सकता था लेकिन 1947 तक कश्मीर अपनी स्थिति स्तत्व नहीं कर सका और एक स्वतंत्र राज्य हो गया।

सियाचिन विवाद

सियाचीन क्षेत्र का मामला काफी समय पहले से विवादस्पद हो चुका था। 23 अप्रैल 1994 को पाकिस्तान ने इस क्षेत्र पर पहली बार आक्रमण किया था। सियाचीन को ठंडा कब्रिस्तान कहा जाता है। इस क्षेत्र में सेना अधिक दिन नहीं रह सकती है। इतनी कड़ी शीत में मनुष्य, जीव-जंतु कोई नहीं बच सकता परंतु यथा-स्थिति यह है कि ये क्षेत्र सामरिक दृष्टि से अत्याधिक महत्वपूर्ण है। 1984 के बाद से सियाचिन का मामला धीरे-धीरे उठता रहा। 21 दिसम्बर 1987 को पहली बार पाक सेना ने पुंज क्षेत्र में गोलाबारी की। जनवरी 1988 में पाकिस्तानी सेना के आक्रमण को भारतीय सेना ने विफल कर दिया। यह विवाद सेनाओं द्वारा एक दूसरे पर गोलाबारी 1988-89 के वर्षों में चलती रही, साथ ही समझौते के प्रयास भी चलते रहे। अप्रैल 4, 1989 को भारत ने पाकिस्तान से लगी सीमा को कुछ दूर तक सील कर दिया। तत्कालीन भारतीय विदेश मंत्री ने इस क्षेत्र का दौरा किया, पाकिस्तान ने इस दौरे और निरीक्षण की कार्यवाही में बाधा डालने का प्रयास किया। इस बीच भारतीय सेना को इस क्षेत्र में पाक सीमा पर सावधान रहने के लिए भी कहा गया।

19 मई 1988 को सियाचिन पर सचिव स्तरीय वार्ता आरंभ हुई। कराची में तीसरी बैठक में भारत की ओर से एस. के. भटनागर और पाकिस्तान की ओर से आई. एच. जैदी वार्ता के लिए बैठे। कई ठोस प्रस्ताव आये और यह तया हुआ कि वार्ता का चतुर्थ दौर दिल्ली में आरंभ होगा। इसमें द्विपक्षीय महत्व के विषयों पर विचार विमर्श किया गया। शिमला समझौते की भावना के तहत वार्ता पर जोर दिया गया और विविक मुद्दों पर व्यावहारिक दृष्टिकोण अपनाया गया। यह तय हुआ कि सिचाचिन पर वाटरशेड (वाटर शेड लेवल) स्तर को स्वीकार करते हुए अपनी सेना तैनात करे। इस विषय पर भारत में हिन्दुस्तान टाईम्स व अन्य अखबारो में इस आशय का समाचार प्रकाशित हुआ कि पाकिस्तान की सेना कभी भी आक्रमण कर सकती है। अतएव भारतीय सेना को सीमा पर हटाया जाए, पूर्व क्षेत्रों में पाकिस्तान सेना ने गोलाबारी आरंभ कर दी थी अंततः यह तय हुआ की राजस्थान सीमा पर कांटेदार तार लगाये जाऐं व हरारे सम्मेलन से यह जानकारी प्राप्त हुई कि भारत, पाकिस्तान से जुड़ी अपनी सीमा को सील करने का प्रयास करेगा।

18 अगस्त 1988 को पाकिस्तान के छठे राष्ट्रपति जियाउल हक की मृत्यु के बाद भारत-पाक सीमा पर चौकसी और अधिक बढ़ा दी गयी। सीमा पार करने वाले अपराधियों के विरुद्ध कड़े कदम उठाने का निर्णय लिया गया। उसी वर्ष 28 अगस्त को सियाचिन वार्ता का चौथा चरण दिल्ली में आरंभ हुआ। चार घंटे लगातार चली वार्ता के कोई परिणाम नहीं निकले। इस सन्दर्भ में पाकिस्तानी प्रधानमंत्री बेनजीर भुट्टो ने कहा कश्मीर का प्रश्न भारत पाक के लिए केन्द्रीभूत है। जब तक इस प्रश्न का हल नहीं हो जाता दोनों देशो के संबंध सामान्य नहीं हो सकते, संबंधो के संपूर्ण सामान्यीकरण (Total Normalisation) के लिए कश्मीर के प्रश्न का हल होना जरूरी है। बेनजीर भुट्टो ने यह भी कहा कि भूतकाल में कश्मीर को लेकर दोनों देशो के बीच वाद विवाद हुए, युद्ध हुए, झगड़े हुए लेकिन सियाचीन का क्षेत्र दोनों के लिए विवाद ग्रस्त बना हुआ है किंतु, भुट्टो इसे "नो मैन लैण्ड" (No Men Land) में परिवर्तित नहीं करना चाहती।

इस विषय पर दोनों देशों के सचिवों के बीच वार्ता होगी। इसके पूर्व भारतीय प्रधानमंत्री राजीव गांधी ने कहा था कि भारत-पाकिस्तान के बीच बड़े मुद्दों पर विवाद चल रहा है:

- सियाचिन ग्लेशियर का विवाद।
- अणु बम
- पंजाब में आतंकवादियो को पाकिस्तान द्वारा सहायता देना।

वहीं दूसरी ओर पाकिस्तानी राजनीतिज्ञों का कहना था कि कश्मीर का मुद्दा शिमला समझौते के तहत ही हल होना चाहिए। 1944 में संयुक्त राष्ट्र संघ ने इस विषय पर एक महत्वपूर्ण प्रस्ताव पारित किया था और उसी प्रस्ताव को अनुसरण किया जाना चाहिए। बेनजीर ने स्पष्ट किया कि भारत को सियाचीन क्षेत्र से अपनी सेनाएं हटा लेनी चाहिए, इस संबंध में मुख्य सचिव और अधिकारियों के बीच कई वार्ताएं हो चुकी हैं, हम सियाचिन पर शांतिमय वार्ता चाहते हैं। शिमला समझौते के तहत कहा गया था कि दोनों पक्षों को यथास्थिति कायम रखनी चाहिए किंतु माना गया कि भारत ने सियाचिन को अपने कब्जे में लेकर शिमला समझौते का उल्लंघन किया। फरवरी 1989 को सियाचिन पर भारत-पाक बैठक आयोजित की गयी। बैठक में भारत ने पाकिस्तान की इस मांग को रद्द कर दिया कि वह सियाचिन से हट जाए। पाकिस्तान ने कई बार यह प्रयास किया है कि शिमला समझौते के तहत भारत को सियाचिन से हट जाना चाहिए। इस सन्दर्भ में बेनजीर भुट्टो ने कहा कि

कश्मीर में शिमला समझौते के साथ-साथ संयुक्त राष्ट्र संघ का प्रस्ताव भी लागू होना चाहिए जिसके तहत वह आत्म निर्णय का सिद्धांत और जन निर्देश कराया जाना जरूरी है। 25 मई को दोनों देशों के सुरक्षा अधिकारियों की इस्लामाबाद में वार्ता भी हुई इसमें यह निर्णय लिया गया कि:

- सीमा-पार के अपराधों को रोका जाए।
- सीमा पर खम्भे लगाये जाए।

इस वार्ता में दोनों देशों के सैनिक अधिकारियों डायरेक्टर जनरल ऑफ दी पाकिस्तान रेंजर्स और इन्स्पैक्टर जनरल ऑफ दी वी. एस. एण्ड पंजाब और राजस्थान की लगातार बैठके हों। ये माह में दो बार मिलकर स्थिती का आकलन करते रहेंगे। पूर्वी सीमावर्ती प्रवेश की संयुक्त पेट्रोलिंग होती रहेगी और अधिकारीगण एक दूसरे को आवश्यक सूचनाएं देते रहेंगे। दोनों देश मादक पदार्थो और वस्तुओं की तस्करी पर भी नियंत्रण करने का प्रयास करेंगे। सारी कार्यवाहीयों की विस्तृत सूचना अधिकारी एक दूसरे को देते रहेंगें। इसी विषय पर हिन्दुस्तान टाईम्स ने अपने एक लेख में लिखा की "दोनों देशो के बीच यह वार्ता विश्वास बनाये रखने में महत्वपूर्ण भूमिका अदा करेंगी (Positive impact to confidance building between the two countries).

सियाचिन की वार्ता स्थिति को यथावत रखने (Status Quo) की है। यह समझा गया कि सियाचिन पर कोई न कोई समझौता अवश्य होगा। दोनों सेनाए एक दूसरे से कुछ दूर हट जाएंगी। देानो देशो की सेनाएं चाह रही है कि सन् 1984 से अब तक अर्थात 5 वर्षो तक जो सैनिक कार्यवाही होती आ रही, वह निरर्थक सैनिक कवायद के सदृश्य है जिसने केवल थकाया है किंतु विशेष नतीजे नहीं निकले हैं।

बाद में भारत ने इस बात का खंडन किया कि समझौते में इस बात का कहीं भी जिक्र नहीं है कि सेनाओं को 1972 की पूर्व स्थिति में ले जाया जाए। भारत ने कहा कि 1972 के पूर्व इस क्षेत्र में काई सेना नहीं थी। बेनजीर भुट्टो ने ही शिमला समझौते की पूर्व की स्थिति पर पहली बार जोर दिया है। भारत के प्रवक्ता ने इस संबंध में निम्न अंशो को पढ़ा - "Specific proposal aiming at an early settelment of the Siachen issue in accordance with the Shimla agreeement and to assure durable prace in the Siachen area." भारत के प्रमुख राजनैतिज्ञों व अखबारो ने इस बात पर संदेह व्यक्त किया कि

केवल इस समझौते मात्र से भारत और पाकिस्तान के बीच शांति स्थापति नहीं हो जाएगी। भाजपा के आडवाणी ने इस समझौते की कड़ी आलोचना की और कहा कि, "यह एक शर्मनाक समर्पण है।"

सेना का विसैन्यीकरण

भारत और पाकिस्तान की सेनायें बहुत शीघ्र प्रयास कर रही हैं कि वे एशिया के सबसे बड़े हिम क्षेत्र का विसैन्यीकरण करें इसके लिए संयुक्त सैनिक आयोग गठित किया गया। इसमें सालटोरो ग्लेशियर क्षेत्र को भी निर्णायक क्षेत्र माना जा सकता है। सियाचिन क्षेत्र का एक विशेष सामरिक महत्व है। यह लद्दाख क्षेत्र से कराकोरम घाटी को जोड़ता है। चीन इस मार्ग को बना रहा है और आक्साईचिन उसके अवैध नियंत्रण में है। जुलाई 10, 1989 से दोनों देशो के सैनिक अधिकारियों की एक बैठक हुई, दोनों पक्षो ने इस बात पर वार्ता की कि नक्शो की पूरी–पूरी सहायता ली जाए कि सेनाऐ कितनी दूरी तक हटाई जा सकती हैं। एक संयुक्त सैनिक आयोग गठित किया गया जो नियंत्रण की वास्तविक रेखा का निर्धारण करे। इस रेखा पर दोनों देशो के बीच काफी मतभेद उत्पन्न हुए। भारत का कहना है कि 1947 से ही वह इस क्षेत्र पर अपना अधिकार स्थापित किये हुये है किंतु यहां ऊँचाई और शांति के कारण सेना तैनात नहीं की गयी थी। 1980 के बाद से ही सियाचिन के ऊँचे बिंदुओ पर अधिकार स्थापित करने के लिए लड़ाई आरंभ हुई। कारगिल के 50 किलोमीटर उत्तर–पूर्व (Point Nu-9842) तक और फिर काराकोरम दर्रे तक भारत का एलओसी रही है। पाकिस्तान ने 1980 के बाद भारत की स्थिति को लगातार चुनौति दी है और ऋतु के खुलने पर लगातार लड़ाईयां होती रही है। यह बैठक दिल्ली में हुई सालटोरा ब्रिज वास्तविक नियंत्रण रेखा मानी जा रही है। कुलदीप नायर इस विषय पर चर्चा करते हुए कहते है कि, "सियाचिन का मामला उलझा दिया गया है और इन उलझनो का सुलझना संभव नहीं दिखायी देता"। भाजपा के अनुसार तो राजीव गांधी की सरकार का यह कदम देश को बेचने के समान था।

नदी–जल विवाद

भारत और पाकिस्तान के बीच नदियों के पानी से संबंधित प्रश्न को लेकर पर्याप्त मतभेद विद्यमान था। सिंधु नदी और उसकी सहायक अन्य सभी नदियां भारतीय क्षेत्र से निकलती है। विभाजन के बाद पाकिस्तान को यह भय हुआ कि यदि भारत से पाकिस्तान का संबंध कटुतापूर्ण रहा तो भारत इन नदियो के बहाव

को रोककर अपने भू-भाग में मोड़ सकता है जिससे सिंचाई के पानी के अभाव में पाकिस्तान को बहुत नुकसान पहुंच सकता है। भारत का भी अपने आर्थिक विकास के लिए भाखड़ा बांध बंधवाना आवश्यक था। ऐसी हालत में दोनों देशों के बीच नदियो के पानी के प्रश्न को लेकर मतभेद उत्पन्न होना अवश्यम्भावी था। एक स्थाई समझौते के अनुसार भारत ने पाकिस्तान की नहरो के लिए अपने क्षेत्रो में इस शर्त पर पानी देना स्वीकार कर लिया कि पाकिस्तान उसका मूल्य देगा।

पाकिस्तान ने अगस्त 1950 में एक तरफा तौर पर समझौते को यह कहकर रद्ध कर दिया कि यह समझौता दबाव में आकर किया गया था। लगभग दस साल बातचीत के बाद एक समाधान प्राप्त हुआ। विश्व बैंक के अध्यक्ष 'इयूजीन ब्लैक' की मध्यस्था के फलस्वरूप 19 सितम्बर 1960 को पानी के बंटवारे के बारे में रावलपिंडी ने नेहरू के बंटवारे के बारे में राष्ट्रपति अयूब खान ने हस्ताक्षर किए। इस समझौते में यह तय किया गया कि अगले 10 वर्षो की अवधि के बाद, जो पाकिस्तान की प्रार्थना पर तीन वर्ष और बढ़ाई जा सकती थी, तीनो ही पूर्वी नदियों का पानी केवल भारत प्रयोग में लाएगा और पश्चिमी नदिया केवल पाकिस्तान को पानी देंगी। पहले 10 वर्षो की अवधि और व्यास नदियो के धीरे-धीरे कम होता हुआ पानी देगा। भारत ने यह भी स्वीकार किया कि वह पाकिस्तान को नहरें खुदवाने के लिए वित्तीय सहायता देगा। यह समझौता जनवरी 1961 में लागू हुआ और इसने पानी के बंटवारे के प्रश्न को शांतिपूर्वक सुलझा लिया। नेहरू ने इसे बहुत महत्वपूर्ण घटना कहा।

आतंकवाद की समस्या

पाकिस्तान और भारत में विवाद का एक प्रमुख कारण पाकिस्तान द्वारा पंजाब और कश्मीर में आतंकवादियों को प्रशिक्षित करके भेजना है। पाकिस्तान का कहना है कि भारत भी सिंध में पृथकतावादियों को प्रोत्साहित कर रहा है। इसके कारण दोनों राष्ट्रो के संबंध बहुत अधिक बिगड़ रहे हैं अतः यह एक प्रकार के अघोषित युद्ध की रूपरेखा है। 2006 में एक Joint-Anti Terrorism Mechanism तैयार किया गया जिसमें मुम्बई आतंकी हमले की जांच की जा सके। इस समझौते के अंतर्गत यह तय किया गया कि दोनों राष्ट्र एक दूसरे को आवश्यक जानकारियां उपलब्ध कराएं ताकि राष्ट्रों के मध्य रोकथाम की जा सके। परंतु इसमें पाकिस्तान का सहयोग काफी निराशाजनक रहा। अतः इस विषय पर "सहायता समझौते" पर पाकिस्तान ने कोई हस्ताक्षर नहीं किए और वार्ता को रोक दिया गया। 2008

में भारत ने मुम्बई हमले पर पाकिस्तान को नकार दिया। लेकिन भारत निरंतर रूप से इस बात पर जोर देता रहा वह इस आंतकवादी हमले के दोषियों को अपराधी घोषित कर सजा दे व भारत को केन्द्रित करने वाले आतंकवादी संगठनो का खात्मा करे। जुलाई 2009 में "शर्म–ए–शेख" में दोनों राष्ट्रों के प्रधानमंत्रीयों को बुलाया गया व भारत–पाकिस्तान के आपसी संबंधों को सुधारने का प्रयास किया गया जिसमें दोनों राष्ट्रों ने आंतकवाद को दोनों राष्ट्र के लिए खतरा माना। अब इस नए समझौते में आपसी द्विपक्षीय वार्ताओं के आधार पर आंतकवाद व आतंकवादी संगठनों को खत्म करने की मांग की गई।

भारत ने "संघाई का–ऑपरेशन" सम्मेलन में पाकिस्तान द्वारा 'अमेरिकी सहायता' के गलत इस्तेमाल पर टिप्पणी की व अमेरिका ने 25 सितम्बर 2009 को कहा कि वह पाकिस्तान को आतंकवाद को खत्म करने के लिए निरंतर व विस्तारित रूप से सहायता करता रहेगा। वही दूसरी तरफ अमेरिका–चीन को सामूहिक बयान देते हुए कहा कि वे दक्षिण एशिया के विकास में शांति व स्थिरता के लिए हर सम्भव प्रयासरत रहेंगे। परंतु भारत पाकिस्तान के संबंध में किसी तीसरे राष्ट्र का हस्तक्षेप नहीं हो व बाद में चीन ने यह आश्वासन दिया कि वे भारत पाकिस्तान के वार्ताओं समझौते में कोई हस्तक्षेप नहीं करेगा। परंतु इन सभी प्रयासों के बावजूद पाकिस्तान किसी न किसी तरह भारत में आतंवादी गतिविधियों को कार्यान्वित करता रहा है। हाल ही में हुए इस्लामिक आंतकवादी संगठन Jaish-e-Mohammad द्वारा पठानकोट (पंजाब) पर हुए हमले में पाकिस्तान से संबंधो की पुष्टि की गयी। यही नहीं पाकिस्तान लगातार इस तरह की गतिविधियां करता आ रहा है चाहे वे अमरनाथ यात्रा हमला (2017) हो। आतंकवाद दोनों देशों की विकासात्मक गतिविधियों के लिए हानिकारक है। पाकिस्तान को इस तरह के आतंकवादी संगठनों को सहयोग करना बंद कर देना चाहिए। आतंकवाद अराजकता है और शांति पर आधारित राज्य व्यवस्थाओ का विरोधी है। जहां पाकिस्तान से सिंध, ब्लूचिस्तान उत्तर पश्चिमी सीमाप्रांत पीड़ित है वहां भारत में पंजाब, कश्मीर, आसाम, तमिलनाडु, बस्तर आतंकवाद के रोग से पीड़ित है। अत: इस समस्या को युद्ध स्तर पर ही खत्म किया जाना चाहिए।

आर्थिक व व्यापार संबंध

विश्व वैश्वीकरण की दुनिया तेजी से संकुचित होती जा रही है। राष्ट्र बाजार की खोज में चल रहे बहुराष्ट्रीय सीमाओं को लांघ कर जहां लागत कम है वहां

कारखाने उद्योग लगाने का प्रयास कर रहे हैं। 1947–50 के बीच वास्तव में भारत और पाकिस्तान के बीच खुला व्यापार चला किंतु इसके बाद का इतिहास दीवार खड़ी करने का इतिहास है परंतु हाल ही में दोनों राष्ट्रों ने द्विपक्षीय व्यापार के अंतर्गत 'Cargo Tracks' द्वारा एक दूसरे की सभी क्षेत्रो के माल लाने ले जाने की अनुमति दी है व बैंक ब्रांच खोलने की अनुमति दी गई है। 2008 में पाकिस्तान ने नितियों में बदलाव करते हुए भारत से प्रत्यक्ष विदेशी निवेश (Forgien Direct Investments) का मार्ग खोला है, यही नहीं पाकिस्तान द्वारा सीएनजी बसों को भारत के लिए कर मुक्त (Duty Free) किया व बड़ी कंपनियों जैसे Tata, Reliance, Essar को बिजली परियोजनाओ को बढ़ावा देने के लिए निमंत्रित किया है।

निष्कर्ष

पाकिस्तान व भारत के मुद्दो को लेकर दोनों राष्ट्रो के बीच लगातार एक अस्थिरता बनी रही है चाहे वह राजनीतिक, सुरक्षा व आतंकवाद का मुद्दा ही क्यों ना हो, दोनों राष्ट्र राष्ट्रीय स्तर पर कठिनाईयों का सामना करते हैं। किसी भी देश की राजनीतिक परिधि उसके राजनीतिक आयामों के आधार पर बनती या बिगड़ती है। पाकिस्तान इस संदर्भ में ऐतिहासिक तौर पर शासनात्मक दौर से जूझता रहा है। जिसका सीधा-सीधा असर वहां के लोगो पर हुआ है क्योकि दलिय राजनीती व आपसी मतभेद को सर्वप्रथम रखा गया। न्यायपालिका जो कि किसी भी देश को स्थिरता व सुदृढ़ संतुलन प्रदान करती है, पाकिस्तान इस विषय में कमजोर रहा है। सामायिक द्विपक्षीय बैठके (Contemporary Bilateral Meeting) दोनों राष्ट्रो के संबंधो को सुधारने के लिए कई समसामायिक द्विपक्षीय बैठके की गई जैसे— Ceasfire and Militrary Communication, Nuclear and Missile Management, Resolution of Confictual Issue, Economic Issue, People to People Contact, Disaster Managment and Terrorism Control Mechanism. परिणामस्वरूप कुछ हद तक दोनों के बीच संबंधों को सुधारने की यह प्रक्रिया कामयाब भी रही, जैसे कि दोनों पक्षों के बीच व्यापारिक संबंधो को बढ़ावा देना, बस यात्रा शुरू करना आदि। यदि दोनों राष्ट्र यह स्वीकार कर लें कि शांति के लिए आतंकवाद का खात्मा ही एक सही आयाम है तो शायद संबंधो में सुधार की कल्पना की जा सकती है, किंतु पाकिस्तान द्वारा मुम्बई, पठानकोट व अमरनाथ यात्रियों पर हमले इस उम्मीद को शक के दायरे में रख देते हैं व आपसी मुटाव को ख़त्म होने की कल्पना वहीं ध्वस्त होती नजर आती है।

अपने एक भाषण में भारत के पूर्व राजनायिक टी. सी. ए. राघवन ने यह कहा कि, "पाकिस्तान बदल रहा है, परंतु पाकिस्तान, भारत के परिप्रेक्ष्य में नहीं बदल रहा" (Pakistan is changing but Pakistan is not changing in the terms of India)[10]। अंतत: वर्तमान स्वरूप में जहां दोनों देश परमाणु शस्त्रों की शक्ति रखते हैं वहीं युद्ध की राजनीति एक सही सुझाव नहीं है। दोनों देशों को आपसी सहमती व जनमत की राय लेकर इस सच्चाई को समझना चाहिए तथा नए तरीकों व आपसी सहयोग के नए रास्ते अपनाने चाहिए। दोनों राष्ट्रों को साहित्य, संगीत, सांस्कृतिक आदान–प्रदान के रास्ते लगातार खुले रखने चाहिए। आपसी विवादों का हल द्विपक्षीय तरीके से करना चाहिए ताकि अन्तर्राष्ट्रीय स्तर पर शान्ति समझौते के जरिये झगड़े का निवारण किया जा सके। भारत–पकिस्तान के बीच कई शीर्ष समझौते हुए हैं किन्तु दोनों राष्ट्रों के बीच गहरी खाई को भरा नहीं जा सका है। परिणामस्वरुप, दोनों देश कई मौकों पर अन्तर्राष्ट्रीय मुद्दों पर एक दूसरे के पुर–जोर विरोधी रहे हैं। आज अंतर्राष्ट्रीय संबंधो में विश्वास के वातावरण को कायम करने का युग है। ये तरीका कोई नया नहीं है, सोवियत संघ और संयुक्त राज्य के बीच लगभग 35–40 वर्षो से इस तरह का वातावरण तैयार किया जा रहा है जिसका परिणाम हम आज देख रहे हैं।

सन्दर्भ

1. मुनि, सुख देव. 1993 "इंडिया एंड इट्स नेबर्स प्रेसिस्तिंग डील्लेमाज़ एंड न्यू ऑपरचुनिटीज़" इंटरनेशनल स्टडीज, 196.
2. मोहन, सी राजा, और सुख देव मुनि. 2004, "इमर्जिंग एशिया: इंडिया'ज ऑपशंस" इंटरनेशनल स्टडीज, 314.
3. मुखर्जी, प्रणब. 2006 "इंडिया'ज फॉरेन पालिसी: अ रोड मैप फॉर द डिकेड अहेड." एक्सटर्नल अफेयर्स. न्यू देल्ही: भारतीय विदेश मंत्रालय.
4. किसिंग'स वर्ल्ड न्यू आर्काइव (1947), "इंडियन स्टेट्स. डेल्ही कांफ्रेंस ऑफ़ स्टेट रूलर्स. लार्ड मॉन्टबत्तेन'स स्टेटमेंट. 22 स्टेट्स टू ज्वाइन इंडिया" पेज. 8764.
5. किसिंग'स वर्ल्ड न्यू आर्काइव (1947), "इंडियन स्टेट्स. डेल्ही कांफ्रेंस ऑफ़ स्टेट रूलर्स. लार्ड मॉन्टबत्तेन'स स्टेटमेंट. 22 स्टेट्स टू ज्वाइन इंडिया" पेज. 8764.
6. ग्रोवर, वी. एल. (1997), "आधुनिक भारत का इतिहास", स.एन चंद, नई दिल्ली, पृष्ठ 625
7. किसिंग'स वर्ल्ड न्यू आर्काइव (1947), "इंडियन स्टेट्स. डेल्ही कांफ्रेंस ऑफ़ स्टेट रूलर्स. लार्ड मॉन्टबत्तेन'स स्टेटमेंट. 22 स्टेट्स टू ज्वाइन इंडिया" पेज. 8764.

8. किसिंग'स वर्ल्ड न्यू आर्काइव (1947), "इंडियन स्टेट्स. डेल्ही कांफ्रेंस ऑफ़ स्टेट रूलर्स. लार्ड मॉन्टबत्तेन'स स्टेटमेंट. 22 स्टेट्स टू ज्वाइन इंडिया" पेज. 8764.
9. इंडियन स्टेट्स. डेल्ही कांफ्रेंस ऑफ़ स्टेट रूलर्स. लार्ड मॉन्टबत्तेन'स स्टेटमेंट. 22 स्टेट्स टू ज्वाइन इंडिया" पेज. 8764
10. टी. सी. ए. राघवन, (27.08. 2018) "इंडिया-पाकिस्तान रिलेशन्स : पास्ट एंड फ्यूचर" राष्ट्रीय सेमिनार, दक्षिण एशिया अध्यन केंद्र, जवाहरलाल नेहरू यूनिवर्सिटी, नयी दिल्ली.

• • •

6

भारत-श्रीलंका संबंध

सुचित कुमार यादव*

प्रस्तावना

श्रीलंका भारत के दक्षिण में पाक जलडमरूमध्य द्वारा अलग होता हुआ दक्षिण एशिया का एक महत्वपूर्ण देश हैं। अपनी भौगोलिक बनावट व हिन्द महासागर में स्थिति के फलस्वरूप एक तरफ जहां ये देश दक्षिण एशिया महाद्वीप में भू-राजनीतिक दृष्टि से प्रमुख स्थान रखता है, वहीं दूसरी और श्रीलंका की ऐतिहासिक विरासत तथा सामाजिक व सांस्कृतिक संरचना इसे बहुआयामी रूप से भारत से जोड़ती है। इस अध्याय में एक देश के रूप में श्रीलंका को परिभाषित किया जाएगा। इसकी भौगोलिक स्थिति व विस्तार, प्राकृतिक संरचना व विविधता के साथ-साथ श्रीलंका के महत्वपूर्ण ऐतिहासिक पक्षों को उजागर किया जाएगा। श्रीलंका के समाजिक बनावट उसकी ताने-बाने का जिक्र करते हुए इसकी संस्कृति के विभिन्न परतों को उजागर करेंगे। धार्मिक मान्यताओं, भाषायी विविधता, नृजातीयता व लोक संस्कृतियों को समझेंगे। अंत में श्रीलंका के राजनीतिक व आर्थिक पहलुओं को देखेंगे। यहाँ प्रचलित राजनीतिक प्रणाली, प्रशासनिक व्यवस्था चुनाव पद्धति इत्यादि के साथ-साथ अर्थव्यवस्था की बनावट व उत्पादन के विभिन्न क्षेत्रों जैसे विषयों पर चर्चा की जाएगी।

इसके अतिरिक्त इस अध्याय में श्रीलंका के साथ भारत के संबंधों पर विस्तार से अध्ययन करेंगे। सुविधा के लिए सर्वप्रथम औपनिवेशिक काल और उत्तर औपनिवेशिक काल में विभाजित किया जाएगा। तत्पश्चात उत्तर औपनिवेशिक काल से लेकर वर्तमान तक विभिन्न समयावधि में विभाजित कर भारत-श्रीलंका संबंधों का अध्ययन किया जाएगा। औपनिवेशिक काल में अर्थात ब्रिटिश शासन काल के दौरान श्रीलंका और ब्रिटिश भारत में किस तरह का सम्बन्ध था, क्या तत्कालीन

* Assistant Professor, Ambedkar College, Delhi University, Delhi.

ब्रिटिश भारत सरकार का विस्तार श्रीलंका के भूक्षेत्र तक था? औपनिवेशिकरण के पूर्व श्रीलंका भारत के संबंधों के विषय में विभिन्न मान्यताओं का तार्किक परीक्षण बेहद रोचक होगा।

अध्याय के अंतिम हिस्से में भारत-श्रीलंका के बीच संबंध की वर्तमान अवस्था पर नजर डालेंगे। ये देखना रोचक होगा कि वर्तमान में जहां एक तरफ अंतर्राष्ट्रीय संरचना व राजनीति में बड़े स्तर पर बदलाव आया है वहीं दक्षिण एशिया क्षेत्र में इनके प्रभावों से अछूता न रहकर बड़े पैमाने पर इस बदलाव को महसूस किया है। ऐसे बदलते परिदृश्य में भारत व श्रीलंका के बीच रिश्तों का भविष्य क्या है, आज दोनों के बीच रिश्तों को मधुर बनाने के क्या रास्ते हैं। वे कौन-कौन से कारक जिनकी भूमिका सकारात्मक रिश्ता बनाने में प्रमुख मानी जा सकती है। वर्तमान में भारत श्रीलंका के बीच टकराव के कौन-कौन से बिंदु हैं। कुछ महत्वपूर्ण विषयों के विवरण के साथ-साथ संभावित हल का विश्लेषण किया जाएगा। दोनों देशों के बीच शांति व सौहार्दपूर्ण संबंध न केवल दक्षिण एशिया अपितु विश्व को प्रभावित कर सकता है।

एक देश के रूप में श्रीलंका

भारत में हिन्दुओं के महाकाव्य रामायण में लंका द्वीप का उल्लेख मिलता है। बौद्ध जातकों तथा अन्य सामानांतर ग्रंथों में इस द्वीप के निवासियों व उनके साथ भारत के व्यापार व आदान-प्रदान की स्मृति का उल्लेख मिलता है। भारत में तात्कालिक सम्राट अशोक ने बौद्ध धर्म के प्रचार के लिए अपने पुत्र व पुत्री को श्रीलंका भेजा। चीनी यात्री फाह्यान व "वेसान्ग आदि ने भारत भू-भाग के और सिंघली द्वीप श्रीलंका के वासियों के साथ घनिष्ठ संबंधों का ब्यौरा दिया है। ऐसा विश्वास है कि 543 ईसा पूर्व में भारत के गांगेय प्रदेश से लोग श्रीलंका में आकर बसे गये थे। 16 वीं शताब्दी में सर्वप्रथम पुर्तगाली यहाँ आये और उन्होंने श्रीलंका में अपना उपनिवेश स्थापित। सन 1658 में श्रीलंका पर कब्जे को लेकर पुर्तगाल व होलैंड के बीच टकराव हुआ, अंत में पुर्तगाल को पराजित करके हालैंड ने अपनी सत्ता स्थापित कर ली। अंग्रेज व डचों के बीच 1796 में टकराव शुरू हुआ जिसका अंत डचों के पराजय के साथ हुआ और 1802 में श्रीलंका को ब्रिटिश साम्राज्य का उपनिवेश घोषित कर दिया गया। लगभग 150 वर्षों तक अंग्रेजों के अधीन रहने के पश्चात् श्रीलंका को 4 फरवरी 1948 को स्वतंत्रता प्राप्त हुई।

श्रीलंका का कुल क्षेत्रफल 25332 वर्ग मील है। दो करोड़ 50 लाख से ऊपर की जनसंख्या में लगभग 70 प्रतिशत जनता बौद्ध धर्म में विश्वास करती है। यहां 14 प्रतिशत लोग हिन्दू धर्मावलम्बी हैं, 6 प्रतिशत इस्लाम धर्म में विश्वास रखते हैं, 9 प्रतिशत ईसाई तथा शेष लोग अन्य धर्म में विश्वास रखते हैं। श्रीलंका में लगभग 15 प्रतिशत निवासी तमिल भाषी हैं। शेष लोग सिंहली भाषा का प्रयोग करते हैं जो लोग आज अपने को श्रीलंका का मूल निवासी बताते हैं या सिंहली भूमि पुत्र घोषित कर रहे है। वे हजारों वर्ष पूर्व भारत में पूर्वी तट (वर्तमान उड़ीसा) से वहां गये थे। पिछले से कुछ वर्षों से श्रीलंका में जिन तमिलों के साथ गृहयुद्ध जैसी स्थिति चल रही है वे सदियों पहले वर्तमान तमिलनाडु से द्वीप में जाकर बसे है।

श्रीलंका में अर्थ-अध्याक्षात्मक शासन प्रणाली है। कार्यपालिका का प्रधान राष्ट्रपति होता है। राष्ट्रपति राज्य और सरकार के मुखिया/प्रमुख के साथ-साथ सैन्य बल का कमांडर इन चीफ भी होता है। श्रीलंका में सार्वभौमिक व्यस्क मताधिकार के साथ-साथ आनुपातिक प्रतिनिधित्व प्रणाली भी लागू है। राष्ट्रपति व सांसद का चुनाव प्रत्येक 6 वर्ष पर किया जाता है। 225 सदस्यों वाली संसद में 196 सदस्य सामान्य चुनाव क्षेत्र (Multi Sect Constituency) से चुने जाते हैं तथा 29 सदस्य आनुपातिक प्रतिनिधित्व (Proportional Represtation) वाले चुनाव क्षेत्र से चुने जाते हैं। राष्ट्रपति का उपकार्यकारी अधिकारी (Deputy) प्रधानमंत्री होता है जो संसद में रूलिंग/बहुमत वाले दल का नेतृत्व करता है। श्रीलंका में राष्ट्रपति चुनाव हेतू वरीयता क्रम प्रणाली का प्रयोग किया जाता है— मतदाताओं के प्रथम वरीयता की गिनती, क्या कोई उम्मीदवार बहुमत हासिल कर पाया यदि नहीं तो ऐसे में दो ऊपरी उम्मीदवार का चयन किया जाता है, हाँ पुनः इन दोनों में मतों की गणना होती है, विजेता घोषित किया जाता है।

प्रशासनिक दृष्टिकोण से श्रीलंका में पांच स्तरीय विभाजन पाया जाता है— प्रोविन्सेस, राज्य, जिला, नगरपालिका, वार्ड, गाँव। वर्तमान में श्रीलंका में कुल 9 राज्य हैं— केंद्रीय, पूर्वी, उत्तरी मध्य, उत्तरी (जाफना), उत्तरी पश्चिमी, सबरगमुआ, दक्षिणी, उवा (Uva) पश्चिमी राज्य है। श्रीलंका में 25 जिले हैं, प्रत्येक जिले में केन्द्रीय सरकार द्वारा नियुक्त जिला सचिव (District Secretary) केन्द्रीय सरकार के प्रशासनिक प्रतिनिधित्व के रूप में होता है। श्रीलंका में स्वतंत्र न्यायपालिका होती है जो शक्ति संरचना में ऊपर से नीचे निम्न प्रकार से है:

उच्चतम न्यायलय	(Supreme Court of Sri Lanka)
अपीली न्यायालय	(Court of Appeal of Sri Lanka)
उच्च न्यायालय	(High Court of Sri Lanka)
जिला न्यायालय	(District Court)
मजिस्ट्रेट न्यायालय	(Magistrate Court)
प्राथमिक न्यायालय	(Primary Court)

भारत-श्रीलंका संबंध

जैसा कि उपर चर्चा की जा चुकी है कि भारत व श्रीलंका अनेक ऐतिहासिक व सांस्कृतिक विरासत को साझा करते हैं। हिन्दुओं के ग्रंथ रामायण में लंका द्वीप का उल्लेख मिलता है। बौद्ध जातकों में इस द्वीप के निवासियों के साथ भारत से व्यापार व सांस्कृतिक आदान-प्रदान का वर्णन है। सांस्कृतिक रूप से दोनों देशों का अलगाव करना कठिन है। नेहरू ने एक बार सच ही कहा था कि "श्रीलंकावासी हमारे ही हाड-मास से बने हैं और हम उनकी नियति से अछूते नहीं रह सकते"।[4] यहां के निवासी सिंहली भारत के वर्तमान उड़ीसा क्षेत्र से हैं तो तमिल वर्तमान तमिलनाडु से ही जा कर बसे हैं। ब्रिटिश औपनिवेशिक शासन से उपनिवेश पूर्व भारत श्रीलंका के सामाजिक सांस्कृतिक संबंधों को और अधिक मजबूत किया क्योंकि ब्रिटिशों के लिए भारत उनके औपनिवेशिक साम्राज्य की मुकुट मणि था और श्रीलंका, म्यामार, सिंगापूर आदि देश इस बहुमूल्य निधि की रक्षा के लिए महत्वपूर्ण थे। भारत में नियुक्त गवर्नर जनरल अथवा वायसराय इन सब पर नियंत्रण रखने वाला अधिकारी होता था। अंग्रेजों ने शिक्षा प्रणाली प्रिवी कौंसिल व्यवस्था अंग्रेजी भाषा के प्रयोग तथा औपनिवेशिक आर्थिक स्वार्थ के बदौलत भारत व श्रीलंका दोनों के बीच के पारंपरिक संबंधों को आधुनिक रूप में रूपांतरित किया। द्वितीय विश्वयुद्ध के दौरान श्रीलंका में ब्रिटिश नौसेनिक मुख्यालय बनाया गया। माउन्ट बेटन के नेतृत्व काल में भारत के लिए इस द्वीप के भू-राजनीतिक महत्व को स्थापित किया गया। औपनिवेशिक काल में भारत से बंधुआ मजदूरों का निर्यात श्रीलंका के खदानों और बगानों में काम करने हेतु किया गया। परिणामस्वरूप श्रीलंकन जनसंख्या स्वरूप में बड़े पैमाने पर बदलाव हुआ जिसका असर आज भी दिखाई देता है, क्योंकि ये भारतीय अप्रवासी प्रशासन, शिक्षा, व्यापार व व्यवसाय में बेहद महत्वपूर्ण पदों पर बैठे और आज स्वतंत्रता के बाद दोनों देशों के बीच के संबंध निर्धारण के महत्वपूर्ण कर्ता हैं।

उत्तर औपनिवेशिक काल में भारत-श्रीलंका संबंध

लगभग 150 वर्षों के अंग्रेजी गुलामी के बाद श्रीलंका 4 फरवरी 1948 को स्वतंत्र हुआ। भारत की तरह श्रीलंका भी ब्रिटिश राज में स्वतंत्र होकर राष्ट्रमंडल (Commonwealth) का सदस्य बना। भारत श्रीलंका दोनों ने गुटनिरपेक्षता तथा शांतिपूर्ण सह–अस्तित्व की नीति में विश्वास प्रकट किया। श्रीलंका गुटनिरपेक्ष आन्दोलन के आरम्भिक समय (1961) से ही इसका सक्रिय देश है। भारत और श्रीलंका संयुक्त राष्ट्र और विश्व शांति में पूरी आस्था रखते हैं। अन्य 6 सदस्यों देशों साथ–साथ श्रीलंका दक्षिण एशिया क्षेत्रीय सहयोग संगठन (सार्क) का संस्थापक सदस्य है। इन समानताओं के साथ–साथ कई ऐसे बिंदु भी हैं जो दोनों देशों के बीच समय–समय पर टकराव का कारण बनते हैं। दोनों के बीच नृजातीय तनाव एक प्रमुख मुद्दा है। दरअसल श्रीलंका में सिंहली समूह और भारतीय मूल के तमिल समुदायों के बीच कोई भी टकराव दोनों देशों के संबंधों को प्रभावित करता है। दक्षिण एशिया क्षेत्र की भारत केन्द्रित प्रकृति (Indo Centric Nature) तथा क्षेत्र में बड़ा देश होने के अन्य छोटे देशों को भारत से एक मनौवैज्ञानिक भय भी बना होता है जो कभी–कभी वास्तविक टकराव का कारण बनता है। चीन व पाक इन दोनों देशों के बीच संबंधों को प्रभावित करते हैं। अध्ययन की सुविधा हेतु भारत श्रीलंका संबंधों को हम इन दो हिस्सों में विभाजित कर देख सकते हैं— 60 से 70 के दशक में संबंध तथा 80 से 90 के दशक में संबंध।

60 से 70 के दशक में भारत श्रीलंका संबंध (1951–1970)

यद्यपि स्वतंत्र श्रीलंका के प्रथम प्रधानमंत्री डी.एस. सेनानायके गुटनिरपेक्षता की नीति के समर्थक थे परन्तु उनका मानना था कि नये उभरते विकासशील देश के लिए साम्यवाद एक गंभीर खतरा हो सकता था। इसी पृष्ठभूमि में उन्होंने 1948 में ब्रिटेन के साथ सुरक्षा के तहत श्रीलंका के काल्मो (Calmo) तथा त्रिकोनेली ने ब्रिटिश सैनिक अड्डे स्थापित करने का समझौता किया। सेनानायके के उत्तराधिकारी सरजॉन कोतेलवाला ने भी गुटनिरपेक्षता पर बल दिया। परन्तु वे साम्यवाद के मुखर विरोधी थे। 1965 में प्रधानमंत्री बने सोलोमन भंडारनायके गुटनिरपेक्षता के नेहरू नीति के तहत न तो पश्चिम के समर्थक थे न ही पूर्व के।

1959 में भंडारनायके की हत्या के कुछ समय बाद 1960 में उनकी पत्नी श्रीमती सिरिमाओं भंडारनायके प्रधानमंत्री बनी। अगले 35 वर्ष से अधिक समय तक भंडारनायके परिवार पक्ष या विपक्ष में रहकर श्रीलंकन राजनीति में योगदान

देता रहा। 1947 में जे. आर. जयवर्धने की विजय के साथ श्रीलंका की राजनीति में नया मोड़ आया। जयवर्धने अनेक वर्ष तक प्रधानमंत्री, फिर राष्ट्रपति पद पर काबिज रहे, परन्तु 1994 में भंडारनायके परिवार पुनः सत्ता में आया जब श्रीमती भडांरनायके की पुत्री श्रीमती चन्द्रिका कुमारतुंगो राष्ट्रपति पद पर निर्वाचित हुई। आगे चलकर उन्होंने अपनी माता को प्रधानमंत्री नियुक्त किया।

प्रारंभिक दौर में भारत श्रीलंका संबंध को प्रभावित करने वाला सबसे महत्वपूर्ण कारक था - श्रीलंका में तमिल मूल के लोगों की समस्या (The Problem of People of Tamil Origin)। श्रीलंका के जाफना प्रान्त में तमिल मूल के लोग बहुसंख्या में निवास करते हैं। तमिल मूल के लोगों का द्रविड़ उद्गम है और वे अधिकतर हिन्दू धर्म में विश्वास करते हैं। इनकी कुल जनसंख्या श्रीलंका में लगभग 15 प्रतिशत है। शेष जनसंख्या जो सिंहली भाषा बोलती है आर्य वंशज माने जाते हैं, यह अधिकतर बौद्ध धर्मावलम्बी हैं। श्रीलंका में निवास कर रहे तमिल दूसरे श्रेणियों मे देखे जा सकते हैं। लगभग 10 लाख लोग ऐसे हैं जिनके पूर्वज अतीत में भारत से गये थे वे श्रीलंकन तमिल (सीलोन तमिल) कहलाते हैं। दूसरी श्रेणी में अन्य लगभग 10 लाख लोग हैं जो 19वीं शताब्दी में श्रीलंका गये परन्तु इन्हें वहां की नागरिकता प्राप्त नहीं है। इन्हीं दूसरी श्रेणी के लोगों की समस्या ने आरम्भिक भारत-श्रीलंका संबंधों को प्रभावित किया। सिंहली लोगों को तमिलों द्वारा प्रभुत्व का भय है, यही समस्या का मूल कारण हैं। वैसे तो दो राष्ट्र (तमिल व सिंहली) की भावना अंग्रेजी शासकों द्वारा जागृत की गयी थी। इस समस्या ने उस समय गंभीर रूप ले लिया जब तमिलों ने श्रीलंका के उत्तरी प्रदेश जाफना में अपने एक अलग राष्ट्रिय आवास (National Homeland) या ईलम गढ़राज (Republic of Elam) की स्थापना की मांग करना आरम्भ किया।

ऐसा माना जाता है कि सेनानायके की मृत्यु के पश्चात तमिलों के विरुद्ध पक्षपात आरम्भ हो गया। सेनानायके के समय दो भाषा प्रणाली की मान्यता प्रचलन में थी। उसका उन्मूलन करके 1956 के सरकारी भाषा अधिनियम (Official Language Act) में सिंहली को देश की एक मात्र सरकारी भाषा घोषित किया गया। इसका तमिलों ने बड़े पैमाने पर विरोध किया, परिणामस्वरूप श्रीलंका में जातीय दंगे हुए और अंत में 1957 में प्रधानमंत्री सिरिमाओ भंडारनायके एवं तमिल नेता चेल्वानायकम (फेडरल पार्टी के नेता) के बीच समझौते के तहत तमिल को राष्ट्रीय अल्पसंख्यकों की भाषा घोषित किया गया।

इसी जातीय समस्या को ध्यान में रखकर 1953 में तत्कालीन भारतीय प्रधानमंत्री नेहरू और कोतेवाला के बीच एक समझौता हुआ जिसमें निम्न बिन्दुओं पर सहमति बनी :[5]

1. श्रीलंका सरकार श्रीलंका में स्थायी रूप से रहने की इच्छा रखने वाले सभी भारतीय मूल के व्यक्तियों के नामों का पंजीकरण करेगी तथा जो व्यक्ति श्रीलंका की नागरिकता नहीं चाहते उन्हें वापस भारत भेजा जाएगा।
2. भारत से अवैध रूप से श्रीलंका की तरफ पलायन को रोका जाएगा तथा श्रीलंका की नागरिकता के लिए जो आवेदन पत्र दो वर्ष या अधिक समय से विचाराधीन है उस पर श्रीलंका सरकार द्वारा शीघ्रता से निर्णय लिया जाएगा।
3. भारतीय मूल के व्यक्तियों के लिए पृथक निर्वाचन सूची (Eletoral Register) बनाई जाएगी जिससे वे अपने आनुपातिक प्रतिनिधि निर्वाचित कर सकें।

इस समझौते पर उचित क्रियान्वयन न होने के परिणामस्वरूप भारतीय मूल के बहुसंख्यक व्यक्ति श्रीलंकन नागरिकता प्राप्त किये बिना राज्यविहीन व्यक्ति (Stateless Person) बनकर रह गये। इससे भारत श्रीलंका संबंधों में गंभीर तनाव उत्पन्न हो गया जिसने 1956 में भाषा संबंधी विवाद से जुड़कर और भी तीव्र रूप ले लिया। भारत श्रीलंका संबंधों को मधुर बनाने हेतु अक्टूबर 1964 में श्रीमती सिरिमाओ भंडारनायके भारत की यात्रा पर आई, तत्कालीन भारतीय प्रधानमंत्री लाल बहादुर शास्त्री के बीच एक महत्वपूर्ण समझौते पर हस्ताक्षर हुआ जिसके द्वारा श्रीलंका में लगभग 9 लाख 75 हजार राज्यविहीन व्यक्तियों के प्रश्न को सुलझाने का प्रयास किया गया। यह निश्चित किया गया कि लगभग 3 लाख व्यक्तियों को श्रीलंका की नागरिकता दी जाएगी और शेष 5.25 लाख लोगों को अगले 15 वर्षों में भारत वापस भेजा जाएगा। 1974 में अपनी दूसरी यात्रा के दौरान श्रीमती भंडारनायके ने श्रीमती इंदिरा के साथ मिलकर इन राज्यविहीन व्यक्तियों के भविष्य का शांतिपूर्ण समाधान कर लिया। यह यात्रा भारत श्रीलंका के बीच कच्चातिवू विवाद (The Kachhativi Dispute) को हल करने के लिहाज से भी महत्वपूर्ण रही।

गौरतलब है कि 1960 के दशक के अंत में भारत श्रीलंका के मध्य कच्चातिवू नामक एक वर्ग किलोमीटर के छोटे से द्वीप के स्वामित्व को लेकर विवाद उत्पन्न

हो गया। यह द्वीप पाक जलडमरूमध्य (Pak Straite) में जाफना तट के करीब स्थित अनिवासी (Uninhabited Iceland) है। यहां प्रतिवर्ष रोमन कैथोलिक चर्च में सैंट एन्थेमी उत्सव मनाने हेतु दोनों देशों के तीर्थयात्री आते हैं। 1964 के समारोह में यहां श्रीलंकन पुलिस की उपस्थिति पर भारत ने आपत्ति की, इसी के साथ यह विवाद शुरू हुआ। तत्काल समय में एक अस्थाई निर्णय लिया गया कि दोनों देश उत्सव के दिनों में अपने पुलिसकर्मियों को वर्दी में या वाणिज्य अधिकारीयों को कच्चातिवू द्वीप पर नहीं भेजेंगे और न ही हवाई सर्वेक्षण अथवा द्वीप के निकटवर्ती सागर में नौसेना को गश्त की आज्ञा देंगे। अंततः जून 1974 में स्थाई समझौते के रूप में दोनों राष्ट्रध्यक्षों ने दोनों देशों के बीच सागरीय सीमा निर्धारित की (Demarcation of Maritime Boundary)। इसके अनुसार भारत ने कच्चातिवू द्वीप पर श्रीलंका की संप्रभुता को स्वीकार करते हुए उसे सौप दिया है।[6]

अस्सी और नब्बे के दशक में भारत-श्रीलंका संबंध

1971 में घटित महत्वपूर्ण घटना ने भारत-श्रीलंका के बीच संबंधों को अस्सी के दशक में प्रमुख रूप से प्रभावित किया। मार्च-अप्रैल 1971 में वामपंथी युवकों ने श्रीलंका में एक गंभीर अतिवादी आंदोलन चलाया जिससे निपटने में श्रीलंका सरकार विफल रही। श्रीलंका के अनुरोध पर भारत सरकार ने इस हिंसक गतिविधि से निपटने के लिए सहायता प्रदान की। यद्यपि प्राथमिक समझौता था कि इस कार्यवाही में भारतीय अधिकारी भाग नहीं लेंगे तथापि यह दावा किया गया कि भारत ने कुछ हेलीकॉप्टर श्रीलंका को उपलब्ध कराए और भारतीय नौसेना ने श्रीलंका तट पर तैनात होकर वामपंथियों को मिलने वाले बाहरी सहायता मार्ग पर रोक लगाई। यह प्रथम अवसर था जब भारत को किसी पड़ौसी देश के आंतरिक मामलों में उलझना पड़ा तथा इस हस्तक्षेप के लिए भारत की आलोचना भी हुई। दरअसल भारत यह नहीं चाहता था कि श्रीलंका में वामपंथी सफल हो जिसका प्रभाव भारत पर पड़े।

एक दूसरी घटना 'बांग्लादेश संकट' के रूप में उत्पन्न हुई जिसे लेकर भारत व पाकिस्तान के बीच युद्ध की स्थिति भी उत्पन्न हुई। इस दौर में श्रीलंका ने पूर्ण रूप से तटस्थता की नीति का पालन किया क्योंकि श्रीलंका स्वयं जातीय संघर्ष झेल रहा था। ऐसे में सरकार की थोड़ी सी भी गलती यहां के अल्पसंख्यकों के गुस्से को बढ़ावा दे सकती थी। इसलिए उसने पूर्वी पाकिस्तान (बांग्लादेश)

में याहिया खान सरकार द्वारा बहुमत की भावनाओं के दमन किये जाने की अनदेखी कर दी, साथ ही श्रीलंका सरकार ने बांग्लादेश संकट में सर्तकता बरतते हुए स्वंतत्र बांग्लादेश राज्य को मार्च 1971 में मान्यता प्रदान की। 1975 में भारत में आपातकाल की घोषणा के बाद भी श्रीलंका सरकार के श्रीमती इंदिरा गांधी से मधुर संबंध रहे हैं। गौतलब है कि इस दौर में दोनों देशों की महिला प्रधानमंत्री इंदिरा गांधी और सिरिमाओ भंडारनायके की राजनीतिक रूझान कार्यशैली तथा व्यक्तिगत स्वाभाव एक दूसरे के बेहद करीब थे, परिणामस्वरूप दोनों के बीच सार्थक राजनीतिक संवाद निरंतर कायम रहा। 1977 में लगभग एक साथ दोनों नेताओं को तानाशाही व भ्रष्टाचार के आरोप में अपदस्थ होना पड़ा।

श्रीलंका भारत के बीच आर्थिक संबंधों में सुधार भी इसी दशक में देखा गया। दोनों देशों के बीच वाणिज्य व व्यापार में एक प्रमुख बाधा था—व्यापार संतुलन का (Balance of Trade) श्रीलंका के विरूद्ध होना। 1973 में इंदिरा गांधी की श्रीलंका यात्रा के साथ ही भारत श्रीलंका व्यापार में विस्तार आरम्भ हो चुका था। भारत ने सीसा, रबर आधारित वस्तुओं तथा अभ्रक इत्यादि के उत्पादन में सहायता प्रदान का प्रस्ताव दिया। व्यापार असंतुलन सुधारने हेतु भारत ने श्रीलंका की विकास परियोजनाओं के लिए प्रति वर्ष एक करोड़ रुपये की सहायता राशि प्रस्तावित की। श्रीलंका में अनेक छोटे ग्रामीण औद्योगिक केंद्र स्थापित करने में भारत ने सहयोग दिया। 1975 में दूरसंचार की माइक्रोवेव व्यवस्था करने तथा विज्ञान व तकनीकी सहयोग के लिए समझौता किया गया। दोनों देशों के बीच अनेक क्षेत्रों में द्वि:पक्षीय आर्थिक सहयोग बढ़ाने हेतु एक संयुक्त आयोग का गठन किया गया। आयोग के सुझाव के अनुसार बैंकिंग व्यवस्था लघु उद्योग नागरिक विमान इत्यादि कई क्षेत्रों में बेहतर सहयोग को बढ़ावा दिया गया।[7]

भारत-श्रीलंका संबंधों में गिरावट तथा श्रीलंका में नृजातीय संघर्ष

1977 में श्रीलंका में नये राष्ट्रपति जूनियर जयवर्द्धने ने एक तरफ कई महत्वपूर्ण संवैधानिक परिवर्तन किये,[8] दूसरी तरफ दक्षिण पंथी मुक्त व्यापार वाली आर्थिक नीतियों को स्वीकृति प्रदान की। इस दौरान श्रीलंका सरकार का 'सिंहलीकरण' किया गया जिससे सेना व पुलिस ने निर्धन तमिलों पर अत्याचार शुरू कर दिया। ऐसे में कोलम्बों से दूसरी ओर उत्तर छोर में रहने वाले तमिलों ने शिकायत किया कि सिंहली लोगों के द्वारा उनकी भूमि का औपनिवेशिकरण किया जा रहा है। उनकी भाषा का अवमूल्यन हो रहा है तथा उनकी पूजा व उपासना को भ्रष्ट किया जा

रहा है। 1980-81 तक कुछ तमिल युवकों ने अपना आक्रोश मुखर करने के लिए आंतकवाद का मार्ग चुन लिया, अब भारत श्रीलंका के बीच तनाव पैदा होना शुरू हो गया। तब कुछ तमिल युवकों ने अपना आक्रोश मुखर करने के लिए आतंकवाद का मार्ग चुन लिया। तमिलनाडु (भारत) का सत्ता रूढ दल अन्नाद्रमुक कषगम (अन्नाद्रमुक) श्रीलंका के तमिलों का घोर पक्षधर रहा है। आगे चलकर तमिलनाडु की द्रमुक सरकार का भी ऐसा ही रवैया रहा। ऐसे में श्रीलंका सरकार को शक था कि भारत-तमिल-चीतों को सहायता व अपनी भूमि पर शरण प्रदान कर रहा है।

वर्ष 1983 के दौरान तमिल युवकों का विरोध उग्र रूप से विस्फोट हो गया।[9] जहां अब तक 'ईलम' अर्थात् तमिलों के स्वाधीन राज्य की मांग इक्का दुक्का युवा तमिल चीते उठाते थे वहीं अब मध्य मार्गीय तमिल भी स्वायत्ता नहीं बल्कि स्वाधीनता के लिए हिंसक संघर्ष में शामिल हो गया। एक तरफ श्रीलंका प्रशासन जिसपर सिंहलियों का कब्जा था दूसरी तरफ तमिल गुरिल्ला छापामार लड़ाकुओं ने मिलकर श्रीलंका को भयानक गृहयुद्ध में डाल दिया। ऐसे में अंतर्राष्ट्रीय मानवाधिकार संस्थाओं ने श्रीलंका में हो रहे सिंह का विरोध किया। 1983 से 86 की जातिय हिंसा में लगभग 2 लाख तमिलों को पलायन करना पड़ा जिसमें से लगभग 25 हजार तमिल भारत भी आए। इस दौरान तमिल छापामारों का नेतृत्व मध्य मार्गी विपक्षियों के हाथों से निकलकर हिंसक छापामारों के पास चला गया था। तमिल लिबरेशन फ्रंट के अमृतलिंगम जैसे उदार नेता भुला अथवा मिटा दिए गये और लिट्टे (लिबरेशन टाइगर्स ऑफ तमिल ईलम) के प्रभाकरण तथा किट्टू जैसे नेता चर्चित बन गए।

श्रीलंका में चल रहे गृहयुद्ध में भारत द्वारा परोक्ष अथवा अपरोक्ष रूप से किये गये हस्तक्षेप को लेकर विद्वानों के बीच मतभेद है, लेकिन इस घटनाक्रम में भारत श्रीलंका संबंध को अनेक रूपों में प्रभावित किया है। इस बात को नकारा नहीं जा सकता कि शुरूआती तमिल छापामारों को मिलने वाली सैनिक सहायता भारत के माध्यम से ही पहुंच रही थी। निश्चित ही भारत सरकार का इससे सीधा लेना देना तो नहीं रहा तथापि उसने तमिलनाडु की अन्नाद्रमुक सरकार द्वारा तमिलों के साथ सहानुभूति और खुले समर्थन पर कोई रोक लगाने का प्रयत्न नहीं किया। जयवर्धने और उनके सहयोगियों को यह लगता रहा कि भारत में सत्तारूढ़ कांग्रेस पार्टी तमिलनाडु में अपनी सहयोगी अन्नाद्रमुक पार्टी को नाराज नहीं करना चाहती थी। दोनों देशों के बीच पनप रहा अविश्वास नाजुक दौर पर तब पहुंच गया जब

जून-जुलाई में तमिलों ने एक पक्षीय स्वाधीनता की घोषणा की चेतावनी दी। जवाब में श्रीलंका सरकार ने जाफना की नाकेबंदी कर दी। इन घिरे हुए भूखे प्यासे तमिलों को राहत सामग्री पहुंचाने वाले निश्चित भारतीय नाविक बेड़े को श्रीलंका ने अपमान जनक ढंग से रोका, हालांकि भारत वायुशक्ति का प्रदर्शन करते हुए प्रतीकात्मक राहत सामग्री पहुंचाने में सफल रहा।

भारत-श्रीलंका के बीच 1987 का समझौता[10]

एक मान्यता है कि 1984 में इंदिरा गांधी की मृत्यु के बाद राजीव गांधी भारत-श्रीलंका के बीच आपसी संबंधों को कामयाब बनाने में सफल नहीं हो सके। इस आलोचना का आधार है – 1987 में राजीव गांधी व जयवर्धने के बीच हुआ समझौता जिसके तहत भारत-श्रीलंका में भारतीय सेना की एक टुकड़ी 'शांति सेना' (Indian Peace Keeping Force-IPKF) भेजने के लिए तैयार हुई। इस समझौते में निहित प्रमुख बातें इस प्रकार थी – श्रीलंका के उत्तरी पूर्वी प्रान्तों की स्वायत्ता हेतू भारतीय पर्यवेक्षकों की देखरेख में दिसम्बर 1988 तक जनमत संग्रह कराया जाएगा, राजनीतिक बंदियों को मुक्त कराया जाएगा। इसके बाद सेना वापस अपने बराक में लौट जाएगी, भारतीय नौसेना श्रीलंका विरोधी आंतकवादी गतिविधियों को रोकने का प्रयास करेगी तथा दोनों देश तमिलों और सिंहलियों दोनों समुदायों की सुरक्षा के लिए प्रभावी उपाए करेंगे। श्रीलंका मे तमिल, सिंहली तथा अंग्रेजी को सरकारी भाषा के रूप में मान्यता दी जाएगी। उपयुक्त उद्देश्य हेतू हजारों भारतीय सैनिकों ने श्रीलंका में प्रवेश किया। परन्तु श्रीलंका के लोगों द्वारा बड़े पैमाने पर इनका विरोध किया गया, तमिल और सिंहली दोनों ही उग्रवादियों ने भारतीय सेना का विरोध किया।[11] ऐसे में समझौते का क्रियान्वयन भी काफी कमजोर पड़ चुका था, हुआ सिर्फ इतना कि जयवर्धने ने चालाकी पूर्वक अपने सिंहली सैनिकों को हटाकर तमिल और भारतीय सैनिकों को एक दूसरे के समक्ष खड़ा कर दिया। राहतकारी हस्तक्षेप की बदनामी के साथ श्रीलंका में सैनिक उपस्थिति का खर्च भारत को काफी महंगा पड़ रहा था, इतना ही नहीं सैकड़ों भारतीय सैनिक अनजान जगह पर युद्ध करते हुए मारे गये। इस हस्तक्षेप से भारत को न ही कोई कूटनीतिक लाभ प्रदान हुआ और न ही श्रीलंका में जातीय संघर्ष समाप्त किया जा सका।

जनवरी 1989 में नवनियुक्त श्रीलंकन राष्ट्रपति प्रेम दास ने श्रीलंका में जातीय तनाव के लिए भारत को जिम्मेदार ठहराते हुए शांति सेना की वापसी की मांग जोरशोर से शुरू कर दी। अंततः विश्वनाथ प्रताप सिंह की सरकार ने मार्च 1990 तक शांति सेना को देश वापस बुलाने का निर्णय लिया। इस तरह श्रीलंका में भारतीय सेना भेजने का निर्णय लगभग असफल साबित हुआ तथा वहां की जातीय समस्या की गुत्थी सुलझने के बजाए उलझती चली गई।

शांति सेना की वापसी : भारतीय-श्रीलंका के बीच संबंध

1990 के बाद भारत-श्रीलंका संबंधों में संरचनात्मक बदलाव देखने को मिला। यह बदलाव राष्ट्रीय अन्तर्राष्ट्रीय तथा क्षेत्रीय स्तर पर होने वाले राजनीतिक आर्थिक घटनाक्रमों के परिणामस्वरूप संभव हो पाया। भारत ने अपनी पुरानी गलतियों से सीख लेते हुए श्रीलंका के प्रति विदेश नीति के दृष्टिकोण में परिवर्तन किया। श्रीलंका के भू-सामरिक महत्व को ध्यान में रखते हुए इसके साथ शांति स्थिरता तथा दोस्ताना संबंध बनाने हेतू प्रभावी कदम उठाये। भारतीय विदेश नीति के नजरिये में आए बदलाव को तत्कालीन घटनाओं के संदर्भ में देखा जाना चाहिये। इस दौरान शीतयुद्ध का खात्मा और अमेरिका का मुख्य वैश्विक शक्ति के रूप में उभार एक महत्वपूर्ण संदर्भ रहा है। बदलते वैश्विक अर्थव्यवस्था और व्यापारकि माहौल को ध्यान में रखते हुए भारत ने भारतीय महाद्वीप में अपनी रणनीति में बदलाव किया। अब भारत का राष्ट्रीय सुरक्षा का नजरिया, आर्थिक सुरक्षा, मुक्त, वाणिज्य व व्यापार, ऊर्जा, सुरक्षा तथा जन सामान्य की सामाजिक सुरक्षा से जुड़ गया।

भारत-श्रीलंका के संबंध क्षेत्रीय शक्ति आयाम में हुए परिवर्तन से भी प्रभावित हुआ। यह परिवर्तन दक्षिण एशिया क्षेत्र में भारत अथवा श्रीलंका को बाह्य शक्तियों के हस्तक्षेप से घटित हो रहा था। विशेषकर चीन और अमरीका का प्रत्यक्ष प्रभाव श्रीलंका पर पड़ रहा था। पाक-श्रीलंका के साथ राजनीतिक सम्बन्ध स्थापित करने के प्रयास में था वहीं दूसरी तरफ रशिया पूरे दक्षिण एशिया पर पैनी नजर गड़ाए हुए था।

1990 के बाद के दौर में इन दोनों देशों के बीच तेजी से उभरे आर्थिक सहयोग ने राजनीतिक सम्बन्धों को बेहद मधुर बनाया। भारत द्वारा श्रीलंका की एकता, संप्रभुता व भौगोलिक अखंडता के लिए स्पष्ट वचन बद्धता श्रीलंका में जातीय टकराव के शांति पूर्ण व उचित समाधान में बेहद सहायक रही। भारत की नई

नीति और दृष्टिकोण श्रीलंकावासियों के मन से भय की मनोदशा को खत्म करने में सफल रहा। पहली बार अब भारत-श्रीलंका के लिए सुरक्षा खतरा की बजाय एक संसाधन/पूंजी के रूप में देखा गया। इस दौरान दोनों देशों ने आपसी द्विपक्षीय संबंधों के लिए संघन संस्थाओं व तंत्रों का निर्माण किया। इस क्रम में 1998 में भारत श्रीलंका के बीच किया गया स्वतंत्र व्यापार समझौता (FTA) नींव का पत्थर साबित हुआ। इस तरह दोनों देश संघन व्यापार व प्रत्यक्ष विदेशी निवेश (FDI) के लिए सहमत हुए। आगे चलकर दोनों देशों ने व्यापक आर्थिक समझौता सहयोग (CEPA) पर हस्ताक्षर किए।[12]

दोनों देशों के संबंधों में आ रही मधुरता का एक कारण यह भी था कि इस दौरान दोनों जगह नई सरकारों का गठन हुआ। भारत में 1989 में वी.पी. सिंह के नेतृत्व में एनडीए की सरकार ने कांग्रेस को स्थानतरित किया और इसी समय श्रीलंका सरकार में परिवर्तन आया। यद्यपि 1991 के आम चुनाव में पुनः नरसिंह राव के नेतृत्व में कांग्रेस ने वापसी किया और श्रीलंका के साथ सम्बन्ध मधुर करने के कई प्रयत्न किए। अक्टूबर 1992 में श्रीलंकन राष्ट्रपति प्रेमदास का भारत आगमन इनमें महत्वपूर्ण है। 1997 में प्रधानमंत्री आई. के. गुजराल द्वारा शुरू किया गया गुजराल डॉक्टरीन ने दोनों देशों के संबंधों को मधुर बनाया। 1998 में अटल बिहारी सरकार ने भी पड़ोसियों के साथ बेहतर सम्बन्ध बनाने के कई प्रयास किए। आगे चलकर यूपीए प्रथम और यूपीए द्वितीय सरकारों में प्रधानमंत्री मनमोहन सिंह श्रीलंका के साथ सौहार्दपूर्ण संबंध स्थापित करने में सफल रहे। 2014 में प्रधानमंत्री मोदी ने अपने शपथ ग्रहण समारोह में सभी दक्षिण एशियाई राष्ट्राध्यक्षों को बुलाकर भारत श्रीलंका संबंधों में गर्मजोशी लाने का प्रयास किया।

वर्तमान में भारत-श्रीलंका संबंध: मुद्दे और संभावनाए

वर्तमान में किसी देश का दूसरे देश के साथ संबंध कैसा है यद्यपि इसका निर्धारण इतिहास के खटे-मीठे अनुभवों के साथ होता है फिर भी तत्कालीन घटनाक्रम दो देशों के बीच सम्बन्ध निर्धारण में महत्वपूर्ण भूमिका अदा करते हैं। भारत-श्रीलंका के बीच वर्तमान दौर का संबंध दो महत्वपूर्ण कारकों को इर्द-गिर्द प्रभावित होता हुआ देखा जा सकता है-

(A) चीन एक कारक के रूप में[13]

(B) दोनों देशों के बीच मछुआरों का मुद्दा।[14]

पूरे दक्षिण एशिया में चीन के बढ़ते प्रभाव ने भारत को कई रूपों में प्रभावित किया है।[15] आज चीन एक ऐसा कारक बन चुका है जो न केवल श्रीलंका के साथ

भारत के संबंधों को प्रभावित कर रहा है बल्कि अन्य पड़ोसी देश जैसे नेपाल, भूटन, म्यामार, पाकिस्तान तथा बांग्लादेश के साथ भारत के द्विपक्षीय अथवा बहुपक्षीय संबंधों को प्रत्यक्ष अथवा अप्रत्यक्ष रूप से प्रभावित कर रहा है।

भारत–श्रीलंका के बीच संबंधों में आई गिरावट के दौरान श्रीलंका भारत के बजाय चीन के पक्ष में ज्यादातर खड़ा दिखा। गृहयुद्ध के दौरान हुए नुकसान से उबरने में चीन ने बड़े पैमाने पर सहयोग किया। आज चीन श्रीलंका में आधारभूत संरचना के विकास में करोड़ों रुपया निवेश कर रहा है। मैरिटाइम सिल्क रूट नीति (MSRP) के तहत चीन ने श्रीलंका में कोलम्बो और हम्बंनटोटा दो महत्वपूर्ण पोर्ट का निर्माण कराया है। इस नीति के तहत बनी सड़क पट्टी श्रीलंकन भूभाग से होकर गुजरती है जबकि भारत इस पूरे मुहिम का विरोध यह कहते हुए करता है कि यह सड़क पट्टी भारत के उत्तर–पूर्वी हिस्से में भारतीय संप्रभुता को नजरंदाज करके बनाई जा रही है।

चीन के बढ़ते प्रभाव को कम करने तथा श्रीलंका को अपने सहयोगी के रूप में बनाये रखने हेतु भारत निरंतर प्रयत्नशील है। फरवरी 2015 में मैथिरिपाल सिरिसेना के नेतृत्व में नयी श्रीलंकन सरकार ने भारत के साथ नागरिक परमाणु सहयोग पर द्विपक्षीय समझौता किया। यह श्रीलंका की किसी देश के साथ प्रथम परमाणु साझेदारी होगी। इस मौके पर भारतीय प्रधानमंत्री मोदी ने कहा कि अब हम सैन्य व सामरिक सहयोग की तरफ आगे बढ़ेगे तथा दूसरे नजदीकी पड़ोसी मालद्वीप को भी साथ लेने का प्रयत्न किया जायेगा। इसी दौरान भारत–श्रीलंका के बीच कुछ अन्य मुद्दों पर भी समझौते हुए—जैसे कृषिगत सहयोग, नालंदा विश्वविद्यालय सहयोग समझोता तथा सांस्कृतिक सहयोग समझौता विशेषकर बौद्ध धार्मिक मूल्यों पर आधारित सहयोग पर बढ़ावा देने के लिए जोर दिया गया।

चीन के तर्ज पर भारत भी श्रीलंका के सुदूर उत्तरी पूर्वी क्षेत्र में आधारभूत संरचना के विकास के लिए बड़े पैमाने पर निवेश कर रहा है। इतना ही नहीं भारत श्रीलंका के त्रिन्कोमाल्लीपोर्ट को विकसित करने की योजना बना रहा है। यह पोर्ट चीन द्वारा विकसित हमबनटोटा पोर्ट के प्रतिसंतुलन में होगा। अपने दूरगामी हित को ध्यान रखते हुए भारत ने 2014 में संयुक्त राष्ट्र मानवाधिकार आयोग के संकल्प पर जो कि श्रीलंका के खिलाफ वोट करने के बजाय खुद को गैरहाजिर रखा और चीन ने श्रीलंका के खिलाफ मतदान किया। दरअसल यह संकल्प यह आरोप लगाता है कि गृहयुद्ध के दौरान श्रीलंकन सरकार ने देश में मानवाधिकार अधिकार का बड़े

पैमाने पर उल्लंघन किया था। भारत ने 2009 तथा 2012 के संकल्प में श्रीलंका के खिलाफ मतदान किया था।

भारत श्रीलंका के बीच मछुवारा विवाद लम्बे समय से एक बड़ा मुद्दा बना हुआ है। श्रीलंका लम्बे समय से भारतीय मछुवारों द्वारा गलत तरीके से श्रीलंकन जलक्षेत्र में मछली पकड़ने का आरोप लगाता रहा है। श्रीलंका भारतीय मछवारों को अंर्तराष्ट्रीय समुद्रीय रेखा, जो कि भारत-श्रीलंका के बीच जलीय क्षेत्र के बटवारे की रेखा है, को पार करने के आरोप में गिरफ्तार करता है, यहां तक कि भारत भी श्रीलंकन[16] मछुवारों की गिरफ्तारी इसी आरोप में करता रहता है। इस तरह मछुवारों का मुद्दा भी दोनों देशों के बीच में संबंध को प्रभावित करता है।

श्रीलंका के राष्ट्रपति गाटबाया राजपक्षे अपनी पहली आधिकारिक विदेश यात्रा पर 28 नवम्बर, 2019 को भारत पहुंचे। इस तीन दिवसीय यात्रा में राजपक्षे के सचिव पीवी जयसुंदर और प्रधानमंत्री महिंद्रा राजपक्षे के सलाहकार ललित वीरतुंगा भी उनके साथ थे। राष्ट्रपति राजपक्षे प्रधानमंत्री नरेन्द्र मोदी के निमंत्रण पर भारत आए थे। इस यात्रा के दौरान उन्होंने पीएम मोदी के साथ रणनीतिक द्विपक्षीय रिश्तों को और गहरा करने पर बातचीत की।

राष्ट्रपति राजपक्षे से मुलाकात करने वाले पहले विदेश मंत्री श्री जयशंकर थे। चीन के करीबी होने के बावजूद राजपक्षे ने पहली विदेश यात्रा के लिए भारत को चुना है, इसे भारतीय विदेश नीति की बड़ी कामयाबी माना जा रहा है।

इससे पहले भारत रवाना होने से कुछ देर पहले ही राजपक्षे ने अपनी इस भारत यात्रा को लेकर ट्वीट किया। अपनी ट्वीट में राजपक्षे ने लिखा, "मैं अपनी पहली विदेश यात्रा पर भारत जा रहा हूँ और पीएम नरेन्द्र मोदी और भारत सरकार के साथ हमारे द्विपक्षीय रिश्तों को और मजबूती देने की ओर देख रहा हूँ।"

70 वर्षीय राजपक्षे ने 17 नवंबर 2019 को आए राष्ट्रपति पद के चुनाव के नतीजों में शानदार जीत दर्ज की थी। उन्होंने अपने निकटतम प्रतिद्वंद्वी सजित प्रेमदास को 13 लाख से ज्यादा मतों के अन्तर से शिकस्त दी थी। पूर्व रक्षा सचिव को लिट्टे के खिलाफ लंबे गृह युद्ध को खत्म करने में मदद करने का श्रेय दिया जाता है। वह देश के सातवें राष्ट्रपति हैं।

भारत के विदेश मंत्री की मुलाकात के दौरान श्रीलंकाई अधिकारियों ने बताया था कि जयशंकर के पास प्रधानमंत्री नरेन्द्र मोदी का एक पत्र था, जिसमें राजपक्षे

को निजी तौर पर बधाई दी गई थी। इसके साथ ही उन्हें भारत की यात्रा करने का न्यौता भी दिया गया था।

मूल्यांकनः भारत श्रीलंका के बीच पारस्परिक संबंध ऐतिहासिक व अनोखा है। संस्कृतियों में सामूहिकता, भौगोलिक जुड़ाव, भाषायी व नृजातीय गठजोड़ जैसे बहुआयामी रूप में दोनों देश एक दूसरे के करीब आते हैं। इस जुड़ाव का उपयोग इनके द्विपक्षीय संबंधों को मधुर बनाने में किया जाता रहा है। यद्यपि श्रीलंका में गृहयुद्ध और भारत द्वारा विवादित भूमिका ने दोनों देशों के बीच रिश्ते में तल्खी जरूर पैदा की है लेकिन वर्तमान समय के वैश्विक और क्षेत्रीय परिदृश्य को ध्यान में रखते हुए ऐसा दोनों देशों के हित में है कि ये आपसी रिश्तों में मजबूती लाये। पम्परागत क्षेत्रों के आलावा आज आर्थिक, शैक्षणिक, विज्ञान एवम तकनीकी तथा रक्षा व सुरक्षा जैसे विभिन्न क्षेत्रों में भारत व श्रीलंका के लिए अपने संबंधों में विस्तार हेतु तमाम अवसर उपलब्ध है।

संदर्भ

1. L.R. Reddy, Sri Lanka Past and Present, p.42, APH Publishing Corporation: New Delhi, 2003.
2. Sinnappah, A and Others, May 2018, Sri Lanka, Encyclopedia Britannica.inc.
3. Sri Lanka : Constitution and Politics, The Commonwealth, http:/k/kwww.priu.gov.lk/k
4. Nehru himself, in 1945, maintained that given its ethnic, linguistic and cultural linkages, Sri Lanka would inevitably be drawn into a closer union with India particularly as an autonomous unit of the Indian Federation
5. Rajasingham, K T (17 November 2001). Sri Lanka: The Untold Story, Asia Times. And Foreign Policy of Sirimavo Bandaranaike –Relations with India, Published in Infoasia.com
6. Government of India's Notice to Mariners, Edition No. 9, Notices 133 to 156,April 15, 1975
   Deeping Economic Cooperation between India and Sri Lanka, (2013) Mukherji Indranath and other, Asian Development Bank
7. On the reforms, see Athukorala and Jayasuriya (1994), Jayawardena et al (1987), Stern (1984), White and Wignaraja (1992), Herring (1987).
8. On the July 1983 riots, see Race & Class (1984b), Kanapathipillai (1990), Tambiah (1986) and Senaratne (1997).

9. India and Sri Lanka :Agreement to Establish Peace and Normalcy in Sri Lanka, International Legal Materials, Vol. 26, No. 5 (September 1987), pp. 1175-1185, Cambridge University Press, http:/k/kwww.jstor.org/kstable/k20693151
10. Michael Roberts (2009) Killing Rajiv Gandhi: Dhanu's sacrificial metamorphosis in death, South Asian History and Culture, 1:1, 25-41, DOI: 0.1080/k19472490903387191
11. Deeping economic cooperation between India and Sri Lanka (2013) Mukherji Indranath and other, Asian Development Bank, page 03
12. Surendra Kumar, S.Y, Des, 2017, China's Strategic Engagement with Sri Lanka: Implications for India, Contemporary Chinese Political Economy and Strategic Relations: An International Journal. Vol. 03 No 03 page 1109-1138
13. V. Suryanarayan, 09 Sep 2016, The India–Sri Lanka Fisheries Dispute: Creating a win–win in the Palk bay
14. Kelegama, Saman (2015), China's Growing Economic Power in South Asia: A closer look, The Daly Star (Dhaka).

• • •

7

भारत-नेपाल संबधः संघर्ष तथा सहयोग

डॉ. विकास कुमार*

आमतौर पर भारत और नेपाल के संबंध एक-दूसरे के लिए मधुर तथा सहयोगपूर्ण स्थिति में रहें है लेकिन बावजूद इसके समय तथा परिस्थितियों के चलते दोनों देशों के बीच उतार-चढ़ाव का माहौल बना रहा है। इसकी ख़ास वजह नेपाल की भू-राजनीतिक तथा अंदरूनी राजनीतिक स्थिति रही है। साथ ही आधुनिक नेपाल के निर्माता पृथ्वी नारायण शाह ने नेपाल की विदेश नीति की जरूरत को भाँपते हुए एक बार कहा था- "यह देश दो चट्टानों के बीच खिले हुए फुल के समान है। हमें चीनी सम्राट के साथ मैत्रीपूर्ण संबंध रखने चाहिए तथा संबंध दक्षिणी सागरों के सम्राट से भी मधुर होने चाहिए, पर वह बहुत चालाक है।"[1] दूसरी तरफ वह अपने दोनों पड़ोसियों में से भारत को अधिक खतरे का बड़ा स्त्रोत मानते थे।[2] अगर इन दोनों देशों की स्थिति का अध्ययन करें तो भारत और नेपाल दोनों ही दक्षिण एशियाई क्षेत्र में स्थित देश रहे हैं। दोनों देशों के बीच सहज और अबाध आवाजाही से लोग इतने घुल-मिल गये हैं कि दोनों देशों के बीच की भौगोलिक सीमा का अहसास ही नहीं होता। नेपाल व भारत के संबंध पाकिस्तान या बांग्लादेश के साथ भारत के संबंधो से सदृश्य नहीं हैं। हालांकि, ये देश भारत के विभाजन के फलस्वरूप ही बने हैं, परन्तु नेपाल के हिंदू राष्ट्र होने के कारण भौगोलिक समीपता, भाषा व लिपि की एकरूपता तथा सामाजिक, सांस्कृतिक व एतिहासिक घनिष्टता के कारण भारत व नेपाल के संबंध अधिक आत्मीयता के रहे हैं।[3] कहा जाए तो नेपाल से भारत का रिश्ता रोटी और बेटी का रहा है। बिहार एवं पूर्वी उत्तर प्रदेश के साथ नेपाल के मधेशी समुदाय का सांस्कृतिक एवं नृजातीय संबंध रहा है। नेपाल जाने के लिए किसी वीजा और पासपोर्ट की जरूरत भी नहीं पड़ती। नेपाल भारत

* सेंटर फॉर साउथ एशियन स्टडी, स्कूल ऑफ इंटरनेशनल स्टडीज, जवाहरलाल नेहरु यूनिवर्सिटी, नई दिल्ली

में बिना किसी कार्य परमिट के काम कर सकते हैं, बैंक खाता खोल सकते हैं और अपनी सम्पत्ति भी रख सकते हैं।[4] इस रूप में भारत-नेपाल के संबंध बहुत घनिष्ठ अवस्था में रहे है जो साफ-साफ देखा जा सकता है।

नेपाल की 1850 किलोमीटर से अधिक की सीमा दक्षिण-पूर्व एवं पश्चिम में भारत के पाँच राज्यों सिक्किम, पश्चिम बंगाल, बिहार, उत्तर प्रदेश एवं उतराखंड से मिलती है। साथ ही सामरिक दृष्टि से नेपाल, भारत और तिब्बत के बीच स्थित हैं और अब तिब्बत पर चीन के आधिपत्य के बाद भारत व चीन अब बफर स्ट्रेट (Buffer State) का कार्य करता है। इसी कारण भारत के समक्ष अपनी विदेश नीति को निर्धारित करने में बहुत सी चुनौतियां उपस्थित रहती है। बेशक भारत और नेपाल के बीच हम सामाजिक, एतिहासिक, सांस्कृतिक व आर्थिक बंधन साझा करते है लेकिन इसके उपरान्त भी दोनों देशों के बीच अविश्वास बढ़ा है। नेपाल में भारत की तर्कसंगत सुरक्षा चिंता और भारत के बड़े आकार व स्थिति के कारण भारत को प्रायः शासक व बड़ा भाई कहा गया है। अतः जब भी नेपाल ने भारत के अलावा किसी अन्य देश के साथ नजदीकियां बढ़ाने की कोशिश की, इसने भारत में नेपाल के प्रति अविश्वास उत्पन्न किया है।[5] इसी आधार पर इस अध्याय में हम भारत और नेपाल के बीच जिस प्रकार के संबंध रहे हैं उनका अध्ययन करेंगे ताकि दोनों देशों के बीच संबंधो को आसानी से समझा जा सके।

ऐतिहासिक पृष्ठभूमि

भारत जिस समय ब्रिटिश शासन के अधीन था, उस समय नेपाल एक स्वतंत्र राष्ट्र के रूप में मौजूद था। जब भारत 1947 में आजाद हुआ, उस समय भारत को एक मजबुत पड़ोस नीति की आवश्यकता थी, जिसमें नेपाल एक महत्वपूर्ण देश के रूप में उपस्थित हुआ। हालाँकि ऐसा इसलिए हुआ क्योंकि इस समय साम्यवादी चीन का तिब्बत में प्रभाव बढ़ना शुरू हो गया था जिससे भारत को यह लगने लगा कि चीन कहीं तिब्बत पर अपना अधिकार न जमा ले और यदि ऐसा हुआ तो इस अवस्था में नेपाल व चीन की सीमाएं मिल जायेगी। दूसरी तरफ अमेरिका भी इसीलिए नेपाल में रूचि लेने लगा, जिसके परिणामस्वरूप अर्न्तराष्ट्रीय शक्तियों के बीच टक्कर की स्थिति सी उत्पन्न होने लगी। इस अवस्था में भारत, नेपाल की राजनीति के प्रति उदासीन नहीं रह सकता था। अतः इसी बात को ध्यान में रखते हुए भारत ने नेपाल के प्रति एक दृढ़ नीति बनाई जो मुख्यतः चार मुद्दों पर आधारित थी-

1. "प्रथम नेपाल को शीतयुद्ध के तनाव से दूर रखना;
2. दूसरा, चीन की तरफ से बढ़ते हुए कम्युनिस्ट परेशानियों से नेपाल को सुरक्षा का आश्वासन;
3. तीसरा, नेपाल में लोकतंत्र की प्रक्रियाओं को बढ़ावा देना;
4. चौथा, नेपाल को राजनैतिक स्थिरता एवं आर्थिक संपन्नता प्राप्त करने में सहयोग देना"[6] आदि।

भारत की आजादी के बाद भारत ने नेपाल को उस समय विश्वास में लिया जब भारत सरकार द्वारा नेपाल को 1949 में पूरी तरह संयुक्त राष्ट्र संघ में प्रवेश के लिए समर्थन देने का वादा किया तथा परिणामस्वरूप 1955 में उसे सदस्यता मिल भी गई। इसके उपरान्त भारत के प्रधानमंत्री जवाहरलाल नेहरु ने भी 6 दिसम्बर 1950 को नेपाल के साथ निकटतम संबंध बनाने की घोषणा की। जिसमें नेहरु ने कहा–

> "जब भारत ब्रिटिश साम्राज्य का हिस्सा था तब नेपाल एक स्वतंत्र देश था लेकिन उसके अन्तर्राष्ट्रीय संबंध एक हद तक भारत सरकार के कार्यों के साथ उनके संबंधो तक ही सीमित थे। जब हम स्वतंत्र ताकत के रूप में उभरे तो हमने नेपाल को यह आश्वासन दिया कि हम न केवल उसकी स्वतंत्रता की इज्जत करेंगे बल्कि जहां तक संभव हो सके हम उसे एक सबल एवं विकासशील देश बनने में भी सहयोग करेंगे। नेपाल ने अन्य विदेशी संबंधो की स्थापना की शुरुआत की है और हमने इस प्रक्रिया में कोई बाधा उत्पन्न नहीं की। लेकिन हमें नेपाल में न तो किसी तरह का विदेशी हस्तक्षेप पसंद है और न ही हम इसे बर्दाश्त करेंगे।"[7]

इस बीच जो संबंध बन रहे थे, उसकी पटकथा पहले ही लिखी जा चुकी थी, जब दोनों देशों के बीच 1950 में भारत–नेपाल शांति तथा मैत्री संधि की शुरुआत हुई। नतीजन, इस संधि के तहत भारत–नेपाल के मैत्री संबंधो को परिभाषित किया गया।

1950 की भारत-नेपाल के बीच शांति तथा मैत्री संधि

भारत और नेपाल ने इस संधि के तहत जिन मुद्दों को स्थापित किया, वह दोनों देशों के बीच उल्लेखनीय रहे है। संधि के अंतर्गत, नेपाल एक संप्रभु राष्ट्र होगा। जिसमें अगर किसी तीसरे राज्य से कोई ख़तरा होता है तो दोनों देश आपस में सलाह करेंगे। मैत्री संधि के वर्तमान प्रावधानों के तहत नेपाल के नागरिकों को भारत में ऐसी सुविधाएं प्राप्त हैं जो किसी अन्य देश के नागरिक को नहीं हैं। वे भारत

में भारतीय नागरिकों के सामान सुविधाएं और अवसर पाते हैं। नेपाल भू-आबद्ध (चारों तरफ से दूसरे देशों से घिरा हुआ) राष्ट्र है, लेकिन इस संधि के चलते उसे अपनी भौगोलिक स्थिति से कोई असुविधा नहीं होती। बावजूद इसके लंबे समय से नेपाल की कई सरकारों ने इस संधि की समीक्षा का मुद्दा उठाया है।

1953-54 के दौरान कई ऐसे मुद्दे उभरकर सामने आये जब नेपाली जनता का भारत के प्रति आक्रोश देखने को मिला। इस समय नेपाल के लोगों को यह भ्रम हुआ कि भारत नेपाल के आंतरिक मामलों में हस्तक्षेप कर रहा है। यह बात दो-तीन बातों से उजागर होती है। पहला; भारत से बहकर आने वाली कोसी नदी पर नेपाली भूमि में बांध बनाना; दूसरा, भारतीय सेना का नेपाल में होना तथा तकनीक विशेषज्ञ भी वहां मौजूद थे; तीसरा, व्यापार समझौते में कुछ प्रतिबन्ध भारत की और से लगे हुए थे। यही कुछ ऐसे कारण थे जिनकी वजह से 1954 में भारतीय सद्भावना मंडल नेपाल पहुंचा तो नेपाल के कुछ लोगों ने काले झंडे दिखा प्रदर्शन किए थे।

इन सब के बावजूद चीन भी अब नेपाल के नजदीक आने लगा, परिणामस्वरूप चीन भी नेपाल में सक्रिय होने लगा, नतीजन नेपाल भारत और चीन के लिए अब महत्वपूर्ण देश बन गया। 1956 में नेपाल के प्रधानमंत्री ने चीन की यात्रा की और 1956 में नेपाल-चीन की मैत्री सन्धि पर हस्ताक्षर हुए। इसी समय 1957 में चीन के प्रधानमंत्री चाऊ-एन-लाई नेपाल आये और उन्होंने अपने भाषण में नेपाल की स्वतंत्रता को भारत से खतरा है[8], की बात कह कर भारत और नेपाल के बीच संदेह को यकीन में बदलने की पूरी कोशिश की और इस दौरान चीन ने नेपाल को भारी आर्थिक सहायता देने का भी वचन दिया। यहीं से नेपाल का झुकाव चीन की तरफ होने लगा लेकिन 1962 में जब भारत और चीन का युद्ध हुआ तो उसने युद्ध के बाद भारत के समक्ष नेपाल को साथ लेकर चलने की चुनौती प्रस्तुत कर दी। हालांकि इसके बाद तत्कालीन गृहमंत्री लालबहादुर शास्त्री ने नेपाल की यात्रा कर नेपाल के अनेक संदेह को दूर किया साथ ही इसके बाद नेपाल नरेश 13 दिन की भारत यात्रा पर भी आये। इस समय नेपाल ने आश्वासन दिया कि नेपाल के मार्ग से भारत पर कोई आक्रमण नहीं हो सकेगा। यही वह दौर था जब भारत ने नेपाल के लिए उदार सहयोग की नीति अपनाई, जिसमें 1964 में भारत ने नेपाल के लिए 9 करोड़ की लागत से सीमावर्ती कस्बे सुगोली और मध्यपूर्वी नेपाल में ओखरा घाटी के बीच 128 मील लम्बी सड़क निर्माण करने का निश्चय लिया, साथ ही कोसी योजना पूर्ण करने का निश्चय लिया। कोसी योजना के द्वारा नेपाल को बाढ़ से बचाना तथा बिजली पूर्ति करना एवं सिंचाई का लाभ देने की योजना बनाई गई।[9]

इसके आगे 1966 में श्रीमती इंदिरा गांधी ने नेपाल की यात्रा की तथा उन्होंने नेपाल के पंचायती लोकतंत्र की सराहना की। 1971 में भारत–पाक युद्ध से भारत की विजय का नेपाल पर काफी प्रभाव पड़ा। इस दौरान नेपाल ने समझ लिया कि भारत दुर्बल पड़ोसी नहीं है लेकिन आगे 1974–75 में जब सिक्किम का भारत में विलय हुआ तो इस घटना ने नेपाल में आधिपत्य के संदेह को ओर मजबुत कर दिया लेकिन भारत ने इस बात का आश्वासन दिया कि भारत और सिक्किम की स्थितियां भिन्न है।[10] 1977 में जनता पार्टी की सरकार के दौरान नेपाल के साथ अनेक व्यापारिक व आर्थिक सहायता के प्रस्तावों को स्वीकृति दी गई। इस समय "अक्टूबर, 1978 में विदेश मंत्री अटल बिहारी वाजपेयी ने दूसरी बार नेपाल की यात्रा की। जिसमें अन्य बातों के अतिरिक्त श्री वाजपेयी और नेपाली प्रधानमंत्री श्री बिस्ट ने दोनों देशों की नदियों की बाढ़ नियन्त्रण के संबंध में संयुक्त कार्यवाही पर बल दिया।"[11] 1985 में नेपाल नरेश ने भारत की यात्रा की और दोनों देशों के बीच पारगमन सन्धि को मार्च 1989 तक बढ़ा दिया गया। 1988 के अन्तिम दिवसों में आयोजित 'सार्क सम्मेलन' में भारत के तत्कालीन प्रधानमन्त्री राजीव गांधी द्वारा आयोजित जलपान ने नेपाल नरेश सम्मिलित नहीं हुए। 1989 में भारत–नेपाल के बीच व्यापार तथा पारगमन सन्धि समाप्त हो जाने से दोनों देशों में कटुता का वातावरण बन गया।[12]

1990 के बाद भारत–नेपाल सम्बन्ध

उदारीकरण के दौर में भारत ने विश्व के अन्य देशों के साथ कई तरह के द्विपक्षीय करार किए, जिसमें नेपाल देश भी एक था। हालांकि इस बीच दोनों देशों के बीच सहयोग का वातावरण तो रहा परन्तु 1980–2004 का कालखंड दोनों देशों के बीच सम्बन्धो में उतार–चढ़ाव का रहा था। दिसम्बर 1990 में दोनों देशों के बीच एक द्विपक्षीय करार पर हस्ताक्षर हुए जिसमें भारत ने सहायक अनुदान के आधार पर रक्सौल में 3 करोड़ रुपये की लागत से एक नई सड़क एवं रेल पुल का निर्माण करने का समझौता किया। यह वह दौर था जब दोनों देशों में एक के बाद एक चुनाव हुए, 1991 में नेपाल में संसदीय चुनाव हुए तथा श्री गिरिजा प्रसाद कोइराला प्रधानमंत्री नियुक्त हुए। इसके एक माह बाद भारत में पी.वी. नरसिंह राव प्रधानमंत्री के पद पर आसीन हुए। इस प्रकार यह दोनों देशों के बीच राजनीतिक परिवर्तन की स्थिति थी।

1991 में वी.एच. कोइराला की पुण्यतिथि में दोनों देशों द्वारा 'भारत–नेपाल फाउंडेशन' बनाने का प्रस्ताव स्वीकार किया गया। इस दौरान दोनों देशों के बीच एक

पाँच वर्षीय व्यापार समझौता हुआ जिसमें यह प्रावधान था कि आवश्यकतानुसार इसे आगे भी बढ़ाया जाता रहेगा, इसके साथ ही भारत-नेपाल के मध्य एक सात वर्षीय पारगमन समझौता अलग से किया गया। ये दोनों ही समझौते 1950 की सन्धि की अवधि समाप्त होने के कारण किए गये थे।[13] साथ ही दोनों देशों ने वित्तीय व विकास योजनाओं को लेकर अनेक समझौते भी किए। भारत ने नेपाली आयात एवं निर्यात को विशेष सुविधाए प्रदान की और नेपाली वस्तुओं का कोटा रहित प्रवेश, समयबद्ध नेपाली निर्यात, व्यापार और नेपाली श्रम से सम्बंधित अनेक व्यवस्थाएं निश्चित की गई।[14] इसी क्रम में भारतीय प्रधानमंत्री भी 19-21 अक्टूबर 1992 को त्रिदिवसीय यात्रा पर काठमांडू गए। इस दौरान दोनों देशों के बीच आपसी सहयोग बढ़ाने हेतु भारत की उदार शर्तों पर नेपाल के निर्यात में वृद्धि करने और जल संशाधनों का दोनों देशों के बीच साझे हित में प्रयोग करने पर सहमति बनी।"[15]

1994 में नेपाल में नेपाली कांग्रेस की सरकार के स्थान पर साम्यवादी दल की अल्पमतीय सरकार के गठन के बाद भारत के प्रति वैचारिक मत-भिन्नता का आगाज हुआ। इस दौरान साम्यवादी दल यह मानता था कि कोइराला सरकार भारत को कुछ ज्यादा ही तवज्जों दे रही है, जिसका परिणाम नेपाली हितों के नुकसान के रूप में हमें झेलना होगा। साम्यवादी शासन के दौरान भारत-नेपाल सम्बन्धो के बीच कुछ ख़ास प्रगति नहीं दिखाई दी लेकिन 1995 में शेर बहादुर देउबा के नेतृत्व में सरकार का झुकाव पुन: भारत की तरफ बढ़ा। 1996 में नेपाली प्रधानमंत्री भारत आये और इस यात्रा ने नेपाल में 22 पुलों के निर्माण, महाकाली नदी पर बांध एवं बिजली घर के निर्माण, पंचेश्वर बांध से दोनों देशों को बराबर पानी का बंटवारा आदि से सम्बंधित समझौते हुए।[16] 1997 में भारत के नए प्रधानमंत्री इंद्र कुमार गुजराल ने भारत-नेपाल के बीच महाकाली नदी में पन-बिजली परियोजना लगाने हेतु समझौता किया। साथ ही व्यापार व उद्योग को बढ़ाने हेतु भी सहयोग को स्थापित किया। मार्च 2002 में नेपाल के प्रधानमंत्री शेर बहादुर देउबा ने भारत की पाँच दिवसीय यात्रा की। इस दौरान दोनों देशों के मध्य व्यापार एवं पारगमन संधि का नवीनीकरण हुआ जो 5 दिसम्बर 2001 को समाप्त हो गई थी। इसके बाद दोनों देशों की सहमती से संधि को तीन माह के लिए बढ़ा दिया गया। नवीन सन्धि 7 मार्च 2007 तक प्रभावी रही।[17] इस प्रकार भारत और नेपाल के बीच जिस तरह के सम्बन्ध रहे है उन्हें ओर अधिक विस्तार से जानने के लिए कुछ विभिन्न आयामों को भी जानना होगा जो दोनों देशों के बीच राजनीतिक, आर्थिक, सांस्कृतिक व

सुरक्षात्मक रणनीति के रूप में कायम है जो दोनों देशों के विदेश सम्बन्धो को प्रभावित करते हैं।

राजनैतिक परिप्रेक्ष्य

भारत और नेपाल के राजनीतिक संबंधों का प्रभाव दोनों देशों के सुरक्षात्मक हितों पर पड़ा है। इसी आधार को ध्यान में रखते हुए दोनों देशों के दृष्टिकोण एक-दूसरे के लिए अलग-अलग रहे है। अक्सर यह देखा गया है कि नेपाल में होने वाले राजनीतिक परिवर्तनों का प्रभाव भारत के राष्ट्रीय हितों पर पड़ा है और इसी प्रकार का प्रभाव भारत पर भी पड़ा है। अधिकतर भारत द्वारा लिए गये निर्णय नेपाल के लिए स्वायत्तता व स्वतंत्रता का विषय बन कर उभरा है। यही कारण दोनों देशों के बीच संघर्ष तथा सहयोग का कारण भी बना है। भारत और नेपाल के बीच जो सहयोग, सदभावना और तालमेल विद्यमान था, वह महाराजा त्रिभुवन के बाद कुछ अस्पष्ट होने लगा। महाराजा महेंद्र 13 मार्च, 1955 को गद्दी पर बैठे और तभी से भारत व नेपाल के बीच जो गहन आपसी समझ बनी हुई थी वह कम होती चली गई। महाराजा महेंद्र द्वारा नेपाल में भारत के प्रभाव को कम करने का प्रयत्न किया गया।[18]

इसी तरह महाराजा वीरेंद्र के समय भी थोड़ी ऐसी ही स्थिति दिखाई दी, जिसमें उन्होंने नेपाल पर भारत का दबाव भी महसूस किया। अत: वह भी नेपाल को इस दबाव से मुक्त करने के पक्षधर थे। माना जाता है कि जिस समय गिरिजा प्रसाद कोइराला की सरकार मौजूद थी, उस समय भारत-नेपाल के बीच सहयोगात्मक दौर बनना शुरू हो गया था लेकिन इसके उपरान्त जैसे ही नेपाल की आंतरिक राजनीति में माओवादी सरकारों का दौर चला, उसने अधिकतर भारत के प्रति विरोधात्मक अवस्था को हो अपनाया। इसी कारणवश नेपाल में कई बार सरकार गिरती और बनती, क्योंकि माना जाता था कि इसके पीछे भारत का हाथ है। नेपाल 2012 में राजनीतिक अस्थिरता से गुजर रहा था। नेपाल के आंतरिक संघर्ष ने दोनों देशों के बीच सम्बन्धों को काफी प्रभावित किया। इस दौरान नेपाल में जो भी माओवादी सरकार बनी, उसकी नजदीकी अधिकतर चीन के प्रति ज्यादा रही, हालांकि भारत के साथ भी उनके सम्बन्ध रहे लेकिन वे सब नेपाल के राष्ट्रीय हित से प्रेरित होते थे।

2011 में भारत-नेपाल के बीच द्विपक्षीय निवेश संवर्धन और संरक्षण करार (बीआईपीपीए) पर हस्ताक्षर हुए थे, जो भारतीय निवेशकों को नेपाल की ओर

आकर्षित करता था लेकिन 2012 के दौरान नेपाल की विपक्षी पार्टियों और एकीकृत नेपाल कम्युनिस्ट पार्टी (माओवादी) के कुछ नेताओं ने बीआईपीपीए पर हस्ताक्षर किया जाना स्वीकार नहीं किया। एकीकृत नेपाल कम्युनिस्ट पार्टी (माओवादी) के भूतपूर्व कट्टर नेता मोहन बैध ने बाबुराम भट्टराई पर 'भारत समर्थक' होने का इल्जाम लगाकर इस समझौते का विरोध किया।[19] ठीक इसी तरह आगे मोहन वैध के नेतृत्व वाली नेपाल कम्युनिस्ट पार्टी (माओवादी) द्वारा भारत विरोधी रुख भारत-नेपाल सम्बन्धो का एक चिंता का विषय रहा है। अपने समय में उन्होंने भारत की भूमिका कम करने के लिए कुछ ऐसी शर्ते लगाई जिसने दोनों देशों के बीच खीचतान पैदा की। इन शर्तों में अपर करनाली परियोजना को रद्द करना, भारतीय नंबर प्लेट वाहनों के आवाजाही पर प्रतिबंध लगाना, बीआईपीपीए को रद्द करना, भारत के साथ खुली सीमा को नियंत्रित करना, प्रत्यक्ष भारतीय मदद के प्रावधान को हटाना शामिल है।[20]

19 नवम्बर, 2013 को नेपाल में दूसरे संविधान सभा-सह-संसदीय चुनावों के सम्बन्ध में भारत सरकार ने नेपाल सरकार को 1000 वाहन उपहार में देने तथा दो प्रोन्नत लाइट हेलीकॉप्टर स्थायी रूप से देने सहित अनुरोध की गई संभार तन्त्रीय सहायता प्रदान की। चुनावों के दौरान नेपाल के साथ उच्च स्तरीय सम्पर्क बनाए रखा गया जिसमें विदेश मन्त्री श्री सलमान खुर्शीद की 9 जुलाई, 2013 तक नेपाल यात्रा तथा विदेश सचिव श्रीमती सुजाता सिंह की 14-15 सितम्बर, 2013 को नेपाल यात्रा शामिल है। भारत-नेपाल के सुरक्षा सम्बन्धों को 2013 में भारत तथा नेपाल के थल सेनाध्यक्षों की यात्राओं तथा मार्च 2014 में भारतीय थल सेना अध्यक्ष की नेपाल यात्रा द्वारा सुदृढ़ किया गया। नए काल में 2014 में प्रधानमंत्री नरेंद्र मोदी सत्ता पर काबिज हुए, जिसके फलस्वरूप भारत-नेपाल के संबंधो में एक नया दौर शुरू हुआ। जिसका वर्णन हम आगे करेंगे।

अंतर्संबंधित आर्थिक परिप्रेक्ष्य

भारत ने नेपाल को प्रमुखत: अपना निकट पड़ोसी मानते हुए नेपाल में आर्थिक रूप से अधिक सहायता प्रदान की है। आज नेपाल में उद्योग-धंधों का जो विस्तार हुआ है, उसके पीछे भारत का बहुत बड़ा हाथ रहा है। हालांकि भारत ने इस संबंध में जो भी सहायता प्रदान की, नेपाल में उसकी कई बार आलोचना भी हुई है तथा इसका सकारात्मक तथा नकारात्मक प्रभाव भी पड़ा है। भारतीय उद्यमियों द्वारा नेपाल में उद्योग धंधों के विस्तार का प्रभाव यह पड़ा कि व्यापक पैमाने पर

नेपाल में भारतीय प्रवजन को बढ़ावा मिला क्योंकि नेपाल में प्रशिक्षित श्रमिकों के अभाव के कारण भारत के श्रमिकों को नेपाल में ले जाया जाने लगा। आगे चलकर नेपालियों में इस बात का आक्रोश भी पनपा क्योंकि कम से कम अप्रशिक्षित श्रमिकों के क्षेत्र में तो नेपाली श्रमिक उपलब्ध थे ही। अतः उनकों रोजगार उपलब्ध कराया जा सकता था। इस प्रकार भारतीय उद्यमियों की आलोचना की जाने लगी। परिणामस्वरूप नेपाल सरकार ने अपने नियम-कानूनों में परिवर्तन लाना शुरू किया।[21] हालांकि ऐसे समय को भाँपते हुए भारत सरकार ने समय-समय पर नेपाल को कुछ ऐसी छुट भी प्रदान की ताकि नेपाल का व्यापार व उद्यम के बारे में भारत के प्रति नजरिया परिवर्तित हो।

आगे एक समय ऐसा आया जब भारत ने नेपाल के साथ एकपक्षीय व्यापार-व्यवस्था आरम्भ कर दोनों देशों के आर्थिक संबंधो को स्थापित किया है। एकपक्षीय व्यापार के अंतर्गत नेपाल में निर्मित वस्तुओं को बगैर सीमा-शुल्क के भारत में अबाध प्रवेश मिलता है। इतिहास गवाह है कि भारत, नेपाल में सबसे बड़ा निवेशक तथा व्यापारिक साझेदार रहा है। भारत का 44 प्रतिशत प्रत्यक्ष विदेशी निवेश नेपाल के साथ रहा है तथा साथ ही नेपाल का 60 प्रतिशत बाहरी देशों के साथ व्यापार रहा है। इस बीच भारत नेपाल के राष्ट्रीय विकास के लिए आर्थिक सहायता समय-समय पर 1951 से ही उपलब्ध कराता रहा है। भारत अकेला ऐसा देश है जो नेपाल के कुशल और अकुशल मजदूरों को बाजार उपलब्ध कराता रहा है। नेपाल के करीबन 40,000 गोरखा भारतीय सेना में व 5,000 अर्धसैनिक बल के रूप भारत में कार्यरत है।[22]

इस बीच नेपाल के विदेश व्यापार का दो तिहाई भारत के साथ होता है, जिसमें द्विपक्षीय व्यापार अनुमानतः लगभग 4.7 बिलियन डॉलर का है। 1996 में संशोधित व्यापार संधि दोनों देशों के बीच आर्थिक संबंधों की केंद्र बिंदु साबित हुई है। 1996 के बाद से, भारत में नेपाल के निर्यात में ग्यारह गुणा वृद्धि हुई है और द्विपक्षीय व्यापार सात गुणा से अधिक बढ़ गया है। भारतीय फर्में नेपाल में सबसे बड़ी निवेशक हैं जिन्होंने कुल अनुमोदित प्रत्यक्ष विदेशी निवेशों का लगभग 40 प्रतिशत निवेश किया है। नेपाल में लगभग 150 से अधिक भारतीय उपक्रम कार्य कर रहे हैं जिनमें विनिर्माण, सेवाओं (बैंकिंग, बीमा, शुष्क बंदरगाह, शिक्षा और दूरसंचार), ऊर्जा क्षेत्र एवं पर्यटन उद्योग जैसे विविध क्षेत्रों के उपक्रम शामिल हैं। नेपाल में निवेशकर्ताओं में अन्य के साथ-साथ आईटीसी, डाबर इंडिया, टाटा पावर, हिंदुस्तान

यूनीलिवर, वीएसएनएल, टीसीआईएल, एमटीएनएल, भारतीय स्टेट बैंक, पंजाब नेशनल बैंक, भारतीय जीवन बीमा निगम और एशियन पेंट्स शामिल हैं।[23]

भारत ने इस हिमालयन राज्य के समावेशी विकास के लिए अपनी प्रतिबद्धता को अनेक बार रेखांकित किया है और नेपाल सरकार को 100 मिलियन अमरीकी डॉलर तथा 250 मिलियन अमेरिकी डॉलर के दो आर्थिक ऋण भी उपलब्ध कराये हैं। विकास भागीदारी व्यापक क्षेत्रों में हुई है, इनमें भारत राजमार्गों, पुलों, ऑप्टिकल फाइबर लिंकों, मेडिकल कॉलेजों, ट्रॉमा सेंटरों, पॉलीटेक्नीकों, स्कूलों, अस्पतालों और स्वास्थ्य केंद्रों का निर्माण कर रहा है। नदी प्रशिक्षण एवं तटबंध विनिर्माण के लिए, भारत सरकार ने उदारता से निधियां और विशेषज्ञ सहायता प्रदान की है ताकि लालबकेया, बागमती और कमला नदियों के तटबंधों का सुदृढ़ीकरण और विस्तार हो सके। इसके अलावा, विद्युत पारेषण लाइनों के स्तरोन्नयन के लिए एक 250 डॉलर का और दूसरा 125 डॉलर का एक्सिम बैंक ऋण प्रदान किया गया है। नेपाल के विभिन्न जिलों में चल रही लगभग 450 लघु विकास परियोजनाओं ने साधारण नेपाली जनता के लिए खुशियों का संसार बनाया है।[24]

नेपाल के पास ऊर्जा के क्षेत्र में भी अदभुत संसाधन है। नेपाल के पास पनबिजली उत्पादन की जबरदस्त क्षमता लगभग 83 हजार मेगावाट है, पर अभी तक केवल 345 मेगावाट का उत्पादन किया जाता है। अगर नेपाल इस पनबिजली का उत्पादन करे और उसे भारत को निर्यात कर दे तो नेपाल को काफी बड़ी रकम मिल सकेगी और वह अपने यहां गरीबी की समस्या का भी समाधान कर पायेगा। साथ ही भारत भी अपने उद्योगों और कृषि के लिए बिजली की कमी का समाधान कर पायेगा।[25] अतः दोनों का ही सही मायनों एक-दूसरे द्वारा सहयोग करने पर विकास के मानक तय होंगे।

सांस्कृतिक तथा व्यक्ति से व्यक्ति संबंध

आज अन्तर्राष्ट्रीय संबंधों के निर्धारण में जिस प्रकार 'सांस्कृतिक कूटनीतिक' शब्द की उपयोगिता बढ़ती जा रही है, ठीक इसी प्रकार भारत भी आज अपने पड़ोसी देशों के साथ सांस्कृतिक तथा व्यक्ति से व्यक्ति के बीच संबंधों को विकसित करने में खासी दिलचस्पी दिखा रहा है। हालांकि भारत-नेपाल संबंधो के बीच जो सांस्कृतिक भाव है वह कोई आज ही नहीं पनपा बल्कि इसकी शुरुआत तो पहले ही हो चुकी थी, जब दोनों देशों के बीच विदेश संबंध स्थापित हुए थे।

जिस प्रकार से खुली सीमाओं के साथ दोनों देशों के बीच संस्कृतियों के प्रसार के साथ-साथ लोगों के बीच रोटी-बेटी का संबंध बनता है, परिणामस्वरूप वह दोनों देशों के बीच रिश्तों को सहयोगपूर्ण बनाने में खासी भूमिका निभाता है। जातीय और भाषाई समानता के कारण सीमा पर दोनों तरफ के लोग मैथिली, हिंदी, भोजपुरी और अवधि भाषा बोलते हैं। उनका खानपान, वेशभूषा और रहन-सहन समान है। इससे लोगों के बीच संबंधो में प्रगाढ़ता आई है। हर साल दोनों देशों के युवक-युवतियां आपस में शादी करते हैं। लोग धार्मिक यात्राओं के लिए भी एक दूसरे के देशों में जाते है।[26] इस प्रकार दोनों देशों के बीच ऐसे भाईचारे का माहौल बनता है जिससे कि संबंधो में सहयोगपूर्ण वातावरण बनना शुरू हो जाता है। दोनों देशों के बीच जो सांस्कृतिक संबंध स्थापित होता है, उसमें धर्म बहुत महत्वपूर्ण भूमिका निभाता है। भारत हिंदू-बहुल देश है तो नेपाल भी हिंदू-बहुल देश है। भारत में चार धाम यात्रा बद्रीनाथ/केदारनाथ (उत्तराखंड), जगन्नाथ पूरी (उड़ीसा), रामेश्वरम (तमिलनाडू) व द्वारका (गुजरात) अधिकांश हिन्दुओं की जीवन आकांक्षा होती है। इसी तरह नेपाल में भी ऐसे ही धार्मिक स्थल मौजूद है, जहां भारतीय नागरिक जाते हैं। इन स्थलों में काठमांडू में पशुपतिनाथ, रुपनदेही जिले में लुंबिनी (बुद्ध की जन्मस्थली), जनकपुर में राम-जानकी मन्दिर (जनक और सीता की जन्मस्थली) आदि शामिल है।[27] दोनों देशों के बीच संबंधो में सुधार के लिए आज स्थिति ऐसी बनती जा रही है, जिससे दोनों देशों के बीच मिडिया तथा सांस्कृतिक संस्थाओं का इस्तेमाल उपयोगी हो जाए ताकि नेपाल में राजनीतिक स्थिरता तथा आर्थिक उद्देश्यों की पूर्ति सांस्कृतिक कूटनीति के जरिये संभव हो सके और ऐसी ही कोशिश वर्तमान प्रधानमंत्री नरेंद्र मोदी के कार्यकाल में दिखाई भी दे रही है। यही एक कारण है जिसकी वजह से आज 21 वीं सदी में सामाजिक व सांस्कृतिक कूटनीति राष्ट्रीय हितों की पूर्ति हेतु साधन बन कर उभरी है।

भारत-नेपाल और चीनः त्रिकोणीय रणनीतिक सुरक्षा समीकरण

भारत-नेपाल संबंधो के निर्धारण में चीन मुख्य अभिकर्ता के रूप में उभरा है। जब-जब चीन नेपाल के नजदीक आया है या फिर नेपाल चीन के नजदीक गया है, तब-तब भारत ने अपनी पड़ोसी नीति को नेपाल के लिए बदला है। अगर सुरक्षा विश्लेषकों की मानी जाए तो नेपाल चीन के आंतरिक सुरक्षा घेरे का महत्वपूर्ण हिस्सा बन कर उभरा है। वह नहीं चाहता कि कोई भी वैश्विक या क्षेत्रीय शक्ति इस सुरक्षा घेरे को तोड़े।[28]

नेपाल में 239 वर्ष पुरानी राजशाही व्यवस्था समाप्त होने तक चीन की तिब्बत के मसले को छोड़कर नेपाल के किसी भी मामले में कोई खास दिलचस्पी नहीं थी। लेकिन उसके बाद, चीन ने इस देश में अपना प्रभाव इस हद तक बढ़ाना शुरू कर दिया, जिससे कि अब वह भारत के लिए कठिनाई उत्पन्न कर रहा है। 1950 में जब से चीन ने तिब्बत के भीतर अतिक्रमण करना शुरू किया, तभी से नेपाल खुद को उत्तर की तरफ से असुरक्षित समझने लगा। भारत और नेपाल के बीच 1950 की शांति एवं मैत्री संधि, उत्तर की ओर से ऐसे किसी भी खतरे का मुकाबला करने के लिए की गई थी, लेकिन एक समय प्रधानमंत्री देउबा ने नेपाल की सुरक्षा को उत्तर से किसी भी तरह का कोई खतरा होने से इंकार कर दिया। 1950 से पहले, नेपाल ने ही तिब्बत को सुरक्षा की गारंटी दी थी। 1856 की थापाथाली संधि के दौरान, नेपाल और तिब्बत ने इस बात पर सहमति प्रकट की थी किसी भी बाहरी ताकत के आक्रमण की स्थिति में नेपाल तिब्बत की रक्षा करेगा। ऐसी सहायता के बदले में, तिब्बत 1953 तक नेपाल का आभार प्रकट करता रहा। ऐसा इसलिए भी था क्योंकि उत्तर में नेपाल का पड़ोसी चीन नहीं, बल्कि तिब्बत था। 1950 में तिब्बत पर चीन के नियंत्रण के बाद ही नेपाल का वास्ता नए पड़ोसी से पड़ा।[29]

चीन लगातार नेपाल में अपने पैर जमाने के लिए कोशिश करता रहा है और यह कोशिशे उसकी सफल भी रही है। चीन ने 1980 के दशक से नेपाल में अपनी हाइवे निर्माण गतिविधियों को गतिमान अवस्था में शुरू किया। जून, 1984 में, नेपाली शहर पोखरा को चीनी शहर जिन-जियांग-तिब्बत के साथ जोड़ने वाले दूसरे ट्रांस-हिमालय हाइवे बनाने के लिए चीन ने सहमति जताई थी। 1987 में, बीजिंग ने लाशा से नेपाल सीमा पर डाझू तक एक सड़क बनाने का फैसला किया था।[30]

दूसरी तरफ भारत के लिए नेपाल का रणनीतिक महत्व 1990 के बाद उस समय और बढ़ गया जब परम्परागत शत्रु पाकिस्तान ने नेपाल में अपनी आई.एस. आई. गतिविधियों के लिए केंद्र स्थापित किए ताकि वह भारत के खिलाफ कार्यवाही कर सके। भारत की हमेशा यह इच्छा रही कि दक्षिण एशिया में भारत प्रमुख रूप से प्रभावी रहे और वह नहीं चाहता कि कोई भी अन्य बड़ी शक्ति नेपाल के माध्यम से इस क्षेत्र में प्रभावी भूमिका निभा सके।[31] यही एक कारण है कि जब भारत अपने पड़ोसी देशों के साथ अपनी पड़ोसी नीति को समय-समय पर परिभाषित करता रहता है लेकिन इसके विपरीत चीन को जब भी समय मिला उसने नेपाल पर अपनी आँखे जमाए रखी।

नेपाल में राजा ज्ञानेंद्र द्वारा फरवरी 2005 में सत्ता अपने हाथ में लेने तथा राजा और संसदीय सरकार को भंग करने एवं माओवादियों के खिलाफ राजा की कार्यवाही का चीन ने समर्थन किया। 2005 में चीन और नेपाल के बीच स्थापित कुटनीतिक संबंधो की 50 वीं वर्षगांठ मनायी गयी। 22 अप्रैल 2005 को चीनी राष्ट्रपति हुजिंताओ ने जकार्ता में आशियान सम्मेलन में राजा ज्ञानेंद्र से मुलाक़ात की। हुजिंताओ ने कहा, "नेपाल चीन का स्वाभाविक मित्र व पड़ोसी है और हजारों वर्षों से दोनों देशों के बीच मित्रवत आदान-प्रदान होता रहा है। इस प्रकार चीन ने अपने आपको नेपाल का "सदाबहार मित्र" घोषित किया।[32]

2008 में जब नेपाल की राजनीतिक स्थिति में परिवर्तन हुआ तो इस दौरान तीनों देशों के नजरियों में भी साफ परिवर्तन देखा गया। नेपाल की स्थिति को देखे तो इस दौरान माओवादी नेता कमल दहल प्रचंड नेपाली लोकतांत्रिक गणराज्य के प्रथम प्रधानमंत्री बने और प्रधानमंत्री बनते ही अपने पूर्व विचारों के विपरीत चीन की तरफ ज्यादा आकर्षित हुए तथा चीन की पहली यात्रा भी की, जो पूर्व परम्परा के विपरीत था। ऐसी स्थिति में नेपाल में जो भारत के प्रति राजनीतिक समझ बन रही थी, वह भारत समर्थित इतनी नहीं थी। इसकी मुख्य वजह यह थी कि नेपाल भारत पर जरूरत से ज्यादा निर्भर रहने लगा था। इस अवस्था में भारत ने कई बार अपने हितों को ही साधने की कोशिश की, ऐसा माना जाने लगा था। इसलिए अब नेपाल भारत की स्थिति को संतुलित करने के लिए चीन से अधिक संबंध बढ़ाने के लिए उत्सुक दिखाई देने लगा था और यही कारण है कि कई बार भारत-नेपाल की मैत्री सन्धि पर पुर्नविचार की मांग उठती रही।

साथ ही, आज के समसामयिक संबंधो के दौर में अगर देखा जाए तो नेपाल में चीन के राजदूत यू होंग ने दावा किया कि ओबीओआर (OBOR) पहल पर हस्ताक्षर के साथ ही नेपाल-चीन संबंध नई ऊंचाइयों को छू जायेंगे। चीन की ओबीओआर पहल के कार्यान्वयन और साथ ही बॉर्डर क्रासिंग से अन्य देशों के नागरिकों की आवाजाही को सुगम बनाने की दृष्टि से नेपाल-चीन सीमा पर रासुगाडई-केरूंग प्वाइंट को अद्यतन बनाकर एक अंतर्राष्ट्रीय बॉर्डर प्वाइंट बनाया गया है। ऐसी उम्मीदे लगाई जा रही हैं कि इससे व्यापार, पर्यटन और दोनों देशों के नागरिकों के बीच आपसी सम्बंधों को बढ़ावा मिलेगा।[33] इनमें से कुछ विकास कार्यों के साथ ही रासुगाडई-केरूंग प्वाइंट यदि दक्षिण एशिया का नहीं, तो चीन और नेपाल को जोड़ने के मुख्य प्रवेश मार्ग के तौर पर तो उभर ही सकता है। शुरूआत में, यह मार्ग 1 दिसम्बर, 2014 को नेपाली और चीनी नागरिकों को

एक-दूसरे के देश में दाखिल होने में सहायता देने के लिए द्विपक्षीय बॉर्डर प्वाइंट के तौर पर खोला गया था।

ऐसा लगता है कि नेपाल में चीन का प्रभाव बढ़ रहा है। इसी रूप में 2016 में नेपाल के लगभग 5,160 छात्रों ने चीन की विभिन्न शैक्षिक संस्थाओं में पढ़ाई की। इस साल उनकी संख्या में और वृद्धि हुई है। इसके अलावा नेपाल में चीन का प्रभाव बढ़ाने की दृष्टि से वहां के 40,000 छात्रों को नेपाल में ही मंडारियन भाषा सिखाई जा रही है।[34] इस प्रकार यह स्थिति भारत के लिए रणनीतिक चुनौती भी प्रदान करती है जो भारत के रणनीतिक सुरक्षा सम्बन्धित राष्ट्रीय हित को साधने में समस्या उत्पन्न कर सकती है।

मोदी दौर में भारत-नेपाल संबंध

मई, 2014 में भाजपा प्रत्याशी प्रधानमंत्री श्री नरेंद्र मोदी जब से सत्ता में आए हैं, उन्होंने नेपाल से रिश्तों को मजबूत बनाने की काफी कोशिश की है। वह अभी तक तीन बार नेपाल जा चुके हैं और नेपाल के विकास में सहयोग के लिए प्रतिबद्धता भी जताई है। उनकी यह यात्राएं सकारात्मक माहौल में हुईं। जिस समय नेपाल में भूकम्प आया था, उस समय केंद्र सरकार ने नेपाल की मदद में उदारता दिखाई। हालांकि 2015 में नेपाल में नए लोकतांत्रिक संविधान को अपनाने और मधेसी, थारू व जनजाति को शामिल करने के मुद्दे पर दोनों देश अलग-अलग दिखे। जिसकी वजह से दोनों देशों के बीच कुटनीतिक संघर्ष की स्थिति भी उत्पन्न होने लगी और यह मुद्दा सीधा नेपाल की मधेशी जनता के प्रतिनिधित्व से जुड़ गया। साथ ही भारत ने भी नेपाली मधेशियों के लिए अप्रत्यक्ष रूप से नेपाल की राजनीति में उनके प्रतिनिधित्व की पैरवी की और इसी बाबत दोनों देशों की जनता तथा राजनीति के बीच संघर्ष की स्थिति भी उत्पन्न हो गई।

इतिहास की तरफ जाए तो 1814-16 में ब्रिटिश-नेपाली युद्ध व उसके बाद 1816 में जो सांगोली संधि हुई थी। उस दौरान नेपाल की सीमा पूर्व में मेची नदी और पश्चिम में महाकाली नदी तक सीमित कर दी गई थी। नेपाल ने उस समय अंग्रेजो के हाथों दार्जलिंग समेत सिक्किम के क्षेत्रो और भारतीय तराई क्षेत्र के अधिकतर इलाके को खो दिया, लेकिन अवध और मिथिला का छोटा सा हिस्सा नेपाल के साथ मिल गया जिसे मधेश कहते है।[35] तराई निवासी मधेशी नेपाल में बहुसंख्यक स्थिति में है। इनका अपना धर्म हिन्दू ही बना हुआ है। इस लिहाज से यह जनसंख्या के नजरिये से नेपाल की आधी आबादी के रूप में अपना जीवन

बसर कर रहे है। 2011 की जनसंख्या के अनुसार तराई नेपाल के कुल क्षेत्र का 17 फीसदी है और यहाँ 51 फीसदी नेपाली आबादी रहती है। नेपाल की कुल आबादी में से तराई में 22 फीसदी मधेशी है, जबकि 29 फीसदी गैर–मधेशी यानी पहाड़ से आकर तराई में बस गए लोग हैं। मधेश का कुल इलाका 34,100 वर्ग किलोमीटर है और इसमें नेपाल के 20 जिले है।[36] वर्तमान शासक वर्ग नेपाल के भूमि पुत्र मधेशी व थारुओं का दमन इसलिए कर रहा है, ताकि भारत–नेपाल मैत्री संधि टूट जाए और पहाड़ पर प्रभाव रखने वाले चीन–पाकिस्तान परस्त नेता उनकी गोद में खेलने लगे।[37] मधेशी समुदाय भी खुद दो भागो में बंटा हुआ है- एक वह जो नेपाल का नागरिक है और दूसरा वह जो वहा का नागरिक नहीं है। इन दोनों के अधिकारों में भी भारी अंतर है। जिस मधेशी को नागरिकता प्राप्त है, वह नेपाली है; जिस मधेशी को नागरिकता प्राप्त नहीं है वह नागरिक नहीं समझा जाता यानी वह किसी देश का नागरिक नहीं है लेकिन इस बीच जब वहां संविधान बन रहा था तो इस अवस्था में नेपाल के मधेशियों ने इस नई राजनीतिक व्यवस्था में अपने प्रतिनिधित्व की माँग करना शुरू किया।

परिणामस्वरूप, नेपाल ने अपने देश में 20 सितम्बर 2015 को नये संविधान की घोषणा कर दी, उसके बाद से ही दोनों देशों के संबंध निचले स्तर पर चले गये। देश को एक संविधान देने की कोशिश में नेपाल की सभी बड़ी पार्टियों ने जल्दबाजी में एक ऐसे संविधान को अपनाया, जिसकी गैर–समावेशी, असमान नागरिकता और अनुचित लाभ के इरादे से संघीय सीमाओं के निर्धारण को लेकर आलोचना हो रही थी। नतीजतन आर्थिक नाकेबंदी और एक बार फिर तराई क्षेत्र में आंदोलन ने भारत–नेपाल रिश्ते को तनावपूर्ण बना दिया। पहली बार भारत ने मधेसियों की मांग के प्रति समर्थन जताया। मधेसियों ने अपनी मांग के प्रति काठमांडू की उदासीनता के खिलाफ आपूर्ति में रुकावट पैदा करना शुरू किया। नतीजा यह हुआ कि नेपाल की जनता भारत पर दोष मढ़ने लगी। पहले भी जब काठमांडू में सत्तारूढ़ दल किसी चीज से संतुष्ट नहीं होते थे, तो वे भारत को दोषी ठहराने लगते थे।[38]

इन सब के बावजूद नेपाल में फरवरी 2016 में प्रधानमंत्री के.पी. ओली छह दिन की यात्रा पर भारत आये और यह यात्रा उन्होंने सफल बताई। जिस समय नेपाल में संविधान पर संघर्ष चल रहा था, उस दौरान नेपाल के प्रधानमंत्री ने भी दो टुक भारत को कह दिया था कि भारतीय राजनयिक नेपाल के अंदरूनी मामलों

में दखल न दे। यहां तक की माओवादी नेता और पार्टी के मुखिया प्रचंड ने भी सार्वजनिक तौर पर अपनी प्रतिक्रिया जाहिर की। भारत का छोटे स्तर पर प्रबन्धन स्वीकार्य नहीं है। इसलिए नेपाल के भीतर भारत और भारत के मित्र निगरानी के दायरे में आ गये।[39]

प्रचंड सरकार के दौरान भारत की सफल भागीदारी ने चीन की चिंता बढ़ा दी है और वह नेपाल के साथ नजदीकी बढ़ाने में और सक्रिय हो गया है। सितंबर, 2016 में नेपाल के प्रधानमंत्री प्रचंड की भारत यात्रा के दौरान अपनी विचारधारा से परे जाकर प्रधानमंत्री मोदी ने उन्हें शांति के एक बल के रूप में मान्यता दी और नेपाल की लोकतांत्रिक संस्थानों को मजबूत बनाने में उनकी भूमिका को स्वीकार किया। यह भारत के रुख में उल्लेखनीय बदलाव है, क्योंकि कुछ साल पहले नेपाल की लोकतांत्रिक साख पर भारत में संदेह किया जाता था। अपनी तरफ से प्रचंड ने यह स्पष्ट किया भारत के साथ नेपाल के रिश्ते अनूठे थे और यह माना कि अपनी सफलता, विकास और स्थिरता के लिए नेपाल को भारत की जरूरत है।[40]

2017 में चौथी बार बने प्रधानमंत्री देउबा के इस कार्यकाल में भारत की पहली विदेश यात्रा थी। अपने चार दिवसीय दौरे पर भारत पहुंचे देउबा ने सार्वजनिक रूप से घोषणा की है कि उनकी सरकार नेपाली जमीन पर किसी भी तरह की भारत विरोधी गतिविधि नहीं चलने देगी।[41] इस समय दोनों देशों के बीच आठ बड़े समझौते भी हुए तथा भारत के प्रधानमंत्री मोदी और नेपाल के प्रधानमंत्री देउबा ने दोनों देशों की भागीदारी पर चर्चा की। नेपाल के प्रधानमंत्री शेर बहादुर देउबा ने कहा कि वह प्रधानमंत्री नरेन्द्र मोदी की 'पड़ोसी पहले' और सबका साथ सबका विकास की नीति का समर्थन करते हैं।[42] देखा जाए तो इस यात्रा के कई मतलब भी निकलते है। इस पर विश्लेषक मानते है कि देउबा की यह भारत यात्रा पिछले प्रधानमंत्रियों ओली और प्रचंड की तरह परम्परागत औपचारिकता ही प्रतीत होती है। देउबा की यात्रा से पहले नेपाली राजनेताओं ने यह सहमति बनाई कि देउबा भारत जाकर तराई क्षेत्र में बाढ़ से आई विपदा पर कुछ ठोस बातचीत करेंगे और भारत की सहायता से इस क्षेत्र में सड़क और बाँध निर्माण के कार्य संबंधित योजनाओं को वरीयता दी जाएगी, लेकिन ऐसा नहीं हो पाया। नेपाल जिसे दूसरा मुख्य बिंदु मान रहा था वह था पंचेश्वर प्रोजेक्ट, जिस पर कोई भी बात नहीं हुई। वहीं दूसरी तरफ नेपाल के राजनीतिक हलकों में यह बात थी कि माओवादी– कांग्रेस के गठबंधन की सरकार को भारत सरकार का समर्थन है और देउबा को भारत के नजदीक भी समझा जाता है। लेकिन इस समय चीन के बढ़ते प्रभाव और नेपाल का चीन की

उत्साही नीतियों में रूचि लेना इस यात्रा को मात्र नेपाल की दोनों देशों के साथ 'संतुलन की नीति' का अवलंबन करने का प्रयास मात्र प्रदर्शित करता है।[43]

अब जब भारत अपने पाँच साल के शासन-काल समाप्त होने की अंतिम अवस्था में है तो इस दौर में प्रधानमंत्री नरेन्द्र मोदी ने अपने इस अंतिम कार्यकाल की तीसरी नेपाल यात्रा मई 2018 में की। इस यात्रा को 'देवनीति' कहा गया क्योंकि यह मोदी की तीर्थ यात्रा के रूप में प्रसिद्ध हुई। प्रधानमंत्री मोदी ने अपनी यह यात्रा जनकपुर के सीता मंदिर से शुरू कर पशुपतिनाथ और मुक्तिनाथ मंदिरों की परिक्रमा करते हुए समाप्त की। इस यात्रा का एक मुख्य उद्देश्य सांस्कृतिक कूटनीति का इस्तेमाल करते हुए दोनों देशों के संबंधो में सद्भावना को विकसित करना था। इस यात्रा के दौरान प्रधानमंत्री मोदी ने कहा- कि उनकी नेपाल यात्रा 'पड़ोस पहले' की उनकी सरकारी नीति का प्रतीक है। यात्रा के दौरान दोनों देशों के बीच कई कई विकासवान कार्य भी संचालित हुए। प्रधानमन्त्री मोदी ने नेपाल के प्रधानमंत्री खड्ग प्रसाद शर्मा ओली के साथ पनबिजली परियोजना अरुण-3 का शिलान्यास भी किया। इसकी अनुमानित लागत 60 अरब भारतीय रुपये है। इसके पूरा होने पर 900 मेगावाट पनबिजली पैदा होगी, जिसमें भारत भी हिस्सेदार होगा। उन्होंने साथ ही भारत में बिहार के रक्सौल से नेपाल की राजधानी काठमांडू तक रेलवे लाइन बिछाने की परियोजना और भारत के आकाश में नेपाली विमानों को अधिक संख्या में आवाजाही की अनुमति देने की घोषणा भी दोहराई। महाकाली परियोजना की विस्तृत रपट पर काम बढ़ाने का वायदा भी मोदी ने किया।[44] इस प्रकार यह यात्रा दोनों देशों में भविष्य में होने वाले विकास कार्य को आगे बढ़ाने हेतु आशा की किरण को फैलाती है।

निष्कर्ष

भारत और नेपाल संबंध आज ही से नहीं बल्कि सदियों से दोनों देशों के बीच सहयोग तथा संघर्ष अवस्था में रहे है। हालांकि दोनों देशों के बीच एक-दूसरे देशों की सांस्कृतिक विरासत के रूप में भाषा, जातियां तथा बोली ने दोनों देशों के बीच अपनेपन का भाव विकसित किया है। नेपाल में राजनीतिक अस्थिरता का काल लंबे समय तक रहा है। नेपाल ही एक ऐसा देश है जहां लोकतंत्र बहुत बाद में आया जबकि अभी भी वह अपनी परिपक्व अवस्था में नहीं आया है। इसका मुख्य कारण नेपाल की घरेलू स्थितियों के साथ ही नेपाल के प्रति पड़ोसी देशों की आकांक्षा रही है।

कई बार समय–समय पर नेपाल की विभिन्न सरकारों ने भी भारत को प्रमुखतः कठघरे में लिया है, भारत नहीं चाहता की नेपाल कभी स्थायित्व अवस्था में रहे। इस प्रकार की अवस्था जब–जब भारत के समक्ष उपस्थित हुई है भारत ने सदैव नेपाल में भारत को अपना मजबुत साथी साबित करने संबंधी नीतियों को लागू करने में कोई कोताही नहीं बरती। भारत के लिए दिक्कत यही है कि नेपाल जब भी चीन के निकट आने की कोशिश करता है, तभी भारत नेपाल को अपने से दूर नहीं जाने तथा उसको वह सभी तरह की संभव सहायता प्रदान कराता है जो नेपाल के राष्ट्रीय विकास के लिए बहुत जरूरी है क्योंकि नेपाल और भारत की सुरक्षा दोनों के आपसी सहयोग पर ही आधारित हो सकती है। साथ ही यह दक्षिण एशिया के सभी पड़ोसी देशों की सुरक्षा के लिए भी लाभप्रद है।

संदर्भ

1. शर्मा, राम प्रवेश (2009), भारतीय विदेश नीति तथा हमारे निकटतम पड़ोसी, दिल्ली : आर.के. पब्लिशर्स एण्ड डिस्ट्रीब्यूटर्स, पृ. 112
2. इस पर देखे वही; 2009 : 112
3. चौधरी, स्वाती रंजन (2015), भारत–नेपाल संबंध : एक एतिहासिक सर्वेक्षण, नई दिल्ली: अनामिका पब्लिशर्स एंड डिस्ट्रीब्यूटर्स, पृ. 19
4. कैलाश बिश्नोई, भारत के लिए महत्वपूर्ण है नेपाल, दैनिक जागरण (राष्ट्रीय संस्करण), 11 अप्रैल 2018.
5. बेहरा, अंशुमन (2013), "2012 में भारत–नेपाल संबंध : एक विश्लेषण", दिल्ली : वर्ल्ड फोकस जर्नल, सितम्बर, अंक–18, वर्ष–2, पृ. 12
6. झा, बृज किशोर (1973), इंडो–नेपालिज रिलेशन (1951–1972), बोम्बे : बोहरा एंड कंपनी पब्लिशर्स प्राइवेट लिमिटेड, पृ. 03
7. नेहरु, जवाहरलाल (1961), इंडियाज फॉरन पॉलिसी, गवर्मेंट ऑफ इंडिया, नई दिल्ली : द पब्लिकेशन डिविजन मिनिस्ट्री ऑफ इन्फोर्मेशन एंड ब्रोडकास्टिंग, पृ. 435–436
8. फड़िया, बी. एल (2005), अन्तर्राष्ट्रीय संबंध, आगरा: साहित्य भवन पब्लिकेशन्स, पृ. 367
9. उपरोक्त; 2005 :368
10. शर्मा, राम प्रवेश– पूर्ववत– पृ. 118
11. चौधरी, स्वाती रंजन– पूर्ववत– पृ. 43
12. फड़िया, बी. एल– पूर्ववत– पृ. 369
13. चौधरी, स्वाती रंजन– पूर्ववत– पृ. 53
14. उपरोक्त; 2015 : 53
15. इस पर देखें वही; 2015 : 53

16. पाण्डेय, अंशु, भारत-नेपाल सम्बन्ध (1977-2003), दिल्लीः नवराज प्रकाशन. पृ. 22
17. फड़िया, बी. एल- पूर्ववत- पृ. 371
18. चौधरी, स्वाती रंजन- पूर्ववत- पृ. 102-103
19. बेहरा, अंशुमन- पूर्ववत- पृ. 13-14
20. देखे "बैदय पार्टी अड्स इंडिया रिलेटीड डिमांड्स इन मेमो" एकान्तिपुर न्यूज ऑनलाइन- http://www-ekantipur-com/2012/09/03/head-lines/Baidya-party-adds-India-related-demands-in-memo/359679/, सितम्बर 3, 2012
21. चौधरी, स्वाती रंजन- पूर्ववत- पृ. 75
22. नायक, निहार (2014), स्ट्रेटेजिक हिमालयाजः रिपुब्लिकन नेपाल एंड एक्सटर्नल पॉवर्स, नई दिल्ली : आईडीएसए, पेंटागन प्रेस, पृ.57-58
23. चंद, मनीष (2014), भारत-नेपाल संबंधः नए क्षितिज की ओर, विदेश मंत्रालय, भारत सरकार, 25 जुलाई, 2014
24. उपरोक्त; 2014
25. कुमार, प्रमोद (2011), "पड़ोसियों के प्रति : भारत की आर्थिक नीति", दिल्लीः वर्ल्ड फोकस जर्नल, अंक-3(1), नवम्बर-दिसंबर, पृ. 99
26. मीणा, राकेश कुमार तथा शांतेश कुमार सिंह (2017), "भारत-नेपाल संबंधः एक समीक्षा", दिल्ली : वर्ल्ड फोकस जर्नल (हिंदी), अंक-59(7), फरवरी, पृ. 89
27. उपरोक्त; 2017 : 90
28. कुमार, अजय और संजय कुमार (2010), भारत-नेपाल संबंधों में चीन एक कारक, में संकलित पुस्तक अरविन्द कुमार चतुर्वेदी, भारत के पड़ोसी राष्ट्र और सुरक्षा चुनौतियां, दिल्ली : ए.बी. पब्लिकेशन, पृष्ठ स.157-158
29. हरिबंश झा, डोकलाम संकट के संदर्भ में नेपाल-चीन संबंध, नई दिल्ली : ऑब्जर्वर रिसर्च फाउंडेशन, 7 अक्टूबर 2017, ऑनलाइन - https://www.orfonline.org/hindi-post/डोकलाम-नेपाल-चीन.
30. त्रिपाठी, अमूल्य के. तथा भीमसेन कर(2013), निर्णायक पड़ोस : चीनी-भारतीय बिसात पर नेपाल बना प्यादा, दिल्ली : वर्ल्ड फोकस (हिंदी), सितम्बर, अंक-18(2), पृ. 20
31. कुमार, अजय और संजय कुमार-पूर्ववत- पृ. 157-158
32. उपरोक्त; 2010 : 162-163
33. हरिबंश झा, पूर्ववत- 2017
34. उपरोक्त; 2017
35. आर.पी सिंह "बड़ी कुटनीतिक नाकामी" दैनिक जागरण (राष्ट्रीय संस्करण), 8 अक्टूबर 2015
36. पुर्वाक्त : 8 अक्टूबर 2015

37. देखें : 1 सितम्बर, 2015, नेपाल के मधेशी आंदोलन का सच- http21837//www.currentcrime.com/nepals-madhesi-movement-truth-international-news-hindi/
38. अमर उजाला- 26 मार्च 2017, नई दिल्ली
39. गुप्ता, आलोक (2016), भारत की पड़ोस नीति: गलत आंकलन, गलत प्रबंधन और आवश्यकताएं, दिल्ली : वर्ल्ड फोकस जर्नल (हिंदी), नवम्बर, अंक-56 (6), पृ. 45-46
40. अमर उजाला- 26 मार्च 2017, नई दिल्ली
41. सत्याग्रह न्यूज- 28 अगस्त 2017, नई दिल्ली
42. राजस्थान पत्रिका समाचार पत्र - 24 अगस्त 2017, राजस्थान
43. मीना, राकेश कुमार (2017), "नेपाल प्रधानमंत्री देउबा की भारत यात्रा", नई दिल्ली : इंडियन काउन्सिल ऑफ वर्ल्ड अफेयर्स, पृ.02
44. अनंत मित्तल, नेपाल को साधने की कोशिश, दैनिक जागरण (राष्ट्रीय संस्करण), 18 मई 2018.

• • •

8

भारत-बांग्लादेश संबंध

डॉ. विजय कुमार वर्मा*

परिचय

भारत दक्षिण एशियाई क्षेत्र में सबसे बड़ा देश है। चाहे वह नेपाल, चीन, पाकिस्तान, श्रीलंका या बांग्लादेश हो। यह दक्षिण एशिया के लगभग हर देश के साथ अपनी सीमा को बांटता है। भारत के लगभग सभी देशों के साथ ऐतिहासिक, सांस्कृतिक, धार्मिक, आर्थिक, नैतिक और भाषाई संबंध है। यह बहुत स्पष्ट है कि शांति और सुरक्षा बनाए रखने और देश के विकास के लिए पड़ोसी देशों के साथ अच्छे और दोस्ताना संबंध बनाए रखना आवश्यक है। भारत के अपने सभी पड़ोसी देशों के साथ उचित संबंध है, ऐसे ही सम्बन्ध बांग्लादेश के साथ भी हैं।

बांग्लादेश अपने वर्तमान परिचय से पहले 'पूर्वी पाकिस्तान' के रूप में जाना जाता था, जो एक स्वतंत्र राज्य के रूप में पूर्वी और पश्चिमी पाकिस्तान के बंटवारे के बाद 1971 में उभरा है। बांग्लादेश दुनिया का सबसे बड़ा डेल्टा वाला देश है, जिसका चारों ओर का क्षेत्रफल 147,570 वर्ग का है, बांग्लादेश की आबादी लगभग 140 मिलियन की है, यह एक घनी आबादी वाले देशों में शामिल है। बांग्लादेश की सीमाओं का एक बड़ा हिस्सा लगभग 4,095 वर्ग कि.मी. है और इसके तत्काल पड़ोसी भारत के साथ जुड़ी हुई है, जिसकी वजह से बांग्लादेश अपने आप को भारत से घिरा हुआ मानता है।[1] बांग्लादेश ने एक स्वतंत्र राष्ट्र के रूप में पहली बार भारत द्वारा ही मान्यता प्राप्त की थी; वास्तव में भारत ने बांग्लादेश को एक नए राज्य के रूप में निर्मित होने में प्रमुख भूमिका निभाई। दिसम्बर 1971 में बांग्लादेश ने अपनी स्थापना के साथ ही, भारत के साथ अपने राजनयिक संबंध की स्थापना भी की। वर्तमान बांग्लादेश की पश्चिमी पाकिस्तान के साथ स्वतंत्रता

* Assistant Professor, Dyal Singh College, Delhi University, Delhi.

संघर्ष में भारत ने बहुत समर्थन दिया था; कई कारणों से पूर्वी और पश्चिमी पाकिस्तान के बीच संघर्ष चले आ रहे थे, जैसे राजनीतिक, सांस्कृतिक, आर्थिक, भाषाई आदि। पूर्वी और पश्चिमी पाकिस्तान के बीच चल रहे विवाद के कारण पूर्व पाकिस्तान या वर्तमान बांग्लादेश में अशांति फैली हुई थी जिसका अंत एक नए राज्य के गठन से हुआ।

भारत ने बांग्लादेश के साथ बहु-आयामी संबंध जैसे, सभ्यता, सांस्कृतिक, सामाजिक, आर्थिक और भौगोलिक-राजनीतिक आदि का निर्वाह किया है। भारत और बांग्लादेश की भौगोलिक स्थिति दोनों के लिए आशाजनक है और एक दूसरे को अवसर प्रदान करती है कि भविष्य में दोनों अपने रिश्ते को, एक दूसरे के साथ जुड़ाव और अर्थव्यवस्थाओं का आगे विस्तार कर सकें। दोनों देशों के बीच परस्पर बातचीत, आदान-प्रदान और नियमित रूप से किये जाने वाले दौरे, एक दूसरे के साथ बैठक और दोनों देशों की आम जनता का एक दूसरे के साथ मेल-जोल, दोनों देशों के बीच एक अच्छा संकेत है।

भारत और बांग्लादेश अपने सामान्य संस्कृति, साझा सिद्धांतों और मूल्यों में निहित और इसके लोगों की आम महत्वाकांक्षा द्वारा एक विशेष संबंध और अनोखी डोर से बंधे हुए है। दोनों राष्ट्र एक-दूसरे के साथ विज्ञान और प्रौद्योगिकी के क्षेत्र में सहयोग करने के लिए सहमत हैं। सद्भावना के साथ निश्चित कई सीमा मुद्दों को सुलझा लिया है। दोनों देशो की सामान्य जैव विविधता इनकी विरासत है जिसकी वजह से यह दोनों देश पूरे सुंदरवन पारिस्थितिकी तंत्र के संरक्षण के लिए सहयोग पर भी सहमती रखते हैं।[2] हालाँकि, बांग्लादेश के आगामी नेताओं की इच्छा भी भारत के साथ दोस्ताना संबंधों की रही लेकिन कुछ मतभेदों के कारण सौहार्दपूर्ण संबंध को स्थापित करने में कुछ रुकावट आई। भारत और बांग्लादेश के बीच अच्छे संबंधों में बाधा डालने वाले मुद्दों में शामिल हैं, सीमा पार प्रवाह/ सीमा संघर्ष/ सुरक्षा मुद्दे, गंगा नदी जल के बंटवारे का मुद्दा, मूर द्वीप पर विवाद, बांग्लादेश और प्रवासियों में अल्पसंख्यकों की दुर्दशा।

कई सीमा मुद्दे के कारण गारो साक्षाकार क्षेत्र में, दोनों देशों के बीच स्वस्थ संबंध स्थापित करने में कई परेशानी हो रही है। कई अंतर्राष्ट्रीय सीमा तस्करी के लिए खुली है; तस्करी पर अनुमान लगाया गया है कि भारत से बांग्लादेश में 300 करोड़ डॉलर सालाना की है, जिसका प्रभाव अंतर व्यापार पर पड़ता है। भारत की ओर से, हथियारों और दवाओं, आदि की तस्करी के मुद्दे के साथ-साथ भारत में

बांग्लादेशी प्रवासियों का आसान प्रवाह प्रमुख चिंता का विषय है। बॉर्डर और भारतीय सीमा के पूर्वी क्षेत्र में अस्थिरता के कारण अक्सर टकराव होता है।[3] भारत के लिए चकमा शरणार्थियों की समस्या से निपटारा बहुत ही चुनौतीपूर्ण है।

भारत की UPA (संयुक्त मोर्चा गठबंधन) सरकार की एकतरफा नीति की दीक्षा के साथ और कई व्यापार और बांग्लादेश के लिए अन्य रियायत विस्तारित करने के लिए दोनों देशों के बीच संबंध सुधार को देखा गया है। दिसंबर 1996 में दोनों देशों ने एक 30 साल की जल बंटवारे संधि पर हस्ताक्षर किए और उग्रवाद के मुद्दों से निपटने में सहयोग करने के लिए सहमत हुए। दोनों देशों ने वादे किये कि वह कभी एक दूसरे के खिलाफ अपने क्षेत्र को इस्तेमाल किया जाने की अनुमति नहीं देंगे और इसका विरोध करते हैं।[4] बांग्लादेश सरकार द्वारा चकमा शरणार्थियों को वापस बांग्लादेश में लाने के लिए किया वादा, भारत और बांग्लादेश के बीच संबंधों को मजबूत करने के लिए एक महत्वपूर्ण कदम था। यह भारत के, विशेष रूप से त्रिपुरा के उत्तरी-पूर्वी राज्यों में सामाजिक और राजनीतिक चिंताओं को कम करने के लिए मददगार साबित होगा। इससे शरणार्थियों के रखरखाव पर बोझ को कम करने के माध्यम से भारत को वित्तीय राहत भी मिलेगी। संक्षिप्त में ये सारी प्रतिक्रिया दोनों देशों के बीच अच्छे सम्बन्ध और एक दूसरे के लिए स्वस्थ और शांतिपूर्ण संबंधों के प्रति पूर्ण आवास का आश्वाशन होगा।

भारत और बांग्लादेश के बीच संबंधों को मजबूत करने के लिए, दोनों देश स्वतंत्र रूप से एक दूसरे के साथ और दक्षिण एशिया में अन्य देशों के साथ अपने संबंधो के विस्तार के लिए उत्सुक हैं। प्रधानमंत्री नरेन्द्र मोदी की यात्रा के दौरान बीबीआईएन (बांग्लादेश, भूटान, भारत और नेपाल) कॉरिडोर पूर्व एजेंडा अग्रिम रहा था। सार्क (SAARC) में सम्मिलित अन्य देशों के साथ-साथ, भारत की अधिनियम पूर्व नीति में बांग्लादेश पर ध्यान केंद्रित किया गया है। बिम्सटेक और बीसिम (BCIM) के अन्य देशों के साथ दोनों देशों द्वारा कई पहल को प्रोत्साहित किया गया है।[5] भारत और बांग्लादेश के बीच संबंध में सहयोग अहम् रहे हैं और कई मुद्दों पर टकराव की भावना भी रही है।

1. भू-राजनीतिक संबंध

भारत का बांग्लादेश के साथ भू-राजनीतिक संबंध तीन मूल गतिशीलता के कारण बहुत प्रमुख हैं। पहला और अग्रणी कारण विवाद है, बांग्लादेश का क्षेत्रीय स्थान स्थिति बहुत नाजुक है जो कि भारतीय मुख्य भूमि और भारतीय क्षेत्र के

सात पूर्वोत्तर राज्यों के बीच में पड़ती है। प्रत्येक राज्य भूमि बंद है और बांग्लादेश के समुद्री मार्ग से बहुत ही कम दूरी पर है। एक देश से दूसरे देश में मानव प्रवाह करना इन सीमा रेखाओं के कारणवश से बहुत ही आसान है। कोलकाता पोर्ट दोनों देशों के बीच माल विनिमय के लिए इस्तेमाल किया जाता है। वर्तमान में घरेलू और आयातित माल को अधिकांश इस बंदरगाह के माध्यम से आदान–प्रदान किया जाता है।

वहीदुद्दीन मोहम्मद का तर्क है कि "भारत पूर्व में नई आर्थिक सीमाओं की ख़ोज में है। डब्ल्यूटीओ वार्ता के गतिरोध का सामना करने के लिए सभी देश नए वैकल्पिक या समानांतर व्यवस्था की तलाश में हैं। पिछले एक दशक की कई ऐसी पहल में इसका उत्कर्ष देखा गया है। एक उभरती हुई वैश्विक आर्थिक महाशक्ति के रूप में भारत स्पष्ट रूप से पीछे छोड़ दिये जाने को पसंद नहीं करेगा"। इस संबंध में भारत की "Look East Policy" एक मार्ग दर्शक है और बांग्लादेश इसकी "Look East Policy" का एक महत्वपूर्ण स्तंभ भी है।[6] वास्तव में बेहतर संबंध स्थापित करने के लिए बांग्लादेश इस बात को सुनिश्चित करता है कि भारत के खिलाफ अपने देश से किसी भी प्रकार की आतंकवादी या अलगाववादी गतिविधियों पर पूरी नज़र रखेगा और ऐसा न होने के लिए पूर्ण कोशिश करेगा। इतना ही नहीं यह आगे भी सुनिश्चित करता है कि भारत के कुछ उत्तर–पूर्व राज्यों की सुरक्षा से संबंधित मुद्दों से निपटने में इसकी सहायता करने के लिए तत्पर है और यह भी सुनिश्चित करता है कि यह चाइना की तरफ से हो रहे किसी भी उग्र कदम कि, मुख्य रूप से बंगाल की खाड़ी के कुछ क्षेत्रों सहित अन्य विशेष क्षेत्रों में, रोकने में सहायक रहेगा। सुरक्षा और अन्य चिंताओं पर दोनों देशों के बीच एक सकारात्मक संबंध है, लेकिन दुर्भाग्य से, अभी भी दोनों देशों के बीच प्रचलित कई विवादास्पद मुद्दे हैं जिन्हें सुलझाना बहुत आवश्यक है। ये हैं :

पानी विवाद

भारत और बांग्लादेश एक दूसरे के साथ 54 नदियों को बांटते हैं। बांग्लादेश तीन तरफ से भारत से घिरा हुआ है, इसके विशाल डेल्टा तीन नदियों द्वारा: गंगा, ब्रह्मपुत्र और मेघना, जलोढ़ जमाव उत्पादित कर रहे हैं।

1996 में, गंगा जल का साझाकरण के लिए सफलतापूर्वक दोनों देशों के बीच सहमति हुई थी। हालांकि, विवाद का प्रमुख क्षेत्र भारत के निर्माण और फरक्का बैराज का आपरेशन था। कोलकाता बंदरगाह पर पानी की गहराई बढ़ाने के लिए

गंगा के भागीरथी–हुगली शाखा का दुर्बल अवधि प्रवाह बढ़ाने के लिए फरक्का बैराज का निर्माण करना उद्देश्य था जो कि बहाव द्वारा मिटटी को बहा देने के खतरे को रोकने के लिए किया जा रहा था। बांग्लादेश में सिंचाई आहरण की वृद्धि हुई, जो विवाद के रूप में भारत और बांग्लादेश के बीच फरक्का में मौसम प्रवाह के समय हो रहे पानी के बंटवारे पर पैदा हुआ।[7] दोनों देशों में मूल्यांकन की मांग को पूरा करने के लिए सूखा ग्रस्त मौसम के दौरान पानी की अपर्याप्तता संघर्ष का मूल कारण है।

बांग्लादेश सरकार का मानना है कि प्रवाह में कमी से बांग्लादेश के बेसिन में कृषि, उद्योग और पारिस्थितिकीय क्षति हुई। नदी जल बंटवारे पर पिछले कुछ दशकों से सरकारों की किसी भी स्थायी समझौते पर पहुँचने की अक्षमता के कारण यह समस्या और भी बढ़ गई है और अब यह भी एक भावी विवाद के मामले के रूप में देखा गया है।

दूसरी तरफ, तीस्ता नदी भारत और बांग्लादेश के बीच विवाद का एक अन्य कारण है, यह बांग्लादेश में प्रवेश करने से पहले भारत में पश्चिम बंगाल के उत्तरी भाग के माध्यम से बहती है और सिक्किम से शुरु होती है। वहां सिंचाई भूमि की लगभग 45 किमी की यात्रा करने के बाद यह ब्रह्मपुत्र नदी के साथ विलीन हो जाती है। अतत: इसके पानी का वितरण विवाद की जड़ बना रहा। पानी बंटवारे विवाद को हल करने के लिए 1983 में भारत और बांग्लादेश के बीच एड–हॉक समझौता आयोजित किया गया। दोनों देशों के बीच पानी के प्रवाह को 39: भारत और 36: बांग्लादेश के लिए विभाजित किया गया था। बाद में, नए द्विपक्षीय संधि समझौते पर तीस्ता नदी के पानी के एक समान वितरण सुझाव को प्रस्तुत किया गया। लेकिन उस समय के पश्चिम बंगाल के नव निर्वाचित मुख्यमंत्री ने इस समझौते को तर्क नहीं दी थी, सुश्री ममता बनर्जी ने पानी की उच्च क्षमता को नदी तट के क्षेत्र में खोने के डर के कारण संधि करने के लिए अनुमोदन देने से इनकार कर दिया, जिसका एक तर्क ये भी था कि ऐसा करने से राज्य के उत्तरी भाग में सूखे महीनों के दौरान विशेष रूप से समस्याओं का कारण बन सकता है।[8]

भारत और बांग्लादेश के समक्ष एक और विवादास्पद मुद्दा तिपाइमुख बांध के निर्माण का था। तिपाइमुख बांध एक पन बिजली बराक था जो मणिपुर राज्य में नदी पर इस क्षेत्र को सुविधाजनक बनाने के इरादे से प्रस्तुत किया गया था। बांग्लादेश को इस परियोजना पर आपत्ति है कि इससे, इसके पूर्वी स्य्ल्हत जिले में प्रतिकूल

पारिस्थितिक प्रभाव को क्षति पहुंचेगी। भारत की पुनरावृत्ति के बावजूद किसी भी बांध का बांग्लादेश की आपत्ति को अनदेखी करके निर्माण नहीं किया जाएगा, यह विवाद फिर भी खत्म नहीं हुआ है।

बांग्लादेश में तिपाइमुख परियोजना के खिलाफ लोकप्रिय तर्क निम्न हैं :

- भारत को बिना बांग्लादेश के लोगों को विश्वास दिलाए तय नहीं करना चाहिए कि उनके लिए क्या अच्छा है;
- पारिस्थितिकी प्रणालियों के प्रभाव का आकलन करने के लिए जो कि सुरमा-कुसियार-मेघना और उनकी सहायक नदियों में पानी का प्राकृतिक प्रवाह पर निर्भर करते हैं, बांग्लादेश में कोई अध्ययन नहीं किया गया है।

भारत और बांग्लादेश, बांग्लादेश द्वारा उठाए गए अंकों की जांच करने के लिए एक संयुक्त अध्ययन समूह पर सहमत हो गए हैं।

सीमा विवाद

रक्षा मंत्रालय के अनुसार बांग्लादेश के साथ भारत की 4351 किलोमीटर भूमि जो कि पांच राज्यों के माध्यम से, अर्थात, पश्चिम बंगाल (2217 किलोमीटर), असम (262 किलोमीटर), मेघालय (443 किलोमीटर), त्रिपुरा (856 कि. मी.) और मिज़ोरम (318 किलोमीटर), रीवेराइन बॉर्डर के करीब 781 किलोमीटर सहित मिली हुई है, दोनों देशों की सीमाएं 25 जिलों के माध्यम से जुड़ी हुई हैं। यह पाया गया है कि सीमाओं का कई अवैध गतिविधियों जैसे जीवित पशुधन, खाद्य पदार्थों, दवाओं और नशीले पदार्थों का भारत से बांग्लादेश तस्करी के लिए इस्तेमाल किया जाता है। बेहतर जीवन की तलाश में भारत में बांग्लादेश से सीमा पार अवैध आप्रवासियों के मुद्दे बहुत ही चिंताजनक है।[9] इस की बड़ी संख्या के कारण अवैध आप्रवासियों को सीमा पार करने और भारत को बांग्लादेश से आ रहा एक विवादास्पद शूट-ओन-साईट नीति को भारतीय सीमा गश्ती दल द्वारा अपनाया गया है। अवैध प्रवासियों और भारतीय आवासी सैनिकों के बीच हिंसा की गंभीर ख़बरों के कारण इस नीति को लागू किया गया है। कभी-कभी कई भारतीय सीमा सुरक्षा बल और बांग्लादेश बॉर्डर गार्ड के बीच कई मुठभेड़ भी देखा गया है, सन 2001 में ये सबसे अधिकांश थे। बांग्लादेशी नागरिकों का भारतीय सीमा सुरक्षा बल (बीएसएफ) द्वारा की गई हत्या के कारण वर्षों से दोनों देशों के बीच एक प्रमुख उत्तेजना का विषय बन गया है। यह बांग्लादेश में मजबूत सार्वजनिक

भावनाओं को प्रेरित करता है। बांग्लादेश ह्यूमन राइट्स वॉच संगठन 'ओधिकार' की रिपोर्ट के अनुसार, बीएसएफ 907 बांग्लादेशीयों को 1 जनवरी, 2001 से मार्च 31, 2012 के बीच मार चुका है। बांग्लादेश तुरंत ऐसी हत्याओं को रोकना चाहता है बिना कोई और समय दिए।[10]

मई 1974 में, श्रीमती इंदिरा गाँधी और शेख मुजीबुर्रहमान ने भारत और बांग्लादेश के बीच भूमि सीमा क्षेत्र और संबंधित मामलों के सीमांकन पर समझौता हस्ताक्षरित किया था। दोनों देशों ने इतिहास से चले आ रहे सभी समस्याओं को हल करने के लिए पर्याप्त सहमति को पेश किया था।[11] दोनों सरकारों द्वारा समझौते नहीं कर पाने और इसका अनुपालन करने में अपनी विफलता के परिणामस्वरूप को दर्शाया।

एक बहुत ही लंबी अवधि के बाद 6.1 किलोमीटर, अवांछनीय भूमि सीमा विवाद को सुलझाने और कम्यून्स का आदान-प्रदान के लिए आयोजित एक अन्य समझौता किया। सितम्बर 2011 के समय भारत के प्रधानमंत्री मनमोहन सिंह की बांग्लादेश यात्रा के दौरान भारत सरकार और बांग्लादेश सरकार के बीच भूमि सीमांकन के विषय में और संबंधित मामलों (LBA) के लिए दोनों के बीच समझौते के लिए प्रोटोकॉल हस्ताक्षरित किया गया है।[12] लेकिन प्रोटोकॉल कार्यान्वयन में विलंब हो जाने के कारण विवाद में वृद्धि हुई है। हालांकि, बांग्लादेश संसद ने समझौते को स्वीकृति प्रदान की है और भारतीय संसद से स्वीकृति के लिए प्रतीक्षा कर रहा है। एक तरफ बांग्लादेश भारत से इस समझौते के संचालन को जल्दी ही सुनिश्चित करने के लिए अनिवार्य कदम उठाने के लिए बहस कर रहा था। दूसरी तरफ, भारतीय संसद को मुख्य रूप से सीमा पर रहने वाले अनुभाग से सामना करना पड़ रहा है जो कहते हैं कि संधि पर हस्ताक्षर करने से पहले उनसे सलाह नहीं ली गई थी, वो यह भी दावा करते हैं कि इस संधि से उनके जीवन पर प्रतिकूल प्रभाव पड़ेगा। अंत में, संवैधानिक संशोधन विधेयक का मसौदा कैबिनेट द्वारा 13 फ़रवरी 2013 में हस्ताक्षर किया गया जो भारत-बांग्लादेश भूमि सीमा समझौते (LBA) 1974 और LBA 2011 प्रोटोकॉल के कार्यान्वयन के लिए अनुमोदित किया गया था। प्रोटोकॉल के अनुसार भारत में स्थित बांग्लादेश के 51 कम्यून्स और बांग्लादेश में 111 भारतीय कम्यून्स की अदला-बदली संयुक्त रूप से सत्यापित भूकर एन्क्लेव नक्शे विमर्श के तहत की जाएगी। LBA 1974 के अनुच्छेद 3 के अनुसार, परिक्षेत्र स्थानांतरित के समय, इन क्षेत्रों में रहने वाले लोगों

को ये अधिकार दिया जाएगा कि वे वहां रह सकते हैं जिस राज्य के वे नागरिक हैं जो क्षेत्र स्थानांतरित के रूप में हुआ है।[13]

समुद्री सीमा

बांग्लादेश के खोखले समुंदरी किनारे, अपनी सीमा के इलाके की परिधि से दक्षिण की ओर अपने समुद्री सीमा को प्रतिबंधित करते है। भारत अपने राज्यों के दक्षिण पूर्व वार्ड के हजारों मील की दूरी पर बंगाल की खाड़ी के चारों ओर आवरण में फैला हुआ है। दोनों देशों की समुद्री सीमा के सीमांकन के मतभेदिक दावों के चलते, बांग्लादेश के अस्थिर प्रतिबंधित आर्थिक क्षेत्र अभी तक सुलझ नहीं पाए है।[14] इसके अलावा, महाद्वीप के अस्तित्व का निर्धारण करने में, भारत के अंडमान और निकोबार द्वीप समूह की स्थानीय स्थिति, भारत के लिए एक मानार्थ स्थान रखती है।

प्रादेशिक जल

प्रादेशिक पानी के वितरण का मुद्दा भारत और बांग्लादेश के बीच एक गंभीर विवाद पैदा करता है। 1975 में उपग्रह चित्र में भारत में 'न्यू मूर' या 'पुर्बसा' और बांग्लादेश में दक्षिण 'तलपट्टी' द्वीप को स्थित पाया, हरिभंगा नदी का मुहाना अपनी खोज के बाद से ही इसके स्वामित्व पर दोनों देशों के बीच विवादास्पद मुद्दा बना हुआ है। इस असहमति को हल करने के लिए बांग्लादेश ने समुद्र के मौजूदा अंतर्राष्ट्रीय कानून के आधार पर नदी की नाली की वृद्धि का निर्धारण करने के लिए एक संयुक्त भारत–बांग्लादेश टीम भेजने का सुझाव दिया है। भारत की ओर से 1981 में ही भारत ने द्वीप पर अपने नौसेना सैनिकों की नियुक्ति द्वारा इस पर दावा करने के लिए सेना भेज दी थी।[15] परन्तु बांग्लादेश ने अपने विरोध को प्रदर्शित किया जिसकी वजह से भारत बातचीत के माध्यम से समस्या को हल करने के लिए तैयार हो गया। तभी से द्वीप का आधिपत्य दुविधा में पड़ा हुआ है। मीडिया और प्रेस की रिपोर्ट का तर्क है कि भारत अपनी गतिविधियों के कारणवश बांग्लादेश द्वारा अंतर्राष्ट्रीय जल के केंद्र पर अनिश्चित क्षेत्र पर शक के घेरे में है।

2. सामाजिक/सांस्कृतिक संबंध

भारत और बांग्लादेश आपस में एक सांझे इतिहास और संस्कृति, आम भाषा के उपयोग को सांझते हैं और दोनों पक्षों ने भी अपने मजबूत सांस्कृतिक संबंध से हुए भारी लाभ का एहसास किया है। दोनों देशों के बीच सांस्कृतिक आदान–प्रदान दोनों देशों के नागरिकों के बीच एक मजबूत बंधन दर्शाता है। कला,

संगीत, थियेटर, चित्रकला, कविता, किताबें, आदि के आदान-प्रदान पर बहुत ध्यान केंद्रित किया गया है। ऐसे आदान-प्रदान के लिए रूपरेखा के साथ एक द्विपक्षीय सांस्कृतिक विनिमय कार्यक्रम (सीईपी) 2009-2012 का आयोजन भी किया गया था। द्विपक्षीय सांस्कृतिक आदान-प्रदान का समर्थन करने के लिए इंदिरा गांधी सांस्कृतिक केंद्र (आईजीसीसी) भारतीय सांस्कृतिक संबंध परिषद ने 11 मार्च 2010 में ढाका में उद्घाटन किया। रवीन्द्रनाथ टैगोर की 150वीं वर्षगांठ के संयुक्त उद्घाटन समारोह, 6 मई को ढाका और 7 मई 2011 को नई दिल्ली में आयोजित किए गए और साल भर समारोह किए गए थे।[16]

हालांकि, बांग्लादेश को भारत के विरुद्ध कुछ द्वेष है, जिनमे से कुछ सही भी हैं, लेकिन इसका यह मतलब नहीं है कि इसने अपने ऐतिहासिक और सांस्कृतिक समानताओ की उपेक्षा की है। महत्वपूर्णता से, बांग्लादेश विशेष रूप से किसी भी देश पर भारी निर्भर नहीं है और यह अपनी विदेश नीति में स्वायत्तता की एक सीमा बनाए रखता है। बांग्लादेश के नागरिक समाज दोनों देशों के प्रेरणादायक संबंधों का स्वागत करते हैं।

दोनों देशों के बीच शैक्षिक आदान-प्रदान भी बढ़ा है और कुछ आधार पर चुनौती भी है। उदाहरण के लिए, मजबूत शैक्षिक बंधन के निर्माण के साथ-साथ, तत्काल ध्यान वीजा परेशानी का सामना बांग्लादेशी शिक्षाविदों द्वारा भारत के सम्मेलनों में भाग लेने पर किया गया है, इसमें सुधार की मांग की जा रही है। मोदी सरकार ने हवा से उड़ान भरने के लिए आगमन पर ही वीजा की घोषणा होने की संभावना प्रकट की है, जबकि वीजा मुद्दे नागरिक समाज के सदस्यों और व्यापार समुदाय के बीच संवाद में बाधा डालते हैं। इसको उच्च प्राथमिकता दिए जाने की जरूरत है।[17]

भारत और बांग्लादेश ने एक ज्ञापन, स्वास्थ्य, चिकित्सा विज्ञान और स्वास्थ्य क्षेत्रों में संयुक्त अनुसंधान समावेश करने हेतु सहयोग के लिए विचार और डॉक्टरों और स्वास्थ्य पेशेवरों के आदान-प्रदान, पर हस्ताक्षर किए है। समझौता ज्ञापन विनिमय, जानकारी और संयुक्त भागीदारी में चिकित्सा विज्ञान के क्षेत्र में अनुसंधान और वैज्ञानिक पदार्थों के अंत के लिए स्वास्थ्य और चिकित्सा विज्ञान के क्षेत्र में दोनों देश एक दूसरे के सहयोग को बढ़ावा देने के उद्देश्य से अग्रिम है।[18]

भारत और बांग्लादेश के बीच भाषा की समानता है। बांग्लादेश की सबसे अधिक बोली जाने वाली भाषा बांग्ला है, बांग्लादेशी जनसंख्या के लगभग 98

प्रतिशत द्वारा बंगाली समझी जाती है और पश्चिम बंगाल की आधिकारिक भाषा बांग्ला है।[19] बांग्लादेश भारत के साथ कलकत्ता का अपना महत्वपूर्ण बंदरगाह साझा करता है, जो दो राज्यों के बीच समानता का एक माहौल पैदा करता है और दोनों भागों के मूल निवासी के बीच संचार और पहुँच को सहायता देता है।

3. आर्थिक संबंध

भारत और बांग्लादेश दक्षिण एशिया के दो ऐसे प्रमुख देश हैं जो सामान्य ऐतिहासिक और सामाजिक–सांस्कृतिक अतीत को सांझते हैं। इनकी पूरक आर्थिक प्रकृति, भौगोलिक निकटता के साथ युग्मित है और उन्हें एक दूसरे के साथ समृद्ध आर्थिक संबंधों को आगे बढ़ाने के लिए राजनीतिक गठबंधनों की सुविधा इत्यादि प्रदान करती है। इतिहास की भारत और बांग्लादेश के आर्थिक संबंध पर अपनी छाप है। जबकि, बांग्लादेश दो दशक तक पाकिस्तान का हिस्सा था, तब भी यह युद्ध में भारत के साथ था। ऐतिहासिक परिकल्पना और पुराने मानसिकता ने उनके रिश्ते पर असर डाला है। हालांकि, स्वतंत्र युग में बदलते राजनीतिक संबंधों ने अपनी छाप आर्थिक संबंधों पर भी डाली है।

भारत और बांग्लादेश के बीच 19 मार्च 1972 को हस्ताक्षर की हुई 25 वर्षीय संधि जिसका मूल, दोस्ती, सहयोग और शांति था, इसका अनुच्छेद 5, दोनों के बीच आर्थिक संबंधों के लिए आधार है।[20] दोनों देश आपसी सहयोग से एक दूसरे की आर्थिक और वैज्ञानिक उन्नति के लिए काम करने के लिए सहमत हुए।

व्यापार और निवेश

बांग्लादेश भारत के लिए एक पड़ोसी देश के रूप में महत्वपूर्ण व्यापारिक भागीदार है। दोनों देश एक दूसरे के साथ व्यापार संबंध को स्थापित कर चुके है। वित्तीय वर्ष 2011–2012 में द्विमुखी व्यापार में US$ 5.242 बिलियन का आंकलन था जिसमे US$ 4.743 बिलियन भारत का बांग्लादेश को निर्यात के लिए लेखांकन था और आयात 0.498 मिलियन अमरीकी डॉलर थे। बांग्लादेश पर 4 अरब डॉलर से भी अधिक व्यापारिक घाटा हो रहा है, ऐसा व्यापार घाटा भारत के साथ बांग्लादेश के लिए एक विवादास्पद मुद्दा रहा है और नियमित रूप से इस मुद्दे पर बांग्लादेश द्वारा प्रकाश डाला गया है[21] जिसके कारणवश बांग्लादेश ने भारत से आग्रह की है कि वह इस व्यापार अंतराल में कमी करने के लिए जो भी प्रमुख टैरिफ बाधाए हैं उनको कम करे, इससे बांग्लादेश को निर्यात की वृद्धि करने में सहायता मिलेगी। इस याचिका के जवाब में भारत ने नवम्बर 2011 में

बांग्लादेश के निम्न उत्पादों को छोड़कर सभी उत्पादों को शुल्क मुक्त की अनुमति दी है: 10 तंबाकू और शराब उत्पाद जिसके निर्यात की लागत 30: है। बांग्लादेशी उत्पादों के 98 प्रतिशत अब भारतीय बाजार में शून्य शुल्क लाभ का आनंद ले रहे हैं। बांग्लादेश से भारत को निर्यात होने वाले मूल्य की 2012 में 1 अरब डॉलर को पार करने की उम्मीद थी। हालांकि, बांग्लादेश अब भारत से सभी गैर-टैरिफ बाधाओं (NBTs) के रूप में इसे हटाने के लिए आग्रह कर रहा है जैसे की इसका कहना है NTBs इसके निर्यात वृद्धि के लिए प्रमुख बाधाओं के रूप में नज़र आता है।[22] इन बाधाओं में से कुछ हैं: खाद्य उत्पादों, सौंदर्य प्रसाधन उत्पादों, चमड़ा और कपड़ा की हर खेप के लिए प्रयोगशाला परीक्षण के परिणाम प्राप्त करने में देरी; राज्य कर का अधिरोपण; पैकेजिंग आवश्यकता, एंटी-डंपिंग और कर्तव्य का संतुलन; अपर्याप्त बुनियादी सुविधाओं जैसे भंडारण, ट्रांस-शिपमेंट यार्ड, पार्किंग यार्ड और; भारत की भूमि सीमा शुल्क स्टेशनों पर सड़कों को जोड़ना इत्यादि सम्मिलित हैं। बांग्लादेश से निर्यात को प्रोत्साहित करने के लिए भारत को लगातार सीमा शुल्क और सीमा पर परीक्षण सुविधाओं की जांच उपलब्ध कराने के लिए सुविधा उपलब्ध करनी चाहिए। गैर-टैरिफ बाधाओं को हटाने के अलावा इसके साथ टैरिफ सुधार भी किया जाना चाहिए, क्यूंकि गैर-टैरिफ बाधाओं की अवसर लागत (opportunity cost) बहुत अधिक है। एक उपभोक्ता एकता ट्रस्ट सोसायटी (CUTS) अंतर्राष्ट्रीय रिपोर्ट कहती है : "2010 में भारत-बांग्लादेश व्यापार के कुल मूल्य और संभावित बचत में से बेरोज़गार बाजार का मूल्य 48 प्रतिशत से भी अधिक था, जो गैर-टैरिफ बाधाओं की लागत के लिए एक प्रॉक्सी है, भारत-बांग्ला व्यापार के कुल मूल्य का सात प्रतिशत से ये अधिक है"।[23]

भारत ने भी बांग्लादेश में निवेश को प्रोत्साहित किया है। इस संबंध में एक द्विपक्षीय निवेश संवर्धन और संरक्षण करार दोनों देशों के बीच हस्ताक्षरित किया गया है। बांग्लादेश में भारतीय निवेश को बढ़ाने के लिए समझौते की उम्मीद की जा रही है।

पारगमन

दोनों देशों के बीच में 1972 में पारस्परिक रूप से सहमति हुई है कि अपने जलमार्ग, रेलवे और रोडवेज का प्रयोग आपस में वाणिज्य, व्यापार और एक देश से दूसरे के माल पारित करने के लिए करेंगे। दोनों देशों के बीच घरेलू जल परिवहन परिचालन किया गया है, लेकिन सड़क और रेल पारगमन अभी भी कार्यशील होने

के लिए प्रतीक्षा में है। भारत बांग्लादेश से अपने उत्तर पूर्वी राज्यों के साथ जुड़ने के लिए रेल और सड़क परिवहन को सुविधाजनक बनाने के लिए आग्रह कर रहा है।[24] बांग्लादेश प्रारंभ से ही भारत को रेल और सड़क परिवहन प्रदान करने में अनिच्छुक था, इसका मानना है कि एक बार परिवहन सुविधाएं दी जाएगी तो वापस लेना बहुत मुश्किल हो जाएगा, और यह भी मानना है कि ऐसी सुविधा आतंकवाद और उग्रवाद को प्रोत्साहित कर सकती है। बांग्लादेशी मूल संरचना अभी तक भारी यातायात का भार लेने को तैयार नहीं है, जो अनुमति देने पर बांग्लादेश में सड़कों और पुलों का नुकसान भारत की ओर से बढ़ी हुई यातायात प्रवाह के कारण सामने आया, बांग्लादेश के लिए यह भी एक चिंता का विषय था। बांग्लादेश की इस चिंता को दूर करने के लिए भारत ने 1 अरब डॉलर का क्रेडिट बांग्लादेश को मूल संरचनात्मक विकास परियोजनाओं के लिए दिया है। लेकिन, निर्माण करने के लिए भारत ने शर्त रखी है कि 85 फीसदी सड़क परियोजनाओं के लिए कच्चा माल भारत से लेना होगा क्यूंकि निर्माण के लिए सभी आवश्यक सामग्री भारत में उपलब्ध है, परिणामस्वरुप, भारत की सख्त शर्तों के कारण क्रेडिट का उपयोग नहीं किया जा सकता है। बांग्लादेश ने आवश्यक कच्चे माल का उसके पास होने का दावा किया है। यदि यह भारत को पारगमन अनुदान देता है तो भारत पहले पांच वर्षों के लिए 44 करोड़ डॉलर प्रति वर्ष कमा सकता है। छठे वर्ष से आय लगभग +500 मिलियन हो जाएगी, जो कि आगे चल कर 1 अरब डॉलर बढ़ सकती है।[25] पारगमन न केवल दोनों देशों के बीच कनेक्टिविटी को बढ़ावा देगा, बल्कि क्षेत्रीय कनेक्टिविटी के लिए अवसर प्रदान करेगा और बांग्लादेश के चिट्टागोंग बंदरगाह को एक क्षेत्रीय हब विकसित करने में मदद करेगा।

यदि चटगांव बंदरगाह अच्छी तरह से कार्यात्मक हो जाए तो यह सिंगापुर और चीन की सेवा की तरह सार्क देशों में एक आधुनिक घटना प्रधान बंदरगाह के रूप में सेवा प्रदान कर सकता है, जिससे बांग्लादेश में एक भारी विदेशी निवेश भी आकर्षित हो सकता है और भी कई सुविधाजनक सेवा क्षेत्रों जैसे बैंक, बीमा, होटल, विश्राम गृह, पेट्रोल पंप, आदि अंर्तमहाद्वीपीय सड़कों और रेलवे के आसपास भी विकसित कर सकता है। इससे पारगमन पर लिए जाने वाले शुल्क से एक स्पष्ट आर्थिक लाभ होगा। यह 500 करोड़ टका से 4,666 करोड़ टका तक हो सकता है। आपसी पारगमन चीन के लिए एक बहुत छोटा मार्ग प्रस्तुत कर सकता है और चीन के यूनान प्रांत को भारत की सात बहनों, म्यांमार, थाईलैंड और बांग्लादेश के साथ जोड़ने के लिए एक अवसर प्रदान कर सकता है।[26]

4. सुरक्षा और माइग्रेशन समस्या

भारत बांग्लादेश के साथ अपने ऐतिहासिक बंधन को मजबूत बनाने और भविष्य में क्षेत्र की सामूहिक समृद्धि के लिए एक टिकाऊ और अनुकूल वातावरण बनाने के लिए प्रतिबद्ध है। हालांकि कई सारी ऐसी सुरक्षा समस्याएँ हैं जो बांग्लादेश के माध्यम से उत्पन्न हुई है जिनका भारत द्वारा सामना करना पड़ रहा है।

अवैध प्रवास

1971 में बांग्लादेश की आजादी के युद्ध के बाद से ही अवैध प्रवास भारत और बांग्लादेश के बीच प्रमुख विवादास्पद मुद्दा है। नए राज्य यानी बांग्लादेश के गठन के बाद से हजारों बांग्लादेशी आप्रवासि, उनमें से ज्यादातर अवैध रूप से भारत में आ गए हैं। हालांकि भारत सरकार ने इन आप्रवासियों को वापस भेजने के लिए बहुत कोशिश की, उनमें से ज्यादातर आप्रवासियों ने और दोनों राज्यों के बीच बंद सीमा द्वारों ने ऐसा करना भारत के लिए असंभव बना दिया है। अभी भी बिना गिनती के भारत में रहने वाले अवैध बांग्लादेशी आप्रवासियों की बड़ी संख्या है। 1971 में, बांग्लादेश में गृहयुद्ध के दौरान, लगभग 10-लाख बांग्लादेशी, भारत के पश्चिम बंगाल में आ गए थे। बांग्लादेश से भारतीय राज्य के उत्तरी और पूर्वी भागों में आए अवैध प्रवासियों के कारण भारत की आंतरिक सुरक्षा के लिए खतरा उत्पन्न हुआ है, बांग्लादेश के प्रभाव के कारण भारत के उत्तरी-पूर्वी भाग के कई हिस्सों में साम्प्रदायिक, राजनीतिक, सामाजिक और आर्थिक समस्याएँ उभर कर सामने आई हैं। भारी प्रभावित राज्यों जैसे पश्चिम बंगाल, असम, मेघालय, नागालैंड, त्रिपुरा और बिहार हैं। हालांकि, प्रवासि दूर के राज्यों महाराष्ट्र, गुजरात, राजस्थान, तमिलनाडु और दिल्ली तक भी पहुँच गए हैं। जबकि सही संख्या ज्ञात नहीं है लेकिन यह अनुमान है कि लगभग 15-20 लाख बांग्लादेशी प्रवासि भारतीय क्षेत्र में अवैध रूप से रह रहे हैं।[27] एक तरफ, बांग्लादेश की ओर से भारत में बांग्लादेशियों के प्रवास की ऐसी समस्या को निषेध किया जा रहा है। हालांकि, कई बांग्लादेशी न केवल तथ्यों को प्रमाणित करते हैं कि प्रवास के मुद्दे हैं, बल्कि चेतावनी भी दी है कि बांग्लादेश में समुद्र तल से वृद्धि, तटीय कटाव और बाढ़ और सूखे के परिणामों के रूप में माइग्रेशन तेज होने की सम्भावना जताई है।

भारत के समक्ष एक और एहम मुद्दा यह है कि बांग्लादेश सीमा का उपयोग तस्करी के लिए किया जा रहा है। राष्ट्रीय जांच एजेंसी (NIA) द्वारा पाया गया है कि मुद्रण और भारत में नकली मुद्रा की तस्करी करने वाले समूह के पाकिस्तान के

साथ सम्बन्ध मिले हैं। NIA के माध्यम से पता चला है की बांग्लादेश की सीमा से भारत में नकली मुद्रा आती है, कुछ स्थानों पर खाली जगह के होने और कुछ सीमा बन्धनों के टूटे होने की वजह से बांग्लादेशी आप्रवासि पैदल ही सीमा पार करके भारत में आ जाते हैं। बांग्लादेश में छपी नकली मुद्राए भारतीय भागों में आ गई है। सीमा पार करने के लिए नदी का भी इस्तेमाल किया जा रहा है, लोग नदी से तैर कर भारत पहुँचते हैं। पाकिस्तान और भारत के गिरोह के बीच संबंध, बांग्ला बॉर्डर के माध्यम से राष्ट्रीय जांच एजेंसी द्वारा पाया गया है। पश्चिम बंगाल का मालदा जिला पोर्ट इन घुस्पैठों द्वारा उपयोग किया जाता है। भारत पहुँचने के बाद ये अपने दस्तावेजों को स्थानीय एजेंटों के माध्यम से बनवा लेते हैं। ऐसी गतिविधियों में, पश्चिम बंगाल के राजनीतिक नेता भी शामिल थे, वे अवैध आप्रवासियों के लिए राशन कार्ड प्राप्त करने में उनकी मदद करते है। ऐसे साँझे अवैध प्रवास का भारतीय सुरक्षा और सामाजिक–आर्थिक दृढ़ता पर प्रतिकूल प्रभाव पड़ेगा। खुफ़िया विभाग की रिपोर्ट से पता चलता है कि पाकिस्तान की अंतर–सेवा खुफिया एजेंसी (आईएसआई) इन प्रवासियों का उपयोग भारत में आतंकवादियों को संपर्क और प्रसार अथवा हथियार प्रदान करने के लिए करता है। असम की वोट बैंक राजनीति बांग्लादेश से अवैध प्रवास को रोकने में बाधक है जिसके कारण स्वदेशी बोडो और मुसलमान (बांग्लादेश से प्रवासियों) के बीच में 2012 में सांप्रदायिक हिंसा प्रत्यक्ष रूप से सामने आई।[28]

अवैध बांग्लादेशी अप्रवासियों के प्रभाव ने ना केवल जनसांख्यिकी परिवर्तन किया है बल्कि उत्तर–पूर्वी भाग की पारिस्थितिकी को भी चुनौती दी है, और उन्हें राजनीतिक अधिकारों का प्रयोग भारतीय नागरिक के रूप में करने के लिए प्रेरित किया है। जिसके चलते, भारत के उत्तर–पूर्व राज्यों में कई अलगाववादी गुटों का उदय हुआ है जैसे 'असम गण संग्राम परिषद' की शुरुआत हुई और आम जनता का समर्थन मिला क्यूंकि इसने बांग्लादेश से अवैध आव्रजन की चिंताओं के मुद्दे का नेतृत्व किया। उसी समय (अवैध प्रवासियों निर्धारित ट्रिब्यूनल) आईएमडीटी 1983 अधिनियम द्वारा इंगित आव्रजन कानूनों के समक्ष असम में आसानी से उत्तर–पूर्व में अवैध आप्रवासियों से निपटने के लिए सहायता दी।

अन्य सुरक्षा चिंता

अलगाववादी गतिविधियां बांग्लादेश और भारत के रिश्ते में कड़वाहट पैदा कर रही हैं। 1956 से लेकर भारत के उत्तरी–पूर्वी भाग के बीच जातीय

अलगाववाद की भावना ने इसे कई विरोधी स्थितियों में फंसाया हुआ था। उत्तर पूर्व के अलगाववादी को समर्थन बांग्लादेश से कार्यरत आईएसआई से मिल रहा है। भारत के पूर्वोत्तर भाग में प्रमुख अलगाववादी गुटों में राष्ट्रीय मुक्ति ऑफ़ त्रिपुरा (NLFT), लिबरेशन फ्रंट ऑफ़ असम (ULFA) और नेशनल डेमोक्रेटिक फ्रंट ऑफ़ बोडोलैंड (NDFM) हैं। ULFA के विरुद्ध कई अफवाहें है कि भारत में अपनी अलगाववादी गतिविधियों को बनाए रखने के लिए वह कई लाभदायक और आय जनक परियोजनाओं को बांग्लादेश में चला रहा है।[29]

नशीली दवाओं की तस्करी

नशीले पदार्थों की तस्करी भारत के समक्ष चिंता का एक अन्य प्रमुख मुद्दा है। बांग्लादेश को ड्रग डीलरों और माफिया द्वारा एक महत्वपूर्ण पारगमन बंदरगाह के रूप में हेरोइन और अफीम बर्मा और अन्य देशों से दुनिया के विभिन्न भागों को आपूर्ति करने के लिए उपयोग किया जा रहा है। अंतरराष्ट्रीय मादक पदार्थ नियंत्रण बोर्ड (INCB) 2007 वार्षिक रिपोर्ट के अनुसार दक्षिण पूर्व एशिया से हेरोइन की यूरोप में बांग्लादेशी पोर्ट को तस्करी के लिए इस्तेमाल किया जा रहा है। INCB की रिपोर्ट के अनुसार बांग्लादेश में हेरोइन की तस्करी के लिए सबसे व्यापक योजनाएं और मार्गों में पाकिस्तान द्वारा कूरियर, भारत से गाड़ियों और वाणिज्यिक परिवहन के माध्यम से, बंगाल की खाड़ी के सागर बंदरगाह के माध्यम से और बर्मा से ट्रकों या सार्वजनिक परिवहन के माध्यम से किया जा रहा है।[30] इसकी कड़ी आलोचना की गई है और कई बांग्लादेशी नारकोटिक्स नियंत्रण विभाग के नेतृत्व में जांचे भी जा रहे हैं।

5. भारत द्वारा बांग्लादेश को सहायता

दोनों देशों के प्रधानमंत्रियों ने असीम शक्ति की वृद्धि के लिए भारत और बांग्लादेश अंतर–ग्रिड संयोजकता की स्थापना की है। बांग्लादेश ने अक्टूबर 2013 से 500 MW शक्ति का भारत से आयात शुरू कर दिया है। भारत ने हमेशा बांग्लादेश को समर्थन दिया है और प्राकृतिक आपदाओं और बाढ़ को संभालने में मदद करने के लिए आर्थिक सहायता के लिए हमेशा हाथ बढ़ाया है। बांग्लादेश तटीय क्षेत्रों में नवंबर 2007 में आए चक्रवात 'सिद्र', के परिणामस्वरूप तबाही के नुकसान पर भारत की सहानुभूति मुखर करने के लिए विदेश मंत्री श्री प्रणब मुखर्जी ने दिसंबर 2007 में बांग्लादेश के लिए एक यात्रा संपन्न की। उन्होंने चक्रवात प्रभावित क्षेत्रों का दौरा किया और बांग्लादेश के नागरिकों को भारत की

सहानुभूति और दुःख प्रकट किया। इस यात्रा से पहले भारत ने एक जटिल सहायता पैकेज भी घोषित किया था। भारत ने 250 करोड़ टका (+ 37 मिलियन अमेरिकी से अधिक) मदद सहित राहत सामग्रियों जैसेः दवाओं, तंबू, कंबल, तैयार भोजन, पोर्टेबल पानी प्युरिफाएर्स, 1,000 MT स्किम्ड मिल्क पाउडर, 40,000 मीट्रिक टन चावल बांग्लादेश को सौंपा था। भारत सरकार ने बांग्लादेश के दक्षिणी भाग में दस चक्रवात प्रभावित गांवों के पुनर्वास के लिए बांग्लादेश सरकार के साथ काम भी किया। भारत ने दक्षिणी बांग्लादेश के बेगढ़त जिले के प्रभावित गांवों में 2800 कोर आश्रयों को दिया था। इसी तरह 2800 सौर लैंप भी इन कोर आश्रय घरों में रहने वाले लाभार्थियों के लिए सौंपा था।[31] इसी तरह बांग्लादेश मे आए 1991 चक्रवात मे भी भारत ने बढ़-चढ़ कर मदद की थी। भारत ने एक 800 मिलियन अमरीकी डालर की क्रेडिट लाइन बांग्लादेश को परियोजनाओं की एक श्रृंखला के लिए, रेल बुनियादी ढांचे, ब्रॉड गेज माइक्रोप्रोसेसर आधारित इंजनों और यात्री डिब्बों, बसों की खरीद की आपूर्ति सहित और निकर्षण परियोजनाएँ विस्तारित करने के लिए दी है। अमेरिकी + 200 मिलियन में से अमेरिका +150 मिलियन का अनुदान पहले से ही 3 भागों में बांग्लादेश को प्राथमिकता के लिए प्रोजेक्ट्स में उपयोग करने के लिए जारी की गई है। छात्रवृत्ति और प्रशिक्षण कार्यक्रमों के अंतर्गत आईटीईसी, टीसीएस के कोलंबो योजना, आईसीसीआर, आयुष, राष्ट्रमंडल, सार्क और IOR-चाप छात्रवृत्ति/बांग्लादेश के नागरिकों के लिए फैलोशिप योजनाएं पेश किया जा रहा हैं। मुक्तिजोद्धा छात्रवृत्ति योजना, भारत सरकार द्वारा उच्च माध्यमिक स्तर के छात्रों (200 छात्रवृत्ति) और स्नातक स्तर के छात्रों (478 छात्रवृत्ति) के लिए विस्तारित की गई है।[32] इससे बांग्लादेशी छात्रों को काफी राहत मिली है और उन्हें भारत आ कर एक अच्छी शिक्षा ग्रहण करने का अवसर भी प्रदान हुआ है, जिसके चलते कई बांग्लादेशी छात्रों को प्रोत्साहन मिला है और भारतीय विश्वविध्यालयों में इनकी अच्छी संख्या पाई जाती है।

संबंध मजबूत बनाने के लिए प्रयास

इसमें कोई संदेह नहीं कि मोदी सरकार ने भारत-बांग्लादेश संबंधों को बहुत महत्व दिया है और इन्हें मजबूत बनाने के लिए अनेक प्रयास किए हैं। वर्ष 2014 में बांग्लादेश में एक सर्वेक्षण हुआ जिसमें 70 प्रतिशत लोगों ने भारत के प्रति अनुकूल राय व्यक्त की। इसके पीछे खास कारण था तत्कालीन विदेश मंत्री सुषमा स्वराज की बेहद सफल यात्रा जिसमें दोनों देशों ने 5 महत्वपूर्ण मुद्दों पर समझौते किए।

इनमें अपराधियों के प्रत्यर्पण और पूर्वोत्तर भारत तक सामान पहुंचाने के लिए रास्ता देने के महत्वपूर्ण समझौते शामिल थे। इसके बाद दोनों देशों ने आतंक पर लगाम कसने के लिए नए जोश से सहयोग शुरू की।

इसके पश्चात 2015 में प्रधानमंत्री मोदी का ऐतिहासिक बांग्लादेश दौरा हुआ जिसमें 22 समझौतों पर हस्ताक्षर हुए। इस यात्रा में सीमा विवाद सुलझाने पर भी महत्वपूर्ण सहमति हुई। दोनों देशों ने आपसी विश्वास की मिसाल सितम्बर 2018 में भी पेश की जब बांग्लादेश ने पूर्वोत्तर राज्यों तक सामान ले जाने के लिए चटगांव और मोंगला बंदरगाहों के इस्तेमाल की इजाजत दी। ध्यान रहे चटगांव बंदरगाह पर चीन की भी नजर थी लेकिन बांग्लादेश ने भारत को ही वरीयता दी।

बांग्लादेश में जब रोहिंग्या शरणार्थियों की बाढ़ आई तो भारत ने इस विषम परिस्थिति से निपटने में तत्परता से उसका साथ दिया और म्यांमार से उन्हें वापस लेने का अनुरोध भी किया। हालांकि अब भी लाखों शरणार्थी बांग्लादेश में मौजूद हैं और अंतर्राष्ट्रीय दवाब के बावजूद म्यांमार की सेना उन्हें वापस लेने के लिए तैयार नहीं है। बांग्लादेश ने रोङ्क्षहग्या बहुल इलाकों में कंटीले तारों की बाढ़ लगाने का काम शुरू किया है, लेकिन मानवीय आधार पर फिलहाल इसे रोक दिया गया है।

वर्ष 2017 में शेख हसीना के भारत दौर में दोनों देशों ने पहली बार दो सुरक्षा समझौतों पर भी हस्ताक्षर किए। इनके तहत भारत बांग्लादेश के सैनिकों को प्रशिक्षण देगा और दोनों देश संयुक्त सैनिक अभ्यास करेंगे। यही नहीं, भारत बांग्लादेश में सैनिक उपकरण बनाने के लिए कारखाने लगाएगा और उसे हथियार खरीदने के लिए 50 करोड़ डॉलर की सहायता भी देगा। भारत के पड़ौस में चीन के बढ़ते हुए दखल और प्रभाव को देखते हुए यह समझौता बहुत महत्वपूर्ण है। हालांकि बांग्लादेश में चीन अब भी बड़े पैमाने पर निवेश कर रहा है।

पाक प्रयोजित आतंकवाद

भारत और बांग्लादेश दोनों ही पाकिस्तान प्रायोजित आतंकवाद से त्रस्त हैं। पाकिस्तानी सैन्य खुफिया एजेंसी आई.एस.आई. बांग्लादेश में अनेक आतंकी समूहों को बढ़ावा देती है जिनमें प्रमुख हैं जमात–उल–मुजाहिदीन बांग्लादेश (जे.एम.बी.)। इसके आतंकवादी बांग्लादेश में आतंकी गतिविधियां करने के बाद भारत में छुपते हैं और पाकिस्तान की शह पर नकली नोटें और मादक पदार्थों की तस्करी करते हैं। आई.एस.आई. रोङ्क्षहग्या मुसलमानों को भी आतंकी गतिविधियों का प्रशिक्षण दे रही है, जिससे बांग्लादेश ही नहीं, भारत को भी खतरा है। भारत और

बांग्लादेश ने इस विषय पर परस्पर और निजी तौर पर अनेक उपाय किए हैं, लेकिन अब भी इस पर पूरी तरह नियंत्रण नहीं पाया जा सका है।

केन्द्र सरकार द्वारा नैशनल रजिस्टर ऑफ सिटीजन (एन.आर.सी.) पर कड़ा रुख अपनाने से पश्चिम बंगाल और असम के बांग्लादेशी शरणार्थी बहुल इलाकों में ही नहीं, बांग्लादेश में भी तनाव बढ़ गया है। ऐसे में कुछ समय पूर्व जब संयुक्त राष्ट्र महासभा में मोदी और हसीना की मुलाकात हुई तो हसीना ने एन.आर.सी. पर चिंता जताई थी। इस पर मोदी ने उन्हें चिंता न करने की सलाह दी। 'वॉयस ऑफ अमेरिका' को दिए अपने साक्षात्कार में हसीना ने कहा कि मैंने नरेन्द्र मोदी से इस विषय में बात की है और उन्होंने कहा है कि उनका 'अवैध प्रवासियों' को वापस भेजने का कोई इरादा नहीं है। दोनों देशों में तीस्ता नदी जल बंटवारे पर भी विवाद है, जब कि पश्चिम बंगाल सरकार सहमति नहीं देती, इसे हल करना मुश्किल है।

कभी पूर्वी पाकिस्तान कहलाने वाले बांग्लादेश की आर्थिक स्थिति आज पाकिस्तान से कहीं बेहतर है। भारत के साथ सांस्कृतिक विरासत सांझा करने वाला बांग्लादेश एशिया के महत्वपूर्ण मैन्युफैक्चरिंग हब के रूप में उभरा है और इसके अनुभवों से भारत भी बहुत कुछ सीख सकता है। मोदी सरकार ने पूर्वोत्तर भारत को पूर्वी एशिया के साथ जोड़ने की महत्वाकांक्षी योजनाएं बनाई हैं जिनमें बांग्लादेश की महत्वपूर्ण भूमिका है। आज बांग्लादेश हमारा व्यापारिक भागीदार ही नहीं, महत्वपूर्ण रणनीतिक और रक्षा सहयोगी भी है।

बांग्लादेश की प्रधानमंत्री शेख हसीना ने भारत की अपनी चार दिवसीय (3–6 अक्टूबर, 2019) आधिकारिक यात्रा संपन्न की। अपनी यात्रा के दौरान उन्होंने विश्व आर्थिक मंच के भारत आर्थिक शिखर सम्मेलन में बांग्लादेश का प्रतिनिधित्व किया और साथ ही सम्मेलन को भी संबोधित किया। सम्मेलन के बाद बांग्लादेश की प्रधानमंत्री ने भारतीय प्रधानमंत्री के साथ द्विपक्षीय वार्ता भी की। बांग्लादेश की प्रधानमंत्री की यह यात्रा भारत और बांग्लादेश के मध्य गहन द्विपक्षीय संबंधों और बढ़ती परस्पर निर्भरता को दर्शाती है।

बैठक के दौरान दोनों देशों के प्रमुखों ने संबंधों को मजबूती प्रदान करने के लिये कुल 7 समझोतो पर हस्ताक्षर किये —

1. भारत और विशेष रूप से पूर्वोत्तर भारत से माल को आवाजाही के लिये बांग्लादेश में छत्रोग्राम और मोंगला बंदरगाहों का उपयोग।
2. त्रिपुरा में पेयजल आपूर्ति के लिए बांग्लादेश की फेनी नदी के जल का उपयोग।

3. बांगलादेश के लिये लाइन ऑफ क्रेडिट के कार्यान्वयन के भारत की प्रतिबद्धता से संबंधित समझौता।
4. बांगलादेश में तटीय निगरानी रडार प्रणाली की स्थापना की जाएगी।
5. हैदराबाद विश्वविद्यालय और ढाका विश्वविद्यालय के बीच समझौता ज्ञापन।
6. युवा मामलों में सहयोग पर समझौता ज्ञापन।
7. सांस्कृतिक विनिमय कार्यक्रम का नवीकरण।

भारत और बांग्लादेश के बीच संबंध उनके भौगोलिक और अन्य पहलुओं के कारण बहुत महत्वपूर्ण है। एक सफल 'Look East Policy' और पूर्वोत्तर राज्यों के विकास के लिए और भारत की सुरक्षा के लिए बांग्लादेश बहुत महत्वपूर्ण है। बांग्लादेश के प्रधानमंत्री शेख मुजीबुर्रहमान की 1975 में हत्या के बाद से दोनों देशों के बीच संबंध में कड़वाहट शुरू हो गई थी। दोनों देशों के सामने जो चुनौतियाँ हैं इसमें अवैध प्रवास, तस्करी, पानी का आबंटन, व्यापार और पारगमन संयोजकता, आदि तत्पर हैं। हालांकि, स्थिति को एक सकारात्मक रास्ते पर लाने के लिए शेख हसीना की 2010 में भारत यात्रा और जवाब में भारत के प्रधानमंत्री मनमोहन सिंह ने 2011 में बांग्लादेश की यात्रा द्वारा प्रारंभ किए गए द्विपक्षीय संबंधों के रचनात्मक संकेत मिल रहे हैं। दोनों देशों के द्विपक्षीय संबंधों में की हुई सकारात्मक शुरुआत को मजबूती से आगे बढ़ाने की जरूरत है। मानव सुरक्षा का मुद्दा अगले 20 वर्षों के लिए भारत और बांग्लादेश संबंधों के लिए एक बड़ा कार्य होगा। भारत-बांग्लादेश संबंधों में भारत के पूर्वी राज्य का कार्य काफी वृद्धि पर है।[33] बांग्लादेश का भारत के लिए परिवहन सुविधाएं देना और एशियाई राजमार्ग और ट्रांस एशियाई रेलवे के कार्य का पूरा होना इस क्षेत्र में निर्णायक साबित हो सकता है। इसी तरह अधिक उदार वीजा प्रशासन, जो लोगों के लिए संयोजकता की सुविधा प्रदान करेगा, भारत-बांग्लादेश संबंध को एक बड़े पैमाने पर बदल देगा।

भारत और बांग्लादेश निम्न मंचों— सार्क (दक्षिण एशियाई क्षेत्रीय सहयोग के लिए एसोसिएशन), बिम्सटेक (बंगाल बहु-क्षेत्रीय तकनीकी की खाड़ी और आर्थिक सहयोग) और IORARC (क्षेत्रीय सहयोग के लिए हिंद महासागर रिम एसोसिएशन) जैसे बहुपक्षीय मंच के माध्यम से क्षेत्रीय सहयोग में भी लगे हुए हैं। भारत और बांग्लादेश के प्रधानमंत्रियों के निर्देशों के अनुसरण में दोनों पक्षों ने नेपाल और भूटान के साथ उप-क्षेत्रीय सहयोग के कार्यान्वयन की पहल शुरू की

है।[34] साझा इतिहास और भाषा की समानता को देखते हुए सांस्कृतिक आदान-प्रदान दोनों देशों के लोगों के बीच दोस्ती की एक महत्वपूर्ण डोर है। संगीत, रंगमंच, कला, चित्रकारी, किताबें, आदि के क्षेत्रों में आदान-प्रदान के संवर्धन पर विशेष जोर दिया गया है। एक द्विपक्षीय सांस्कृतिक विनिमय कार्यक्रम (सीईपी) ऐसे आदान-प्रदान के लिए रूपरेखा प्रदान करता है। द्विपक्षीय सांस्कृतिक आदान-प्रदान को बढ़ावा देने के लिए, इंदिरा गांधी सांस्कृतिक केंद्र (आईजीसीसी) भारतीय सांस्कृतिक संबंध परिषद का 11 मार्च 2010 में ढाका में उद्घाटन किया गया है। दोनों देशों ने संयुक्त रूप से रवीन्द्रनाथ टैगोर की 150वीं जन्म वर्षगांठ को और काज़ी नजरुल इस्लाम द्वारा 'बिद्रोही' कविता के प्रकाशन के 90वें सालगिरह को साल भर समारोह के रूप में 2011-12 में मनाया।[35]

भारत और बांग्लादेश के बीच संबंध सुधारने के लिए भारत के विदेश मंत्रालय ने सुझाव दिया है कि निम्न चरणों का पालन किया जाना चाहिए:

1. पानी साझा करने पर अनुबंध को प्राथमिकता दी जानी चाहिए। तीस्ता मुद्दे का जल्दी समाधान आवश्यक है।
2. भारत को भूमि सीमा समझौते के अनुसमर्थन को प्रमुखता देना चाहिए।
3. दोनों देशों के बीच सुरक्षा सहयोग अच्छी रही है। लेकिन इस सहयोग को संस्थागत करने की आवश्यकता है ताकि यह विशेष रूप से किसी सरकार के कार्यकाल तक ही सीमित ना रहे, इसके लिए आवश्यकता है कि एक द्विपक्षीय प्रत्यर्पण संधि पर हस्ताक्षर किया जाए।
4. संयोजकता को सर्वोच्च प्राथमिकता दी जानी चाहिए। दोनों देशों को एक साथ इसके प्रचालनीकरण के लिए काम करना चाहिए।
5. अवैध प्रवास के मुद्दे को संबोधित करने की जरूरत है। इस संबंध में समस्या को हल करने के लिए अभिनव उपाय किए जाना चाहिए और यह सुनिश्चित करने के लिए कि अवैध आव्रजकों को मतदान अधिकार और भारतीय राष्ट्रीयता प्राप्त न हो, अतिरिक्त सावधान रहना होगा।
6. जन-संपर्क को अधिक से अधिक स्तर पर बढ़ावा दिया जाना चाहिए, इसलिए उदार वीजा प्रणाली होनी चाहिए।
7. दोनों देशों के बीच व्यापार संबंध में काफी सुधार हुआ है। भारत ने टैरिफ से संबंधित समस्या को संबोधित करते हुए काफी हद तक बांग्लादेशी

उत्पादों को शून्य शुल्क की पहुँच प्रदान की है। दोनों देशों को अब गैर-टैरिफ बाधाओं पर एक समझौते पर विचार करना चाहिए।

8. भारतीय निवेश को बांग्लादेश के व्यापार प्रतिनिधिमंडलों के दौरे, व्यापार मेलों को बढ़ावा देना चाहिए और द्विपक्षीय आश्वासन के माध्यम से संभावित निवेशकों के हितों की सुरक्षा को प्रोत्साहित किया जाना चाहिए।
9. आपदा प्रबंधन, खाद्य और ऊर्जा सुरक्षा की तरह आम चुनौतियों पर सहयोग द्वारा प्रगति की जा सकती है।
10. अधिक से अधिक भागीदारी लोगों और विदेश नीति के मुद्दों पर व्यापक सार्वजनिक बहस के षड्यंत्र सिद्धांतों से अविश्वास हतोत्साहित होगा।
11. नो-फायरिंग नीति को पूरी तरह से कार्यान्वित किया जाना चाहिए। भारत की छवि एक दुश्मन के रूप में सुनिश्चित करने के लिए जवाबदेही होनी चाहिए।
12. बाड़ को तेजी से पूर्ण करने और प्रभावी ढंग से नजर रखने की जरूरत है। यह गलतफहमी पैदा करेगा परन्तु यह इस बात को भी स्पष्ट करेगा कि भारत व्यापार का मतलब जानता है, राज्य सरकार और भारतीय सीमा बल इस कदम को सराहते हैं।
13. भारत और बांग्लादेश को अपने सैन्य संबंधों को मजबूत करने की जरूरत है। ये सब एक लंबे अंतराल के बाद पुनर्जीवित किया गया है, पर अब अधिक दौरा, विभिन्न स्तरों पर संपर्क बढ़ाने के संदर्भ में और साथ ही साथ सैन्य हार्डवेयर की बिक्री द्वारा किया जा सकता है। संयुक्त अभ्यास आरंभ करने के अलावा, भारत को चीन के मॉडल की तरह प्रारंभ में हार्डवेयर भेंट पर विचार करना चाहिए और बांग्लादेशी सैन्य की जरूरत पर तकनीकी विशेषज्ञता प्रदान करनी चाहिए। इसे पाकिस्तान और चीन से दूर करना चाहिए।[36]

यह सभी माप-दंड अपनाने से हम भारत और बांग्लादेश के बीच भविष्य में काफी अच्छे संबंधों की कल्पना कर सकते हैं।

संदर्भ ग्रन्थ

Alam, Muhammad. Badrul. (2015). *India and Her Neighbour : Towards a Proactive Partnership.*

Bhasin, Avtar. (Ed.). 1996. *India Bangladesh Relations : Documents*, 1971-1994. Vol. 1 New Delhi: Siba Exim Publishers.

Bindra, S. S. 1984. *India and her Neighbours*, New Delhi : Deep & Deep Publications.

C. Raja Mohan, Samudra Manthan : Sino-Indian Rivalry in the Indo-Pacific (Oxford University Press, 2013), 145.

Dahiya, R., and Behuria,A. Edt. (2012). *India's Neighbourhood: Challenges in the Next Two Decades.* Pentagon Security International.

Datta, Sreeradha. 2004. *Bangladesh: a Fragile Democracy*, New Delhi : IDSA & Shipra.

Ghosh, Parth. S. 2011. *Migrants and Refugees in South Asia Political and Security Dimensions*. Shillong: North-Eastern Hill University.

Hossain, Ishtiaq. Bangladesh-India Relations: Issues and Problems. In *Asian Survey.* University of California Press. Vol. 21, No. 11 (Nov., 1981), pp. 1115-1128.

Islam, Nurul. Indo-Bangladesh Economic Relations : Some Thought. *Economic and Political Weekly.* September 4, 2004. P. 4069.

Jha, N. K., & Shukla, S. (Ed.). 2012. *India's Foreign Policy Emerging Challenges*. New Delhi : Pentagon.

Kumar, B. B. (Ed.). 2006. *Illegal Migration from Bangladesh.* New Delhi : Concept.

Lt. Gen, Y. M. Bammi. 2010. *India Bangladesh Relation* : The Way Ahead. New Delhi : Vij Books India. Pvt.

Mazumdar, Arijit. (2015). *Indian Foreign Policy in Transition : Relations with South Asia.* New Delhi.

Muhamad, Wahiduddin. 25 February 2015. How Does Bangladesh Figure in India's Look East Policy. At, *The Dailystar*. Retrieved from http ://www.thedailystar.net/op-ed/politics/how-does-bangladesh-figure-indias-look-east-policy-3746.

Shyamali Ghosh, "Political Dynamics in Bangladesh : Relations between Bangladesh and India", *International Studies*, Vol.32, No.3, July-Sept. 1995, pp.237-217.

Scot, David. (edt.). 2011. *Handbook of India's International Relations*. New York : Routledge.

Trivedi, Ramesh. (edt.). 2008. *India's Relation with its Neighbors.* New Delhi : Isha Books.

Visit, http ://iasscore.in/national-issues/issues-between-india-and-bangladesh accessed on 01/10/2017 at 08 :00 PM.

Visit, https ://thewire.in/119228/teesta-water-india-bangladesh/ accessed on 30/09/2017 at 8 :55 PM.

The Ministry of External Affairs, Retrieved from, https :// www.mea.gov.in/Portal/ForeignRelation/Bangladesh_July_2014_.pdf accessed on 17/12/2017 at 9 :33 PM.

Visit, High Commission of India, Dhaka website : http :// hcidhaka.gov.in/ accessed on 17/12/2017 at 10 :00 PM.

Visit,http ://www.mea.gov.in/Portal/ForeignRelation/Bangladesh_Brief.pdf accessed on 14/12/2017 at 4:30 PM.

Maini, T. V. OP Jindal Global University; Sonipat. http :// thediplomat.com/2015/06/india-bangladesh-relations-the-bigger-picture/ accessed on 15/12/2017 at 5 :00PM.

The Ministry of External Affairs, https ://www.mea.gov.in/Portal/ ForeignRelation/Bangladesh_July_2014_.pdf accessed on 28/12/2017 at 3 :00 PM.

संदर्भ

1. Shyamali Ghosh, "Political Dynamics in Bangladesh : Relations between Bangladesh and India", International Studies, Vol.32, No.3, July-Sept. 1995, pp.237-217.
2. Ibid.
3. Visit, http://iasscore.in/national-issues/issues-between-india-and-bangladesh accessed on 01/10/2017 at 082183700 PM.
4. Idid.
5. Visit, http://iasscore.in/national-issues/issues-between-india-and-bangladesh accessed on 04/10/2017 at 032183700 PM.
6. Muhamad, Wahiduddin. 25 February 2015. How Does Bangladesh Figure in India's Look East Policy. At, The Dailystar. Retrieved from http://www.thedailystar.net/op-ed/politics/how-does-bangladesh-figure-indias-look-east-policy-3746.
7. Visit, http://iasscore.in/national-issues/issues-between-india-and-bangladesh accessed on 15/09/2017 at 42183730 PM.
8. Visit, https://thewire.in/119228/teesta-water-india-bangladesh/ accessed on 30/09/2017 at 82183755 PM.
9. Visit, http://iasscore.in/national-issues/issues-between-india-and-bangladesh accessed on 13/12/2017 at 102183720 PM.
10. Scot, David. (edt.). 2011. Handbook of India's International Relations. New York: Routledge.
11. Ibid. Shyamali Ghosh,Vol.32, No.3, July-Sept. 1995, pp.237-217.
12. The Ministry of External Affairs, Retrieved from, https://www.mea.gov.in/Portal/ForeignRelation/Bangladesh_July_2014_.pdf accessed on 17/12/2017 at 92183733 PM.
13. Visit, High Commission of India, Dhaka website: http://hcidhaka.gov.in/ accessed on 17/12/2017 at 102183700 PM.
14. Hossain, Ishtiaq. Bangladesh-India Relations: Issues and Problems. In Asian Survey. University of California Press. Vol. 21, No. 11 (Nov., 1981), pp. 1115-1128.
15. Visit, http://iasscore.in/national-issues/issues-between-india-and-bangladesh accessed on 14/12/2017 at 42183700 PM.
16. Visit, http://www.mea.gov.in/Portal/ForeignRelation/Bangladesh_Brief.pdf accessed on 14/12/2017 at 42183730 PM.
17. Maini, T. V. OP Jindal Global University; Sonipat. http://thediplomat.com/2015/06/india-bangladesh-relations-the-bigger-picture/ accessed on 15/12/2017 at 52183700PM.
18. Trivedi, Ramesh. (edt.). 2008. India's Relation with its Neighbors. New Delhi: Isha Books.

19. Visit, http://www.mea.gov.in/Portal/ForeignRelation/Bangladesh_Brief.pdf accessed on 18/01/2018 at 22183730PM.
20. Islam, Nurul. Indo-Bangladesh Economic Relations : Some Thought. Economic and Political Weekly. September 4, 2004. P. 4069.
21. Visit, http://www.mea.gov.in/Portal/ForeignRelation/Bangladesh_Brief.pdf accessed on 18/01/2018 at 22183730PM.
22. The Ministry of External Affairs, https://www.mea.gov.in/Portal/ForeignRelation/Bangladesh_July_2014_.pdf accessed on 28/12/2017 at 32183700 PM.
23. Ibid.
24. Bhasin, Avtar. (Ed.). 1996. India Bangladesh Relations : Documents, 1971-1994. Vol. 1 New Delhi : Siba Exim Publishers.
25. Ibid. Mazumdar, Arijit. (2015).
26. C. Raja Mohan, Samudra Manthan : Sino-Indian Rivalry in the Indo-Pacific (Oxford University Press, 2013), 145.
27. Dahiya, R., and Behuria, A. Edt. (2012). India's Neighbourhood: Challenges in the Next Two Decades. Pentagon Security International.
28. Visit,https://www.mea.gov.in/Portal/ForeignRelation/Bangladesh_July_2014_.pdf accessed on 20/01/2018 at 122183730 PM.
29. Datta, Sreeradha. 2004. Bangladesh a Fragile Democracy. New Delhi:IDSA & Shipra.
30. Alam, Muhammad. Badrul. (2015). India and Her Neighbour: Towards a Proactive Partnership.
31. Ibid. Dahiya, R., and Behuria, A. Edt. (2012).
32. Jha, N. K., & Shukla, S. (Ed.). 2012. India's Foreign Policy Emerging Challenges. New Delhi21837 Petagon.
33. Datta, Sreeradha. 2004. Bangladesh a Fragile Democracy. New Delhi : IDSA & Shipra.
34. Visit, http://iasscore.in/national-issues/issues-between-india-and-bangladesh accessed on 25/01/2018 at 22183750 PM.
35. High Commission of India, Dhaka website: http://hcidhaka.gov.in/ accessed on 25/01/2018 at 72183720 PM.
36. Visit, http://iasscore.in/national-issues/issues-between-india-and-bangladesh accessed on 01/01/2018 at 102183700 PM.

• • •

9

भारत और भूटान संबंध : रणनीतिक परिप्रेक्ष्य

डॉ. विकास कुमार*

दक्षिण एशियाई क्षेत्र में स्थित भूटान हिमालय में मौजूद एक छोटा सा पर्वतीय देश है जो भारत और चीन के भूभाग से घिरा हुआ है। भूटान की अपनी संस्कृति कुछ ऐसी है कि भारत के साथ संबंधो को आगे बढ़ाने में यह एक सेतु का काम करता है। यह भूटान ही नहीं बल्कि दक्षिण एशिया के समस्त देश इस तरह की भूमिका निभाने में तत्पर है। अपने अहिंसक, दृढ़ और समृद्ध पड़ोस के उद्देश्य से भारत ने अपने पड़ोसी देशों के साथ खुले और बेहतर राजनीतिक, आर्थिक व सांस्कृतिक संबंधो को सर्वोच्च प्राथमिकता देना जारी रखा है। भारत की अपनी विदेश नीति वैश्वीकृत और परस्पर निर्भर विश्व में राष्ट्रीय हित तथा सुरक्षा को प्रोत्साहित करने को समर्पित है।

पारम्परिक रूप से भारत और भूटान के बीच बहुत मधुर संबंध रहे है। भूटान आधिकारिक रूप से बौद्ध धर्मावलंबी देश रहा है और इसी लिए भारत और भूटान के बीच यह एक सेतु की तरह कार्य करता है। भूटान में आज जो बौद्ध धर्म उपस्थित है उसमें ऐतिहासिक रूप से भारत का ही सहयोग अधिक रहा है। भारत से ही भूटान में गुरु पदम्सम्भाव के द्वारा बौद्ध धर्म भूटान में फैला और इसी तरह का जुड़ाव भारत और भूटान के बीच सांस्कृतिक कूटनीति का आधार बना। जिसके द्वारा भूटान देश भारत के ज्यादा करीब रह पाता है। अत: भारत और भूटान के बीच जिस तरह के द्विपक्षीय संबंधो संबंधी मुद्दे उभरे हैं, उसका वर्तमान स्थिति को देखते हुए मूल्यांकन किया जाना बहुत आवश्यक है। भारत ने भूटान की समय-समय पर खूब सहायता की है और इसे आगे भी जारी रखता रहा है। एक समय था जब भूटान विश्व की राजनीति से अलग-थलग रहना चाहता था। वह नहीं चाहता था कि बाहरी दुनिया के क्रियाकलापों में अपना कोई स्थान बनाये। लेकिन उत्तरोत्तर

* Assistant Professor (SOL), Delhi l University, Delhi.

बदलती हुई परिस्थितियों ने भूटान की इस इच्छा को तोड़ दिया और अंत में भूटान ने अपनी एकांगी नीति को तोड़ते हुए विदेश नीति से जुड़ना जरूरी समझा। भूटान की इस एकांगी रहने की नीति को बदलने में भारत के पं. जवाहरलाल नेहरु का अधिक योगदान था जो 1958 में दुर्लभ यात्रा करते हुए भूटान पहुँच गये थे और भूटान नरेश के दुराग्रह को तोड़ने में सफल हुए, जब भूटान ने भारत के साथ अपने संबंध जोड़ने के लिए अपनी स्वीकृति दी[1] और तभी से भारत-भूटान के बीच द्विपक्षीय विदेशी संबंधो का गर्मजोशी के साथ एक-दूसरे देश द्वारा स्वागत किया गया। समय के साथ-साथ यह इतना मधुर बना कि भूटान में आज जो लोकतंत्र आया है, उसमें भारत ने भूटान की बहुत सहायता की है, जो अभी तक जारी है। अतः आज दोनों देशों के बीच विवाद कम तथा सहयोग ज्यादा है। अगर ऐसा ही आगे भी माहौल रहा तो वह दिन दूर नहीं जब दोनों देश मिल कर नई इबारत लिखेंगे।

भूटान की भौगोलिक स्थिति और भारत के लिए इसका भू-रणनीतिक महत्व

भूटान एक भू-बद्ध देश के रूप में स्थापित है। इस देश का स्थानीय नाम द्रुक यूल है, जिसका अर्थ होता है अझदहा का देश। यह देश 470 किलोमीटर लंबी सीमा के साथ तिब्बत (चीन का जिन्जीयांग स्वायत्त क्षेत्र) जो कि उत्तर व उत्तर-पश्चिमी सीमा में स्थित है, के सीमा-स्थल को अपनाए हुए है। साथ ही 605 किलोमीटर लम्बी भारतीय क्षेत्र के पश्चिम भाग में सिक्किम, दक्षिण-पश्चिम में स्थित पश्चिम बंगाल, दक्षिण और दक्षिण-पूर्व में स्थित असम तथा अंतिम रूप से पूर्व में स्थित अरुणाचल प्रदेश के सीमा-स्थल इसके भू-भाग से सटे हुए हैं।[2] अतः यह देश चीन, तिब्बत, नेपाल और भारत के बीच स्थित है।

भूटान का भूगोल विदेश नीति में निर्णायक भूमिका निभाता है। एक तरफ भारत और उसका उत्तर-पूर्वी भाग तथा दूसरी तरफ चीन के लिए भूटान का सामरिक महत्व हमेशा रहा है। पूर्व में यह नार्थ ईस्ट फ्रंटियर एजेंसी[3] (असम) के कमांग जिले से घिरा हुआ है। जबकि दक्षिण में यह असम के कामरूप, गोलपाड़ा और असम के दरांग जिले से जुड़ा हुआ है और पश्चिम बंगाल में यह जलपाईगुड़ी के मैदानी इलाकों और पश्चिम में यह सिक्किम और पश्चिम बंगाल के दार्जिलिंग जिला से जुड़ा हुआ है।[4] भूटान की पहाड़ियों और असम व बंगाल के मैदानों के बीच आवागमन पहाड़ी दर्रो से होकर होता है जिसे स्थानीय स्तर पर दुआर कहा जाता है और यह हिन्दुस्तानी द्वार से निकला हुआ शब्द है जिसका अर्थ होता है—प्रवेश

या द्वार।[5] भारतीय राज्य असम और पश्चिम बंगाल की पहाड़ियों से होकर गुजरने वाली 15 से 30 किलोमीटर लंबी उपजाऊ भूमि दुआर कहलाती है।

भारतीय राज्य पश्चिम बंगाल के जलपाईगुड़ी के सीमा पर स्थित फुएनत्शोलिंग औए असम के दक्षिण-पूर्वी शहर सामद्रुप जोंगखार भारत से भूटान की सीमा के दो प्रवेश स्थल हैं। फुएनत्शोलिंग भूटान का एक व्यापार केंद्र है और यह 'गेटवे ऑफ भूटान' के नाम से लोकप्रिय है। यह एक जीवन्त शहर है। सामद्रुप जोंगखार एक प्रस्थान केंद्र है और इसके द्वारा वे प्रवेश नहीं कर सकते हैं।[6] चूंकि भूटान की सीमाए तीन और से भारत से घिरी हुई है इसलिए यह जरूरी है कि भूटान को दक्षिण एशिया में भौगोलिक रूप से मजबूत देश भारत के साथ दोस्ताना और मधुर संबंध बनाये रखे। इसीलिए भूटान दक्षिण एशिया क्षेत्र में राष्ट्रीय हित व राष्ट्रीय सुरक्षा के लिए महत्वपूर्ण देश उभर कर सामने आता है। भूटान सैनिक, आर्थिक व राजनीतिक रूप से पिछड़ा हुआ देश है तो इसीलिए भूटान दो शक्तिशाली राष्ट्रों—भारत तथा दूसरा चीन के बीच कुटनीतिक राजनीति का विषय बन जाता है। भूटान ने अपनी दूरदर्शिता व सूझबूझ का प्रयोग करते हुए भारत को अपने अस्तित्व की सुरक्षा के लिये चुना।[7]भारत ने भूटान को भारत की उत्तर की सुरक्षा में एकतरफा रूप से शामिल किया हुआ है। भारत नहीं चाहता भूटान कोई कमजोर देश बने। अगर ऐसा होता है तो भूटान का दूसरा पड़ोसी देश चीन इसका इस्तेमाल अपनी साम्राज्यवादी नीति के विस्तार तथा सामरिक रणनीतिक मंसूबों को पूरा करने के लिए करेगा। इसीलिए भारत भूटान की सामाजिक-आर्थिक रूप से मदत करता रहा है तथा साथ ही अन्तर्राष्ट्रीय संगठनों में सदस्यता के समर्थन करने के जरिये भूटान को नई ऊँचाइया प्रदान कर रहा है।

एतिहासिक तथा राजनीतिक पृष्ठभूमि

इस प्राचीन देश का एक निजी इतिहास रहा है। विभिन्न विद्वानों ने अलग-अलग वृत्तांत के तहत भूटान की जीवंतता बताने हेतु दृष्टांत दिए है। इस देश में 1774 से 1907 के समय अंतराल में कम से कम आठ ब्रिटिश मिशन इस देश में आये थे। इन मिशनों में बोग्ले (1774), हैमिल्टन (1775 व 1777), टर्नर (1783), पेमबर्टन (1838), इडन (1864) एवं वाईट-मिशन (1905 एवं 1907) आदि प्रमुख है।[8] प्राचीन भारत की सभ्यता इस क्षेत्र तक फैली हुई थी। यह उन दिनों की बात है जब असम में स्थित कूच के राजा संगलदीप ने बिहार और बंगाल को जीत लिया था तथा अपने प्रभाव और राज्य को भूटान तक फैला दिया था। कुछ समय बाद जब 8 वीं शताब्दी के मध्यकाल में भारत की भूमि से एक बौद्ध भिक्षु पदम्

सम्भव का भूटान में आगमन हुआ तो इस देश में बौद्ध धर्म का आगमन हुआ। पद्म सम्भव ने ही भूटान को सांस्कृतिक एकता का आभास प्रदान कराया। इस देश में लगभग एक शताब्दी तक शान्ति रही लेकिन यह लम्बे समय तक नहीं बन पाया। यह उस समय हुआ जब तिब्बत के राजा त्रिराल चान के अनुयायियों ने भूटान पर आधिपत्य कर लिया और तिब्बतियों ने इस समय भूटानियों को खूब लुटा।[9] भारत के बिहार में स्थित नालन्दा विश्वविद्यालय से ही पढ़े पद्म सम्भव ने भूटान में बौद्ध धर्म के आगमन तथा फैलाव का सूत्रपात किया था।

भूटान ने 1700 से 1885 तक के कालखंड के दौरान 50 देबराजाओ का शासन देखा है। समय बदलने के साथ इसी दौरान ब्रिटिश ईस्ट इण्डिया कम्पनी द्वारा शासित भारत का हस्तक्षेप भूटानी राज्य में हुआ। भूटान में ब्रिटेन की दिलचस्पी यह थी कि वे एक ओर तो इसके माध्यम से तिब्बत में व्यापार करना चाहते थे दूसरी ओर भूटान और बंगाल की सीमा पर स्थित कूच बिहार में शान्ति लाना चाहते थे जिसपर भूटानी हमला करने को इच्छुक थे। ब्रिटिश और भूटानियों के बीच पहला सम्पर्क तब हुआ जब कूच बिहार की गष्ठी के दावेदार ने ईस्ट इण्डिया कंपनी से भूटानियों को अपने क्षेत्र से बाहर रखने का अनुरोध किया[10] और उन्होंने यह काम बखूबी किया। इसके उपरान्त ब्रिटिश और भूटान के बीच 25 अप्रैल 1774 में कोलकाता में एक शांति समझौता किया गया। जिसमें भारत में ब्रिटिश अधिकार क्षेत्र के सम्मान की बात कही गयी थी और हिमालय पार क्षेत्र तिब्बत में व्यापार के लिए सामानों की आवाजाही के लिए ब्रिटिश को मुक्त आवागमन की अनुमति दी गई थी।[11] यह ब्रिटिशों की एक रणनीतिक जीत थी।

जिस समय ब्रिटिश सरकार ने असम दुआर का किराए की संधि को अपने हाथ में ले लिया था तो उस समय ब्रिटिश और भूटानियों के बीच संबंधो में भटकाव शुरू हो गया। परिणामस्वरूप दोनों के बीच इसे लेकर संघर्ष भी हुआ। एक तरफ तो भारत ब्रिटिशों के साथ संघर्ष में लगा ही था दूसरी तरफ ब्रिटिशों की साम्राज्यवादी नीति के तहत भूटान पर भी इसका प्रभाव पड़ रहा था। 1864 में ब्रिटिश हुकुमत ने मनमाने ढंग से बंगाल दुआर को पुरे दक्षिणी भूटान पर इसे प्रभावी नियन्त्रण हेतु जोड़ दिया[12] और इस उपरान्त युद्ध की औपचारिक घोषणा कर दी। फलस्वरूप इस युद्ध से 'सिंचुला की संधि' हुई जिस पर 1865 को भूटानियों ने हस्ताक्षर कर दिए और ब्रिटिश भारत को इन दुआरो को हमेशा के लिए सोंप दिया और दोनों देशो के बीच मुक्त व्यापार की सहमति देने की अनुमति बनी।

भारत-भूटान : राजनीतिक संबंध

1907 में सेकुलर राजा देसी की मृत्यु के बाद उग्येन वांगचुक भूटान के उतराधिकारी वंशज शासक नियुक्त हुए। इसके शासनकाल में चीन द्वारा 1910–12 में तिब्बत पर हमला और भूटान पर दावे के बाद 1910 के बाद ब्रिटिश–भारत के साथ चीन का पुनाखा संधि पर हस्ताक्षर किया गया। इस संधि में यह सुनश्चित किया गया कि ब्रिटिश सरकार भूटान के आंतरिक प्रशासन में कोई दखल नहीं देगी हालांकि विदेशी संबंधो के मामले में भूटान ब्रिटिश शासन के दिशा निर्देशों से निर्देशित होगा। उन्होंने ब्रिटिश हुकुमत के साथ बेहतर संबंध बनाये रखा लेकिन उनका साथ केवल भूटान को 1926 तक ही मिल पाया और इसके बाद जिग्मे वांगचुक ने सत्ता ग्रहण की। इस दौरान भूटान ने स्वतंत्र भारत के साथ एक अन्य महत्वपूर्ण समझौता किया। भारत ने 1947 की अपनी आजादी के बाद भूटान को एक स्वतंत्र राष्ट्र के रूप में मान्यता प्रदान की और आगे चलकर भारत ने भूटान के साथ 1949 में 'भारत–भूटान मैत्री संधि' कर ली। 1949 की भारत–भूटान सन्धि के बारे में जाना जाये तो इस सन्धि ने भारत–भूटान के संबंधो को एक पक्षीय न होकर द्वि–पक्षीय सम्बन्धो का स्वरूप प्रदान किया। 1910 व 1949 की सन्धि का यदि तुलनात्मक विश्लेषण किया जाय तो यह बात पता चलती है कि भारत सरकार ने अंग्रेजो की अपेक्षा भूटान का अन्तर्राष्ट्रीय दर्जा ऊपर उठाया। 1949 की संधि में भूटान नरेश को 'महाराज' से ड्रक ग्यालपो पद प्रदान किया।[13]

दूसरे राजा की मृत्यु के बाद जिग्मे दोर्जी वांगचुक तीसरे शासक बने। उन्होंने भी भारत के साथ मधुर संबंध बनाने की तरफ ध्यान दिया। इस दौर में भूटान तथा भारत के शासक वर्ग के बीच व्यक्तिगत संबंध भी उभरे। जिसने दोनों देशों के बीच संबंधो को एक नयापन दिया। इस बीच भूटान के तीसरे राजा ने भारतीय प्रधानमंत्री नेहरु व उनकी बेटी इंदिरा गांधी को 1958 में भूटान आने का निमन्त्रण दिया था। इस अवसर पर प्रधानमंत्री नेहरु ने घोषणा की कि भूटान पर आक्रमण को भारत पर आक्रमण समझा जाएगा। सामान्य स्तर पर भारत और भूटान के द्वि–पक्षीय कुटनीतिक संबंध 1968 में शुरू हुए। जब भारत सरकार द्वारा भूटान के साथ आधिकारिक राजनयिक संबंधो को विकसित किया गया। साथ ही 14, मई 1968 दूतावास की स्थापना की। इसे इण्डिया हाउस के नाम से जाना जाता था।[14] 1960 के दशक में भूटान ने अपने यहां आधुनिकीकरण की प्रक्रिया को स्थापित किया। भूटान इसी समय 1962 में कोलम्बो प्लान से जुड़ा। इससे भूटान को दक्षिण–पूर्वी

एशिया के देशों के प्रशिक्षण और तकनीकी सहयोग प्राप्त हुआ तथा इसी दौरान पहली पंचवर्षीय योजना 1961 में तैयार हुई।[15]

दोरजी वांगचुक की मृत्यु के बाद भूटान के चौथे नरेश के रूप में जब जिग्मे सिंग्ये वांगचुक सत्ता में आया तो इसने भूटान और भारत के बीच संबंधो का नया अध्याय शुरू हुआ तथा इस समय अपने सकल राष्ट्रीय उल्लास के प्रतिमान को विश्व में मिशाल के रूप में स्थापित किया। भूटान के इस नवनियुक्त नरेश ने भूटान को स्वतंत्र राष्ट्र के रूप में देखने के लिए इस देश के लिए बेहतर अवसरों की तलाश पर बल दिया और फलस्वरूप 1980 में भूटान ने भारत से स्वतंत्र होने की इच्छा व्यक्त की। इसी काल में भूटान बाहरी विश्व से जुड़ना शुरू हुआ।

भारत-भूटान सन्धि, 1949

भारत और भूटान के बीच इस संधि की शुरुआत 8 अगस्त 1949 तब होती है, जब इन दोनों देशों ने इस मित्रता व सहयोग संधि पर हस्ताक्षर कर दिए। यह संधि 1910 की पुनाखा संधि का ही विस्तारित रूप था। उस समय ब्रिटिश भारत मौजूद था। इस समय भूटान की विदेश नीति को ब्रिटिश भारत ने अपने हाथों में ले रखा था। भारत जब आजाद हुआ, तो इस संधि की जगह 1949 की मित्रता संधि ने ले ली। इस संधि में भी वहीं धारा जारी रही कि ब्रिटिश भारत की तरह ही भूटान अपने विदेशी संबंधी मामलों में भारत की सलाह लेगा। यह संधि भूटान की रक्षा के लिए भारत को उत्तरदायित्व प्रदान करती है। भारत-भूटान संधि के अनुच्छेद-2 के अन्तर्गत भारत सरकार ने यह पवित्र उत्तरदायित्व ग्रहण किया है कि वह भूटान के आंतरिक मामलों में हस्तक्षेप नहीं करेगा और दूसरी तरफ भूटान सरकार अपनी ओर से अपने विदेश-सम्पर्क में भारत सरकार की सलाह द्वारा निर्देशित होना स्वीकार करती है।[16] इस सन्धि में मूलतः 10 अनुच्छेद थे। भूटान को विदेशी संबंधो का निर्धारण न करने की स्वतंत्रता भूटान ने इसलिए ग्रहण नहीं की कि 1949 में चीन के सभी भू-भागों पर साम्यवादी शासन की स्थापना हो गई थी। जिसके चलते भारत और भूटान पर साफ खतरा महसूस किया जा रहा था। इसी कारणवश दोनों देशों ने सहयोगात्मक रवैया अपनाते हुए एक-दूसरे के हित में निर्णय ले लिया और भूटान ने अपनी सुरक्षा को निर्धारित करते हुए विदेश-संबंध निर्धारण में भारत के अधीन रहना ही उचित समझा। जैसे-जैसे भूटान विकास की गतिविधियों की तरफ बढ़ने लगा तथा भूटान जब थोड़ा कूटनीतिक तथा अपने स्वयं के सुरक्षात्मक मानकों को स्थापित करने में सक्षम हो गया तो इस संधि का दोनों देशों द्वारा 2007 में संशोधन किया गया।

भारत-भूटान सन्धि, 2007

समय के परिवर्तन के साथ 1949 की भारत-भूटान सन्धि में परिवर्तन किया गया। दोनों देशों के बीच मैत्री और सहयोग की सन्धि जिस पर 1949 में हस्ताक्षर किये गए थे, को आधुनिक रूप दिया गया और 2007 में भूटान के महामहिम जिग्मे खेसर नामग्याल वांगचुक की भारत यात्रा के दौरान इस पर हस्ताक्षर किए गए। यह संधि भावी विकास पर बल देती है। जिसमें भूटान की नई जरूरतों को शामिल किया गया। इस संधि ने द्विपक्षीय रिश्ते के आधुनिकीकरण एवं रुपांतरीकरण में बहुत बड़ी भूमिका निभायी है। यह संधि भूटान की आवश्यकता एवं प्राथमिकता के अनुसार उसे प्रबंधित करने के लिए भूटान के बाहरी संबंध को नई दिल्ली से स्वतंत्र करती है, लेकिन इस देश की सुरक्षा की देखरेख आज भी भारत के जिम्मे है। इस संधि के अनुसार, दोनों देशों के बीच निरंतर शांति और मित्रता रहेगी (अनुच्छेद-2)। यह भारत द्वारा भूटान के आंतरिक मामलों में हस्तक्षेप न किये जाने को सुनश्चित करती है। यह इस बात की व्यवस्था करती है कि दोनों में से कोई भी सरकार एक-दूसरे की राष्ट्रीय सुरक्षा एवं हितों को हानि पहुँचाने वाली किसी भी गतिविधि के लिए अपनी भूमि का इस्तेमाल करने की इजाजत नहीं देती (अनुच्छेद-2)। यह संधि भूटान व भारत सरकार के बीच मुक्त व्यापार एवं वाणिज्य की व्यवस्था प्रदान करती है तथा भूटान के आयातों को भारत में जहां कहीं भी शुल्क मुक्त होने की विशेष स्थिति बनाती है (अनुच्छेद-3)।[17]

इसके अलावा, यह संधि दोनों देशों के नागरिकों के लिए समान न्याय को सुनश्चित करती है तथा दोनों देश शरण मांगने वाले अपराधियों के प्रत्यर्पण की भी व्यवस्था करती है।[18] यह सन्धि व्यापार तथा आर्थिक सहयोग, पनबिजली, सतत विकास, सांस्कृतिक एवं नागरिकों के बीच संपर्क जैसे द्विपक्षीय मित्रता के सभी क्षेत्रों में भारत-भूटान रिश्ते में तीव्रता लाने का एक मंच प्रदान करती है।

भारत-भूटान संबंधः उतार-चढ़ाव का दौर

भूटान अपनी अन्तर्राष्ट्रीय पहचान बनाने की लालसा में लगा हुआ था। उसने कई देशों से कूटनीतिक संबंध स्थापित किये। 1971 में ही भारत और भूटान के बीच औपचारिक रूप से कुटनीतिक संबंध स्थापित हुए। भूटान के थिम्फु में अभी दो ही देशों—भारत व बांग्लादेश के दूतावास स्थापित है। 1971 में भूटान को संयुक्त राष्ट्र संघ की सदस्यता प्राप्त हुई, जिसमें भारत ने भी सदस्यता हेतु सहायता की। 1982 में इस देश ने विश्व स्वास्थ्य संगठन तथा यूनेस्को की सदस्यता ग्रहण की। आज भूटान 45 से ज्यादा अन्तर्राष्ट्रीय संगठनो का सदस्य बना हुआ है। भारत की

तरह ही भूटान भी शान्ति व निशस्त्रीकरण पर जोर देता है। भूटान ने एन. पी. टी पर 1985 में हस्ताक्षर कर दिए थे लेकिन यह कहना मुश्किल है कि यह कदम भारत की इच्छा के विरुद्ध था या भारत की अनुमति इस मुद्दे पर थी। भूटान धीरे-धीरे भारत के प्रति अपना दृष्टिकोण बदल रहा था। भूटान जो इस समय कदम उठा रहा था वह अधिकतर अब भारत विरोधी कदम ज्यादा उठने लगे थे। एक उदहारण तब देखने को मिला जब संयुक्त राष्ट्र की साधारण सभा में भूटान ने पाकिस्तान के प्रस्ताव का समर्थन किया और यह समर्थन भारत के विरोध में गया। पाकिस्तान ने सुझाव रखा था कि दक्षिण एशिया क्षेत्र आणविक दृष्टि से मुक्त क्षेत्र घोषित हो जबकि भारत ने इसका विरोध किया था।[19] 1979 के हवाना के गुट-निरपेक्ष शिखर सम्मेलन में भूटान ने कंपूचियाई मुद्दे पर भारत का विरोधी पक्ष लिया था। अफगानिस्तान में सोवियत सैनिको की मौजूदगी के सवाल पर भी भूटान ने कड़ी आपत्ति जताई थी। इसके पीछे का मकसद यह था की भूटान विश्व बिरादरी को यह संदेश देना चाहता था कि भूटान एक संप्रभु देश है, वह अपने निर्णय भारत से स्वतंत्र होकर ले सकता है।

2008 में जब जिग्मे वाई थिनले देश के पहले निर्वाचित प्रधानमंत्री बने, उसके बाद से भूटान की नई सरकार का रुख बदलने लगा। पिछले साल 2012 के जून में जब ब्राजील में थिनले और चीन के प्रधानमंत्री वेन चियाबाओ की भेंट हुई तो भारत सकते में आ गया क्योंकि उसे इसके बारे में कोई पूर्व जानकारी नहीं थी। जब भूटान सरकार की एक प्रेस विज्ञप्ति में कहा गया कि इस भेंट के दौरान संयुक्त राष्ट्र सुरक्षा परिषद में भूटान की गैरस्थायी सदस्यता के बारे में चर्चा हुई और चीन सरकार की प्रेस विज्ञप्ति में कहा गया कि भूटान चीन के साथ शीघ्र से शीघ्र औपचारिक राजनयिक संबंध स्थापित करना चाहता है, तो भारत को आश्चर्य हुआ। इसका सीधा अर्थ था, भूटान चीन के नजदीक तो नहीं जा रहा है। अगर ऐसा होता है तो भारत के लिए यह ठीक नहीं होगा।

भारत-भूटान संबंध : वर्तमान परिप्रेक्ष्य

2008 के कालखंड में जब भूटान आनुवांशिक राजतन्त्र से लोकतांत्रिक संवैधानिक राजतंत्र की तरफ बढ़ा तो इस स्थिति ने यह तय कर दिया कि अब भूटान अन्य देशों की तरह ही तीव्र गति से आगे बढ़ने की तरफ तैयार हो चुका है। जब भूटान ने लोकतन्त्र के रास्ते पर कदम बढ़ाने का फैसला लिया था, तो भारत ने 1949 की मैत्री संधि की समीक्षा करते समय उसमें से यह प्रावधान हटा दिया कि अन्य देशों के साथ संबंध कायम करते समय भूटान भारत से मार्गदर्शन लेगा। लेकिन भारत को यह उम्मीद जरूर रही कि भूटान अपनी विदेश नीति का संचालन करते

समय भारतीय सरोकारों और चिंताओं को ध्यान में रखेगा और उसकी जानकारी के बिना कोई महत्वपूर्ण कदम नहीं उठाएगा।

भारत और भूटान नियमित रूप से उच्चस्तरीय दौरे, करीबी परामर्श, आपसी सहयोगभरा वातावरण बनाये रखते है। 2005 के भारतीय गणतन्त्र दिवस समारोह के दौरान भूटान के चौथे राजा जिग्मे सिंग्ये वांगचुक मुख्य अतिथि थे और 2005 व 2006 में उन्होंने द्वि-पक्षीय वार्ता के लिए दौरा किया था। इस बीच आगे भूटान के युवा नरेश खेसर नामग्येल वांगचुक ने फरवरी 2007 में भारत का दौरा किया था। भूटान और भारत के इतने ख़ास संबंध है कि जिस समय भूटान नरेश खेसर नामग्याल वांगचुक और उनकी पत्नी रानी जेतसुन पेमा वांगचुक ने अपने शाही विवाह के बाद पहली विदेश यात्रा के लिए 23-31 अक्टूबर, 2011 को भारत देश को ही चुना तथा आगे 26 जनवरी 2013 को भारत के गणतन्त्र दिवस पर भारत ने भूटान नरेश जिग्मे खेसर नामग्याल वांगचुक को मुख्य अथिति के रूप में आमंत्रित किया। भारत और भूटान के इतने ख़ास संबंध रहे हैं कि दोनों देश ही एक दूसरे को नजर-अन्दाज नहीं कर सकते। भारत के लिए भूटान कूटनीतिक तथा सामरिक सुरक्षा के लिए एक अहम देश की भूमिका में रहा है। इसलिए भारत की पहले पड़ोस नीति बिना भूटान के पूरी नहीं हो सकती।

भारत में केंद्र सरकार की 16 वीं लोकसभा के गठन के बाद दोनों देशों के बीच मजबूत संबंधो का निर्माण किया गया। इस नई भारत सरकार का गठन प्रधानमंत्री श्री नरेन्द्र मोदी के नेतृत्व में हुआ और इस समय भारत के प्रधानमंत्री ने अपनी पहली विदेश यात्रा के रूप में 'पहले पड़ोस नीति' के तहत भूटान को ही चुना। यह अवसर जून, 2014 का था, जब प्रधानमंत्री नरेंद्र मोदी ने भूटान की यात्रा की। इस समय प्रधानमंत्री मोदी के साथ भारत की विदेश मंत्री सुषमा स्वराज, राष्ट्रीय सुरक्षा सलाहकार अजीत डोवल, विदेश सचिव श्रीमती सुजाता सिंह तथा अन्य भारत सरकार के उच्च्व अधिकारी थे। जिन्होंने सफल भूटान राज्य यात्रा की। इस दौरान प्रधानमंत्री मोदी ने बी 4 बी अर्थात 'भूटान फॉर भारत, भारत फॉर भूटान' का नारा दिया। उन्होंने भारत में शिक्षा ग्रहण कर रहे भूटानी छात्रों के लिए नेहरू-वांगचुक छात्रवृति को दोगुना करते हुए प्रति वर्ष 20 मिलियन रूपये करने का ऐलान किया। भारत ने अभी हाल ही में भूटान को सड़क परिवहन से जोड़ने के लिए भी पहल की है लेकिन शुरू में भूटान ने इस परियोजना का स्वागत किया था लेकिन अब वह इसके लिए मना कर रहा है। इस योजना का नाम बांग्लादेश, भूटान, भारत व नेपाल के बीच मोटर वाहन समझौता (बीबीआईएन) है। वर्ष 2015 में बांग्लादेश, भूटान, भारत और नेपाल ने मिलकर बीबीआईएन समझौते पर हस्ताक्षर किये थे।

इस समझौते का उद्देश्य चारों देशों के आपसी संबंधों को मजबूती प्रदान करना तथा वैश्विक स्तर पर अपनी स्थिति में सुधार करना था। इन चारों देशों ने अपने व्यापार को बढ़ावा देने के लिये एक-दूसरे के राजमार्गों पर अपने ट्रकों और वाणिज्यिक वाहनों की मुक्त आवाजाही को स्वीकृति प्रदान की थी। लेकिन अब भूटान ने अन्य तीन देशों ने इस संधि को अनुमोदित कर दिया है लेकिन भूटान की शाही सरकार अनुमोदन की आंतरिक प्रक्रिया पूरी करने तथा घरेलू पक्षों द्वारा उठायी गयी चिंताओं को दूर किए बिना इस समझौते का अनुमोदन नहीं कर सकती। क्योंकि भूटान में विपक्षी दल तथा अन्य असैन्य समूह मान रहे हैं कि ट्रकों की आवाजाही से वाहन प्रदूषण बढ़ने और पर्यावरण का नुकसान ज्यादा होगा।[20] इसलिए अभी भूटान के लिए इस समझौते में शामिल होना सहज नहीं होगा। संभव है कि इस समझौते को लेकर भूटान का विरोध इसलिये है क्योंकि वर्तमान में भारत, नेपाल और बांग्लादेश में ट्रकों से होने वाले प्रदूषण का स्तर काफी ऊँचा है।

आर्थिक संबंध

भूटान शुरू से ही आर्थिक रूप से भारत पर निर्भर देश रहा है। इसके संसाधनो का अधिकतर हिस्सा भारत के सहयोग से ही प्राप्त होता रहा है। भूटान अपने क्षेत्रीय और अंतर्राष्ट्रीय व्यापार के लिए काफी हद तक भारत पर निर्भर करता है। भूटान की अर्थव्यवस्था कृषि पर आधारित है, आबादी के 80 फीसदी को इसी से जीविका मिलती है। इसके अलावा इसकी अर्थव्यवस्था वन्य उत्पादों, चुक्का हाईड्रोइलेक्ट्रिक पावर के लिए पर्यटन, हस्तशिल्प खासकर बुनाई, सीमेंट उद्योग काष्ठ उत्पाद, एल्कोहलिक पेय आदि पर निर्भर है। भूटान में दो ऐसे मुख्य क्षेत्र आज है जिसके कारण भूटान का रोजगार प्राप्त होता है वह है—टूरिज्म व हाईड्रो शक्ति ऊर्जा क्षेत्र है। आज भूटान 7.6 के सकल घरेलू उत्पात वाला देश है। "अंतर्राष्ट्रीय मुद्राकोष (आईएमएफ) ने अनुमान जताया है कि 2017-18 के दौरान भूटान की वृद्धि दर 11 प्रतिशत रहेगी क्योंकि देश ने हाल के वर्षों में उल्लेखनीय आर्थिक प्रगति की है। आईएमएफ ने भूटान के साथ सालाना परामर्श के निष्कर्ष में कहा— पनबिजली परियोजनाओं के निर्माण और नए पनबिजली संयंत्रों के शुरू होने और घरेलू सेवाओं में ठोस वृद्धि के मद्देनजर देश की आर्थिक वृद्धि दर 2016-17 के दौरान 6.4 प्रतिशत और 2017-18 में 11 प्रतिशत रहने का अनुमान है।[21]

भारत-भूटान के बीच व्यापार पारगामी संधि 1972 के 1982 में समाप्त होने के बाद व्यापार और वाणिज्य पर एक समझौता 27 दिसंबर 1983 को हस्ताक्षर किया गया था और अप्रैल 1984 में यह प्रभावी हुआ था। इसके बाद व्यापार और वाणिज्य

पर एक नया पंचवर्षीय (1990-95) समझौता मार्च 1990 में हस्ताक्षर किया गया और इसने दोनों देशों के बीच मुक्त व्यापार पद्धति की स्थापना की। भारत ने 1995 में फिर से द्वि-पक्षीय व्यापार समझौते पर हस्ताक्षर किए जिसमें दोनों देशों के बीच मुक्त व्यापार की व्यापक रुपरेखा तय की गई थी। भारत भूटान को कोलकाता और हल्दिया बन्दरगाहों तक परिवहन की सुविधा उपलब्ध कराता है।[22]

भूटान अपने आयात का 60 प्रतिशत हिस्सा भारत से मंगाता है और करीब 80 प्रतिशत अपने निर्यात का उसे बेचता है। इस प्रकार यह दिखाता है कि भूटान, भारत पर किस प्रकार पर निर्भर है। अन्तर्राष्ट्रीय विश्लेषकों के बीच यह चर्चा का विषय बनता रहता है कि भूटान बेशक अपने विदेशी संबंधो में निर्णय-निर्माण में आत्मनिर्भर बन रहा है लेकिन आर्थिक मामलों में अभी भी वह भारत को नजरअंदाज नहीं कर सकता। 1961 में भूटान ने अपने यहां पहला पंचवर्षीय कार्यक्रम शुरू किया था और इस बीच जो पहली दो पंचवर्षीय योजनायें थीं वह पूर्ण रूप से भारत सरकार द्वारा ही फंड की गई थी। दिन-प्रतिदिन भूटान के विकास हेतु बनी इन योजनाओं में भारत की हिस्सेदारी बढ़ती जा रही थी। इससे संबंधित सारणी संख्या 1: देखी जा सकती है। यद्यपि भूटान को संयुक्त राष्ट्र संघ व अन्य विदेशी सहायकों द्वारा आर्थिक मदद मिल रही थी लेकिन भारत इन सब में मुख्य आर्थिक फंडिंगकर्ता देश था। कुछ दशकों से भारत ने भूटान के सामाजिक क्षेत्र के रूप में शिक्षा तथा मानव संसाधन विकास, स्वास्थ्य, हाईड्रो शक्ति विकास, कृषि तथा सड़क आदि क्षेत्रो के लिए आर्थिक सहायता प्रदान की है तथा आज भी कर रहा है।[23]

सारणी : 1 भूटान के पंचवर्षीय कार्यक्रम में भारत द्वारा दी गई आर्थिक सहायता (फण्ड)

पंचवर्षीय कार्यक्रम	कुल आबंटन	भारत द्वारा दिया गया योगदान	भारत द्वारा दिया गया योगदान (%) में
1961-66 (पहली योजना)	10.72	10.72	100%
1966-71 (दूसरी योजना)	10.72	10.72	100%
1971-76 (तीसरी योजना)	47.52	42.66	90%
1976-81 (चौथी योजना)	1,10.62	85.30	77%

पंचवर्षीय कार्यक्रम	कुल आबंटन	भारत द्वारा दिया गया योगदान	भारत द्वारा दिया गया योगदान (%) में
1981–87 (पांचवी योजना)	4,44.05	134.0	30.2%
1987–92 (छठी योजना)	9,50.00	4,00.00	42.1%
1992–97 (सांतवी योजना)	23,50.00	7,50.00	31.9%
1997–02 (आठंवी योजना)	4000.00	1050.00	26%
2002–08 (नवी योजना)	8900.00	2610.14	29.33%
2008–13 (दंसवी योजना)	14800.00	3400.00	23%
2013–18 (ग्यारवी योजना)	6600.00	4500.00	68%

स्त्रोत : http21837//www.indianembassythimphu.bt/goi_assistance.html

(करोड़ रुपयों में)

जल–विद्युत परियोजनाएं संबंधी सहयोग

भारत आज यह चाहता है कि वह भूटान में जल–विद्युत में निवेश कर बिजली निर्माण करने में पूर्ण निर्भरता हासिल कर सके। भूटान में प्रवाहित नदियों पर बांध द्वारा पैदा की जाने वाली जल–विद्युत ऊर्जा भारत–भूटान सबंधो के बीच आधार है। भूटान को अपने विशाल जल संसाधनों के दोहन के लिए जल–विद्युत ऊर्जा परियोजनाओं को स्थापित करते हेतु भारत ने अपनी सहायता बढ़ाई है। भारत भूटान से अप्रदूषित अतिरिक्त ऊर्जा का आश्वासन हासिल कर रहा है जबकि भूटान बदले में अपने सामाजिक–आर्थिक विकास के लिए स्थाई आर्थिक राजस्व हासिल कर रहा है। कुल 1,416 मेगावाट ऊर्जा वाली चुखा (1986–87), कुरिचु (2001–02) तथा तला (2006–07) नामक तीन परियोजनाए पहले से ही चालु है तथा ये भारत को ऊर्जा की आपूर्ति प्रदान करते हैं। कुल 2940 मेगावाट वाली तीन जल–विद्युत परियोजनाये, क्रमशः पुनातसंगचु–1 तथा पुनातसंगचु–2 तथा मंगदेहचु जल–विद्युत निर्माणाधीन हैं। मई 2014 में नरेन्द्र मोदी की भूटान यात्रा के दौरान दोनों सरकारों ने 2020 तक भारत द्वारा कम से कम 10,000 मेगावाट वाली जल–विद्युत ऊर्जा की खरीद के लक्ष्य को पूरा करने के प्रति अपनी प्रतिबद्धता को दोहराया है तथा इस उद्देश्य के लिए 10 जलविद्युत परियोजनाओं को चिन्हित किया हैं। प्रधानमंत्री

ने भारत और भूटान के बीच 600 मेगावाट खोलोंगचु जल-विद्युत परियोजना के एक संयुक्त उद्यम का शिलान्यास किया है।[24] इसी 2020 के अपने महत्वाकांक्षी लक्ष्य को पूरा करने के लिए भारत ने भूटान में अपने जल-विद्युत संबंधी निवेश के लिए वित्तीय साधन जुटाने के उद्देश्य से एक नये "संयुक्त-उद्यम" (JV) मॉडल का प्रस्ताव किया है। जेवी मॉडल भारत और भूटान दोनों ही देशों में सार्वजनिक क्षेत्र के उपक्रमों के बीच एक ऐसी भागीदारी है, जिसमें 70 प्रतिशत वित्त कंपनी ऋण के रूप में लिया जाएगा और 30 प्रतिशत भारत से प्राप्त इक्विटी के रूप में। आरंभ में पिछले योगदान को दोनों ही देशों के बीच बराबर बाँटने का निर्णय किया गया था, लेकिन भूटान के इंकार करने पर भारत ने भूटान का 15 प्रतिशत हिस्सा भी सद्भावना के रूप में देने पर अपनी सहमति दे दी। इस जेवी मॉडल के अंतर्गत इस समय दस परियोजनाएँ चल रही हैं।[25]

दूसरा मॉडल सार्वजनिक-निजी भागीदारी (PPP) के रूप में प्रस्तावित किया गया है। दगच्छु परियोजना भारत के टाटा पावर लि., भूटान की डीजीपीसी लि. और भूटान की राष्ट्रीय पेंशन व भविष्य निधि का एक संयुक्त उद्यम है और पनबिजली विकास के लिए भूटान की पहली सार्वजनिक-निजी भागीदारी (PPP) परियोजना है। सह-वित्तपोषक भागीदारों में शामिल हैं—एशिया विकास बैंक, ऑस्ट्रिया का रैफ़ेसन बैंक और एनपीपीएफ़, जिसके कारण सच्चे अर्थों में यह एक बहु-हितधारक (मल्टी-स्टेकहोल्डर) पहल है। इसी भागीदारी के कारण टाटा पावर लि. की एक कंपनी टाटा पावर ट्रेडिंग कंपनी दगच्छु परियोजना से उत्पन्न बिजली को भारत के ऊर्जा बाज़ार में बेच पाएगी। इस प्रकार पीपीपी मॉडल भारत को एक अवसर प्रदान करता है, जिसके कारण वह भूटान में उत्पन्न पनबिजली विकास में पूरी तरह अपने साधनों पर निर्भर रहते हुए सहयोग प्रदान कर सकता है। उक्त उदाहरणों से यह स्पष्ट है कि विभिन्न प्रकार के परिष्कृत वित्तीय साधन किसी भी प्रकार की राजनीतिक शर्तबंदी से बँधे हुए नहीं हैं। यही कारण है कि भारत भूटान को बिजली उत्पन्न करने के लिए इस प्रकार से भुगतान कर पा रहा है ताकि वह अपनी अर्थव्यवस्था को भी सुधार सके। इसके बदले भूटान भारत को बिजली बेचकर राजस्व कमा सकता है और इसके साथ ही व्यापार असंतुलन की प्रतिकूल स्थिति को भी ठीक कर सकता है। इससे यह स्पष्ट होता है कि भूटान के साथ भारत की ऊर्जा संबंधी भागीदारी दक्षिण-दक्षिण सहयोग के मूल सिद्धांतों के अनुरूप है।[26]

सुरक्षा के आईने में भारत-भूटान सम्बन्ध

भारत देश भूटान को तवज्जों देना इसलिए नहीं छोड़ सकता क्योंकि भारत की आंतरिक सुरक्षा के लिए इस देश का सहयोग बहुत आवश्यक हो जाता है। भारत का उतर-पूर्वी भाग इस मायने में तब ख़ास हो जाता है जब यहां के अलगाववादी आतंकी उपद्रव मचाने हेतु भूटान की भूमि का इस्तेमाल छिपने-छिपाने व प्रशिक्षण के लिए करते है। इस संबंध में भूटान सरकार ने समय आने पर भारत के प्रति सहयोग का परिचय दिया है। देश के उत्तर-पूर्वी छौर पर मौजूद भूटान ऐसा राष्ट्र है, जिसकी विदेश और रक्षा नीति का संचालन भारत करता है—सभी दिशाओं में विभिन्न देशों से घिरे होने के कारण दुनिया से संपर्क साधने का भी इसका एकमात्र जरिया भारत ही है।

भारत के सुरक्षा परिवेश में यह देश चीन और हमारी सीमा के बीच 'बफर राज्य' के रूप में अवस्थित है। भूटान से राजनयिक संबंध नहीं होने के बावजूद चीन उसकी भौगोलिक स्थिति का लाभ उठाकर अरुणाचल प्रदेश सहित भारत के तमाम उत्तर-पूर्वी राज्यों पर अपनी लगाम कसना चाहता है। भूटान की उत्तरी सीमा को लेकर चीन से उसका विवाद चल रहा है, जिसे सुलझाने के लिए ढाई दशकों से दोनों के बीच बातचीत चल रही है। भूटान की इस उत्तरी सीमा का पश्चिमी भाग सिक्किम से लगा है, जबकि पूर्वी इलाका अरुणाचल प्रदेश से मिलता है। चीन इन दोनों इलाकों को हथियाने के चक्कर में है और इसकी एवज में वह भूटान की सीमा का मध्यवर्ती क्षेत्र देने की पेशकश कर रहा है। दूसरी तरफ भारत इस सौदेबाजी के बिलकुल खिलाफ है और भूटान का चीन के प्रति नरम रुख हमारी चिंता को और बढ़ा रहा है। भूटान को प्रभावित करने के लिए चीन अपना वाणिज्य दूतावास भी वहां खोलने का दबाव बना रहा है। अतः भारत के लिए चिंता के बादल मंडराना लाजमी ही है।

भारत का उत्तरी-दक्षिणी क्षेत्र सुरक्षा के मायने में बहुत अहम है। यही कारण है आज भारत को भूटान की सुरक्षा ज्यादा जरूरी है। इस बीच अगर भूटान सुरक्षित होगा तो भारत की सीमाए सुरक्षित रह पायेगी। भूटान ने 2003 में दक्षिणी भूटान से युनाइटेड लिबरेशन ऑफ असम (उल्फा), बोड़ो विद्रोहियों तथा कामतापुर लिबरेशन आर्गेनाइजेशन (केएलओ) के शिविरों को ध्वस्त करने के लिए ऑपरेशन ऑल क्लियर चलाया था।[27] भारतीय सेना की सहायता से भूटान ने इस अभियान में लगभग 30 शिविरों को नेस्तानाबूद कर दिया था। भूटान की भूमि पर

बने इन शिविरों का इस्तेमाल भारत के उत्तर-पूर्वी भाग को अस्थिर करने के लिए किया जाता रहा था। तत्कालीन प्रधानमंत्री अटल बिहारी वाजपेयी ने 12 वें सार्क शिखर सम्मेलन के दौरान भूटान द्वारा देश से भारतीय चरमपंथियों को खदेड़ने की कार्यवाही की 'पड़ोस की सुरक्षा चिंताओं के प्रति संवेदनशीलता का असाधारण उदहारण' बताया।[28] बांग्लादेश के अलावा, भूटान ही वह देश है, जिसने भारत के विरुद्ध आक्रमणकारियों के खिलाफ मजबूत कार्यवाही की है। इस बीच प्रधानमंत्री मोदी ने भूटान दौरे के दरम्यान आश्वासन दिया कि बहुत जल्द ही पश्चिम बंगाल और उत्तरी राज्यों में सक्रिय भारत विरोधी विद्रोहियों के सफाये के लिए एक अभियान छेड़ा जायेगा[29] और इसका जवाब 2016 में दिया गया जब भूटान ने भारत के साथ मिलकर उत्तर-पूर्वी सीमा पर विद्रोहियों को खदेड़ा।

भारत व भूटान के बीच मानव-सुरक्षा सबंधित मुद्दे भी उभरते रहे हैं जो समय-समय पर दोनों देशों के बीच संबंधो में तनाव का कारण बने हैं। एक मुद्दा इसमें मानव व्यापार का है। सामान्यतया अपनी पारम्परिक पहचान व संस्कृति बनाए रखने के लिए भूटान में होने वाले मानव तस्करी की खबरों को दफना दिया जाता हैं परन्तु भारत-भूटान पर मानवाधिकार उल्लंघन के व्यापार की तादाद काफी बड़ी है। व्यापक रूप से भूटान, भारत और नेपाल जैसे देशों के लिए महिलाओं की तस्करी की आपूर्ति करने वाला देश है न कि इसका लक्ष्य देश। भूटानी महिलाए अक्सर तस्करी द्वारा पहले भारत लाई जाती हैं, फिर यहां से वे अन्य बड़े देशों में भेजी जाती है।[30] दोनों देशों की सरकारों ने इस मानव व्यापार की समस्या को कभी भी भविष्य के लिए बड़ी समस्या के रूप में विचार नहीं किया।

निष्कर्ष

भारत और भूटान के बीच जो संबंध रहे हैं, वह ऐतिहासिक नजरिये से मधुर रहे है। लेकिन जैसे-जैसे भूटान आधुनिकता के मार्ग पर अग्रसित हुआ है, भारत और भूटान के बीच सम्बन्धो में खीच-तान देखने को मिली है। लेकिन हमें यह नहीं भूलना चाहिए कि भारत और भूटान के बीच अगर कुछ मसलों पर नाराजगी रहती है तो दोनों देशों आने वाले दिनों में साथ-साथ खड़े नहीं हो पाएंगे। भारत के उत्तर-पूर्वी भाग में चरमपंथियों को नियंत्रित करने में भूटान ने भारत का हमेशा से ही साथ दिया है। आज भूटान चाहता है कि वह दुनिया से जुड़कर अपनी कोई ख़ास पहचान बनाये। यहीं कारण है कि भूटान आज विदेश नीतियां निर्धारित करते समय

आत्म–निर्णय प्रक्रिया का इस्तेमाल करता है। भारत को चिंता केवल चीन की भूटान की तरफ चहलकदमी को लेकर रहती है, कहीं यह छोटा सा देश चीन की तरफ ना चला जाए। हालांकि भारत ने कई बार ऐसा भी महसूस किया है कि भूटान कई बार चीन की नीतियों का समर्थन करता है जबकि भारत भूटान के विकास में बहुत बड़ा योगदान देता आया है। लेकिन सब कुछ होने के बाद भी भारत और भूटान के बीच संबंधो के प्रति वैश्विक मुद्दों पर अधिकतर सहयोग देखने को मिला है। अगर इसी प्रकार का सामूहिक सहयोग दोनों देशों के बीच देखने को मिलता रहा तो यह भारत की सुरक्षा तथा भूटान के आधुनिकीकरण व विकास के लिए लाभदायक होगा।

संदर्भ

1. मिश्रा, आर.सी तथा मीनाक्षी चतुर्वेदी (1996), दक्षिण एशिया में भूटान, राजस्थान : पॉइंटर पब्लिशर्स, पृष्ठ सं. 42
2. रॉयल गवर्नमेंट ऑफ़ भूटान रिपोर्ट (2014), द स्टेटसटीकल येअरबुक ऑफ़ भूटान–2014, नेशनल स्टेटस्टिक्स ब्यूरों, थिम्पू : भूटान पृष्ठ स.16
3. बैनर्जी, अमृता (2011), भारत और भूटान : द्विपक्षीय संबंधो का पुनरीक्षण, नवंबर–दिसंबर, वर्ल्ड फोकस : नई दिल्ली. पृष्ठ स. 80
4. इस पर देखे, उपरेती, बी.सी. (2004),भूटान : डाईलमा ऑफ चेंज इन ए हिमालयन किंगडम, कलिंगा पब्लिकेशंस : दिल्ली
5. मोरिस, सी. जे. (1935), ए जर्नी इन भूटान, द जियोग्राफिकल जर्नल, वोल्यु. 86, न. 03, ब्लैकवेल पब्लिशिंग
6. बैनर्जी, अमृता (2011), भारत और भूटान : द्विपक्षीय संबंधो का पुनरीक्षण, नवंबर–दिसंबर, वर्ल्ड फोकस : नई दिल्ली. पृष्ठ स. 81
7. मिश्रा, आर.सी तथा मीनाक्षी चतुर्वेदी (1996), दक्षिण एशिया में भूटान, राजस्थान : पॉइंटर पब्लिशर्स.पृष्ठ स.45
8. सिंह, नागेन्द्र (1975), भूटान : हिमालय की गोद में स्थित एक राज्य, रिसर्च पब्लिकेशन इन सोशल साइंस, दिल्ली.
9. इस पर देखे वही, नागेन्द्र :1975. पृष्ठ स. 19
10. खरात, राजेश (2008), इंडो–भूटान रिलेशन : स्ट्रेटेजिक प्रेस्पेकटिव, इन संपादित पुस्तक के.वरिकू, हिमालयन फ्रंटियर ऑफ इंडिया : हिस्टोरिकल, जिओपॉलिटिकल एंड स्ट्रेजिक प्रैसपेक्टिव, रुत्लिज कन्टेम्परेरी साउथ एशिया सीरीज पब्लिकेशन, पृष्ठ.स.138
11. गुप्ता, भाबानी सेन (1999), भूटान : टुवड्र्स ए ग्रासरूट पार्टिसिपेट्री पोलिटी, कोनार्क पब्लिशर्स. पृष्ठ स. 25
12. बैनर्जी, अमृता (2011), भारत और भूटान : द्विपक्षीय संबंधो का पुनरीक्षण, नवंबर–दिसंबर, वर्ल्ड फोकस : नई दिल्ली. पृष्ठ स. 82

13. मिश्रा, आर.सी तथा मीनाक्षी चतुर्वेदी (1996), दक्षिण एशिया में भूटान, राजस्थान : पॉइंटर पब्लिशर्स.पृष्ठ स. 71
14. सेब्सियन, सरिश (2015), पार्लियामेंट्री डेमोक्रेसी इन भूटान : ए जर्नी फ्रॉम ट्रेडीशन टू मोड़रनीटी, अद्रोइट पब्लिकेशन .पृष्ठ स.174
15. बैनर्जी, अमृता (2011), भारत और भूटान : द्विपक्षीय संबंधो का पुनरीक्षण, नवंबर-दिसंबर, वर्ल्ड फोकस : नई दिल्ली. पृष्ठ स. 82
16. सिंह, नागेन्द्र (1975), भूटान : हिमालय की गोद में स्थित एक राज्य, रिसर्च पब्लिकेशन इन सोशल साइंस, दिल्ली. पृष्ठ.स.143
17. अहिरराव, दिनेश (2016), पड़ोसी सबसे पहले : भारत के साथ भूटान तथा मालद्वीप के सम्बन्ध, वर्ल्ड फोकस, नवम्बर. पृष्ठ स.122
18. इस पर देंखे वहीं, 2016 :122
19. मिश्रा, आर.सी तथा मीनाक्षी चतुर्वेदी (1996), दक्षिण एशिया में भूटान, राजस्थान : पॉइंटर पब्लिशर्स, पृष्ठ स. 62 20. इस पर देंखे प्रैस ट्रस्ट ऑफ इंडिया (2017), भूटान ने फिलहाल क्षेत्रीय मोटर वाहन यातायात संधि को अनुमोदित करने में असमर्थता जतायी, सम्बन्धित खबर http21837//bhasha.ptinews.com/news/1582272_bhasha
21. इस पर देंखे दैनिक समाचार-पत्र, बिजनेस स्टैण्डर्ड (2016), आईएमएफ को भूटान की वृद्धि दर 11 प्रतिशत रहने का अनुमान, http21837//hindi.business-standard.com/storypage.php?autono=121271
22. बैनर्जी, अमृता (2011), भारत और भूटान : द्विपक्षीय संबंधो का पुनरीक्षण, नवंबर-दिसंबर, वर्ल्ड फोकस : नई दिल्ली. पृष्ठ स. 85
23. इस पर देंखे रॉयल गवर्नमेंट ऑफ भूटान (2008), भूटान 'स प्रोग्रेस : मिडवे टू द मिलिनियम डवलपमेंट गोलस. उपलब्ध है : http21837//www.undp.org.bt/assets/files/publication/MDG_Midway.pdf
24. अहिरराव, दिनेश (2016), पड़ोसी सबसे पहले : भारत के साथ भूटान तथा मालद्वीप के सम्बन्ध, वर्ल्ड फोकस, नवम्बर. पृष्ठ स.122
25. श्रीनिवास, शशांक और सुप्रिया रॉय चौधरी (2016) भूटान में भारत का पनबिजली निवेश: पर्यावरण पर प्रभाव और सिविल सोसायटी की भूमिका, सेंटर फॉर द एडवांसड स्ट्डी ऑफ इंडिया, यूनिवर्सिटी ऑफ पेंसल्वेनिया- https://casi.sas.upenn.edu/hindi/iit/india%E2%80%99s-hydropower-investments-bhutan-environmental-impacts-and-role-civil-society
26. श्रीनिवास, शशांक और सुप्रिया रॉय चौधरी (2016) भूटान में भारत का पनबिजली निवेश: पर्यावरण पर प्रभाव और सिविल सोसायटी की भूमिका,सेंटर फॉर द एडवांसड स्ट्डी ऑफ इंडिया, यूनिवर्सिटी ऑफ पेंसल्वेनिया- https://casi.sas.upenn.edu/hindi/iit/india%E2%80%99s-hydropower-investments-bhutan-environmental-impacts-and-role-civil-society
27. अहिरराव, दिनेश (2016), पड़ोसी सबसे पहले : भारत के साथ भूटान तथा मालद्वीप के सम्बन्ध, वर्ल्ड फोकस, नवम्बर. पृष्ठ स.124

28. इस पर देखे इंडिया एंड नेबर्स, येरबुक (2005), कन्टेम्परेरी न्यूज एंड फीचर्स (सीएनएफ), नई दिल्ली.पृष्ठ स. 202.
29. इस पर देंखे वहीं पृष्ठ स. 2016 : 124
30. बैनर्जी, अमृता (2011), भारत और भूटान : द्विपक्षीय संबंधो का पुनरीक्षण, नवंबर-दिसंबर, वर्ल्ड फोकस : नई दिल्ली. पृष्ठ स. 86

• • •

10

भारत और मालद्वीप सम्बन्ध

सना सालिम*

परिचय

भारत और मालद्वीप एक दूसरे के साथ जातीय, भाषाई, सांस्कृतिक, धार्मिक संबंधों को साझा करने के साथ-साथ, प्राचीनकाल में डूबी वाणिज्यिक कड़ियाँ और करीबी, सौहार्दपूर्ण और बहु आयामी संबंधों का भी आनंद लेते हैं। मालद्वीप को 1965 में स्वतंत्रता प्राप्ति हुई, इसे एक नए राष्ट्र की पहचान देने के लिए भारत प्रथम देशों में से एक था और इससे राजनयिक संबंध स्थापित करने के लिए पहल की।

मालद्वीप भारत के प्रभावक्षेत्र के भीतर आता है और 1976 में दोनों देशों के बीच समुद्री सीमा के आबंटन पर एक समझौते पर हस्ताक्षर किए गए थे। इसे भारत से सैन्य सहायता भी प्राप्त है जैसे कि, राष्ट्रपति गय्यूम के अनुरोध पर 1988 में 1,600 सैन्य कर्मियों को हमलावर आतंकवादियों के एक घृणा उत्पन्न करने वाले समूह से निपटने के लिए भेजा था।[1]

एक स्थिर, शांतिपूर्ण और समृद्ध देश का निर्माण करने के लिए भारत मालद्वीप के लोगों के प्रयासों का समर्थन करता है। दोनों देशों के सामान सुरक्षा हित हैं, भारत निरंतर दोनों देशों के बीच द्विपक्षीय सहयोग को आगे बढ़ाने के लिए, पारस्परिक लाभ के लिए और सुरक्षा, प्रगति और समृद्धि के लिए, मालद्वीप में काम करने के लिए प्रतिबद्ध है।

भारत ने 1972 में Cd'A के स्तर पर अपने मिशन और 1980 में निवासी उच्चायुक्त की स्थापना की। मालद्वीप ने एक पूर्ण विकसित उच्च आयोग की नवंबर 2004 में नई दिल्ली में स्थापना की, जो कि उस समय के इसके चार दुनिया भर में डिप्लोमैटिक मिशनों में से एक था।[2]

---

* Ph. D. Schlor, Delhi University, Delhi.

भारत मालद्वीप में चीन के सामरिक उपस्थिति का विस्तार करने के लिए सतत प्रयासों से सावधान रहता है। भारत अपनी ओर से मालद्वीप और हिंद महासागर क्षेत्र के अन्य देशों के साथ अपनी ही रक्षा तैयारी को साधने के प्रयास में लगा हुआ है। रक्षा मंत्री एंटनी ने अगस्त 2009 में मालद्वीप का दौरा किया था। नियमित रूप से भारतीय युद्धपोतों और टोही विमान डोर्नियर मालद्वीप की समुद्री गश्त और निगरानी में मदद करते हैं।[3]

1. भारत और मालद्वीप के बीच तात्कालिक सम्बन्ध

भारत और मालद्वीप एक दूसरे के साथ अपने संबंधों को एक नई दिशा दे रहे हैं। नई दिल्ली के लिए दो दिवसीय दौरे पर मालद्वीप के राष्ट्रपति, अब् दुल्ला यामीन अब्दुल गय्यूम से भारत के साथ एक काउंटर आतंक संधि पर हस्ताक्षर करने की उम्मीद है। मालद्वीप ने हाल ही में अपने 40 नागरिकों को गिरफ्तार कर लिया, जो कथित तौर पर सीरिया और इराक में इस्लामी राज्य के साथ लड़ रहे थे।

श्री यामीन और भारत सरकार एक डबल-कर परिहार समझौते पर भी हस्ताक्षर कर सकते हैं। भारत काले धन के प्रवाह की जाँच करने के लिए विभिन्न देशों के साथ डीटीएए साइन करने की प्रक्रिया में है।

प्रधानमंत्री नरेन्द्र मोदी के अपने हिंद महासागर के दौरे में मालद्वीप को न रखने के कारण भारत की नीति में मालद्वीप के प्रति थोड़ा परिवर्तन आया है। भारत लोकतांत्रिक संस्थाओं पर प्रमुख हमले पर काफी हद तक चुप हो गया है और Archipelego राष्ट्र के विपक्ष में, जबकि अधिकांश देशों जिसमें अमेरिका, ब्रिटेन और यूरोपीय संघ सहित इस क्षेत्र में एक मत है, यामीन सरकार के अपराधों की निंदा की है।[4]

भारत, मालद्वीप के चीन के साथ बढ़ती नजदीकियों और रिश्ते के साथ असहज है। मीडिया रिपोर्ट से पता चलता है कि चीन मालद्वीप में एक आधार स्थापित करना चाहता है जो कि यामीन सरकार द्वारा एक पट्टे को द्वीपों में से एक उदारीकृत पट्टे की योजना के तहत बाहर लाया गया था जिसका निषेध मेल और बीजिंग दोनों के द्वारा किया गया था।

चीन मालद्वीप में कुछ बुनियादी ढांचे और विकास परियोजनाओं, जिसमें एक पुल उस द्वीप में जहा हवाई अड्डा स्थित है, हुल्हुमाले और राजधानी द्वीप मेल जो एक यात्री नौका द्वारा लगभग 10 मिनट की दूरी पर है, आदि में सहायता कर रहा है।[5] मालद्वीप भी चीन के सिल्क रोड परियोजना का हिस्सा है, जो कि नई दिल्ली

में बिलकुल भी पसंद नहीं किया जा रहा है। हालांकि राष्ट्रपति के कार्यालय से बार-बार स्पष्ट किया जा रहा है कि 'चीन की नीति' भारत के साथ 'विशेष 'संबंधों में हस्तक्षेप कम नहीं कर रही है।

2. आर्थिक संबंध

1981 में, भारत और मालद्वीप ने एक व्यापार समझौते पर हस्ताक्षर किए, जो आवश्यक वस्तुओं के निर्यात के लिए सहायता प्रदान करता है। एक मामूली शुरुआत से बढ़ कर, भारत-मालद्वीप द्विपक्षीय व्यापार अब 700 करोड़ रुपए पर खड़ा है। मालद्वीप से भारतीय आयात मुख्य रूप से स्क्रैप धातु का है जबकि मालद्वीप को भारतीय निर्यात में कृषि और पोल्ट्री उत्पाद, चीनी, फल, सब्जियां, मसाले, चावल, आटा, कपड़ा, दवाओं और कई किस्म के इंजीनियरिंग और औद्योगिक उत्पाद भी शामिल हैं, रेत और समग्र, सीमेंट आदि बिल्डिंग निर्माण के लिए शामिल है।[6]

एक प्रमुख विकास के रूप में, भारत ने जून 2011 में भारत से मालद्वीप को आवश्यक वस्तुओं के निर्यात के लिए तीन वर्ष कोटा की रिहाई की घोषणा की जैसे कि : पत्थर समुच्चय, चावल, गेहूं का आटा, चीनी, दाल, प्याज, आलू और अंडे।

2.1 मालद्वीप में भारतीय कारोबार की भागीदारी

द्वीप रिसॉर्ट्स के संवर्धन के लिए ऋण सहायता उपलब्ध कराने के द्वारा, समुद्री उत्पादों और व्यावसायिक उद्यमों का निर्यात करके, फ़रवरी 1974 से ही स्टेट बैंक ऑफ इंडिया मालद्वीप के आर्थिक विकास में महत्वपूर्ण भूमिका निभा रहा है। भारत का ताज समूह, ताज Exotica रिज़ॉर्ट, स्पा और विवांता कोरल रीफ रिज़ॉर्ट चला रहा है।

भारतीय कंपनियों द्वारा अन्य वाणिज्यिक परियोजनाए जो वर्तमान में मालद्वीप में चल रही हैं इस प्रकार हैं :

- भारत की सुजलॉन एनर्जी द्वारा मालद्वीप के दक्षिणी प्रांत में एक 25 मेगावाट विंड फार्म की स्थापना जिसकी लागत अमेरिका $ 40 मिलियन है।
- टाटा आवास विकास Co. Ltd (फरवरी 2010) मेल में 1000 किफायती आवास इकाइयों का निर्माण।

- भारत के Bommidala बुनियादी ढांचे द्वारा एक 4-मेगावाट सौर बिजली परियोजना के लिए भारत ने अमेरिकी 91 करोड़ डॉलर का निवेश किया (ऊपरी दक्षिण उपयोगिता द्वारा समझौते पर जुलाई 2010 में हस्ताक्षर हुए)।
- Gan Laamu एटोल के दक्षिण मध्य प्रांत में द्वीप विकास कंपनी प्राइवेट लिमिटेड (IDC) द्वारा एक अद्वितीय वैश्विक ज्ञान, चिकित्सा और पर्यटन केंद्र का निर्माण किया गया, भारत के एक संयुक्त उद्यम यूनिवर्सल साम्राज्य Infrastructures Ltd., (UEIL) द्वारा मालद्वीप के वर्क कारपोरेशन मालद्वीप (WCL) के साथ (जून 2011)।
- तत्वा वैश्विक अक्षय ऊर्जा द्वारा मेल क्षेत्र में कचरा प्रबंधन की सुविधा (49 करोड़ डॉलर की परियोजना) (जुलाई 2013)।[8]

2.2 व्यापार

भारत और मालद्वीप एक दूसरे के साथ व्यापरिक सम्बन्ध साधने में लगे हुए हैं। 31 मार्च 1981 में हस्ताक्षरित द्विपक्षीय व्यापार समझौता तब तक उत्तरोत्तर लागू रहेगा जब तक इन दोनों देशों में से किसी के भी द्वारा तीन महीने का नोटिस देकर संशोधित या समाप्त न किया जाए। यह समझौता एक दूसरे को व्यापार में सबसे पसंदीदा राष्ट्र (MFN) का दर्जा और प्रतिनिधिमंडलों और व्यापार मेलों और प्रदर्शनियों में भाग लेने के लिए आदान-प्रदान की वाणिज्यिक और तकनीकी सहयोग के संवर्धन और भारत सरकार द्वारा आवश्यक वस्तुओं की आपूर्ति में एक दूसरे को उपचार के लिए, मालद्वीप की सरकार के लिए एक वार्षिक कोटा प्रदान करता है। भारत और मालद्वीप के बीच सभी भुगतान स्वतंत्र रूप से परिवर्तनीय मुद्रा, अपने विदेशी मुद्रा नियमों के अधीन हैं।[9]

28 दिसम्बर, 1976 को भारत गणराज्य और मालद्वीप गणराज्य की सरकारों ने एक समुद्री सीमा की स्थापना के समझौते पर हस्ताक्षर किए। यदि किसी भी एकल भूवैज्ञानिक पेट्रोलियम या प्राकृतिक गैस संरचना या फ़ील्ड, या किसी भी एक भूवैज्ञानिक संरचना या किसी भी खनिज जमा, रेत या बजरी सहित क्षेत्र के हिस्से भर में फैली हुई है, सीमा और ऐसी संरचना या जो सीमा के एक ओर स्थित है, अगर उनका सीमा के दूसरी ओर से शोषण किया गया है, दोनों देश प्रभावी ढंग से संरचना या फ़ील्ड के हुए शोषण तक पहुंचने के लिए समझौते पर पहुँचने की कोशिश करेंगे।

3 नवंबर 1988 की रात को भारतीय वायु सेना ने आगरा से एक नॉन-स्टॉप 2000 किमी से भी ज्यादा पैराशूट बटालियन समूह को एयरलिफ्ट करने के लिए विशेष अभियान मुहिम के तहत भारत के दक्षिण-पश्चिमी तट से परे मालद्वीप के दूरस्थ हिंद महासागर द्वीपसमूह तक के लिए शुरू की। उस सरकार की एक भाड़े के आक्रमण के खिलाफ सैन्य मदद की अपील के जवाब में, IL-76 नं 44 स्क्वाड्रन हुलुले में 0030 घंटे पर पहुंचा, भारतीय पैराट्रूपर्स पतपिमसक को सुरक्षित करते हुए और मेल में सरकारी नियम पुनर्स्थापित किया। बलों का कार्यबल अगले दिन भी जारी था, IL-76s, An-2 और An-32, तिरुवनंतपुरम से मालद्वीप के लिए भेजे गए, जबकि भारतीय वायुसेना मिराज 2000 ने सेना के एक शो में बिखरे हुए द्वीपों पर कम स्तर वाले गुजरने के रास्ते बनाये।[10] इस संक्षिप्त से जो सबसे तत्काल वास्तविकता उभरी, और रक्तहीन कार्रवाई जो तेजी से और प्रभावी भारतीय सैन्य प्रतिक्रिया थी, जो कि भारतीय वायुसेना के रणनीतिक एयरलिफ्ट क्षमता द्वारा संभव बनी।[11]

2013 में भारत ने पूर्व और दक्षिण पूर्व एशिया के महत्वपूर्ण क्षेत्रीय सहयोगियों के साथ अपने आर्थिक और सैन्य संबंधों को बनाए रखने के लिए अपने प्रयास जारी रखे। भारत और जापान ने दिसंबर में अपने दूसरे द्विपक्षीय नौसैनिक अभ्यास को बंगाल की खाड़ी में आयोजित किया और भारत और वियतनाम ने नवंबर में अपने नौसैनिक गठबन्धनों में वृद्धि की। भारत ने भी समुद्री सुरक्षा सहयोग को बेहतर बनाने के उद्देश्य से 2013 में मालद्वीप और श्रीलंका के साथ एक त्रिपक्षीय समझौते पर हस्ताक्षर किए।[12]

3. सांस्कृतिक संबंध

भारत और मालद्वीप के बीच अच्छे और गहरे सांस्कृतिक सम्बन्ध हैं। ऐतिहासिक रूप से और व्यावसायिक रूप से, भारत के दक्षिणी तट के लोगों, विशेष रूप से केरल, से मालद्वीप के साथ गहरे और नियमित रूप से संपर्क हैं। लेकिन ये संपर्क एक समग्र सामाजिक-सांस्कृतिक समूह के रूप में मालद्वीप और उसके लोगों के विशेष इस्लामी पहचान के कारण कायापलट नहीं कर पाया। भारतीय सिनेमा की लोकप्रियता, संगीत और विभिन्न भारतीय उत्पादों से ये पता चलता है कि भारत के पश्चिमी तट से मालद्वीप के साथ बहुत लंबे समय से भारतीय एक संपन्न तटीय व्यापार में लगे हुए हैं। स्थानीय दिवेही भाषा में कुछ हिंदी शब्दों की समानता दोनों पड़ोसी देशों के बीच बातचीत की ऐतिहासिक प्रक्रिया का संकेत देता है।

हिंदी व्यावसायिक फिल्मों, टीवी धारावाहिकों और संगीत मालद्वीप में बेहद लोकप्रिय हैं। उपग्रह टेलीविजन के हाल ही में शुरूआत के साथ, हिंदी धारावाहिक भी व्यापक रूप से मालद्वीपियों द्वारा देखा जाता है। ICC के उद्घाटन के बाद से ही, इसके कार्यक्रम बेहद लोकप्रिय हो गए है और दोनों देशों के बीच जीवंत सांस्कृतिक संबंधों को आगे बढ़ाया है।

मालद्वीप में भारतीय डायस्पोरा, डॉक्टरों, शिक्षकों, इंजीनियरों, एकाउंटेंट, प्रबंधकों और अन्य ऐसे उच्च शिक्षित पेशेवरों का मुख्य योगदान रहा है जो देश के कई क्षेत्रों में इसके मानव संसाधनों के विकास में मदद करता है। मालद्वीप में बड़ी संख्या में भारतीय कुशल और अकुशल कर्मियों, अर्थात्, तकनीशियनों, राजमिस्त्री, दर्जी, प्लंबर और मजदूर भी हैं। वे देश की स्थायी संपत्ति के विकास के लिए एक सुंदर योगदान दे रहे हैं।[13]

दोनों देश एक दूसरे के साथ काफी लंबे सांस्कृतिक बन्धनों को साझते हैं और आगे भी इन संबंधों को मजबूत करने के लिए निरंतर प्रयास चल रहे हैं। तीन ऐतिहासिक मस्जिदों को भारतीय विशेषज्ञों ने सफलतापूर्वक पुनर्स्थापित किया था। सांस्कृतिक मंडलियों की मुद्रा दोनों देशों के बीच नियमित रूप से चलती आ रही है।[14]

भारत सांस्कृतिक केन्द्र (ICC) का मेल में जुलाई 2011 में उद्घाटन किया गया, जो; योग, शास्त्रीय संगीत और नृत्य में पाठ्यक्रम आयोजित करता है।

हाल ही में हुए विकास

भारत और मालद्वीप के बीच तीन MoU's हस्ताक्षर किए गए- (i) ज्ञापन की समझ पर स्वास्थ्य की दिशा में सहयोग, (ii) इंदिरा गांधी मेमोरियल अस्पताल के निर्माण के लिए जनशक्ति आवश्यकताओं की पूर्ती पर समझौता ज्ञापन (iii) मालद्वीप के उच्च आयोग के लिए प्लॉट का आवंटन के लिए सहयोग पर समझौता ज्ञापन।

भारत ने मालद्वीप मे चल रहे विकास योजनाओ के पहले ही वित्तीय सहायता बढ़ा दी थी-

(क) मेल में इंदिरा गांधी मेमोरियल अस्पताल के नवीकरण के लिए

(ख) मालद्वीप रक्षा बलों के लिए प्रशिक्षण केन्द्र का निर्माण

(ग) मालद्वीप पुलिस अकादमी स्थापित करने में सहायता

इसके अलावा भारत ने चिकित्सा प्रयोजनों के लिए मालद्वीप के नागरिकों के लिए वीजा मुक्त प्रवेश की अनुमति के लिए सहमति दी है।[15]

4. राजनैतिक सम्बन्ध

दोनों ही देशों ने उच्चतम स्तर पर नियमित रूप से संपर्क करके द्विपक्षीय संबंधों का भरण-पोषण किया और इसे ज्यादा मजबूत बनाने का निरंतर प्रयास किया। राजनयिक संबंधों की स्थापना के बाद से भारत के लगभग सभी प्रधानमंत्रियों ने मालद्वीप का दौरा किया है। मालद्वीप की ओर से राष्ट्रपति मॉमून अब्दुल गय्यूम और राष्ट्रपति मोहम्मद नशीद ने अपने शासन काल में निरंतर भारत दौरे किये हैं। अवलंबी राष्ट्रपति डॉ मोहम्मद वहीद ने पद लेने के बाद अपनी पहले आधिकारिक विदेश यात्रा में सबसे पहले भारत के लिए अप्रैल 2012 में दौरा किया।[16]

मालद्वीप से हाल ही में एक बहु-पार्टी 'पीपुल्स मजलिस' के संसदीय प्रतिनिधिमंडल 'पीपुल्स मजलिस' के स्पीकर अब्दुल्ला शाहिद के नेतृत्व में (मई 2013) भारत दौरा किया गया था, मालद्वीप की चुनाव आयोग से एक सात सदस्यीय वरिष्ठ प्रतिनिधिमंडल का दौरा, एक मुख्य न्यायाधीश प्रतिनिधिमंडल 'अहमद फैज' द्वारा (जून 2013), पूर्व राष्ट्रपति मॉमून अब्दुल गय्यूम (जून 2013) और पूर्व राष्ट्रपति मोहम्मद नशीद (अगस्त 1-3, 2013) के नेतृत्व में आयोजित की गयीं। भारत और मालद्वीप ने लगातार एक-दूसरे का बहुपक्षीय मंचों पर समर्थन किया जैसे कि संयुक्त राष्ट्र, राष्ट्रमंडल, गुटनिरपेक्ष आंदोलन और सार्क के रूप में।[17]

भारत की मालद्वीप को द्विपक्षीय सहायता

जहाँ भी संभव रही, भारत ने मालद्वीप की विकास प्रक्रिया में सहायता की पेशकश की। भारत द्वारा निष्पादित प्रमुख परियोजनाएं हैं :

- इंदिरा गांधी मेमोरियल अस्पताल
- इंजीनियरिंग प्रौद्योगिकी संकाय
- मालद्वीप के शिक्षा के क्षेत्र में प्रौद्योगिकी दत्तक ग्रहण परियोजनाओ का संकलन
- सत्कार और आतिथ्य पर्यटन संकाय।[18]

5. वित्तीय सहायता

भारतीय नौसेना हमेशा मालद्वीप में संकट के समय मदद को सबसे आगे रहती है। इसका पहला उदाहरण भारतीय सेना के 'ऑपरेशन कैक्टस' के द्वारा जो कि मालद्वीप में तख्तापलट प्रो-ईलम के एक समूह द्वारा 1988 में करने का प्रयास किया था उसे दबाया गया। आईएनएस गोदावरी और आईएनएस बेतवा ने मालद्वीप की अनुरोध पर प्रतिक्रिया व्यक्त की और भाड़े के सैनिकों द्वारा अपहरण किये गये लोगों को बचाया। इसके चलते मालद्वीप सरकार और उसके लोगों से स्थायी सद्भावना अर्जित की गई है। INS ने भी मालद्वीप को दिसम्बर 2004 में आए सुनामी पर प्रतिसाद करने में पहल की थी। INS जहाजों में मैसूर, आदित्य और उदयगिरी, उनके अभिन्न हेलीकाप्टरों के साथ मालद्वीप के कई द्वीपों के लिए तत्काल राहत प्रदान करने के लिए लंबे समय तक लगे रहे और व्यापक संचालन किया। इन प्रयासों में भारतीय नौसेना ने राहत गतिविधियों के समन्वय के लिए मेल में एक समुद्री समन्वय केंद्र की स्थापना की और राहत सामग्री के वितरण, बिजली की बहाली और सुरक्षित पीने के पानी की व्यवस्था में सहायता प्रदान की। मोबाइल चिकित्सा शिविरों के रूप में चिकित्सा सहायता प्रदान की गई थी और गंभीर मामलों को मेल में जहाज के हेलीकाप्टरों द्वारा भेजा गया।[19]

भारतीय तटरक्षक के डोर्नियर 26 दिसम्बर 2004 की सुनामी के बाद राहत और आपूर्ति के साथ इब्राहिम नासिर हवाई अड्डे पर लैंड करने में सबसे प्रथम था।

26 दिसम्बर 2004 की सुबह आए सूनामी में भारत मालद्वीप की सहायता और राहत के लिए सबसे पहले आगे बढ़ कर आने वाला पहला देश था। भारत द्वारा मालद्वीप को सुनामी और संबंधित गंभीर कारकों का सामना करने के लिये 10 करोड़ रुपए की सहायता प्रदान की गई। 100 मिलियन अमरीकी डॉलर के बराबर की सहायता जुलाई 2007 में भी दी गयी थी।

मालद्वीप में गंभीर विदेशी मुद्रा संकट के कारण, मालद्वीप मौद्रिक प्राधिकरण (एमएमए) ने पहली बार दिसंबर 2009 में अमेरिकी डॉलर में खजाना बांड जारी किए। 100 मिलियन अमरीकी डालर को स्टेट बैंक ऑफ इंडिया द्वारा मालद्वीप मुद्रा की कमी से उभरने में मदद करने के लिए सदस्य था।

40 करोड़ अमेरिकी डॉलर का दिसंबर 2010 में आवास क्षेत्र के लिए एक नई लाइन क्रेडिट के ऋण की घोषणा, भारत सरकार ने मालद्वीप की सरकार के लिए +40 मिलियन की नई लाइन क्रेडिट की घोषणा को यहाँ 485 आवास इकाइयों के

निर्माण के लिए की। अगस्त 2011 में निर्यात-आयात बैंक (EXIM BANK) और मालद्वीप की सरकार के बीच नियंत्रण रेखा पर एक समझौते पर हस्ताक्षर किया गया था और विदेशी मूल संरचना एलायंस (OIA) को नवंबर 2011 में कार्य का अनुबंध दिया गया। कार्य करने की तैयारी वर्तमान में चल रही है।[20]

भारत 2009 के बाद से, मालद्वीप के अनुरोध पर मालद्वीप, में एक नौसेना उपस्थिति बनाए हुए है। राष्ट्रपति यामीन ने एक साक्षात्कार में कहा था, 'अगर भारतीय सेना हमारे बचाव के लिए नहीं आती, तो हम पिछले 50 वर्षों के दौरान स्वतंत्रता को खो चुके होते।'

मालद्वीप द्वारा 'राष्ट्रीय संकट' का सामना करने के लिए फौरन प्रतिक्रिया में शामिल है, दिसंबर 2014 में विलवणीकरण संयंत्रों का बंद होना राजधानी मेल में आग की घटना, आदि में, भारत सरकार ने सेवा प्रदान करने में ज्यादा से ज्यादा हिस्सा लिया, पांच भारतीय वायु सेना परिवहन विमान और एक नौसैनिक पोत मेल में लोगों के लिए तत्काल आवश्यकता को पूरा करने के लिए पीने योग्य पानी की एक बड़ी खेप के साथ भेजा गया। पांच विमानों में से, पहला विमान जो मेल पहुंचा वो IL-76 था जिसमे 22 टन पीने योग्य पानी था।

आईएनएस सुकन्या, एक अपतटीय गश्ती पोत जो कोच्चि पर नियमित गश्त करता था, वह जल्द से जल्द आवश्यक सहायता और मालद्वीप के अधिकारियों को सभी संभव सहायता प्रदान करने के लिए मेल पहुँचाया गया। आईएनएस सुकन्या में 35 टन ताजा पानी और 20 टन प्रति दिन ताजा पानी के उत्पादन की क्षमता रखने वाले दो रिवर्स ऑसमोसिस (आरओ) संयंत्र जहाज पर उपस्थित है। इसके साथ ही आईएनएस दीपक, 900 टन पानी के साथ एक बड़ा टैंकर बेड़ा भी मुंबई से रवाना हो गया था और मेल में 07 दिसम्बर 2014 शाम तक पहुँच गया था। भारतीय नौसेना के युद्धपोत (INS दीपक हर दिन 100 टन पानी के उत्पादन में सक्षम है) अपने विलवणीकरण संयंत्रों का उपयोग करके पेयजल का उत्पादन करने की क्षमता रखते हैं।[21]

भारत के राष्ट्रपति, श्री प्रणब मुखर्जी ने मालद्वीप गणराज्य की सरकार और वहां के लोगों को उनके स्वतंत्रता दिवस (26 जुलाई, 2015) की पूर्व संध्या पर बधाई और अभिनन्दन विस्तारित किया। उन्होंने महामहिम अब्दुल्ला यामीन अब्दुल गय्यूम, मालद्वीप गणराज्य के राष्ट्रपति के लिए अपने संदेश में कहा है, "मैं अपनी ओर से और भारत के लोगों को आपके स्वतंत्रता दिवस के अवसर पर मालद्वीप

गणराज्य के दोस्ताना लोगों और एक स्वतंत्र राष्ट्र के रूप में पचास साल के पूरा होने के लिए मेरी हार्दिक बधाई और शुभकामनाएं देने में मुझे बहुत खुशी हो रही है।

"इस साल भी हमारे दो देशों के बीच राजनयिक संबंधों की स्थापना के स्वर्ण जयंती वर्ष के निशान को पाया गया है। मुझे विश्वास है कि आने वाले वर्षों में भी हमारे दोनों देशों के बीच मौजूद मैत्री और सहयोग जैसे पारंपरिक संबंध आगे भी जारी रहेंगे। कृपया, मेरी शुभकामनाएं आपके अच्छे स्वास्थ्य और व्यक्तिगत खुशहाली के लिए स्वीकार करे।"[22]

11 अप्रैल, 2016 में भारत और मालद्वीप के बीच संबंधों में एक पुनरुद्धार के संकेत में, भारत के हिंद महासागर द्वीप देश के राष्ट्रपति ने अपनी दो दिन की नई दिल्ली यात्रा पर अपने कथन 'भारत प्रथम' नीति पर प्रतिबद्धता जताई। भारतीय प्रधानमंत्री नरेंद्र मोदी और मालद्वीप के राष्ट्रपति अब्दुल्ला यामीन अब्दुल गय्यूम के बीच वार्ता के दौरान, दोनों देशों की मांग पर हाल ही में हुए कूलर संबंधों की बात को पीछे छोड़ने की बात की।

मालद्वीप ने भारत को एक विस्तारित संयुक्त राष्ट्र सुरक्षा परिषद के स्थायी सदस्य के रूप में अपना समर्थन देने के लिए वादा किया है।

5.1 अध्ययन क्षमता और कौशल विकास

भारत सरकार मालद्वीप को सहायता करने के लिए प्रमुख घटकों में से एक है। भारत कई योजनाओं के तहत मालद्वीप छात्रों को निम्नलिखित छात्रवृत्ति प्रदान करता है: छात्रवृत्ति योजना स्लॉट की पेशकश में; 37 आईसीसीआर छात्रवृत्ति, 3 सार्क कुर्सी फैलोशिप, 25 आईटीईसी प्रशिक्षण और छात्रवृत्ति, कोलंबो योजना के लिए 5 तकनीकी सहयोग योजना, 5 मेडिकल छात्रवृत्ति (1 स्नातकोत्तर स्लॉट सहित), कई मालदीवियन राजनयिकों को भारत में, भारतीय विदेश सेवा संस्थान के प्रोफेशनल कोर्स प्रशिक्षण विदेशी राजनयिकों (PCFD) कार्यक्रम के तहत प्रशिक्षण दिया गया है।[23]

5.2 प्रौद्योगिकी का शिक्षा क्षेत्र में ग्रहण

जनवरी 2011 में दत्तक कार्यक्रम, भारत सरकार ने मालद्वीप की सरकार के साथ एक 5.30 करोड़ अमेरिकी डॉलर परियोजना के समझौते पर हस्ताक्षर किए जो कि पूरी तरह से शिक्षा के क्षेत्र में प्रौद्योगिकी अपनाने के कार्यक्रम के प्रति वित्त पोषित किया गया। प्रोजेक्ट वर्तमान में 27 महीने की अवधि (2011–2013)

के लिए एनआईआईटी (NIIT) और EEEC (भारत) द्वारा चलाया जा रहा है, लगभग 4000 से अधिक प्रमाणपत्र पूर्ण हो चुके हैं जिससे कि 2,300 मालदीवियन शिक्षकों और युवाओ को इसका द्वीप समूह के पार, देश भर में लाभ मिला है।[24]

5.3 वायु संयोजकता

एयर इंडिया तिरुवनंतपुरम, बंगलौर और चेन्नई से मेल के लिए दैनिक उड़ानें भरती है। द्वीप विमान सेवा (मालद्वीप हवाई) तिरुवनंतपुरम, मुंबई और चेन्नई के लिए दैनिक उड़ानें भरती है। नवंबर 2012 में भारत की स्पाइस जेट ने मेल–कोचीन क्षेत्र पर दैनिक व्यावसायिक संचालन शुरू कर दिया।

हाल के वर्षों में एयर कनेक्टिविटी में सुधार और स्थान की निकटता होने से भारतीय पर्यटको का (लगभग 30,000) और व्यावसायिक प्रयोजनों के लिए मालद्वीप के दौरे की संख्या में एक बहुत भारी वृद्धि हुई है। इसी तरह, भारत में उच्च अध्ययन/मेडिकल उपचार के लिए मल्द्वीपीयों का लंबी अवधि के वीजा की मांग की संख्या में भी पिछले दो वर्षों में तेजी से वृद्धि देखी गयी है।[25]

6. भारतीय समुदाय

भारतीय अनुमानित समाज लगभग 26,000 की तादाद के साथ मालद्वीप में दूसरा सबसे बड़ा प्रवासी समुदाय हैं। भारतीय प्रवासी समुदाय के बहुमत लोग अर्ध/अकुशल श्रमिक हैं। इसके अलावा, कई पेशेवरों जैसे डॉक्टरों, शिक्षकों, एकाउंटेंट, प्रबंधकों, इंजीनियरों, नर्सों और तकनीशियन आदि की भी एक अच्छी संख्या द्वीप पर रह रहे हैं। देश के लगभग 400 डॉक्टरों में से, 125 से अधिक भारतीय हैं। इसी तरह लगभग 25: मालद्वीप में शिक्षकों के मध्य और वरिष्ठ स्तर पर ज्यादातर भारतीय हैं।

7. निष्कर्ष

भारत और मालद्वीप दोनों देशों के बीच काफी गहरे सम्बन्ध हैं, इन्होंने एक 'विशेषाधिकार प्राप्त' साझेदारी को विकसित करने का फैसला किया है। अप्रैल 2006 में द्वीप देश के लिए अपनी दो दिवसीय यात्रा के अंत में घर के लिए प्रस्थान से पहले मालद्वीप के मेल में एक संयुक्त संवाददाता सम्मेलन को संबोधित करते हुए रक्षा मंत्री श्री प्रणब मुखर्जी ने मालद्वीप के विदेश मंत्री डा. अहमद शहीद से कहा कि भारत मालद्वीप के साथ विश्वास को, इसके निकट संपर्क को मजबूत करने के लिए तत्पर है और सहायता के लिए जहाँ भी और जब भी जरूरत पड़े,

हम हमारे दोस्तों के साथ कर सकते हैं'। मालद्वीप का वर्णन एक महत्वपूर्ण सदस्य और हिंद महासागर क्षेत्र के साथी के रूप में करते हुए, श्री मुखर्जी ने कहा कि भारत के मालद्वीप गणराज्य के साथ पारस्परिक रूप से लाभप्रद संबंध ही नहीं बल्कि संबंधों के लिए क्षेत्रीय सहयोग संगठन (सार्क) के एक प्रमुख सदस्य के साथ अपने बन्धनों को पुनर्जीवित करना चाहता है। उन्होंने नई दिल्ली की मालद्वीप के साथ संबंधों को मजबूत समानता और सम्मान के आधार पर उन्हें और भी ऊँचे स्तर पर पहुँचने के लिए इच्छा को जताया।

राष्ट्रपति मोहम्मद नशीद ने भारत सरकार को आश्वासन दिया है कि मालद्वीप कभी भी भारत की सुरक्षा को नुक्सान पहुचने की कोशिश नहीं करेगा। भारत की आईबीएन लाइव ने राष्ट्रपति को उद्धृत करते हुए 29 अक्टूबर 2011 कहा कि मालद्वीप चीन की भारतीय महासागर में बढ़ती उपस्थिति और मालद्वीप में अपने प्रभाव का विस्तार करने के प्रयास के बारे में भारत की चिंताओं को समझता है। उन्होंने पत्रकारों के राष्ट्रमंडल प्रमुखों की सरकारी बैठक (पर्थ, ऑस्ट्रेलिया में आयोजित किया जा रहा चोगम सम्मेलन) पर कहा 'मैं सभी भारतीयों को विश्वास दिलाता हूँ कि मालद्वीप हमेशा भारत का दोस्त रहेगा और हमें भारत से बेहतर दोस्त नहीं मिल सकता।'

संदर्भ-ग्रन्थ

C. Raja Mohan, Samudra Manthan : Sino-Indian Rivalry in the Indo-Pacific (Oxford University Press, 2013), 145.

Deepalakshmi, K. (11, April, 2016). India Maldives Relations at Glance. http21837//www.thehindu.com/specials/india-maldives-relations-at-a glance/article14247670.ece accessed on 15 June 2018.

Mazumdar, Arijit. (2015). Indian Foreign Policy in Transition : Relations with South Asia. New York : Routledge.

Ministry of Earth Science, http://www.moes.gov.in/content/list-mous-agreements-signed-various-countries accessed on 13 May 2018.

Ministry of External Affairs Report, https://mea.gov.in/Portal/Foreign Relation/India-Maldives_Relations.pdf accessed on 4 July 2018.

Panda, Ankit. 31, august, 2016. India-Maldives relation. Retrieved from http21837//thediplomat.com/tag/india-maldives-relations/ accessed on 5 May 2018.

Poplin, M. Cody. (May 2013). India-Maldieves : Brief. Retrieved from http://cprindia.org/sites/default/files/policy-briefs / india-maldives.pdf accessed on 15 may 2018.

Trivedi, Ramesh. (2008). India's Relation with its Neighbors. Delhi : Isha Books.

Visit http://www.globalsecurity.org/military/world/indian-ocean/mv-forrel-in.htm accessed on 02 July 2018.

Visit www.hci.gov.in/male accessed on 14 June 2018.

संदर्भ

1. Mazumdar, Arijit. (2015). Indian Foreign Policy in Transition: Relations with South Asia. New York: Routledge.
2. Deepalakshmi, K. (11, April, 2016). India Maldives Relations at Glance. http://www.thehindu.com/specials/india-maldives-relations-at-a glance/article14247670.ece accessed on 15 June 2018.
3. Panda, Ankit. 31, august, 2016. India-Maldives relation. Retrieved from http://thediplomat.com/tag/india-maldives-relations/ accessed on 5 May 2018.
4. Deepalakshmi, K. (11, April, 2016). India Maldives Relations at Glance. http://www.thehindu.com/specials/india-maldives-relations-at-a glance/article14247670.ece accessed on 15 June 2018.
5. Panda, Ankit. 31,august, 2016. India-Maldives relation. Retrieved from http://thediplomat.com/tag/india-maldives-relations/ accessed on 5 May 2018.
6. Mazumdar, Arijit. (2015). Indian Foreign Policy in Transition: Relations with South Asia. New York: Routledge.
7. Trivedi, Ramesh. (2008). India's Relation with its Neighbors. Delhi: Isha Books.
8. Ministry of External Affairs Report,https://mea.gov.in/Portal/Foreign Relation/India-Maldives_Relations.pdf accessed on 4 July 2018.
9. Trivedi, Ramesh. (2008). India's Relation with its Neighbors. Delhi: Isha Books.
10. Mazumdar, Arijit. (2015). Indian Foreign Policy in Transition: Relations with South Asia. New York: Routledge.

11. Deepalakshmi, K. (11, April, 2016). India Maldives Relations at Glance. http://www.thehindu.com/specials/india-maldives-relations-at-a glance/article14247670.ece accessed on 15 June 2018.
12. Ministry of Earth Science, http://www.moes.gov.in/content/list-mous-agreements-signed-various-countries accessed on 13 May 2018.
13. Panda, Ankit. 31,august, 2016. India-Maldives relation. Retrieved from http://thediplomat.com/tag/india-maldives-relations/ accessed on 5 May 2018.
14. Trivedi, Ramesh. (2008). India's Relation with its Neighbors. Delhi: Isha Books.
15. Ministry of External Affairs Report, https://mea.gov.in/Portal/ForeignRelation/India-Maldives_Relations.pdf accessed on 4 July 2018.
16. Ibid.
17. Mazumdar, Arijit. (2015). Indian Foreign Policy in Transition: Relations with South Asia. New York: Routledge.
18. Trivedi, Ramesh. (2008). India's Relation with its Neighbors. Delhi: Isha Books.
19. Poplin, M. Cody. (May 2013). India - Maldieves: Brief. Retrieved from http://cprindia.org/sites/default/files/policy-briefs/india-maldives.pdf accessed on 15 may 2018.
20. Panda, Ankit. 31,august, 2016. India-Maldives relation. Retrieved from http://thediplomat.com/tag/india-maldives-relations/ accessed on 5 May 2018.
21. Ministry of Earth Science, http://www.moes.gov.in/content/list-mous-agreements-signed-various-countries accessed on 13 May 2018.
22. Trivedi, Ramesh. (2008). India's Relation with its Neighbors. Delhi: Isha Books.
23. Ministry of External Affairs Report, https://mea.gov.in/Portal/ForeignRelation/India-Maldives_Relations.pdf accessed on 4 July 2018.
24. Deepalakshmi, K. (11, April, 2016). India Maldives Relations at Glance. http://www.thehindu.com/specials/india-maldives-relations-at-a glance/article14247670.ece accessed on 15 June 2018.
25. Ministry of Earth Science, http://www.moes.gov.in/content/list-mous-agreements-signed-various-countries accessed on 13 May 2018.

• • •

11

भारत और अफगानिस्तान सम्बन्ध

सना सालिम *

परिचय

भारत और अफगानिस्तान भौगोलिक पड़ोसी हैं और उनके संबंध इतिहास के भी पूर्व रहे हैं। भारतीय महाकाव्य, महाभारत में, आज के अफगानिस्तान में स्थित कई स्थानों, नदियों और जनजातियों और उनके नेताओं के नाम का उल्लेख है। भारत से मध्य एशिया और उससे आगे तक बौद्ध धर्म के प्रसार के लिए अफगानिस्तान एक वाहन के रूप में था। वहां एक साझा इतिहास और संस्कृति का मजबूत बांध है। भारत को अपनी राष्ट्रीय सुरक्षा को सुनिश्चित करने के लिए बहुत आवश्यक है कि वो इस बात का ध्यान रखे कि अफगानिस्तान संप्रभु, स्थिर और संयुक्त और बाहरी प्रभाव से मुक्त रहे।

हालांकि, अफगानिस्तान के प्रति भारत का रुख सतर्क रहा है। महान भारतीय विचारक कौटिल्या के 'मंडल सिद्धांत' के मुताबिक, अफगानिस्तान को इस क्षेत्र में भारत के सबसे करीबी दोस्तों में से एक होना चाहिए, अपनी ताकत और स्थिरता को सुनिश्चित करने के लिए सभी प्रकार के समर्थन के योग्य होना चाहिए, परन्तु कौटिल्य के समय में भी ऐसा नहीं था। समकालीन परिस्थितियों के अनुसार संबंधों में उतार चढ़ाव रहा है। लेकिन 20वीं सदी के दौरान, अफगानिस्तान के अभिजात वर्ग में से कईयों ने अपनी शिक्षा भारत में पूरी की है और दोनों के कूटनीतिक और सांस्कृतिक संबंध मजबूत रहे हैं जब तक अफगानिस्तान में राजशाही थी।

जब तक अफगानिस्तान में तालिबान का आगमन (अनिवार्य रूप से पाकिस्तान का शागिर्द) नहीं हुआ था, भारत के साथ इसके मजबूत सम्बन्ध स्थापित थे। 1000 सालों से दोनों देशों के बीच एक बहुत मजबूत ऐतिहासिक सम्बन्ध चला आ रहा

---

* Ph. D. Schlor, Deptt. of Political Science, Delhi University Delhi.

है। परन्तु 1970 के दशक के दौरान कट्टरपंथी तत्वों के आने से इसमें गिरावट हुई थी। भारत ने अफगानिस्तान को तालिबान से मुक्त करने में बहुत सहायता की और यहाँ पर मानवीय और पुनर्निर्माण कार्यों में भारत सबसे बढ़ कर रहा। भारत दक्षिण एशियाई देशों में अकेला था जिसने 1980 के दशक में सोवियत द्वारा चालित अफ़ग़ानिस्तान गणराज्य को दी थी। बदले हुए अफगान और उसके संरचनात्मक ढांचे ने भारत और अफगान के बीच फिर से नए सम्बन्ध स्थापित किये हैं।

अफगानिस्तान, मध्य और दक्षिण एशिया का एक इस्लामिक गणराज्य है। यह 35 मिलियन की आबादी वाला राज्य है जो इसे जनसंख्या के आधार पर विश्व में 42वें स्थान पर लाता है। अफगानिस्तान, एक घिरा हुआ स्थलीय प्रदेश है, जिसका क्षेत्रफल लगभग 647, 500 वर्ग किलोमीटर है, इसके उत्तर और पश्चिम में पाकिस्तान, पूर्व में ईरान, और तुर्कमेनिस्तान, उज्बेकिस्तान और ताजिकिस्तान दक्षिण में स्थित है। संकीर्ण वाखन गलियारे का विस्तार उत्तर-पूर्वी अफगानिस्तान को चीन के साथ मिलाता है। इसकी सीमाओं का विस्तार इस प्रकार है, चीन (76 किलोमीटर); ईरान (936 किलोमीटर); पाकिस्तान (2,430 किलोमीटर); ताजिकिस्तान (1,206 किलोमीटर); तुर्कमेनिस्तान (744 किलोमीटर); और उजबेकिस्तान (137 किलोमीटर)।

अफगानिस्तान में मानव बस्तियां मध्य पुरापाषाण युग में भी स्थित थीं और देश का सामरिक स्थान इसे सिल्क मार्ग द्वारा मध्य पूर्व और एशिया के अन्य भागों की संस्कृतियों से जोड़ता है। यह भूमि ऐतिहासिक तौर पर विभिन्न लोगों के लिए घर रही है और कई सैन्य अभियानों को देखा है जैसे सिकंदर महान, मौर्यों, मुस्लिम अरब, मंगोलों, ब्रिटिश, सोवियत और पश्चिमी शक्तियों द्वारा आधुनिक युग में हुए। इसे कईयों ने 'अविजयी' भी कहा है।

यह भूमि कई प्रमुख साम्राज्य की स्थापना का पात्र रही है जिसमें से कुशंस, हेफ्थालितेस, समनिड्स, सफ्फरिड्स, ग़ज़नवी, घोरी, खल्जी, मुग़ल, होतक और अन्य प्रमुख राज्य। अफगानिस्तान के आधुनिक राज्य का राजनीतिक इतिहास 18वीं सदी में होतक और अब्दाली राजवंश के साथ शुरू हुआ। 19वीं सदी के उत्तरार्ध में अफगानिस्तान ब्रिटिश भारत और रूसी साम्राज्य के 'महान खेल' के बीच में एक बफर राज्य बन गया। ब्रिटिश भारत के साथ इसकी सीमा, डूरंड रेखा का 1893 में गठन किया गया था लेकिन यह अफगान सरकार द्वारा मान्यता प्राप्त नहीं है और इसकी वजह से 1947 में स्वतंत्रता के बाद से ही पाकिस्तान के साथ

तनावपूर्ण संबंध रहे है। 1919 में तीसरे एंग्लो अफगान युद्ध के बाद देश, विदेशी प्रभाव से मुक्त हो गया था, अंततः राजा अमानुल्लाह के अधीन एक राजशाही में आ गया, और बाद में 40 साल के लिए जहिर शाह के तहत। 1970 के उत्तरार्ध के दशक में सैन्य विद्रोह की श्रृंखला के बाद एक अन्य युद्ध श्रृंखला से घिरा रहा। इस समय यह सोवियत संघ के प्रभाव में एक समाजवादी राज्य बन गया था, जिसने अफगानिस्तान को बहुत क्षति पहुंचाई।

सोवियत बलों के प्रस्थान के बाद, देश पेशावर समझौते के तहत एक इस्लामी राज्य बन गया परन्तु इसके बहुत से क्षेत्र पर इस्लामी वर्चस्व वाले तालिबान समूह का कब्ज़ा हो गया था, जिसने लगभग पूरे देश में पांच साल तक अधिनायकवादी शासन किया। संयुक्त राज्य अमेरिका में सितंबर 11, 2001 के हमलों के बाद, तालिबान को नाटो के नेतृत्व वाले गठबंधन द्वारा बलपूर्वक हटाया गया और अफगानिस्तान की पिछली राजनीतिक संरचना को अधिक पश्चिमी समर्थक, लोकतांत्रिक रूप से निर्वाचित सरकार के साथ प्रतिस्थापित किया गया।

इसी के साथ अफगानिस्तान ने विश्व के साथ चलने और जुड़ने के लिए खुद को तैयार किया और विभिन्न देशों से अपने संपर्क साधे, यहाँ पर हम भारत और अफगानिस्तान के संबंधो की बात करेंगे।

भारत और अफगानिस्तान के बीच ऐतिहासिक और सांस्कृतिक सर्म्पको के आधार पर एक मजबूत संबंध स्थापित है। यह रिश्ता नई दिल्ली और काबुल में सरकारों के बीच ही सीमित नहीं है, बल्कि इसकी नींव लोगों के बीच ऐतिहासिक संपर्क और आदान प्रदान में है। हाल ही में, भारत-अफगान संबंधों को मजबूत बनाने के लिए सामरिक भागीदारी समझौते को दोनों देशों के बीच 2011 में हस्ताक्षर किया गया है। इसके तहत, अफगानिस्तान के बुनियादी ढांचे और संस्थानों, शिक्षा और तकनीकी सहायता के पुनर्निर्माण के लिए मदद करने के लिए फिर से विभिन्न क्षेत्रों में स्वदेशी अफगान क्षमता का निर्माण करने में सहायता प्रदान करता है, अफगानिस्तान के प्राकृतिक संसाधनों में निवेश को प्रोत्साहन देना, अफगानिस्तान के नेतृत्व में, अफगान-स्वामित्व वाली, व्यापक आधारित और शांति और सुलह की समग्र प्रक्रिया के लिए भारतीय बाजार में शुल्क मुक्त पहुँच प्रदान करना, और अंतर्राष्ट्रीय समुदाय में अफगानिस्तान के लिए एक निरंतर और दीर्घकालिक प्रतिबद्धता की जरूरत को पूरा करता है। एशिया में प्रख्यात व्यापार, वाणिज्य और निवेश के लिए संचालक देश के रूप में, भारत ने जनवरी 2014 में नई दिल्ली

में हार्ट ऑफ़ एशिया की वरिष्ठ अधिकारियों की बैठक की मेजबानी की और FICCI की मदद से भारत ने 6 क्षेत्रीय तकनीकी समूह (RTG) का आयोजन नवम्बर 2015 में नई दिल्ली में किया। अफगानिस्तान 2015 में एक साथ तीन: राजनीतिक, सुरक्षा और आर्थिक संक्रमण के दौर से गुजर रहा था, भारत ने अफगानिस्तान के विकास और सुरक्षा के लिए एक दीर्घकालिक प्रतिबद्धता बनाने के द्वारा अपने भविष्य के बारे में अपनी आशंका को दूर किया था।

राजनीतिक सम्बन्ध

भारत की अफगानिस्तान के साथ एक उच्च स्तर की द्विपक्षीय राजनीतिक सहभागिता है, जो कि बड़ी संख्या में परिलक्षित दौरे में दिखाई देता है। दोनों पक्षों की ओर से उच्च स्तर की यात्रा होती रहती है, जिनमें अन्य लोगों सहित, मई 2011 में प्रधानमंत्री, मार्च 2014 में उपाध्यक्ष (FVP मार्शल फहीम के अंतिम संस्कार में भाग लेने के लिए और सितम्बर 2014 में (राष्ट्रीय एकता सरकार के उद्‌घाटन समारोह), विदेश मंत्री (EAM) जनवरी 2011 में, फ़रवरी 2014 (ANAASTU का उद्‌घाटन) और सितम्बर 2014 (स्मारकीय ध्वज और नई संभावना परिसर उद्‌घाटन का अनावरण); राष्ट्रीय सुरक्षा सलाहकार (NSA) मार्च 2011, फरवरी 2013 और अक्तूबर 2014 में; अंतर्राष्ट्रीय संपर्क समूह की एक बैठक के लिए जून 2011 में काबुल के लिए विशेष दूत; सितम्बर 2011, 2013 अगस्त और 2014 मई में विदेश सचिव; सितंबर 2011 और जून 2014 में कानून और न्याय मंत्री, अप्रैल 2013 में इस्पात के लिए मंत्री और श्री एस. रामादुरई, राष्ट्रीय कौशल विकास आयोग में भारत के प्रधानमंत्री के सलाहकार और श्री एमएस स्वामीनाथन, राष्ट्रीय किसान परिषद के अध्यक्ष शामिल हैं।

तत्कालीन भारतीय विदेश मंत्री श्रीमती सुषमा स्वराज ने भी अफगानिस्तान का दौरा किया और राष्ट्रपति करज़ई को बुलाया और संयुक्त रूप से 10 सितम्बर 2014 को एक स्मारक अफगान झंडे का उद्‌घाटन किया। यह झंडा, अफगान एकता और राष्ट्रीयता का प्रतीक है, इसे भारत के झंडे फाउंडेशन सहित विभिन्न प्रायोजकों की सहायता के साथ आयोजित किया गया। भारत ने ध्वज के आसपास एक राष्ट्रीय सार्वजनिक पार्क के निर्माण के लिए US $ 1,000,000 की घोषणा की। इस भारतीय पहल की व्यापक रूप से अफगान और अंतर्राष्ट्रीय समुदाय द्वारा सराहना की गयी। भारतीय विदेश मंत्री ने भी काबुल में अपने नये संभावना परिसर का उद्‌घाटन किया जहाँ जुलाई 2014 से दूतावास ने काम शुरू कर दिया है। उन्होंने

इसके द्वारा यह स्पष्ट कर दिया है कि यह भारत द्वारा 'बाहर न निकलें' की नीति है। हार्ट ऑफ़ एशिया, 2015 के दौरान में, माननीय भारतीय विदेश मंत्री श्रीमती सुषमा स्वराज ने इस्लामाबाद के लिए एक उच्च स्तरीय प्रतिनिधिमंडल का नेतृत्व किया। भारतीय विदेश मंत्री सम्मेलन में कनेक्टिविटी में वृद्धि, क्षेत्रीय व्यापार और अफगानिस्तान के साथ खुलेपन पर बल दिया, और इस संबंध में 'पाकिस्तान की ओर भारत के हाथ' को भी बढ़ाया।

अफगान की ओर से, भारत में उच्च स्तर का दौरा किया गया जिसमे पूर्व राष्ट्रपति हामिद करज़ई की मई 2013 यात्रा शामिल है, जो इनकी नवंबर 2012 में अपने राज्य की यात्रा के बाद हुई जिसमे उन्होंने प्रतिष्ठित मौलाना अबुल कलाम आजाद मेमोरियल व्याख्यान दिया, राजनीतिक और व्यापारिक नेताओं के साथ गहन चर्चा की और भारत के साथ चार क्षेत्र में हस्ताक्षर किये। भारत ने 11–18 फरवरी 2013, अफगान के उच्च संसद, मेश्रानो जिरगा के लिए एक अध्ययन यात्रा भी आयोजित की। पूर्व राष्ट्रपति हामिद करज़ई ने मई 2014 में, प्रधानमंत्री श्री नरेंद्र मोदी के शपथ ग्रहण समारोह में भारत का दौरा किया। श्री करज़ई ने नवंबर 2014 में भारत के एच टी के नेतृत्व शिखर सम्मेलन में भाग लेने के लिए दौरा किया और भारत के पहले प्रधानमंत्री पं० नेहरू के 125 वें जन्म की सालगिरह में भाग लिया, जिसे भारतीय राष्ट्रीय कांग्रेस द्वारा आयोजित किया गया। प्रधानमंत्री नरेंद्र मोदी ने नवंबर 2014 में काठमांडू में सार्क शिखर सम्मेलन में, राष्ट्रपति डॉ. गनी से मुलाकात की। जनरल करीमी ने दिसम्बर 2014 में प्रमुख अतिथि के रूप में भारतीय सैन्य परेड देहरादून का दौरा किया और COAS के जनरल सुहाग से भी मुलाकात की।[1]

2014 में, अफगानिस्तान में राष्ट्रपति चुनाव आयोजित किए गए। चुनाव के दो दौर के एक लम्बे चुनावी प्रक्रिया के बाद और संयुक्त राष्ट्र के लेखापरीक्षा प्रक्रिया की मध्यस्थता के बाद दो प्रमुख दावेदारों के बीच एक राजनैतिक समझौते पर हस्ताक्षर किए गए। डॉ. अशरफ गनी और डॉ अब्दुल्ला अब्दुल्ला, जिससे एक राष्ट्रीय एकता सरकार का गठन 29 सितम्बर 2014 में हुआ। इस समारोह में भारत के उपाध्यक्ष डॉ. हामिद अंसारी ने भाग लिया। भारतीय राजनीतिक समावेशिता और सत्ता के शांतिपूर्ण हस्तांतरण पर लगातार संकेत को संबोधित किया और अफगान के सभी वर्गों द्वारा इसकी सराहना की गई थी। प्रधानमंत्री श्री नरेंद्र मोदी ने अपने बधाई संदेश में दिल से दो अफगान नेताओं के बीच समझौते का स्वागत

किया और कहा कि जो विवेक उन्होंने दिखाया है वे अफगानिस्तान के लोगों की मजबूत लोकतांत्रिक आकांक्षाओं का सम्मान है, जो उन्होंने चुनाव मतदान से भी दिखा दिया है। प्रधानमंत्री ने ये भी कहा कि भारत अफगानिस्तान की नई सरकार के साथ लगातार खड़ा होगा क्योंकि यह एक मजबूत, विकसित और शांतिपूर्ण राष्ट्र निर्माण के कार्य में जारी है।

14 मार्च 2015 में, मुख्य कार्यकारी अधिकारी, अब्दुल्ला अब्दुल्ला, भारत में तीन दिनों के दौरे पर आए। अपनी यात्रा के दौरान उन्होंने मोहम्मद हामिद अंसारी, भारत के उपाध्यक्ष और कुछ अन्य उच्च पद के सरकारी अधिकारियों के साथ मुलाकात की। उन्होंने इंडिया टुडे पत्रिका द्वारा आयोजित इंडिया कॉन्फ्रेंस सम्मेलन में भी भाग लिया। राष्ट्रपति डॉ. अशरफ घानी भी अपने कार्यकाल शुरू होने के सात महीनो के बाद अप्रैल 2015 में भारत दौरे पर आए। अपने इस दौरे में इन्होने भारत के राष्ट्रपति श्री प्रणव मुखर्जी, भारत के प्रधानमंत्री श्री नरेन्द्र मोदी और विदेश मंत्री श्रीमती सुषमा स्वराज से मुलाकात की। दोनों पक्षों ने स्वास्थ्य, शिक्षा, कृषि, आपदा प्रबंधन, विद्युत क्षेत्र और निर्वाचन प्रबंधन सहित विभिन्न क्षेत्रों में सहयोग और सहायता के बारे में चर्चा की। राष्ट्रपति गनी की यात्रा के परिणाम के रूप में, भारत ने अफगानिस्तान को तीन चीतल हेलीकाप्टरों का तोहफा दिया है; हबिबियर स्कूल के वार्षिक रखरखाव में सहायता, काबुल और इंदिरा गांधी बाल स्वास्थ्य के इंस्टीट्यूट ARCS को अमरीकी डालर 5,000,000 कोष को 5 साल के लिए भारत में अफ़ग़ान के जन्मजात हृदय रोग (CHD) वाले बच्चों का इलाज करने के लिए; 2020 तक ICCR छात्रवृत्ति का विस्तार और दोनों पक्षों से एक दूसरे के देशों में वाहनों की अनुमति के लिए एक द्विपक्षीय मोटर वाहन संधि पर हस्ताक्षर करने के लिए तत्पर संकेत दिए हैं।

अफगानिस्तान के राष्ट्रीय सुरक्षा सलाहकार मोहम्मद हनीफ अत्मर ने नवंबर 8–9, 2015 को भारत का दौरा किया। अपनी दो दिन की यात्रा के दौरान, अफगान एनएस, प्रासंगिक भारतीय सरकार के अधिकारियों के साथ द्विपक्षीय वार्ता में लगे रहे थे। ये बैठकें अफगानिस्तान और क्षेत्र में वर्तमान स्थिति सहित राजनीतिक, सुरक्षा और आर्थिक क्षेत्रों में सहयोग पर केंद्रित थीं। अफगानिस्तान के राष्ट्रीय सुरक्षा सलाहकार और भारतीय अधिकारियों ने रणनीतिक भागीदारी समझौते के प्रावधानों के साथ आतंकवाद के खिलाफ लड़ाई में पारस्परिक प्रयासों पर विचार विमर्श किया। द्विपक्षीय आर्थिक सहयोग पर, अत्मर ने भारतीय कंपनियों द्वारा अफगानिस्तान में निवेश अभियान पर भारतीय अधिकारियों के साथ चर्चा की।

अफगानिस्तान के इस्लामी गणतंत्र के उपविदेश मंत्री, हिकमत खलील करज़ई 16-20 नवंबर 2015 को संबंधित प्रतिनिधियों के साथ, नई दिल्ली के लिए अपनी पहली आधिकारिक यात्रा पर आए। अफगान अधिकारीयों ने भारतीय माननीय उपराष्ट्रपति हामिद अंसारी, बाहरी मामलों के मंत्री सुषमा स्वराज, कौशल विकास और रोजगार के अवसरों के मंत्री राजीव प्रताप रूडी, विदेश सचिव एच इ एस. जयशंकर, विशेष सचिव ई आर. श्रीमती सुजाता मेहता, गृह सचिव, राजीव मह्रिषी, बी सी सी आई सचिव जनरल श्री अनुराग ठाकुर और भारतीय साँस्कृतिक संबंधों के जनरल निर्देशक श्री सी वी राजशेखर से बातचीत की। उप-विदेश मंत्री ने मेजबान देश के अधिकारियों के साथ प्रमुख मुद्दों और अफगानिस्तान के बीच द्विपक्षीय व्यवस्था से संबंध के रूप में अच्छी तरह से आपसी हित और दोनों देशों की चिंताओं कि चर्चा की। अफगान प्रतिनिधिमंडल के प्रमुख ने चाथम हाउस शासन के तहत विवेकानंद इंटरनेशनल फाउंडेशन (VIF) के सदस्यों के साथ बातचीत की और आब्जर्वर रिसर्च फाउंडेशन पर 'भारत-अफगान संबंधों : किस तरह से आगे बढ़े' में बात की थी। यात्रा के दौरान अफगान प्राधिकरण नेशनल कांग्रेस पार्टी के उपाध्यक्ष श्री राहुल गांधी और भाजपा के राष्ट्रीय सचिव जनरल श्री राम माधव के साथ भी मुलाकात की।

25 दिसंबर 2015 में, एक उच्च स्तरीय प्रतिनिधिमंडल के साथ प्रधानमंत्री ने अफगानिस्तान के लिए एक यात्रा की। उनकी यात्रा के दौरान उन्होंने राष्ट्रपति जी गनी को बुलाया। उन्होंने मुख्य कार्यपालक, डॉ. अब्दुल्ला और पूर्व राष्ट्रपति हामिद करज़ई से मुलाकात की। अपनी यात्रा के दौरान उन्होंने निर्मित अफगान संसद का उद्घाटन किया; उन्होंने अफगानिस्तान और भारत दोनों के स्कूल और कॉलेजों में अफगान सुरक्षा बलों के शहीदों के बच्चों के लिए 500 छात्रवृत्ति की घोषणा की; और प्रधानमंत्री ने अफगान वायु सेनाओं के लिए चार Mi25 हमला हेलीकाप्टर भेंट किये। यात्रा के दौरान, उन्होंने पहली सामरिक भागीदारी परिषद बैठक 2016 के पहली तिमाही में दोनों देश के विदेश मंत्री के नेतृत्व में चार संयुक्त कार्य समूह की बैठकों के साथ आयोजित करने का फैसला किया।

अफगानिस्तान के इस्लामी गणतंत्र के मुख्य कार्यकारी महामहिम डॉ. अब्दुल्ला अब्दुल्ला ने 31 जनवरी से 4 फरवरी 2016 को भारत का दौरा किया। इस यात्रा के दौरान, उन्होंने 1 फरवरी को प्रधानमंत्री से मुलाकात की और द्विपक्षीय, क्षेत्रीय और वैश्विक मुद्दों को, अफगानिस्तान में सुरक्षा की स्थिति और शांति और सुलह सहित

आपसी रुचि के बारे में विचार विमर्श किया। EAM और NSA ने डॉ. अब्दुल्ला को 1 और 4 फरवरी क्रमशः बुलाया। भारत ने राजनीतिक, सुरक्षा और आर्थिक संक्रमण के दौरान सभी संभव तरीके से अफगानिस्तान के साथ खड़े होने के लिए अपने स्थायी वचनबद्धता को दोहराया। दोनों पक्षों ने भारत में अफगानिस्तान और पठानकोट में हाल ही में आतंकवादी हमलों की निंदा की और इस क्षेत्र में शांति और स्थिरता के लिए सभी रूपों और आतंकवाद की अभिव्यक्तियों को पूरी तरह से खत्म करने की आवश्यकता पर बल दिया।

डॉ. अब्दुल्ला ने 2 फरवरी को जयपुर में भारत फाउंडेशन द्वारा आयोजित काउंटर आतंकवाद सम्मेलन में मुख्य भाषण दिया, जहां पर उद्घाटन लेख राष्ट्रपति द्वारा किया गया। द्विपक्षीय रूप से, भारत ने अफगानिस्तान के पुनर्निर्माण और पुनर्वास में एक महत्वपूर्ण भूमिका निभाई है। भारत की व्यापक विकास सहायता कार्यक्रम, जो अब US 2 बिलियन के आसपास खड़ा है, सुरक्षा और प्रशासन के संक्रमण की इस महत्वपूर्ण अवधि के दौरान शांति, स्थिरता और अफगानिस्तान में समृद्धि के लिए अपनी स्थायी प्रतिबद्धता का एक मजबूत संकेत है। यह भारत को अफगानिस्तान के अग्रणी दाता देशों में से एक बनाता है और अब तक क्षेत्रीय देशों के बीच में सबसे बड़ा है।

निरंतर द्विपक्षीय विकास सहयोग के संदर्भ में, भारत सरकार का अफगानिस्तान में 92 परियोजनाओं के साथ लघु विकास परियोजनाओं के 3 चरण को मंजूरी देने के लिए निर्णय किया गया। दोनों पक्ष चाबहार बंदरगाह के माध्यम से ईरान में संपर्क विकसित करने की प्राथमिकता पर सहमत हुए। राजनयिक पासपोर्ट धारकों के लिए वीजा की आवश्यकता पे छूट पर एक समझौता हस्ताक्षर किया गया। 3 फरवरी को डा. अब्दुल्ला ने वाणिज्य और उद्योग के तीन प्रमुख मंडलों अर्थात् ASSOCHAM, CII और FICCI के साथ संयुक्त बातचीत को संबोधित किया।

भारत का अफगान में निर्माण कार्य

भारत ने अफगानिस्तान के समर्थन में जो मजबूत रुख अपनाया है वह अफगानिस्तान के दीर्घकालिक टिकाऊ और विकास के लिए है, जिसके बदले में, यह आशा की जाती है कि यहाँ शांति और स्थिरता आएगी। यह स्थिरता और शांति भारत के लिए उसकी अपनी आंतरिक सुरक्षा के साथ उसकी चिंताओं के संबंध में महत्वपूर्ण है। जम्मू और कश्मीर में आतंकवाद और विद्रोह की व्यापकता को

अफगानिस्तान में धार्मिक कट्टरवादी समूहों के उदय के साथ सह–सीमा किया गया है, माना जा रहा है कि उन्हें भारत इसके लोगों के विरुद्ध में छः युद्ध करने के लिए भेज रहा है, उनके संचालकों द्वारा जिनकी राष्ट्रीयता को संदिग्ध पाया गया है।

भारत–अफगानिस्तान संबंध को मजबूत करने में भारत द्वारा उठाये गये महत्वपूर्ण कदम निम्न है :

1. भारतीय सेना की सीमा सड़क संगठन ने 2009 में एक दूरदराज के अफगानिस्तान प्रांत (निमरोज़) में एक सड़क का निर्माण किया है, जो तभी से भारत से आने वाले माल के लिए एक शुल्क मुक्त मार्ग के रूप में ईरान में छब्बर बंदरगाह के माध्यम से, अफगानिस्तान के लिए पाकिस्तान को दरकिनार करते हुए इस्तेमाल किया जा रहा है।
2. 2005 : भारत ने सार्क में अफगानिस्तान की सदस्यता का प्रस्ताव दिया; 2007 : अफगानिस्तान सार्क का सदस्य बना।
3. ग्रामीण विकास और शिक्षा के क्षेत्र में सहयोग को सुदृढ़ करने के लिए एमओयू BIS और अफगानिस्तान राष्ट्रीय मानकीकरण प्राधिकरण के बीच समंवय।
4. US $2 बिलियन, 2011 के रूप में अफगानिस्तान के लिए भारत ने प्रतिज्ञा की है।
5. देश से समाचार रिपोर्टों के अनुसार, तापी (ट्रांस अफगानिस्तान पाइपलाइन) का निर्माण तुर्कमेनिस्तान में 2015 में शुरू हुआ।

नई अफगान संसद भवन का प्रधानमंत्री मोदी ने दिसंबर 2015 में उद्घाटन किया था। चरिकर उप स्टेशन परियोजना को 2015 दिसंबर में अफगानिस्तान के मुख्य कार्यकारी द्वारा उद्घाटन किया गया था। दोशी उप स्टेशन 2016 की पहली तिमाही में तैयार हो गया इत्यादि। भारत ने अफगानिस्तान के सभी प्रांतों के स्कूलों में डब्लूएफपी के माध्यम से उच्च प्रोटीन बिस्कुट प्रदान किया है। मई 2014 में बदक्षण में बाढ़ राहत कार्यक्रम के लिए भारत ने US$ 1,000,000 सहायता दी। 2015 दिसंबर में प्रधानमंत्री की यात्रा के दौरान, भारत ने अफगानिस्तान के लिए 1, 70000 माउंट गेहूं, जो कि भारत द्वारा प्रतिबद्ध 1.1 मिलियन मीट्रिक टन गेहूं दान का हिस्सा है, की आपूर्ति में तेजी लाने का आश्वासन दिया।

भारत, लघु विकास परियोजनाओं के पहले और द्वितीय चरण (US$ 20, 000,000) और तीसरे चरण (US$ 100, 000,000) के तहत और अफगानिस्तान

की अर्थव्यवस्था के मंत्रालय के साथ कम अवधि की छोटी परियोजनाओं की 200 से अधिक परियोजनाओं को सम्मिलित किया जैसे सार्वजनिक स्वास्थ्य, शिक्षा और अफगानिस्तान के विभिन्न प्रांतों में सामुदायिक संरचना।

अफगानिस्तान के बजट में सहायता के तहत भारत ने 2014 में कंधार में कृषि विश्वविद्यालय ANASTU की स्थापना की। सभी 1000 अफगान छात्रो को समर्पित स्लॉट का उपयोग जुलाई 2015 में, दूतावास शैक्षणिक वर्ष 2015–2016 के लिए छात्रवृत्ति के चक्र में पूरा किया। 100: उपलब्धि के रिकार्ड के अलावा, 90 महिला छात्रों की संख्या रिकॉर्ड भी था। मई 2015 में, भारत के प्रधानमंत्री ने अफगान छात्रों के लिए 2020 तक ICCR छात्रवृत्ति का विस्तार किया। भारत ने विभिन्न क्षमता निर्माण पाठ्यक्रमों के लिए कार्यक्रम के अंतर्गत 500 से भी अधिक अधिकारी भेजे। इस प्रशिक्षण कार्यक्रम के अलावा, भारत ने विभिन्न क्षेत्रों में अफगान सरकारी अधिकारियों के लिए विभिन्न प्रशिक्षण कार्यक्रम विशेष विवेकाधीन स्लॉट के तहत प्रदान किये।[2]

आर्थिक सम्बन्ध

भारत अफगानिस्तान में अपनी आर्थिक उपस्थिति का विस्तार करना चाहता है जैसा कि अंतर्राष्ट्रीय गठबंधन भी तालिबान से लड़ाकू बलों को 2014 से वापस ले चुके है। विशेष रूप से, यह मध्य और दक्षिण एशिया के देशों के साथ परिवहन संयोजनीयता और आर्थिक सहयोग में सुधार करना चाहता है। भारत ने अफगानिस्तान में 2012 में ही 10.8 अरब डालर का निवेश किया है। नाटो की वापसी के बाद ऐसी और अधिक परियोजनाएं आने की संभावना है। इसमें लौह अयस्क खानों की स्थापना, एक 6 एमटीपी, इस्पात संयंत्र (पाल द्वारा स्टील अथॉरिटी ऑफ इंडिया लिमिटेड), एक 800 मेगावाट बिजली संयंत्र, जल विद्युत परियोजनाओं, लाइनें, सड़कें आदि शामिल हैं, भारत और ईरान अफगानिस्तान में माल परिवहन पर एक पारगमन समझौते के लिए तत्पर है। भारत सरकार दक्षिण–पूर्वी ईरान में चाबहार बंदरगाह के विस्तार के लिए अमेरिकी 100 करोड़ डॉलर से अधिक का निवेश कर रही है जो पारगमन वस्तुओं के परिवहन के लिए एक हब के रूप में कार्य करेगा। सद्‌भावना के अलावा भारत अफगान सरकार के लिए एक संसद परिसर का निर्माण भी कर रहा है जिसमें 710 करोड़ रुपये की लागत है (USD 115 मिलियन)। इस भवन का उद्‌घाटन जनवरी 2016 में हुआ है।

भारत का मानना है कि अफगानिस्तान के सतत विकास को अफगानिस्तान में दीर्घकालिक निवेश की आवश्यकता है जो इसको अपने प्राकृतिक संसाधन का फायदा उठाने में मदद कर सकता है। इस प्रकार, भारत, अफगानिस्तान में निवेश को बढ़ावा देने के लिए तत्पर है और सार्वजनिक और निजी भारतीय कंपनियों के एक संघ के संवर्धन के मामले में देश के खनन क्षेत्र हजिगाक लौह अयस्क भंडार को सबसे बड़ा निवेश बनाने के लिए चुना गया है।

भारत यह भी महसूस करता है कि अफगानिस्तान में स्थिरता तभी संभव है जब सभी प्रमुख नेता और देश इसकी स्थिरता, विकास और समृद्धि में एक मत रखते हो। भारत ने इस प्रकार, अफगानिस्तान में क्षेत्रीय और ट्रांस-क्षेत्रीय निवेश को आकर्षित करने के प्रयासों की बागडोर संभाली हुई है जो अतिवादी की प्रमुख कथा के लिए एक व्यवहार्य विकल्प प्रदान करे और अपनी जनसंख्या के लिए रोजगार के अवसर प्रदान कर सके, जैसे अग्रणी घटनाओं द्वारा भारत ने 28 जून 2012 को अफगानिस्तान में निवेश के लिए आर्थिक अवसरों को प्रदान करने के लिए मदद करने हेतु दिल्ली में निवेश शिखर सम्मेलन आयोजित किया। अफगानिस्तान से 100 से अधिक व्यापार प्रतिनिधियों के अलावा और भारत से लगभग 160 के आसपास, 80 के करीब क्षेत्र के देशों के आसपास प्रतिनिधियों, जैसे चीन, पाकिस्तान और ईरान सहित ने इस घटना में भाग लिया। अफगानिस्तान से विदेश, वित्त, खानों, व्यापार और वाणिज्य और कृषि मंत्रियों ने शिखर सम्मेलन में भाग लिया। मान्यता है कि यह क्षेत्र अफगानिस्तान में शांति की कुंजी रखता है, भारत हार्ट ऑफ़ एशिया प्रक्रिया के दायरे में इस क्षेत्र में वाणिज्यिक विश्वास निर्माण उपायों को बढ़ाने का नेतृत्व कर रहा है। बहुपक्षीय रूप से अफगानिस्तान पर बातचीत शुरू करने के लिए, भारत ने अफगानिस्तान-भारत-अमेरिका त्रिपक्षीय और अफगानिस्तान-भारत-ईरान त्रिपक्षीय जैसे विभिन्न प्लेटफार्मों पर अफगानिस्तान में शांति और समृद्धि हासिल करने पर सामान्य लक्ष्य रखने वाले अंतर्राष्ट्रीय साझीदारों को साथ लाने की तलाश में मदद की। भारत ने संयुक्त राष्ट्र में अफगानिस्तान पर अंतर्राष्ट्रीय सहयोग के लिए और विभिन्न अंतर्राष्ट्रीय सम्मेलन में अफगानिस्तान के भविष्य पर ध्यान केंद्रित करने, जिसमे जुलाई 2012 में टोक्यो विकास सम्मेलन और लंदन के दिसम्बर 2014 के सम्मेलन में अपने समर्थन को व्यक्त किया।

2013-14 में US$ 683.02 मिलियन का द्विपक्षीय व्यापार (भारत द्वारा + 474.25 मिलियन का निर्यात और + 208.77 मिलियन का आयात) दोनों देशों के बीच्च में विशाल क्षमता के स्तर पर है। भारत द्वारा निर्यात की गई शीर्ष वस्तुएं

मानव–स्टेपल फाइबर, अनाज, तंबाकू, विद्युत मशीनरी, डेरी उत्पादन, अंडे, शहद, रबड़ के उत्पाद, फार्मास्यूटिकल्स, वस्त्र सामान, बॉयलर और मशीनरी के आयात में मुख्य रूप से शामिल किए गए और आयात में ताजे फल, किशमिश, सब्जियां, तेल के बीज, कीमती/अर्ध–कीमती पत्थर आदि शामिल है। भारत और अफगानिस्तान ने व्यापार की संभावनाओं को प्राप्त करने के लिए मार्च 2003 में एक अधिमानी व्यापार समझौते पर हस्ताक्षर किये जिसके तहत भारत ने पर्याप्त शुल्क रियायतें दी, जो कुछ श्रेणी (38 आइटम) के लिए 50% से 100% तक अफगान के मेवों पर है। नवंबर 2011 में, भारत ने अफगानिस्तान के सभी उत्पादों के लिए बुनियादी सीमा शुल्क हटा दिया (शराब और तंबाकू को छोड़कर) उन्हें भारतीय बाजार के लिए शुल्क मुक्त पहुँच प्रदान की है। भारत अफगानिस्तान के माल के प्रमुख निर्यात स्थलों में से एक है। ईरान में चाबहार बंदरगाह के बन्ने से अफगान के लिए एक नया पारगमन मार्ग खुल जाएगा जिससे भारत और बाकी दुनिया के साथ व्यापार के द्वारा अफगानिस्तान के निर्यात में वृद्धि हो सकती है। हाल ही में भारतीय सरकार ने अफगानिस्तान के लिए वैकल्पिक व्यापार पारगमन मार्ग के लिए ईरान में चाबहार बंदरगाह की क्षमता को उन्नत करने के लिए अमरीकी डालर 85 मिलियंस की मंजूरी दी है।[3]

अफगानिस्तान के उच्च गुणवत्ता के कपास, रेशम और मुलायम ऊन के साथ वस्त्र उद्योग के विकास के लिए महत्वपूर्ण क्षमता है, जो काफी रोजगार के अवसर पैदा कर सकता है। इस उद्देश्य के साथ, भारत और अफगानिस्तान के बीच 7 जनवरी 2015 में एक समझौता ज्ञापन पर हस्ताक्षर किया गया था, जिसके अनुसार भारत अफगान वस्त्र उद्योग को विकसित करने के लिए आवश्यक सहायता प्रदान करेगा और कौशल विकास, अनुसंधान और उत्पाद में तकनीकी सहयोग में सहायता, विकास और विनिर्माण, परीक्षण और प्रमाणन और आपसी सहयोग के लिए संयुक्त व्यापार मिशन का आयोजन किया। पिछले सालों में निम्नलिखित व्यापार की घटनाओं ने जगह ली है :

- मार्च 2014 में व्यापार अभिनव मेला मजार–ई–शरीफ में आयोजित किया गया।
- भारतीय दूतावास के साथ, काबुल, व्यापार और स्थिरता आपरेशनों (TFBSO), संयुक्त राज्य अमेरिका और वैश्विक नेटवर्क ने, अफगानिस्तान में निवेश के अवसरों पर 15 अप्रैल, 2014 को अहमदाबाद में, 'सड़क शो'

का आयोजन किया। यह घटना व्यापार वाणिज्य और निवेश के अवसर के लिए हार्ट ऑफ़ एशिया के अंतर्गत अफगानिस्तान के लिए विश्वास निर्माण के उपाय के तहत की कल्पना के तत्वावधान में आयोजित किया गया था।

- IPHEX (भारतीय फार्मास्यूटिकल्स और हेल्थकेयर एक्सपो), मुंबई, 21-23 मई 2014 में सात अफगान फार्मा वितरकों ने इस घटना में भाग लिया।
- अफगानिस्तान के निर्यात संवर्धन एजेंसी (EPAA) ने नई दिल्ली में 18 और 19 जून 2014 में भारतीय निर्यात संगठन (क्षेत्र) और भारत के आयातक एसोसिएशन; एफआईईओ के फेडरेशन के साथ दो IIA पर हस्ताक्षर किए।
- 8 अगस्त, 2014 को नई दिल्ली में एसोचौम द्वारा सातवें भारत खनन शिखर सम्मेलन को आयोजित किया, श्री जमील हरेस के नेतृत्व में एक अफगान प्रतिनिधिमंडल, उप मंत्री, खान मंत्रालय और पेट्रोलियम (MoMP) और अफगान खनन कंपनियों ने भाग लिया।
- काबुल में 18 सितम्बर 2014 को एक 'भारत बाजार' का उद्घाटन किया जिसमे सभी प्रकार के भारतीय निर्मित उत्पादों को शामिल किया गया था।
- काबुल में भारतीय दूतावास ने 'मेक इन इंडिया' अभियान में 80 शीर्ष रैंकिंग अफगान व्यापारियों और वाणिज्य और उद्योग के मंडलों के सदस्यों ने भाग लिया था।
- 'अफगानिस्तान निवेश मंच' मुंबई में 01-02 अक्टूबर 2014 में वैश्विक नेटवर्क द्वारा अहमदाबाद से आधारित एक निजी परामर्श कंपनी ने नवी मुंबई चैंबर के वाणिज्य और USTFBSO के समर्थन के साथ आयोजित किया गया । यह घटना 02 अक्टूबर को B2B बैठकों के बाद की गई।
- FICCI और ACCI ने भारतीय वाणिज्य और उद्योग मंत्रालय के साथ, भारतीय दूतावास, काबुल द्वारा भारत के उत्पाद शो को 2-4 नवंबर, 2014 को इंटरकांटिनेंटल होटल, काबुल में आयोजित किया।
- 14-17 नवम्बर 2014 नई दिल्ली में, 24 अफगान कंपनियों ने भारतीय अंतर्राष्ट्रीय व्यापार मेला में भाग लिया और अपने उत्पादों का जैसे

ज़ाफ़रान, मेवे का कालीन, गहने और हस्तशिल्प का प्रगति मैदान, नई दिल्ली में प्रदर्शन किया।

- 45 अफगान व्यापारियों ने गुजरात के PHARMEXCIL में जनवरी 2015 में भाग लिया।
- तीसरा भारत-अफगानिस्तान अभिनव मेला— इस घटना को USAID/FAIDA और हेरात वाणिज्य और उद्योगों के चैंबर के समर्थन के साथ आयोजित किया गया था। 20 भारतीय गैर सरकारी संगठनों/व्यापार समूहों और 40 अफगान समूहों ने प्रदर्शनी के दौरान अपने अभिनव मॉडल को दर्शाया, जो B2B मैच घटनाओं के बाद प्रदर्शन किया गया। प्रतिदिन हजारों लोगों ने प्रदर्शनी का दौरा किया।
- 13-15 मई 2015, मुंबई में IPHEX और भारतीय फार्मा कोपोएइअ पर तकनीकी संगोष्ठी।[4]

भारत एक पर्यटन केंद्र के रूप में

अफगानिस्तान में, भारतीय चिकित्सा और स्वास्थ्य देखभाल प्रणाली को अत्यधिक भरोसे मंद माना जाता है, अफगान परिवारों के लिए चिकित्सा उपचार प्राप्त करने के लिए सबसे अच्छी जगह बन गया है। यह हनीमून के लिए भी आदर्श है और खरीदारी के लिए भी उचित है। यहां तक कि कई उच्च पदों वाले अफगान अधिकारियों के परिवार भी भारत में रहते हैं, जैसे कि अफगानिस्तान के मुख्य कार्यकारी डॉ अब्दुल्ला अब्दुल्ला का परिवार। इस प्रकार, भारत अफगान पर्यटकों के लिए सबसे अधिक अनुकूल गंतव्य है, विशेष रूप से चिकित्सा पर्यटन के लिए। भारत में पर्यटन को बढ़ावा देने के लिए निम्न प्रयासों को किया गया है:

(क) पर्यटक वीजा और चिकित्सा वीजा पर उदारवादी छूट और नियम के अनुसरण से पुलिस की रिपोर्टिंग से छुटकारा।

(ख) वीजा साक्षात्कार के दौरान अफगान चिकित्सा पर्यटकों के लिए मार्गदर्शन।

(ग) अफगान दुभाषियों द्वारा धोखा देने के लिए खुद को विभिन्न अस्पतालों के डॉक्टरो के जानकार के रूप में काम कर रहे धोखेबाजों से धोखाधड़ी को समाप्त करने के लिए कई उपाय शुरू किये।

काबुल में कंपनियों को स्वास्थ्य पर्यटन को बढ़ावा देने के लिए व्यापार मेला/प्रदर्शनी में आमंत्रित किया गया। द मिशन ने एक प्रमुख भारतीय स्वास्थ्य देखभाल प्रदर्शनी और B2B मिलन काबुल में 28–30 सितम्बर 2015 के दौरान आयोजित किया, जिसमे भारत से वाणिज्य और फर्मेक्सिसल विभाग और अफगानिस्तान में स्वास्थ्य मंत्रालय, अफगानिस्तान एक्सपो सेंटर और अफगानिस्तान निवेश सहायता एजेंसी शामिल थे।

द्विपक्षीय समझौते के तहत दोनों देशों ने एक दूसरे के नागरिकों को मुफ्त वीसा दिया। इन वर्षों में, दूतावास द्वारा जारी किए गए वीसा की संख्या और अफगानिस्तान में पदों में वृद्धि हुई है, 2015 में 1.1 लाख की कुल वीजा 2014 में 83,224 की तुलना में 16% वृद्धि में जारी किए गए। 60 वर्ष से अधिक आयु के बुजुर्ग आवेदकों में, अक्सर यात्रियों, प्रतिष्ठित व्यापारियों और 15 साल की उम्र से कम के नाबालिगों को आम तौर पर पूछताछ से छूट प्रदान कर रहे हैं, और व्यापार को बढ़ावा देने के एक पहल के साथ दूतावास ने दिसंबर 2014 के बाद से प्रतिष्ठित अफगान व्यापारियों को एकाधिक प्रवेश व्यापार वीजा जारी करना शुरू कर दिया है।

भारत की अफगानिस्तान को मदद

भारत सदैव अफगानिस्तान की मदद करने के लिए तत्पर रहता है। 2008 से 2011 तक अफगान के लोगों को भारतीय लोगों और सरकार से सहायता मिली है जिसमे टाटा की लोकल बस प्रमुख शहरों के लिए और कई अन्य मानवतावादी सहयोग और अफगानिस्तान को झंडा उपहार जो इतिहास में पहली बार है जब एक देश के लिए उन्हें दूसरे देश का झंडे उपहार में दे। जिसकी ऊँचाई 207 जिए आकार में 60 गज, 90 जिए, स्मारक अफगानिस्तान झंडा—भारत के लोगों का अफगानी लोगों को प्यार का उपहार था। अप्रैल 2017 में अफगानिस्तान के दूत शैदा मुहम्मद अब्दाली ने अपने भारत दौरे में कहा था की भारत अफगान को क्षेत्रीय राज्यों में सबसे ज्यादा दान देने वाला राज्य है और + 3 बिलियन से भी अधिक के सहायता देने वाला विश्व का 5वा देश है। भारत ने अफगान में 200 से भी अधिक निजी और सरकारी स्कूलों की स्थापना की है और 1000 से भी अधिक छात्रवर्ती और 16,000 से अधिक अफगान छात्रों को दाखिला दिया है।[5]

भारतीय सरकार की एक और बड़ी पहल युवा अफगानों को भारत में अध्ययन के लिए प्रोत्साहन देना है। भारत में अपनी उच्च शिक्षा को आगे बढ़ाने के लिए हर

साल 1000 छात्रवृत्तियां अफगान छात्रों को दी जाती हैं। यह संबंधों को समेकित करने और दोनों राष्ट्रों के पारस्परिक हित में सबसे प्रभावी तरीकों में से एक है। उदाहरण के लिए, वस्तुतः हर अफगानी छात्र जिसने भारत में अध्ययन किया है, भारत का समर्थन करता है और उसे अपना दूसरा घर मानता है। अफगानिस्तान के लिए भी, शिक्षित नागरिक इसकी सबसे बड़ी परिसंपत्ति हैं। अफगान के उच्च कुलीन परिवार भी शिक्षा के लिए अपने बच्चों को भारत भेजते हैं। भारतीय शिक्षित अफगानों को अफगान सरकार में अच्छे पदों पर रखने की सबसे अधिक संभावना है, जो दीर्घावधि में भारत-अफगानिस्तान संबंधों को मजबूती देगा। एक अच्छा उदाहरण करजई का है, जिन्होंने भारत में अध्ययन किया और पाकिस्तान के नेताओं की तुलना में भारत के नेताओं के साथ गर्मजोशी से दोस्ती का आनंद उठाया।

एक और पहल में, अफगानिस्तान में फंसे भारतीय नागरिकों के लिए कौंसुलर सेवाएं और भारतीय नागरिक जो कैद में हो और अफगान नागरिकों के प्रति मुद्दों के लिए जैसे कि प्रमाण पत्र के सत्यापन, हलफनामों और व्यावसायिक दस्तावेजों के लिए।

दूतावास ने डवथ के समक्ष डवने के निम्नलिखित क्षेत्र पर हस्ताक्षर करने का प्रस्ताव रखा जो प्रारूप अंतिम प्रक्रिया में हैं। जिसमे निम्न सम्मिलित हैं :

- वाणिज्यिक मामलों में पारस्परिक कानूनी सहायता के लिए द्विपक्षीय संधि;
- द्विपक्षीय प्रत्यर्पण संधि;
- सजा निहित कैदियों के हस्तांतरण पर समझौता;
- नागरिक और वाणिज्यिक मामलों में पारस्परिक कानूनी सहायता के लिए द्विपक्षीय संधि;
- राजनयिक पासपोर्ट धारकों के लिए मुक्त वीजा पर समझौता;
- द्विपक्षीय मोटर वाहन पारगमन समझौते।

मिशन ने विदेश मंत्रालय को अफगानिस्तान की राजनीतिक स्थिति की समीक्षा करने और ऐसी आवश्यकताओं जैसे पुलिस FRRO के द्वारा भारत के भीतर अफगानिस्तान यात्रियों के आगमन के 14 दिनों के अंदर उनका पंजीकरण आवश्यक किया है, और 60 दिनों के अंदर अफगान नागरिकों के लिए एक पर्यटक वीजा पर दो यात्राओं के बीच लगाया प्रतिबंध की समीक्षा के लिए तत्पर।[5]

सामाजिक और सांस्कृतिक सम्बन्ध

भारत और अफगानिस्तान के बीच अच्छे मैत्रिक सम्बन्ध हैं, अन्य पड़ोसी देशों के मुकाबले अफगानी जनता की भारतीय सरकार से अच्छे सम्बन्ध हैं। दोनों ही देश एक दुसरे के लिए सदभाव रखते हैं। 2008 के काबुल में भारतीय दूतावास पर हुए हमले पर अफगान के विदेश मंत्री ने कहा भारत एक 'भाई देश' है और इन के संबंधों को 'कोई भी दुश्मन नुक्सान नहीं पहुंचा सकता'। 2011 में सामरिक भागीदारी समझौता हस्ताक्षरित करने के बाद से दोनों देशों के सम्बन्ध और भी अच्छे हुए है। अफ़ग़ान में बल्कि क्षेत्र के राज्यपाल अता मुहम्मद नूर ने भारतीय वाणिज्यिक दूतावास को मजार-ए-शरीफ में दहशतगर्दों द्वारा हमला होने पर संरक्षण देने के लिए बंदूके उपलब्ध करवाई। अफगानिस्तान क्रिकेट बोर्ड (ACB) और BCCI ने एक घोषणा पत्र हस्ताक्षर किया है जिसमे दिल्ली से 40 km. दूर नॉएडा के शहीद विजय सिंह पथिक स्पोर्ट्स कोम्प्लेस को अपने क्षेत्रिय पार्क के रूप में प्रयोग करने पर सहमती हुई है।

अफगान द्वारा भारतीय मीडिया की सराहना के पीछे भारत की सॉफ्ट पॉवर एक अहम भूमिका निभाती है और अलग धार्मिक और भौगोलिक दूरियों के बावजूद दोनों देशों के लोगों को एक दूसरे से जोड़ता है।[6]

बावजूद इसके अफगानिस्तान पाकिस्तान के साथ धार्मिक, भौगोलिक, जातीय और पाकिस्तान द्वारा लाखों अफगानी शरणार्थियों को 1980 के दशक से पनाह देने के बावजूद, अधिकतर अफगानी जनता पाकिस्तानी समर्थक होने के बजाय भारतीय समर्थक है जिसका बहुत बड़ा कारण भारत की सॉफ्ट पॉवर है।

अफगान में भारतीय धारावाहिकों को बहुत पसंद किया जाता है, अधिकतम लोग भारतीय T.V. धारावाहिकों को जो कि क्षेत्रीय भाषा में डब किया जाता है, देखते हैं। यहाँ तक भी कहा जाता है के दहशतगर्द भी अपनी लड़ाई को रोक कर जाने-माने भारतीय धारावाहिकों को देखते हैं।

भारतीय फिल्म्स भी यहाँ पर बहुत प्रचलित है और पसंद की जाती है। भारतीय क्रिकेटरों को बहुत पसंद किया जाता है और अफगानिस्तान ने भी अपनी क्रिकेट टीम बनाई है। भारत-पाकिस्तान के बीच क्रिकेट मैच में भारत की जीत को अफगानिस्तान में भी मनाया जाता है।

भारत ने हेरात प्रांत में सलमा बांध के निर्माण, दोशी-चारीकार में विद्युत उप स्टेशनों की स्थापना और काबुल में अफगान संसद परिसर जैसे तीन प्रमुख

बुनियादी ढांचा उपक्रमों सहित विविध विकासात्मक परियोजनाओं के माध्यम से धन का वितरण किया है। भारत द्वारा निर्मित अफगान संसद महज एक नसीहत नहीं बल्कि भारत की लोकतांत्रिक साख का प्रतिबिंब है। इसलिए अफगानिस्तान के लोगों के लिए ये केवल दोस्ती की साख और परोपकारी समर्थन नहीं है, जिससे भारत ने अफगान का दिल जीत लिया है।

पूर्व अफगान राष्ट्रपति हामिद करजई के नेतृत्व वाली सरकार को धन्यवाद, जो पूरी तरह से पश्चिम की ओर से खड़ी थी, मीडिया ने भी उल्लेखनीय समर्थन और आग्रह हासिल की है। समाचार और राजनीतिक बहस आमतौर पर अफगान टेलीविजन पर देखा जाता है।

हालांकि, अफगान चैनलों पर शायद ही कोई स्वदेशी धारावाहिक हो। ज्यादातर चैनल प्रसारण के लिए बाहरी स्रोतों पर निर्भर हैं। प्रोग्रामिंग सामग्री में यह अंतर भारतीय धारावाहिकों और बॉलीवुड फिल्मों, जो सबसे लोकप्रिय है जो कि तुर्की टेलीविजन श्रृंखला के बाद पसंद किये जाते हैं।

भारतीय धारावाहिकों को इतना पक्ष मिलता है कि 'बहुत रूढ़िवादी' अफगान लोग, जो एक समय पर टेलीविजन को शैतान के रूप में सोचा करते थे, अपनी अपील के लिए तैयार हैं। काबुल में एक धार्मिक, 60 वर्षीय महिला ने कहा, 'मुझे यह पसंद है क्योंकि ये हर घर में होने वाले तथ्यों को लेकर हैं, वह लोकप्रिय हिन्दी धारावाहिक 'क्यूंकि सास भी कभी बहू थी' की चर्चा कर रही थी।

वे इस राय को भी रखते हैं कि विदेशी कार्यक्रम का प्रसारण अफगान धर्म, सांस्कृतिक मूल्यों और विश्वासों के लिए खतरा है, क्योंकि वे मूर्ति पूजा, हिंदू धर्म में एक प्रथा, बेवफाई के एक अधिनियम आदि पर विचार करते हैं।

हेज्ब-ए-इस्लामी के नेता और सिपहसालार गुलबुद्दीन हेकमत्यार ने कहा, 'यूरोप में महिलाओं को हिजाब पहनने की इजाजत नहीं है और वे हमसे हिजाब हटाने और नग्न होने की उम्मीद करते हैं'। उन्होंने कहा, 'हिजाब को हटाना न तो हमारे समाज में है और न ही हमारे धर्म में'। संकीर्ण विचारों वाले अफगान समाज में, महिलाओं के लिए टेलीविजन में काम करने को एक अनुचित और निर्लज्ज पेशा माना जाता है, और इस कारण अफगान टेलीविजन नाटक और फिल्मों में पीछे है।

यह लगभग असंभव है कि किसी भी अफगान ने अपने देश में आतंकवादियों के समर्थन के लिए कभी भारत की आलोचना की होगी। इसके विपरीत, जिस क्षण

कोई भी आतंकी गतिविधि हो, वह भी बिना किसी जांच के, अफगान लोग और सरकार आतंकी कृत्य को पाकिस्तान से जोड़ देता है। और अधिकांश मामलों में, ये आश्चर्य की बात नहीं, कि वे गलत नहीं हैं। इस साल 31 मई को काबुल में खूनी ब्लास्ट हुआ जिसमें 100 से अधिक लोग मारे गए और 500 से अधिक घायल हुए, जिसे राष्ट्रीय सुरक्षा महानिदेशालय के अनुसार, पाकिस्तान में हक्कानी नेटवर्क द्वारा नियोजित किया गया था। इसके जवाब में पाकिस्तानी प्रधानमंत्री को विदेशी मामलों पर सलाहकार, सरताज अजीज ने कहा, 'अनावश्यक रूप से पाकिस्तान पर आरोप लगाना अफगानिस्तान के सर्वोत्तम हित में नहीं होगा'। पाकिस्तान के विपरीत, काबुल ने अफगानिस्तान में आतंकवादियों का समर्थन करने का आरोप लगाया है, भारत अफगानिस्तान के बुनियादी ढांचे में निवेश करता है।[7]

इसके अतिरिक्त अफगान भारत को सराहता है और अपनी संस्कृति को आत्मसात करता है इसमें भारत की शीतल सत्ता एक बड़ी भूमिका निभाती है। बेशक, जब तक इससे अफगान के राष्ट्र हित को कोई खतरा नहीं है।

पश्चिम में भारत के कार्यों को कम आंकना

भारत और अफगानिस्तान के अच्छे सम्बन्ध होने और यहाँ पर इतना विकास कार्य करने और सहयोग देने के बावजूद, इन सभी कोशिशों को पश्चिम में कम आँका जाता है। जिसका एक बहुत बड़ा कारण है कि पाकिस्तान अमेरिका का एक सहयोगी है और अमेरिकी मीडिया और सेना, सहयोगी दलों की कहानी की रिपोर्ट देते हैं।

पश्चिम हमेशा इस युद्ध से पहले भी पाकिस्तान को भारत से ज्यादा महत्व देता रहा। वास्तव में, 80 के दशक के बाद से भारत मुजाहिदीन और OBL के बारे में शिकायत करता रहा, जबकि अमेरिका अभी भी इन खलनायकों को प्रशिक्षण देता था। भारत में हमेशा इस बात पर असंतोष रहता है कि अमेरिकी मीडिया और प्रतिष्ठान पाकिस्तान को जिसका वो हकदार हैं उससे कहीं ज्यादा महत्त्व देते हैं। हालांकि हाल ही में हुए आर्थिक विकास से थोड़ा बदलाव आया है, जब भू-राजनीतिक मामला आता है अमेरिका दक्षिण एशिया में अभी भी अनजान (और कोई आश्चर्य नहीं है अमेरिका के अफगान अभियान असफल रहे हैं) नज़र आता है।

भारत अफगानिस्तान के साथ सीमा का हिस्सा नहीं है, हमारे नक्शे से पता चलता है की एक छोटी सी सीमा को साझा करता है, लेकिन वह सीमा दशकों

से पाकिस्तान के नियंत्रण में है। इसका मतलब है, भारत को अफगानिस्तान को सहायता पहुंचाने के लिए अपने कट्टर दुश्मन पाकिस्तान के क्षेत्र पर निर्भर रहना पड़ता है। इससे भारत से बहुत सी जरूरी चीजों का वितरण करने में कठिनाई होती है और जिसकी वजह से इसका योगदान कम नजर आता है। इस तथ्य को समझने के लिए हमें अफगानिस्तान के निम्न चरणों को समझना होगा।

सोवियत यूनियन के घुसपैठ से पहले

अफगानिस्तान ने कभी भी अपने और पाकिस्तान के बीच की सीमा रेखा को नहीं माना था जिसके चलते इसके पाकिस्तान से अच्छे सम्बन्ध नहीं थे। पाकिस्तान पर नज़र रखने के लिए अफगानिस्तान ने भारत और USSR के साथ अपने संबंधों को अच्छा बनाया। इस समय भारत का अफगान के साथ अच्छा सम्बन्ध रहा।

सोवियत घुसपैठ के समय (1979-1989)

भारत उन गिने चुने देशों में से है जिसने सोवियत के अफगान घुसपैठ को सही ठहराया था। बहुत से लोग इसे भारतीय विदेश नीति का निम्नतम बिंदु मानते हैं। भारत कम्युनिस्ट काबुल सरकार का घनिष्ठ सहयोगी बना रहा लेकिन इससे भारत ने अफगानों की सद्भावना खो दी। जिसके चलते इस समय में भारत और अफगान के संबंधों में गिरावट हुई थी।

सोवियत वापसी के बाद

भारत ने नाज़िउल्लाह की कमयुनिस्ट सरकार का समर्थन जारी रखा और उसके बाद भारत ने रुब्बानी की गठबंधन सरकार का समर्थन किया। लेकिन कुछ समय बाद तालिबान ने अफगानिस्तान के अधिक शहरों और काबुल पर अपना नियंत्रण जमा लिया। भारत का तालिबान के साथ कोई कूटनीतिक संबंध नहीं था और भारत अहमद शाह मस्सूद के नेतृत्व में उत्तरी गठबंधन का समर्थक बन गया। ईरान और रूसियों के साथ भारत ने पैसा, हथियार और रसद के साथ उत्तरी गठबंधन का समर्थन किया। जब मस्सूद 9/11 से पहले घायल हो गया तो उसे भारतियों द्वारा संचालित अस्पताल ले जाया गया। 9/11 के बाद उत्तरी गठबंधन ने अमेरिकी मदद से काबुल पर कब्जा कर लिया। जिसकी वजह से अफगान में एक नये राष्ट्र का उदय हुआ और फिर से भारत और अफगान के सम्बन्ध में सुधार होने लगा।

समकालीन भारत का अफगानिस्तान के साथ भाईचारे का सम्बन्ध है, क्योंकि दोनों देशों के सांझे उद्देश्य और सांझे शत्रु हैं। भारत अफगानिस्तान को चॉपर प्रदान करवाता है जिसकी उसे अभी बहुत आवश्यकता है और यह अफगान को रूस से अन्य शस्त्र खरीदने में भी मदद करता है। अफगानिस्तान भारत का आभारी है क्योंकि यह इसे पाकिस्तान पर कम से कम निर्भर रहने के लिए इसे ईरान से सड़क द्वारा जोड़ रहा है। भारत के स्वतंत्रता दिवस को अफगानी जनता ने भी मनाया, भारत के प्रति अपने प्रेम और आदर को दर्शाने के लिए 2016 के 20 वर्ल्ड कप में अफगानी जनता भारत के लिए उत्साहित दिखी।

भारत और अफगानिस्तान संबंधों का भविष्य

अफगानिस्तान से तालिबान के खात्मे और अमेरिकी सैनिकों के हटने के बाद (दिसम्बर 2014) से उम्मीद की जा रही है कि दोनों देशों के सम्बन्धों को और मजबूती प्रदान होगी, जिससे कि देश में शांति बनाए रखने में भी बहुत सहायता मिलेगी। इस साझेदारी को अफगानिस्तानी सेना को अच्छा प्रशिक्षण दे कर की जा सकती है।

भारत, सार्क में एक प्रमुख राष्ट्र के रूप में, अफगानिस्तान के विकास और आर्थिक रूप से मदद को महत्व देता है। इस तरह के विकास के माध्यम से देश में स्थिरता और शांति हासिल करने के लिए समर्थित है, इस बात को सुनिश्चित करता है। तापी एक ऐसी ही पहल है जिससे अफगानिस्तान की ऊर्जा जरूरतों को पूरा करने की उम्मीद है। पाकिस्तान इस परियोजना में एक हिस्सेदार भी है।

भारत और अफगानिस्तान दोनों का एक साझा इतिहास है। सिंधु घाटी सभ्यता से लेकर चंद्रगुप्त मौर्य के साम्राज्य तक दोनों के बीच गहरी जड़ें हैं, अहमद शाह अबदाली के आक्रमणों को झेल कर भारत और अफगानिस्तान ने एक बहुआयामी संबंध बनाए हैं।

समकालीन समय में, जब अफगानिस्तान एक अशांत संक्रमण के दौर से गुजर रहा है, भारत अफगानिस्तान का सभी परिस्थितियों में मित्र रहा है। अफगानिस्तान की शांति, समृद्धि और विकास के लिए भारत सरकार की कुछ पहल हैं जिन्हें पहले भी बताया गया है:

- अफगान सरकार के सहयोग से भारत ने सलमा बांध का निर्माण किया है, जो देश के बिजली घाटे को पूरा करने के लिए हाइड्रो-बिजली का उत्पादन करेगी।

- आंतरिक सुरक्षा और आत्मरक्षा के उद्देश्य से भारत अफगानिस्तान को सैन्य समर्थन प्रदान कर रहा है। रूसी निर्मित एमआई 24/25 हेलिकॉप्टरों, भारतीय निर्मित चीतल जो कुछ सैन्य हार्डवेयर में से एक है जो अफगान को तालिबान के खतरे से लड़ने के लिए हस्तांतरित किया जा रहा।
- अफगान समस्या का समाधान ढूंढने के लिए भारत ने 2016 में अमृतसर में होने वाले हार्ट ऑफ एशिया कांफ्रेंस की मेजबानी की।
- हाल ही में भारत ने भी, मास्को द्वारा आयोजित सम्मेलन में भाग लिया, अफगान शांति के लिए एक स्थाई समाधान खोजने के उद्देश्य से। ईरान, चीन और पाकिस्तान सम्मेलन के अन्य प्रतिभागी थे।
- अफगानिस्तान एक भूमि बंद देश है। अपनी बाहरी व्यापार की जरूरतों को पूरा करने के लिए यह पाकिस्तान पर निर्भर है। पाकिस्तान पर अफगानिस्तान की इस निर्भरता को कम करने के लिए भारत, ईरान और अफगानिस्तान ने चाबहार बंदरगाह और चाबहार हवाई अड्डे को विकसित करने के लिए त्रि-पार्श्विक समझौते पर हस्ताक्षर किए हैं।
- भारत ने ईरान के चाबहार बंदरगाह के साथ अफगानिस्तान को जोड़ने के लिए देलेराम-ज़रांज राजमार्ग का भी विकास किया।
- इसके अलावा, भारत समय-समय पर दिए गए ऋण की विभिन्न पंक्तियों के साथ-साथ अफगानिस्तान के खनिज क्षेत्र में भी निवेश कर रहा है।

इन सभी कार्यो से पता चलता है कि भारत अफगानिस्तान के साथ अपने संबंधों को हमेशा अच्छा बनाए रखना चाहता है और दोनों के बीच मित्रता चाहता है।

निष्कर्ष

भारत ने विकास सम्बन्धित सहायता और सॉफ्ट पॉवर के द्वारा अफगानिस्तान में अपने लिए एक महत्वपूर्ण स्थान बनाया है परन्तु पाकिस्तान का अफगानिस्तान के साथ सीमा से लगे होने के कारण, भारत के लिए बहुत ही मुश्किल होगा कि वो पाकिस्तान की तालिबान को दुबारा से काबुल में शक्तिशाली बनाने की योजना को असफल करे।

दोनों देश पाकिस्तान की आतंकवादी गतिविधियों से पीड़ित हैं और एक दूसरे का डट कर सहयोग कर रहे हैं। भारत की योजना है कि वो अफगानिस्तान को

वापस से तालिबानी शासन में जाने से रोके जबकि पाकिस्तान इसके समर्थन में है। पाकिस्तान को भय है कि अगर अफगानिस्तान में लोकतान्त्रिक शासन स्थापित हो गया तो इसका झुकाव भारत की तरफ होगा।

इन सब के परे, भारत लगातार अफगान में विकास कार्यो के लिए बढ़-चढ़ कर मदद कर रहा है जिससे कि अफगानिस्तान के लिए लोकतंत्र को अपनाने में आसानी हो। मुद्रिक सहायता और निधि के रूप में भारत अफगानिस्तान को बहुत आर्थिक सहायता भी दे रहा है। ज्यादातर भारत के व्यापार संगठन अफगानिस्तान में निवेश कर रहे हैं उसके आर्थिक विकास के लिए अफगानिस्तान भारत से मदद पाने में दूसरे स्थान पर है, भूटान के बाद और बंग्लादेश के पहले यह इस बात को दर्शाता है कि अफगानिस्तान भारत के लिए कितना महत्वपूर्ण है। अफगानिस्तान के लिए पाकिस्तान का समर्थन शीत युद्ध का नतीजा था, जो कि सोवियत संघ के खिलाफ अमेरिका के अपने समर्थन में निहित है, और जहां उन्होंने पाने से ज्यादा और अधिक खो दिया था, तालिबान के उदय के साथ कि तालिबान के विचार का प्रतिनिधित्व किया।

अफगानिस्तान पर भारत का प्रभाव है, जिसे सिंधु घाटी सभ्यता में पाया जा सकता है। हाल ही में, मुगल-फारसी युद्धों में उन सभी में ताकतवर फारस सेना को विजयी देखा गया। भारतीय स्वतंत्रता संग्राम में उल्लेखनीय है कि अफगानिस्तान से आये पुरुषों में खान अब्दुल गफ्फार खान और खान साहिब थे, जो भारतीय राष्ट्रीय कांग्रेस के सक्रिय समर्थक भी थे।

अफगानिस्तान के सोवियत आक्रमण के बाद, भारत ने उन लोकतंत्रों को मान्यता दी जो सोवियत सशस्त्र बलों की वापसी का अनुसरण करते थे। भारत ने तालिबान के नेतृत्व वाली सरकार को मान्यता नहीं दी कि वह एक न्यायसंगत सरकार है। तालिबान के उदय (और भारतीय मुजाहिदिन के प्रसार के बाद) के बाद से भारत ने अपने एक ऐसे मित्र का रुख अख्तियार कर लिया है जो अफगानिस्तान को फिर से अपने पाँव पर उठने में मदद करना चाहता है।

संदर्भ-ग्रन्थ

Abdali, Mohammad. Shaida. (2016). *Afghanistan Pakistan India : A Paradigm Shift*. Pentagon Press.

Alam, Muhammad. Badrul. (2015). *India and Her Neighbour : Towards a Proactive Partnership*.

Dixit, J.N. An Afghan Dairy : Zahir Shah to Taliban, Konark Publishers, New Delhi, 2000, pp 317.

Nazami, A.F. (2015). Afghan-Indo Alliance : Seeking Guarantor for Afghanistan's National Security. *Journal of South Asian Studies*. Vol. 3(1) : 29–35.

Pant., H. India in Afganistan : A Test Case for a Rising Power? *Contemporary South Asia*. Vol.18, no.2, 2018.

Raiphea, P.Y. (2013). India-Afghanistan Strategic Partnership : An Analysis of India, Afghanistan and Pakistan Perspectives. *International Journal of Scientific and Research Publications*. Vol. 3(4) : 2250 – 3153.

Rohulla, Amin., Diwedi, Sudhakar., Sharma, Kumar. Pawan. (December 2015). India and Afghanistan : An Overview of their Economic Relations. *Agro Economist*. Vol : (2) : 2, 19-27 December 2015.

Scot, David. (edt.). 2011. *Handbook of India's International Relations*. New York : Routledge.

Shawney, R.K., Sahgal, Arun, and Kanwal, Gurmeet (2011). *Afghanistan : A Role for India*. Delhi : K.W. Publishers.

Trivedi, Ramesh. (edt.). 2008. *India's Relation with its Neighbors*. New Delhi : Isha Books.

Visit for further references

Retrieved from http ://eoi.gov.in/kabul/0354?000 accessed on 24th October 2017.

Retrieved from http ://www.thehindu.com/specials/a-look-at-india-afghanistan-relations/article10800529.ece accessed on 15 September 2017.

Retrieved from https ://www.quora.com/What-is-Indias-relationship-with-Afghanistan-What-sorts-of-influence-has-India-had-in-Afghanistan-in-the-past-and-vice-versa accessed on 12 October 2017.

Retrievedfrom24https://www.mea.gov.in/Portal/ForeignRelation/Afghanistan_Dec_2016.pdf accessed on 24 October 2017.

संदर्भ

1. Retrived from https://eoi.gov.in/kabul/?0354?000 on 24th October 2017.
2. Retrieved from http://eoi.gov.in/kabul/?0354?000 on 24th October 2017.
3. Rohulla, Amin., Diwedi, Sudhakar., Sharma, Kumar. Pawan. (December 2015). India and Afghanistan : An Overview of their Economic Relations. Agro economist. Vol. (2)21837 2, 19-27 December 2015.
4. Retrived from http://www.thehindu.com/specials/a-look-at-india-afghanistan-relations/article10800529.ece on 15 September 2017.
5. Retrieved from http://eoi.gov.in/kabul/?0354?000 on 24th October 2017.
6. Retrievedfromhttp://mea.gov.in/bilateraldocuments.htm?dtl/5383/Text+of+Agreement+on+Strategic+Partnership+between+the+Republic+ of+India+and+the+Islamic+Republic+of+Afghanistan on 12 October 2017.
7. Retrieved from http://eoi.gov.in/kabul/?0354?000 on 24th October 2017.

• • •

12

भारत-चीन संबंध: चुनौतियां और संभावनायें

कुन्दन कुमार*

भारत और चीन ने लगभग एक साथ साम्राज्यवादी शासन से मुक्ति पाई। भारत ने जहाँ सच्चे अर्थो में लोकतंत्र के मूल्यों को खुद में समाहित किया, वहीं चीन में आज भी लोकतंत्र तो है लेकिन बस औपचारिकता का, भारत और चीन 1940 के उत्तरार्ध से एक ही तीव्र प्रतिद्वंद्विता में उलझे हुये है[1], एक ऐसी प्रक्रिया जो हाल के वर्षों में और तेज हो गई है क्योंकि दोनों राज्य हाल के समकालीन एशिया और उससे आगे (Asia and Beyond) की महान शक्तियों के रूप में तेजी से उभर रहे हैं।[2] एशिया के बढ़ते दिग्गज न केवल दुनिया की सबसे लंबी अचिन्हित भूमि सीमा साझा करते हैं बल्कि तिब्बत की ओर भारत की नीतियों, पाकिस्तान के साथ चीन के संबंधों और उनके परमाणु हथियारों के कार्यक्रमों सहित उनके सैन्य आधुनिकीकरण प्रयासों की प्रकृति जैसे कई मुद्दों पर भी विभाजित हैं। वैश्विक आर्थिक प्रणाली में एक विशेष रूप से वर्तमान में बहुत ही गंभीर वित्तीय और आर्थिक संकट के बीच दोनों देश सबसे तेजी से बढ़ती दुनिया में दो अर्थव्यवस्था हैं जिसका विशेष महत्व है। ऐतिहासिक संदर्भ में, सभ्यता और व्यावहारिक दृष्टि से दोनों देशों ने एक महत्वपूर्ण तरीके से एक दूसरे को प्रभावित किया है। भारतीय सभ्यताएं एक समान तरीके से विकसित हुई हैं, भारत-चीन के मध्य भौगोलिक एवं सांस्कृतिक संबंध विद्यमान है भारत व चीन एक लम्बी अवधि से एक-दूसरे को सामरिक, आर्थिक एवं कूटनीतिक दृष्टि से पीछे करने के लिए प्रयत्न करते आ रहे हैं तथा एशिया में अपने वर्चस्व को लेकर उलझ रहे हैं। आज की राजनीति में चल रहे संक्रमण काल में भारत-चीन संबंधों की नई पहल का महत्व दोनों देशों के हितों के लिए ही नहीं, अपितु तृतीय विश्व के विकासशील देशों के हितों के लिए भी

* Assistant Professor, (SOL), Delhi University.

आवश्यक है। चीन–भारत प्रतिद्वंद्विता के केंद्र में दक्षिण और दक्षिणपूर्व एशिया में उनके अतिव्याप्त (Overlapping) 'प्रभाव के क्षेत्र (Spheres of influence) में स्थान या स्थिति का मुद्दा है, तिब्बती पठार और हिमालयी राज्य, मध्य एशिया के कुछ हिस्सों और हिंद महासागर क्षेत्र, जिन्होंने इन दो देशों के बीच कई राष्ट्रीय सुरक्षा के मुद्दों को जन्म दिया है।[3]

भारत की स्वतंत्रता और चीन की मुक्ति के बाद से भारत–चीन संबंध कई चरणों में विकसित हुए हैं। यह अध्याय भारत के चीन से संबंधों को चार चरणों में विभाजित करता है।[4] पहले चरण में, जो 1947 में भारत की स्वतंत्रता से शुरू हुआ और 1959 में दलाई लामा का नाटकीय रूप से भारत में निर्वासन (Exile) तक। दूसरे चरण में, जो 1959 से 1962 तक चीन–भारतीय युद्ध तक चली, घरेलू राजनीति ने भारत की चीन नीति को भी प्रभावित किया क्योंकि भारतीय संसद ने जवाहर लाल नेहरू को चीन के प्रति अधिक दृढ़ दृष्टिकोण लेने के लिए दबाव डाला था। पहले दो चरणों के विपरीत, तीसरे चरण में चीन की ओर भारत की नीति में प्रणालीगत कारकों (Syatemic Factors) का प्रभुत्व था। तीसरे चरण, जो 1962 में भारत की हार से शुरू होकर 1988 में राजीव गांधी की चीन यात्रा तक है। यह यात्रा वैश्विक राजनीति में शक्ति संतुलन की मान्यता पर आधारित थी, जिसने चीन के प्रति भारत के दृष्टिकोण को प्रभावित किया था। इस अवधि के दौरान भारत ने संयुक्त राज्य अमेरिका के साथ पहले और फिर सोवियत संघ के साथ चीनी शक्ति को संतुलित करने के लिए गठबंधन (Aligned) किया था। दूसरी तरफ चीन ने इस अवधि के दौरान पाकिस्तान के साथ गठबंधन किया और 1971 के बाद भारत और सोवियत संघ के साथ अपनी सुरक्षा प्रतियोगिता में संयुक्त राज्य अमेरिका से समर्थन प्राप्त किया।

चौथे चरण में, जो 1988 में शुरू हुआ और वर्तमान तक जारी है, यह प्रणालीगत और घरेलू स्तर के कारकों का एक संयोजन है जिसने चीन के प्रति भारत के दृष्टिकोण को प्रभावित किया है। जबकि इस अवधि के दौरान चीन की बढ़ती हुई शक्ति और चीन पाकिस्तान गठबंधन (Alignment) का खतरा स्थिर रहा है, भारत का तेजी से आर्थिक विकास और विस्तार भी भारत को आंतरिक रूप से संसाधन प्रदान कर रहा है, जो चीन की बढ़ती आर्थिक और सैन्य शक्ति को संतुलित करेगा। इस प्रकार, भारत 'चीन के उदय' से जुड़े अनिश्चितता के खिलाफ हेजिंग (Hedging) की रणनीति का पीछा कर रहा है। हाल के वर्षों में भारत

संयुक्त राज्य अमेरिका की ओर झुका हुआ है क्योंकि यह अमेरिका के साथ अपनी शक्ति बनाने के लिए निकट आर्थिक और सैन्य संबंध को ठीक करता है।[5]

1. मित्रतापूर्ण संबंधों का विकास 1947-59

1 अक्टूबर 1949 को जनवादी गणतंत्र चीन अर्थात साम्यवादी चीन के निर्माण की घोषणा की गई तथा इस क्रम में चीन को मान्यता देने वाले देशों में भारत का प्रथम स्थान था। वास्तव में, यह च्यांग काई शेक के शासन को पुन: पहचान करने के लिए भारत में अपेक्षित भी था। चीन की क्रांति की सफलता में भारत में मिश्रित भावनाएं थी। उस समय पीआरसी के लिए भारत का दृष्टिकोण स्वप्नलोक और सादगी के एक निश्चित मिश्रण द्वारा रेखांकित किया गया था संभवता ये चीन के इतिहास, इसकी नेतृत्व और सत्ता की राजनीति के बुनियादी नियम की अपर्याप्त समझ से पैदा हुआ। इसमें बौद्धिक दंभ का एक तत्व शायद वहाँ भी शामिल था। नतीजतन, संकेत ठीक से पढ़े या समझे नहीं जा रहे थे। फैसले की त्रुटियां दोनों पक्षों की ओर से की गयी थी और संवाद में स्पष्टता का अभाव था। स्पष्ट है कि भारत एवं चीन के मध्य स्वतंत्रता पूर्व एवं स्वतंत्रता के थोड़े समय बाद तक (1957) संबंध अच्छे व मजबूत रहे। जिसका सबसे बड़ा उदाहरण दोनों देशों के बीच 'पंचशील का समझौता' है जो भारतीय प्रधानमंत्री नेहरू और चीनी प्रधानमंत्री चाउ एन. लाई के बीच हुआ। जिसके मुख्य बिंदु निम्नलिखित हैं :

1. एक दूसरे की क्षेत्रीय अखंडता और संप्रभुता के लिए आपसी सम्मान की भावना पर आचरण करना।
2. एक दूसरे पर आक्रमण न करना।
3. एक दूसरे के आंतरिक मामलों में हस्तक्षेप न करना।
4. समानता और मित्रता की भावना।
5. शांतिपूर्ण सह अस्तित्व।

1955 में अफ्रीकी-एशियाई देशों के शिखर सम्मेलन जो बांडुंग में हुआ, इसमें भारत ने चीन को कूटनीतिक और राजनीतिक समर्थन दिया। चीन ने पुर्तगाल अधिकृत गोवा पर भारत के दावे का समर्थन किया। इस प्रकार 1957 तक दोनों देशों के बीच कमोवेश मित्रता बनी रही।

2. युद्ध के लिए रन-अप (1959-62)

1957 के बाद दोनों देशों के बीच कटुता आरंभ हुई। इसके दो कारण थे- पहला, भारतीय भू-भाग पर चीन का दावा; दूसरा, तिब्बत के कारण उत्पन्न

विवाद। चीन का एक प्रदेश तिब्बत भारत की उत्तरी सीमा पर स्थित है। ऐसा माना जाता है कि पहले तिब्बत एक स्वतंत्र राज्य था एवं 18 वीं शताब्दी से इसे चीन का एक भाग माना जा रहा है। दलाई लामा को स्वायत्त तिब्बत का प्रशासक माना जाता है। 1911 के बाद चीन, तिब्बत पर प्रभावी नियंत्रण नहीं रख पाया और इस क्रम में 1950 में चीन ने तिब्बत पर पूर्ण रुप से युद्ध छेड़ दिया। भारत ने इस सशस्त्र कार्यवाही के प्रति विरोध जताया परंतु साथ ही यह भी स्पष्ट किया कि वह चीन के तिब्बत पर अधिराज्य को स्वीकार करता है और चीन के आंतरिक मामलों में दखल देने का कोई इरादा नहीं रखता। 1959 में तिब्बत की राजधानी में अचानक विद्रोह भड़क उठा और चीन की सख्ती की वजह से हजारों तिब्बतियों के साथ दलाई लामा ने भारत से शरण मांगी। चीन का मानना था कि इसके पीछे भारत का हाथ है।[6] भारत ने उन्हें राजनीतिक शरण तो दी पर भारतीय भूमि पर चीन के विरुध कोई गतिविधि न चलाने की सलाह दी। चीन ने भारत के इस कदम को पसंद नहीं किया और उपयुक्त शरण देने के मामले को शत्रुतापूर्ण कार्यवाही एवं भारत को विस्तारवादी कहा।[7]

चीन की विदेश नीति में यथार्थवाद अत्यधिक प्रभावी रहा है। इसलिए चीन ने पहले भारत–चीन सीमा पर अपनी स्थिति मजबूत कर लिया तथा काराकोरम राजमार्ग का भी निर्माण कर लिया उसके बाद चीन ने आधिकारिक रूप से कहा कि भारत चीन सीमा का स्पष्ट विभाजन नहीं हुआ है। चीन ने मैकमोहन रेखा को भी अस्वीकार कर दिया। भारत की चीन नीति शीत युद्ध के भंवर और जबरदस्त अंतर्राष्ट्रीय प्रतिद्वंद्धता में फंसी थी।

1957–58 के दौरान अपने घरेलू और अंतर्राष्ट्रीय हालात को लेकर माओ धीरज खोता जा रहा था। घरेलू विदेश नीति के मामले में उनका झुकाव अधिक उग्र नीतियों की ओर हो रहा था: सौ पुष्प आंदोलन, दक्षिणपंथ विरोधी अभियान, "तमाम प्रतिक्रियावादी कागजी शेर है"। साथ ही साथ चीन ने अपनी अमेरिका विरोधी वाक्पटुता को पैना कर दिया। इसी समय में हुआ तिब्बत विद्रोह, इसको कुचलने के लिए सेना इस्तेमाल और दलाई लामा तथा उनके अनुयायियों का भाग कर भारत आना। इस समय तक चीनियों ने लद्दाख में अक्साई चीन तक सड़क तैयार कर ली और सीमा संबंधी अपने दावों को दोहराना शुरू कर दिया था।[8] सीमा पर झड़पे चल रही थी और बीजिंग ने इसे एक सिद्धांतिक रूप देने का प्रयास किया। चीन का प्रोपेगंडा कह रहा था नेहरू अब एक प्रतिक्रियावादी हो गए हैं और

विस्तारवादी रास्ते पर चल रहे हैं, और अमेरिका की अगवाई में साम्राज्यवाद के हितों की सेवा कर रहे हैं। दोनों पक्ष ऐसी स्थितियों पर पहुंच चुके थे जहां समझौते की गुंजाइश नहीं रह गयी थी और सीमा विवाद को चूकिं चीनियों ने सैद्धांतिक रूप दे दिया था। अतः सीमा समस्या को लेकर निपटाने की संभावना नहीं के बराबर रह गई थी। भारत का जनमत पहले से ही भड़का हुआ था।

चीन ने, वैसे भी भारत पर जो पूरी तरह तैयार नहीं था, 1962 के अक्टूबर में हमला करना तय कर लिया था और भारत के नेफा क्षेत्र और लद्दाख पर आक्रमण कर दिया। चीनी इरादों और उद्देश्यों को भारत फिर ठीक से नहीं समझ पाया। हड़बड़ाहट में भारत ने सोच लिया कि चीनी असम पहाड़ियों के नीचे उतरकर भारतीय भूभाग के बड़े हिस्से पर कब्जा कर लेंगे। चीनी खतरे का मुकाबला करने के उद्देश्य से तत्काल बड़े स्तर पर सहायता के लिए नेहरू ने जल्दबाजी में अमरीकी राष्ट्रपति जॉन कैनेडी को जो पत्र लिखा था, उसके पीछे यही हडबड़ाहट थी। चीनी भारत को "सबक सिखाना" चाहते थे और भारत की गुटनिरपेक्षता की नीति को नीचा दिखाने के साथ-साथ दुनिया को यह दिखाना चाहते थे कि अधिक बड़ी ताकत कौन है। अपने उस उद्देश्य को प्राप्त करने के बाद जल्दी से अपनी पिछली स्थितियों पर वापस लौट गए।[9]

हालांकि कुछ गलतियों के बावजूद भारत ने अपना संतुलन बनाए रखा और एक पूर्णतः सीमा विवाद को सैद्धांतिक संघर्ष में बदलने नहीं दिया, जो चीन चाहता था। परिणामस्वरुप अभूतपूर्व रूप से ऐसी विरल परिस्थिति पैदा हो गई, जिसमें दोनों विरोधी गुटें— अमेरिका और सोवियत संघ के प्रमुखों ने अपने आप को एक ही तरफ पाया। यह बिल्कुल साफ कर दिया कि वह माओ के इस तर्क से सहमत नहीं कि नेहरू ने अमरीकियों को खुश करने के लिए युद्ध शुरू किया था और वह सम्राज्यवादी खेमे में शामिल हो गए थे।[10]

3. भारत-चीन संबंध और शक्ति संतुलन की राजनीति (1962-88)

इसके बाद भारत चीन संबंध अत्यधिक शत्रुतापूर्ण हो गए। इस आक्रमण के बाद पड़ोसी भी भारत के विरुद्ध चीन कार्ड का प्रयोग करने लगे तथा पूरे विश्व में चीन ने यह प्रचार-प्रसार किया कि भारत एक साम्राज्यवादी देश है, इसलिए भारत तीसरी दुनिया के देशों का नेतृत्व नहीं कर सकता। इस युद्ध से भारत को मनोवैज्ञानिक सदमा लगा। इस युद्ध के बाद चीन एवं पाकिस्तान की सदाबहार मित्रता आरंभ हुई और दोनों ने मिलकर भारत के विरुद्ध कार्य किया। चीन ने

कश्मीर मुद्दे पर पाकिस्तान का समर्थन किया, 1965 के भारत–पाकिस्तान युद्ध में पाकिस्तान का समर्थन किया तथा 1971 के भारत–पाकिस्तान युद्ध में चीन ने खुलकर पाकिस्तान का समर्थन किया।

ठीक इसी दौड़ में इस्लामाबाद की हुकूमत की मदद से निक्सन–किसिंजर गुट मजबूती के साथ चीन से रिश्ते बनाने के रास्ते खोलने में लगी थी, और यही वह समय था जब माओ–झाऊ जोड़ी चीन के अकेलेपन को खत्म करने, वाशिंगटन के साथ नए संबंध कायम करने, सोवियत संघ के विरुद्ध एक नया मोर्चा बनाने के लिए हर मुमकिन कोशिश करने में लगी थी। दोनों के रास्ते में सबसे बड़ा रोड़ा भारत था। निक्सन प्रशासन के लिए बांग्लादेश की घटनाएं (1971) इससे अधिक बुरे समय में नहीं आ सकती थी। जनरल याह्या खान ने अमरीकी राज्य सचिव और उनके प्रमुख सुरक्षा सलाहकार हेनरी किसिंजर की दिखावटी तौर पर पाकिस्तान यात्रा का प्रबंध किया था, पर उन्होंने बीमारी का बहाना बनाया और गुपचुप ढंग से चीन चले गए। चेयरमैन माओ जेडांग और प्रधानमंत्री झाऊ एन लाई के साथ किसिंजर की बैठकों के विवरणों से भारत के खिलाफ उनके और पाकिस्तान को बचाने की उनकी चिंता का पता चलता है। किसिंजर ने माना था, कि वह आंतरिक जनमत से बंधे हुए थे और भारत के विरुद्ध सैनिक कार्यवाही के लिए उन्होंने बीजिंग को उकसाया था। पर इस प्रलोभन में चीनी नेतृत्व फंसने को तैयार नहीं था।[11]

1974 में भारत के शांतिपूर्ण परमाणु परीक्षण को परमाणु ब्लैकमेलिंग कहा तथा 1975 में सिक्किम के भारत में विलय का भी विरोध किया। 1976 में भारत–चीन संबंधों को सामान्य करने के लिए एक नई पहल हुई, क्योंकि इसी वर्ष भारत ने चीन में राजदूत की नियुक्ति की। 1962 के बाद भारत का चीन में कोई राजदूत नहीं था। इंदिरा गांधी ने 1977 में बीजिंग में भारतीय राजदूत भेजने के लिए पहल की और इसके लिए उन्होंने एक पेशेवर कूटनीतिक के आर नारायणन को चुना, जो अपने विनम्रता और परिपक्वता के लिए विख्यात थे, और बाद में जो भारत के राष्ट्रपति भी बने। 1977 में जनता पार्टी सरकार ने चीन के साथ संबंधों को सामान्य करने का प्रयत्न किया। लेकिन नई शीत युद्ध के कारण जनता पार्टी सरकार चीन के साथ संबंध सामान्य नहीं कर सकी। तत्कालीन भारतीय विदेश मंत्री अटल बिहारी वाजपेयी ने चीन की यात्रा की। लेकिन चीन के द्वारा 1979 में ही वियतनाम पर आक्रमण के बाद अटल बिहारी वाजपेयी भारत वापस आ गए। 1980 में दोबारा

सत्ता में आने के बाद इंदिरा गांधी ने चीन के साथ संबंध सुधारने की नीति को जारी रखा। 1980 में उन्होंने बेलग्रेड में चीन के प्रधानमंत्री से और 1981 में कानकुन में चीन के प्रधानमंत्री झाऊ जियांग से मुलाकात की।

डेंग जियाओपिंग चीनी विदेश नीति में आर्थिक मुद्दों पर सर्वाधिक बल दिया तथा उन्होंने कहा कि सीमा विवाद जैसे मुद्दों को आने वाली पीढ़ी के लिए छोड़ दिया जाना चाहिए। अतः उन्होंने आर्थिक और राजनीतिक मुद्दों के बीच अलगाव करने का प्रयत्न किया। 1980 के दशक में भारत में भी यह महसूस किया कि सीमा पर दोनों और से चीन और पाकिस्तान के साथ विवाद भारत के हित में नहीं है। इसलिए भारतीय प्रधानमंत्री राजीव गांधी ने भारत-चीन संबंधों में सुधार के लिए 1988 में चीन की यात्रा की।

4. सामंजस्य का आरंभ तथा शीत युद्ध का अंत, 1988-97

राजीव गांधी की विदेश नीति की वास्तविक सफलताओं में से एक कहानी चीन के साथ रिश्ते से जुड़ी है।[12] इस मामले में उन्होंने सावधानी के साथ तैयारी करके निर्णायक कदम उठाएं। पी. एन. हक्सर को उन्होंने शांति मिशन पर बीजिंग भेजा। हक्सर ने प्रधानमंत्री झाऊ जियांग से मुलाकात की और चीन की ओर से सामान्यीकरण की प्रक्रिया को तेज करने के उत्साहजनक संकेत लेकर लौटे। हलाकि झाऊ 1988 के तिएनमेन विद्रोह के शिकार बन गए थे, पर प्रक्रिया जारी रही क्योंकि, अतीत को पीछे छोड़ने और बेहतर संबंधों की ओर चलने के सवाल पर चीनी नेतृत्व भी उतना ही उत्सुक था। 1988 में सीमा विवाद को सुलझाने के लिए संयुक्त कार्य दल की स्थापना हुई। दिसंबर 1989 में राजीव गांधी चीन गए और उस समय के सर्वोच्च नेता डेंग जियाओपिंग से मिले।

वास्तव में भारत ने चीनी दृष्टिकोण को मान लिया था कि सीमा के मुख्य प्रश्न को एकमात्र प्रश्न नहीं बनाया जाना चाहिए और अन्य क्षेत्रों में आदान-प्रदान को सुदृढ़ करने और व्यापक बनाने को सीमा विवाद के समाधान से नहीं जोड़ा जाना चाहिए। 1988 में गांधी डेंग शिखर सम्मेलन के दौरान दोनों पक्ष विचार-विमर्श में गति लाने तथा सीमा मुद्दे का समाधान ढूंढने के लिए सहमत हुए। एक संयुक्त कार्य दल का गठन हुआ जिसे हर वर्ष उप-मंत्री स्तर पर बारी-बारी से दोनों राजधानियों में बैठक करनी थी। इसी संयुक्त वक्तव्य में संभावित सहयोग हेतु कई क्षेत्रों को पहचाना जो एक नवीन अंतर्राष्ट्रीय आर्थिक व्यवस्था के निर्माण से संबंधित है जो बरसों से चीनी तथा भारतीय कूटनीतिक का प्रमुख विषय रहा।

अंतर्राष्ट्रीय व्यवस्था में बदलाव में भी राजीव गांधी द्वारा चीन के साथ बेहतर संबंध बनाने के प्रयत्न को प्रभावित किया। सोवियत संघ में मिखाइल गोर्बाचोव के कदमो में से एक था, मास्को को चीनी भारतीय संघर्षों से मुक्त करना। भारतीय नेताओं को सोवियत समर्थन के बिना चीन का सामना करने के लिए तेजी से विचार करना पड़ा।[13] अब चीन पहले से अलग था, डेंग के नेतृत्व में चीन की अर्थव्यवस्था में लगातार वृद्धि हो रही थी।

1989 तथा 1991 की घटनाओं के एक समूह ने अंतर्राष्ट्रीय व्यवस्था को परिवर्तित किया तथा इस कारण भी भारत-चीन संबंधों पर गहरा प्रभाव पड़ा। बीजिंग नरसंहार के साथ अमेरिका-पीआरसी के संबंध बिगड़ने लगे तथा 1971 से चलती आ रही प्रवृत्ति उल्टी हो गई, 1989 में ही पूर्वी यूरोप में साम्यवाद विरोधी आंदोलन, जर्मनी और यूरोप के एकीकरण का द्वार खुला, सोवियत संघ का विघटन, सद्दाम हुसैन द्वारा कुवैत के सत्ता हरण का असफल प्रयास, भारतीय अर्थव्यवस्था में उदारीकरण का दौर शुरु होना। शत्रुतापूर्ण विश्व का सामना करते हुए बीजिंग भारत से अच्छे संबंध बनाने हेतु अधिक उत्सुक था।[14]

अंतर्राष्ट्रीय व्यवस्था में भारत की अवस्थिति के पुनः निर्माण का कार्य आरंभ करने का बीड़ा नरसिंह राव सरकार ने उठाया जो 1991 से 1996 तक प्रधानमंत्री थे।[15] चीन के विषय में, राव ने अधिक मैत्रीपूर्ण संबंध बनाने की बीजिंग की नई प्रबल इच्छाओं के प्रति सकारात्मक रूप से प्रतिक्रिया करने का निर्णय लिया, इसके फलस्वरुप इसके उच्च स्तरीय आदान-प्रदान की श्रृंखला आरंभ हुई। प्रधानमंत्री ली पेंग का दिसंबर 1991 का भारत दौरा, राष्ट्रपति वेंकटरमण का 1992 में चीन दौरा, स्वयं राव का सन 1993 में दौरा, तथा 1996 में प्रधान नेता जियांग जेमिन का दौरा। ली पेंग बीजिंग नरसंहार के प्रमुख कर्ता थे तथा पश्चिम द्वारा घृणा एवं एकीकरण का लक्ष्य थे। भारत की मेजबानी ने यह स्पष्ट रुप से प्रदर्शित किया कि भारत को पश्चिम द्वारा चीनी शासकों के तिरस्कार के साथ चलना स्वीकार नहीं था (सी. राजमोहन 2009)। नई दिल्ली बीजिंग ने कश्मीर तथा बीजिंग नरसंहार जैसे मामलों में पश्चिम द्वारा विकासशील देशों के आंतरिक मामलों में हस्तक्षेप का संयुक्त राष्ट्र में विरोध करने में भी एक मत पाया। नई दिल्ली ने 1990 तथा 1991 में कश्मीर मुद्दे पर चीन के दृष्टिकोण में अशोधन तथा उस विवाद के समाधान में संयुक्त राष्ट्र की भूमिका के किसी भी उल्लेख का त्याग करने की मांग की तथा बिजींग ने इस मांग को स्वीकार किया।[16] सीमा के मुद्दे पर दोनों पक्ष में 1993

तथा 1996 में विश्वास बहाली उपायों की दो श्रेणियों पर सहमत हुए, हालंकि एक सम्मत वास्तविक नियंत्रण रेखा के आभाव ने समझौतों के व्यवहारिक मूल्य को सीमित ही रखा है। राष्ट्रपति जियांग जेमिन की भारत यात्रा के दौरान क्रमश : 1993 और 1996 में हस्ताक्षर किए गए। ये समझौते शांति और प्रशांति पर और भारत के लिए चीन सीमा क्षेत्रों में वास्तविक नियंत्रण रेखा पर विश्वास बहाली के उपायों से सम्बन्धित थे।

1990 के पूरे दशक के दौरान यह स्पष्ट था कि बीजिंग अमेरिका के साथ सामरिक साझेदारी का प्रयत्न कर रहा था। 1996 के ताइवान जलडमरूमध्य सकंट के उपरांत, वाशिंगटन भी ऐसी साझेदारी की ओर जोर डालने लगा। अमेरिका के परंपागत तथा प्रमुख विदेश नीति उद्देश्य के रूप में परमाणु अस्त्रों के प्रसार को रोकना, 1990 के दशक के मध्य में तीन अवसरों पर भारत के विरुद्ध पीआरसी-अमेरिका गठबंधन के वास्तविक गठन का आधार बना- परमाणु अप्रसार संधि विस्तार एवं समीक्षा सम्मेलन के दौरान, व्यापक परीक्षण प्रतिबंध संधि (सीटीबीटी) समझौता वार्ता के दौरान, तथा भारत द्वारा 1998 में परमाणु परीक्षण के परिणामोपरांत तीनों अवसरों पर बीजिंग तथा वाशिंगटन साथ मिलकर भारत को परमाणु अस्त्र विकसित करने तथा परमाणु अप्रसार संधि (एनपीटी) तंत्र के अंतर्गत गैर-परमाणु अस्त्र देश के रूप में अवस्थिति को स्वीकार करने की प्रतिज्ञा के लिए मनाने हेतु कार्य किया।[17]

त्रिकोणीय कूटनीति का काल, 1998-2008

1998 में जब अटल बिहारी वाजपेयी के नेतृत्व में सरकार बनी, तो निर्णय के स्तर पर ऐसा लगा कि अब विश्व को नए प्रकार से देखने वाले नेताओं का दस्ता सत्ता में आया। वाजपेयी तथा उनके प्रमुख सहयोगी जसवंत सिंह तथा बृजेश मिश्रा भारत में शासन करने वाले पहले प्रत्यक्ष यथार्थवादी थे। वह भारत के पूर्व की उस प्रवृत्ति के आलोचक थे, जिसके अंतर्गत भारत ने ऐसे वैचारिक दृष्टिकोण को अपनाया था जो उनके शक्ति हितों की ठीक से पूर्ति नहीं करते थे। वह इस बात को लेकर दृढ़ निश्चित थे कि भारत को चीन के संदर्भ में अविलम्ब अधिक मजबूती की अवस्थिति बनाने की आवश्यकता है तथा ऐसा ना करने पर भारत ना केवल वैश्विक पटल पर अपितु दक्षिण एशिया में भी हाशिये पर चला जाएगा।[18]

1998 में भारत के परमाणु हथियार परीक्षण संबंधों के विकास में बढ़ती गति रूक गयी। चीन ने भारत सरकार के इस निर्णय को एक प्रमुख लक्ष्य के रूप में ही

देखा था और गुस्से में प्रतिक्रिया व्यक्त की। भारत के इस नये दृष्टिकोण की पुरानी तथा सबसे विवादास्पद अभिव्यक्ति बाजपेयी द्वारा अमेरिकी राष्ट्रपति बिल क्लिंटन को दी गई एक चिट्ठी (कथित रूप से मिश्रा द्वारा लिखी गई थी) जिसमें भारत द्वारा परीक्षण के पक्ष में कारण बताए गए थे। यह चिट्ठी भारत को चीन से मिलने वाली चुनौती पर केंद्रित थी, हालांकि इसमें स्पष्ट रूप से चीन की पहचान नहीं दी गई थी। जब इसका रहस्योद्घाटन अमेरिकी पक्ष से हुआ, तो इस कारण चीन ने एक कठोर नकारात्मक प्रतिक्रिया अपनाई।[19]

अगले दो साल भारत को 'चीन-विरोधी' अवस्थिति को दंडित करने के लिए ऐसे उपायों की श्रृंखला पेश की गई, जो भारत के प्रति कठोर प्रतिबंध तथा पाकिस्तान के प्रति हल्के प्रतिबंध; पाकिस्तान ने भी परमाणु परिक्षण किया था हेतु वाशिंगटन को इसके लिए अपने साथ लाने का प्रयास, सीमा पर संयुक्त कार्य दल की निर्धारित बैठक को रद्द करना, पाकिस्तान को मिल रहे हथियारों में बढ़ोतरी, कश्मीर पर चीन की अवस्थिति में संयुक्त राष्ट्र प्रस्तावों के उल्लेख की पुनः-प्रस्तुति।[20]

वाजपेयी की चिट्ठी की स्पष्टवादिता ने जहाँ एक ओर बीजिंग को अत्यंत उत्तेजित किया था, तथा भारत को दंडित करने हेतु एक चीनी अभियान को उत्पन्न किया, वहीं यही स्पष्टवादिता अमेरिकी पुनर्विचार को भी गति प्रदान करने में सहायक रही। अंततः 1998 में जसवंत सिंह (उस समय के वित्त मंत्री) तथा अमेरिकी उपसचिव स्ट्रोब टेल्बोत्त के मध्य गहरे विचार-विमर्श से भी भारत-चीन संबंधों पर अमेरिका का नया दृष्टिकोण बना (हालांकि चीन कारक केवल एक मात्र कारक नहीं थे)।[21]

2000 में राष्ट्रपति क्लिंटन के भारतीय दौरे, (जो 1978 के बाद अमेरिकी राष्ट्रपति का पहला दौरा) को चीन ने भारत-अमेरिका के मध्य संबंधो में आ रही निकटता के रूप में देखा[22] पश्चात, बीजिंग भी भारत को दंडित करने के लिए अपने परीक्षणोतर अभियान का अंत किया। साथ ही शांतिपूर्ण ढंग से नई दिल्ली के पक्ष में ऐसी रियायतों की श्रृंखला का आरंभ किया जो भारत को अमेरिका से गठबंधन करने से दूर रखने के उद्देश्य थे। मई 2000 भारत के राष्ट्रपति श्री के.आर. नारायणन की चीन के लिए राजकीय यात्रा रही और उसके बाद जनवरी 2002 में प्रधानमंत्री झू रोंग्जी द्वारा भारत के लिए यात्रा के साथ सामान्य स्थिति बहाल हो गयी। काफी दिलचस्प है, संबंधों में अगली सफलता उस समय जून 2003 में,

जब प्रधानमंत्री श्री अटल बिहारी वाजपेयी थे, की चीन के लिए राज्य की यात्रा के साथ आयी थी। उस समय दोनों देशों के बीच व्यापक सहयोग के लिए दोनों प्रधानमंत्रियों ने संबंधों के लिए सिद्धांतों पर एक दूरगामी और व्यापक घोषणा पर हस्ताक्षर किए।

जनवरी 2005 में बीजिंग तथा नई दिल्ली 'सामरिक संवाद' को औपचारिक रूप तथा अप्रैल में एक 'शांति तथा समृद्धि हेतु सामरिक तथा सहकारी साझेदारी' के गठन की घोषणा की। बीजिंग ने परोक्ष किन्तु औपचारिक रूप से सिक्किम को भारतीय संघ के एक राज्य के रूप में मान्यता दी।[23] संघाई सहयोग संगठन में भारत के पर्यवेक्षक बनाने की अनुमति देने पर भी बीजिंग सहमत हुआ। 2006 में चीन के राष्ट्रपति हु जिंताओ के भारत दौरे के दौरान भारत ने चीन से यह वचन प्राप्त किया कि वह संयुक्त राष्ट्र सुरक्षा परिषद में स्थाई सदस्य के रूप में भारत के प्रवेश को अवरुद्ध नहीं करेगा।[24]

प्रतिद्वंद्वी एवं प्रतियोगी के रूप में भारत एवं चीन के निर्माण का खंडन करते हुए पिछले दशक ने दोनों देशों के नेताओं द्वारा सात दो तरफा यात्राओं को देखा है। इन दौरों में शामिल हैं : प्रधान मंत्री अटल बिहारी बाजपेयी (2003), प्रधान मंत्री वेन जियाबाओ (2005, 2010), राष्ट्रपति हू जिन्ताओ (2006), प्रधान मंत्री डॉ. मनमोहन सिंह (2008) और प्रधान मंत्री ली ख छ्यांग (2013)। इसके अलावा ब्रिक्स शिखर बैठक से जुड़ी दो बैठकें भी हुईं : डा. मनमोहन सिंह ने 2011 में सान्या, चीन का दौरा किया तथा राष्ट्रपति हूं जिन्ताओ ने 2012 में नई दिल्ली का दौरा किया तथा एक यात्रा अक्टूबर, 2008 में असेम शिखर बैठक के सिलसिले में बीजिंग की हुई।

2013 में भारत और चीन के बीच 8 मुद्दों पर समझौता हुआ है। इनमें कैलाश नदी मसला, मानसरोवर यात्रा, जल संसाधन, शहरी विकास, आर्थिक मामलों पर समझौते शामिल हैं। चीन का प्रधानमंत्री बनने के बाद अपनी पहली विदेश यात्रा के लिए भारत का चयन किया। वहीं चीनी पीएम ने भरोसा दिया कि वो ब्रह्मपुत्र नदी पर बांध बनाने से पहले भारत को जनाकारी देगा। ली ने कहा कि दोनों देशों के बीच विवाद जल्द सुलझने की उम्मीद है।

मई 2014 में, भारत में नेतृत्व परिवर्तन हुआ। भारत ने चीन की तरफ गर्मजोशी से हाथ बढ़ाया था लेकिन उसका कोई सार्थक नतीजा सामने नहीं आया। उसके बाद भारत ने चीन को उसी की भाषा में जवाब देने का फैसला किया इसके लिए

नई दिल्ली मे समान सोच वाले देशों जैसे अमेरिका, जापान, ऑस्ट्रेलिया और वियतनाम जैसे संबंधों को प्रगाढ़ किया है। राष्ट्रपति जिनपिंग 17 सितम्बर, 2014 को तीन दिवसीय भारत यात्रा पर सर्वप्रथम अहमदाबाद पहुंचे। वहां प्रधानमन्त्री मोदी की उपस्थिति में चीन और गुजरात सरकार के बीच तीन करार सम्पन्न हुए। पहला करार ग्वांगडोंग की तर्ज पर गुजरात का विकास, दूसरा करार ग्वांगडोंग की राजधानी ग्वांग्झू की तर्ज पर अहमदाबाद के विकास तथा तीसरा करार वड़ोदरा के पास औद्योगिक पार्क विकसित करने से सम्बन्धित है।

दोनों देशों के बीच 18 सितम्बर को 12 करार हुए। कैलाश-मानसरोवर के लिए नया रास्ता खोलने पर सहमति बनी। चीन भारत में लगभग 1,200 अरब रुपये का निवेश पांच वर्ष में करने के लिए राजी हुआ। बुलेट ट्रेन चलाने, रेलवे स्टेशनों को आधुनिक बनाने पर भी चीन का भारत को सहयोग मिलेगा। दोनों पक्षों में सीमा विवाद पर कोई समझौता नहीं हो सका। प्रधानमन्त्री मोदी का कहना था कि 'जल्दी सुलझे सीमा विवाद'। जिनपिंग बोले- 'सीमा निर्धारित होने तक घुसपैठ सम्भव'।

प्रधानमन्त्री नरेन्द्र मोदी 14 से 16 मई, 2015 तक चीन की यात्रा पर रहे। दोनों देशों के मध्य 10 अरब डॉलर के 24 समझौतों पर हस्ताक्षर हुए, 16 मई को भारत और चीन की कम्पनियों के बीच 22 अरब डॉलर के 26 समझौते हुए। मोदी ने चीन के निवेशकों को भारत में निवेश के लिए आमंत्रित किया। मोदी ने चीन के नागरिकों को ई-वीजा देने की घोषणा की। कैलाश-मानसरोवर जाने वालों के लिए नाथूला मार्ग जून 2015 से खोल दिया गया है।

प्रधानमंत्री नरेंद्र मोदी की दो दिवसीय (अप्रैल, 2018) चीन यात्रा में अनौपचारिक शिखर वार्ता के दौरान राष्ट्रपति शी जिनपिंग ने कहा कि इससे द्विपक्षीय संबंधों के नये अध्याय खुले हैं। शुक्रवार को दोनों शीर्ष नेताओं ने कई दौर की बातचीत में भारत-चीन के संबंधों को मजबूत करने और अपने लोगों के साथ ही दुनिया को फायदा पहुंचाने के लिए साथ काम करने जैसे मुद्दों पर विचार साझा किए। उन्होंने कहा, 'जैसे चीन की यांगजी नदी और भारत की गंगा नदी हमेशा से आगे बढ़ रही हैं, वैसे ही दोनों देशों की दोस्ती भी लगातार बढ़ती रहनी चाहिए।' मोदी और जिनपिंग के बीच बातचीत में भी लंबे समय से चले आ रहे सीमा विवाद का मसला सामने आया और इस पर शीर्ष नेतृत्व ने अपनी-अपनी सेनाओं को रणनीतिक मागदर्शन देने का फ़ैसला किया ताकि 2017 में डोकलाम में उत्पन्न हुई सैन्य गतिरोध जैसी स्थिति को रोका जा सके।

रणनीति के लिहाज से दोनों देशों के बीच एक बहुत ही महत्वपूर्ण कदम उठाये जाने के संकेत मिले हैं। दोनों देशों के बीच एक तीसरे देश अफ़ग़ानिस्तान में संयुक्त परियोजना पर सहमति जताई गई है। रणनीति के लिहाज से यह संयुक्त आर्थिक परियोजना बहुत महत्वपूर्ण है क्योंकि इस कदम से बीजिंग का हमेशा के सहयोगी और भारत का धुर विरोधी पाकिस्तान परेशान हो सकता है।

लेकिन हर्ष पंत कहते हैं, 'अगर चीन किसी प्रोजेक्ट को आगे ले जाना चाह रहा हो तो पाकिस्तान उसमें बाधा बने, ऐसी उसकी स्थिति नहीं है। लेकिन चीन और पाकिस्तान के बीच जो ऐतिहासिक संबंध रहे हैं उसको देखते हुए जल्दबाज़ी में किसी तरह का परिणाम देख पाना भी अनिश्चित है।' हालांकि वो कहते हैं कि यह संकेत देना भी चीन के लिए ज़रूरी था। वो कहते हैं, 'अफगानिस्तान में संयुक्त आर्थिक परियोजना पर सहमति जता कर चीन ने पाकिस्तान पर दबाव बनाने का काम किया है और उसे यह संकेत दिया है कि अगर पाकिस्तान अपनी हरकतों से बाज नहीं आता है तो चीन के पास और भी विकल्प हैं। अब चीन इसे लेकर आगे बढ़ता है तो भारत के लिए अच्छा होगा'।[25]

इस बैठक से पहले भारत को लेकर चीनी सरकार के रुख में भी नरमी दिख रही थी। चीन सिक्किम में नाथुला दर्रे के जरिये कैलाश मानसरोवर यात्रा फिर से शुरू करने पर राजी हो गया है। 72 दिन तक चले डोकलाम विवाद के बाद चीन ने इस पर रोक लगा दी थी। बीजिंग अब भारत और चीन के बीच एक बार फिर वार्षिक सैन्य अभ्यास शुरू करने पर भी सहमत हो गया है। उसने भारतीय विदेश मंत्री सुषमा स्वराज की हालिया चीन यात्रा के दौरान यह भी कहा कि वह भारत के साथ सतलज और ब्रह्मपुत्र नदियों की जानकारी साझा करेगा। चीन नरेंद्र मोदी की इस यात्रा से पहले हर तरह से यह सन्देश देने की भी कोशिश कर रहा है कि यह यात्रा उसके लिए बेहद अहम है (सत्याग्रह 3 जून 2018)।

अब प्रश्न है कि भारत और चीन में अचानक ही एक-दूसर के लिए गर्मजोशी दिखाने के लिए कौन से कारण है? भारत-चीन संबंधों के कई विशेषज्ञ बताते हैं कि इस समय इन दोनों देशों के साथ ऐसी परिस्थितियां बन गयी हैं कि इनके लिए जल्द से जल्द बातचीत जरूरी हो गई है। इनके मुताबिक इसका सबसे बड़ा कारण डोनाल्ड ट्रंप के राष्ट्रपति बनने के बाद अमेरिकी विदेश और व्यापार नीति में आया बदलाव है। पिछले दिनों डोनाल्ड ट्रंप द्वारा चीनी सामानों पर आयात शुल्क लगाने की घोषणा ने चीन को परेशान कर रखा है। यूरोप के बाद चीन के लिए अमेरिका

उसके उत्पादों का सबसे बड़ा आयातक देश है, ऐसे में ट्रंप का यह फैसला उसके लिए किसी बड़े झटके से कम नहीं है। यही वजह है कि चीन अब भारतीय बाजार को कुछ हद तक अमेरिका के विकल्प के रूप में देख रहा है।

वहीं दूसरी तरफ चीन ही नहीं भारत को भी डोनाल्ड ट्रंप की संरक्षणवादी नीति का जल्द ही खामियाजा उठाना पड़ सकता है। स्टील और एल्युमिनियम पर भारी आयात शुल्क लगाने के बाद पिछले दिनों ट्रंप प्रशासन ने उस योजना की समीक्षा करने का आदेश भी दिया है जिसके तहत करीब 3,500 भारतीय उत्पादों को बिना शुल्क के अमेरिका में बेचने की इजाजत है। इसके अलावा अमेरिका ने पिछले दिनों विश्व व्यापार संगठन से भी भारत की शिकायत की है। उसका कहना है कि भारत अपने निर्यातकों को कई योजनाओं के तहत अरबों डॉलर के इंसेंटिव देता है। इस कारण ये निर्यातक अमेरिका में अपना सामान सस्ते दामों में बेचते हैं जिससे अमेरिकी मैन्युफैक्चरर्स और कामगारों को काफी नुकसान होता है। कई जानकारों का मानना है कि अमेरिका के इस रुख से बचने के लिए भारत चीन के करीब जा रहा है ताकि डोनाल्ड ट्रंप पर दबाव बनाया जा सके।

आर्थिक संबंध

भारत और चीन ने आधिकारिक तौर पर 1978 में व्यापार शुरू किया। 1984 में, दोनों पक्षों ने सबसे पसंदीदा राष्ट्र (एमएफएन) समझौते पर हस्ताक्षर किए। सदी की शुरुआत में दोनों देशों के बीच व्यापार की मात्रा, वर्ष 2000 में 3 अरब अमेरिकी डॉलर थी। 2008 में, द्विपक्षीय व्यापार संयुक्त राज्य अमेरिका को भारत के सबसे बड़े 'सामान व्यापार भागीदार' के रूप में बदलकर 51.8 अरब अमेरिकी डॉलर तक पहुंच गया। 2011 में द्विपक्षीय व्यापार 73.9 अरब अमेरिकी डॉलर के स्तर तक पहुंच गया। भारत–चीन द्विपक्षीय व्यापार पिछले साल (2017) 84.44 अरब डॉलर तक पहुंच गया, जो कि डोक्कलम स्टैंडऑफ समेत कई मुद्दों पर द्विपक्षीय तनाव के बावजूद एक ऐतिहासिक उच्च है। इसे एक ऐतिहासिक माना जाता है क्योंकि द्विपक्षीय व्यापार की मात्रा पहली बार + 80 बिलियन तक पहुंच गई, जो पिछले साल पंजीकृत 71.18 अरब डॉलर से अधिक थी। चीन ने जैश–ए–मोहम्मद नेता मसूद अजहर पर संयुक्त राष्ट्र प्रतिबंध पर भारत के प्रयासों को अवरुद्ध कर दिया, बीजिंग परमाणु आपूर्तिकर्ता समूह में भारत की प्रवेश को अवरुद्ध कर दिया (एनएसजी) के साथ–साथ डोक्लम में सैन्य स्टैंडऑफ 73 दिनों तक चला,चीन–पाकिस्तान आर्थिक गलियारे समेत कई मुद्दों पर द्विपक्षीय तनाव

के बावजूद व्यापार ने ऐतिहासिक उच्च स्तर को छुआ। चीनी व्यापार आंकड़ों के मुताबिक, चीन में भारत का निर्यात सालाना आधार पर 39.11 प्रतिशत बढ़कर 16.34 अरब डॉलर हो गया। चीन से भारत का आयात 14.59 प्रतिशत बढ़कर 68.10 अरब डॉलर हो गया। भारत चीनी उत्पादों के लिए सातवां सबसे बड़ा निर्यात गंतव्य और चीन के 24 वें सबसे बड़े निर्यातक के रूप में उभरा है। महत्वपूर्ण बात यह है कि तांबे, लौह अयस्क, कार्बनिक रसायनों और सूती धागे के साथ हीरे चीन में भारतीय निर्यात में वृद्धि में योगदान देते हैं। 2016 में, भारत चीनी उत्पादों के लिए 7 वां सबसे बड़ा निर्यात गंतव्य था, और चीन के लिए 27 वां सबसे बड़ा निर्यातक था।

चीन भारत का सबसे बड़ा या दूसरा सबसे बड़ा एकल देश व्यापारिक भागीदार वाला देश है, हालांकि व्यापार का संतुलन आज प्रतिकूल है और चीन के पक्ष में है। चीन के साथ बड़ा व्यापार घाटा (जैसे श्रम बाजार सुधारों के रूप में) एक चुनौती है जिसे एक समान स्तर पर चीन के साथ प्रतिस्पर्धा करने के लिए व्यापक आर्थिक सुधारों और भारतीय अर्थव्यवस्था और भारतीय उद्यमियों के सक्षम हो जाएगा (जैसे लघु उद्योगों के लिए आरक्षण प्रणाली में सुधार के रूप में) संरचनात्मक सुधारों के माध्यम से निपटाया जाना चाहिए। भारतीय कारोबार पर प्रभाव के लिए वर्तमान प्रतिबंधों में से कुछ की जांच करना आवश्यक हो सकता है जिससे स्थानीय फर्मों को चीनी समकक्षों के साथ प्रतिस्पर्धा करना मुश्किल हो जाता है।

सबसे बड़ी समस्याओं में से एक लघु उद्योगों के लिए आरक्षण है। चीन को बड़े पैमाने पर निर्माण का एक फायदा है जो कि उत्पादों के लिए लागत कम कर देता है जिसका पश्चिमी देशों में एक बड़ा निर्यात बाजार है। भारत ने लघु उद्योग के लिए ही कई क्षेत्र आरक्षित किये हैं। ये उद्योग उनके चीनी समकक्षों के अर्थव्यवस्थाओं के आनंद के पैमाने का लाभ उठाने में सक्षम नहीं हैं। लाभों के लिए पैमाने की अर्थव्यवस्थाएं बड़ी कंपनियों की लागत को कम करने में है। भारत में ऐसे कई उत्पाद रहे हैं जिसका निर्माण छोटी कंपनियों तक ही सीमित है जैसे मोजे और होजरी के रूप में। यह एक राजनीतिक मुद्दा है जिसमें सुधार करने के लिए तत्काल ध्यान देने की जरूरत है, यदि चीन के साथ व्यापार घाटे में ठोस सुधार लाना है।

ये एक स्थायी स्थिति नहीं है और असंतुलन को कम करने के तरीके खोजने के लिए विचार-विमर्श की एक श्रृंखला चल रही है हालांकि इस संबंध में अब

तक थोड़ी सफलता मिली है। आज भारत बड़े पैमाने पर चीन के लिए कच्चे माल का एक निर्यातक और तैयार उत्पादों के एक आयातक है। हालांकि इस पर भारत की राष्ट्रीय नीतियों पर पुनर्विचार करने की आवश्यकता है ताकि भारत अपने कच्चे माल पर देश के भीतर ही कार्रवाई कर सके।

आगे का रास्ता : चुनौतियां

कूटनीति के जानकारों के अनुसार मौजूदा समय में भारत और चीन के बीच में रिश्तों का संतुलन सबसे बड़ी चुनौती है। चीन अपनी तुलना अमेरिका के समकक्ष कर रहा है। वहीं राष्ट्रपति शी जिनपिंग का चीन और पूरी दुनिया में लगातार प्रभाव बढ़ रहा है। अमेरिका के राष्ट्रपति डोनाल्ड ट्रंप भी चीन को अमेरिका, उत्तरी कोरिया तथा दक्षिणी कोरिया के बीच में रिश्तों के संतुलन के लिए काफी अहम मान रहे हैं। इसके सामानांतर चीन के राष्ट्रपति शी और रूस के राष्ट्रपति ब्लादिमीर पुतिन के बीच बन रही सहमति मायने रखती है। इन तमाम परिदृश्यों के बीच में चीन का एशिया, दक्षिण एशिया में प्रभाव लगातार बढ़ रहा है। चीन के रणनीतिकारों को भारत चीन के रास्ते में सबसे बड़ा अवरोध बनकर खड़ा दिखाई देता है। ऐसे में सीमा पर शांति, द्विपक्षीय व्यापार असुंतलन में कमी तथा 'वन बेल्ट वन रोड' पर टकराव टालना एक बड़ी चुनौती है। अंतर्राष्ट्रीय मंच पर चीन भारत के साथ अड़ंगा लगाने से बाज नहीं आता। पाकिस्तान के आतंकी संगठनों पर नकेल कसने के मामले में वह भारत के रूख के सामानांतर रुख अपनाता है। एनएसजी की सदस्यता को लेकर वह भारत का खुलकर सहयोग नहीं करता और पाकिस्तान को इसका सदस्य बनाने की वकालत करता है। भारत के पड़ोसी देशों में वह पैठ बढ़ा रहा है और मालद्वीप समेत अन्य देशों में भारत विरोधी गुट को समर्थन देता है। चीन एससीओ में भी भारत के मुकाबले पाकिस्तान को अहम दर्जा देने का प्रयास करता रहता है। यह स्थिति तब है जब भारत, रूस, चीन, ब्राजील और दक्षिण अफ्रीका ब्रिक्स जैसे फोरम का अहम सदस्य हैं।

कुल मिलाकर दोनों देशों के कई अनसुलझे मुद्दे हैं जो मधुर संबंधों को कायम करने के मार्ग में चुनौती का काम कर रहे हैं – इसमें पाकिस्तान के साथ चीन के संबंधों का मुद्दा भी शामिल है, आतंकवाद के खिलाफ भारत की लड़ाई, नत्थी वीजा का मुद्दा, पीओके में परियोजनाएं, दलाई लामा के मुद्दे पर भारत के खिलाफ लगातार संबोधनो, चीन के लिए उत्तरी सेना कमान के प्रतिनिधिमंडल की यात्रा के लिए आयी समस्याओं, चीन की सीमा के दावों की लगातार पुनः कथन, अपने

पड़ोस में भारत के संबंधों पर असर डालने के लिए चीन के प्रयास, संयुक्त राष्ट्र सुरक्षा परिषद में भारत की स्थायी सदस्यता के लिए अपनी अनिच्छा का खुलेआम समर्थन, एक विस्तारित, तिब्बत स्वायत्त क्षेत्र में भारतीय नदियों के मुद्दे पर अपनी उभयवृत्तिता वृद्धि और दक्षिण चीन सागर क्षेत्र में व्यावसायिक परियोजनाओं को शुरू करने के प्रकरण है। ये मुद्दे दोनों देशों के बीच बहुत जटिल संबंधों को दर्शाते हैं।

डोकलाम पठार विवाद

जून 2017 में भारत और चीन के सैनिकों के बीच भूटान की सीमा पर धक्का-मुक्की हुई जो कि भूटान की भारत में लगती सीमा पर नाथूला और अन्य स्थानों पर देखी गई। चीन के सैनिक भूटान की जमीन से सड़क बनाने की कोशिश कर रहे हैं जबकि भारतीय सैनिक ऐसा करने से रोक रहे हैं। विदित हो कि चीन ने भूटान के पूर्व में चुंबी घाटी तक सड़क बना ली है और यहां एक नदी भी है जिसे ऐमेचो नदी कहा जाता है। इन इलाकों को चुंबी घाटी के नाम से जाना जाता है।

भूटान की तुलना में चीन की आबादी 1500 गुना ज्यादा है और यह 250 गुना बड़े भूभाग वाला देश है। लेकिन चीनी सैनिक डोकलाम पठार पर कब्जा करना चाहते हैं, जो कि चीन और भारत को पूर्व में भूटान तथा पश्चिम में सिक्कम से अलग करता है। यहां का नाथूला क्षेत्र भारत की जमीन पर है लेकिन चूंकि भूटान की सामरिक रक्षा के लिए भारत जिम्मेदार है। इस इलाके की भौगोलिक स्थिति जो झड़पों के मूल में है, चीन इस क्षेत्र में भूटान से होकर सड़कों का ऐसा जाल बिछाना चाहता है ताकि यह भूटान के उस इलाके पर कब्जा कर सके जिसे डोकलाम का पठार कहा जाता है। यह पहाड़ी क्षेत्र में ऐसा इलाका है जो कि 18 किमी चौड़ा और 20 किमी लम्बा चौरस और पहाड़ पर समतल इलाका है। पांच कोणों से बना यह आयताकार इलाका सामरिक दृष्टि से बहुत महत्वपूर्ण है क्योंकि इस समय भारत का कब्जा है। उंचाई पर होने के कारण यह भारतीय फौजों के लिए अहम है। अगर चीन भूटान के बीच से सड़कें बना लेता है तो दूसरी ओर भारत का समूचा पूर्वोत्तर क्षेत्र हथिया सकता है। यहां से यह समूचे पूर्वोत्तर क्षेत्र और बंगाल के सिलिगुड़ी के उस 'चिकन नेक' क्षेत्र पर कब्जा कर सकता है, जहां से दक्षिण में भारत का समूचा पूर्वोत्तर क्षेत्र उसके कब्जे में आ सकता है। इसलिए भारत नहीं चाहता है कि चीन, भूटान जैसे छोटे और कमजोर देश को डरा धमका कर इस समूचे भौगोलिक क्षेत्र पर कब्जा कर ले। यह पठार सामरिक दृष्टि से महत्वपूर्ण ऐसी स्थिति में है जहां से

चीन न केवल भूटान वरन भारत के पूर्वोत्तर राज्यों के समूचे क्षेत्र को हथिया सकता है, इसलिए भारतीय सैनिक इसे चीन के रहमो करम पर नहीं छोड़ सकते हैं। अगर चीन इस क्षेत्र पर कब्जा कर लेता है जोकि सीमा पर एस टू थ्री जीरो फोर नामक प्रमुख सड़क है। अगर चीन, डोकलाम पठार पर कब्जा कर लेता है तो भारत का समूचा पूर्वोतर क्षेत्र और भूटान ड्रैगन की पहुंच के भीतर होगा।

अंततः यथास्थिति बनाये रखने पर सहमति क्यों बनी? विशेषज्ञों की माने तो इसके बहुत से कारण हो सकते हैं। पहला यह कि उसी समय चीन में ब्रिक्स सम्मलेन होने जा रहा था। इसमें भारतीय प्रधानमंत्री नरेंद्र मोदी को भी शिरकत करना था। चीन को इस बात का डर था कि डोकलाम विवाद को लेकर नरेंद्र मोदी इस सम्मलेन में आने से मना ना कर दें। अगर मोदी चीन नहीं जाते, तो अंतर्राष्ट्रीय स्तर पर चीन की काफी बदनामी होती। ब्रिक्स में भारत की हिस्सेदारी बहुत महत्वपूर्ण है।

चीन का पीछे हटने का दूसरा कारण यह भी हो सकता है कि पिछले कुछ दिनों में अंतर्राष्ट्रीय स्तर पर काफी किरकिरी हुई है। एक ओर चीन के कई एशियाई देशों से सम्बन्ध बिगड़ रहे है, तो वहीं दूसरी ओर चीन के व्यापार का स्तर भी लगातार गिर रहा है। भारत में चीनी कंपनियों के अधिकारी ने खुलासा किया था कि पिछले सिर्फ दो महीनों में भारत में चीनी कंपनियों की कमाई में लगभग 30 फीसदी की कमी आ गयी है। अगर भारत में चीनी कंपनियों का स्तर गिरता रहा, तो चीन को आर्थिक तौर पर बहुत बड़ा घाटा होगा, क्योंकि भारत चीन का सबसे बड़ा व्यापारिक साझेदार है।

इसके अलावा भारत से विवाद चीन को आर्थिक गलियारे में भी परेशानी दे सकता है। चीन के रवैये को देखते हुए भारत ने हिन्द महासागर में अपना दबदबा बनाना शुरू कर दिया है। चीन को पता है कि अगर भारत चाहे तो हिन्द महासागर में चीन की उपस्थिति को पूरी तरह से खत्म कर सकता है। चीन जाने वाला कच्चा तेल मुख्य रूप से हिन्द महासागर से चीन जाता है। अगर भारत चाहे तो हिन्द महासागर से चीन की सप्लाई पूरी तरह से बंद कर सकता है। सरल शब्दों में बोले तो चीन को पता है कि अगर एशिया में उसे आर्थिक तौर पर मजबूत होना है, तो उसे भारत से अच्छे सम्बन्ध रखने होंगे।

संभावनाएँ

अन्तर्राष्ट्रीय राजनीति में 'शक्ति संतुलन' (Balance of Power) का उल्लेख सभी सिद्धान्तों में सबसे पुराने, सबसे हठी और सबसे विवादित सिद्धान्त के तौर

पर किया जाता है। समस्या यह है कि अलग-अलग लोग इसका प्रयोग विभिन्न अर्थों में करते हैं: मामले को बिगाड़ने के लिए कई बार एक ही व्यक्ति विश्लेषण के दौरान इसका अलग-अलग प्रयोग करता है। यह स्पष्ट होना महत्वपूर्ण है कि हम इस महत्वपूर्ण अवधारणा का प्रयोग किस अर्थ में कर रहे हैं।

यहां हम एक विशेष प्रकार के शक्ति संतुलन की बात कर रहे हैं—अमेरिका, चीन और भारत जैसे तीन देशों को शामिल करते हुए 'शक्ति तंत्र के एक नाजुक संतुलन' की बात कर रहे हैं। वेणू राजामणि के अनुसार इसकी अभिकल्पना एक ऐसे तंत्र के तौर पर की जा सकती है जिसमें प्रत्येक देश दोनों देशों के साथ संबंध बनाकर अपने हितों का संवर्धन करते हुए संतुलन बनाने का प्रयास करता है, हालांकि इसमें मुद्दा-दर-मुद्दा एक दूसरे का चयनित सहयोग करने की अभिकल्पना भी की गई है। निःसन्देह, ऐसे तंत्र में कोई भी देश अन्य देशों के साथ औपचारिक सैन्य गठबंधन नहीं करेगा।

विभिन्न जटिल प्रेरक शक्तियों को ध्यान में रखते हुए, हम कई वैकल्पिक परिदृश्यों की कल्पना कर सकते हैं, परंतु अपेक्षाकृत संभाव्य परिदृश्य में अमेरिका और चीन दो सबसे बड़ी अर्थव्यवस्थाएं और दो सबसे ताकतवर देश होंगे और भारत तीसरे स्थान की तरफ आगे बढ़ रहा है और, इसलिए यह बिल्कुल स्पष्ट है कि अमेरिका और चीन के साथ संबंधों का भारत की विदेश नीति में महत्वपूर्ण स्थान होगा।

परंतु, जबकि भारत के लिए अन्य दोनों के साथ नाजुक संतुलन बनाये रखना अधिक तर्कसंगत होगा, परंतु क्या ऐसा करना आसान है। कई अन्य कारकों का भी ध्यान रखना होगा। उनमें से कुछ हैं:

(i) भारत-अमेरिका तथा भारत-चीन संबंध गुणात्मक तौर पर भिन्न हैं। यह सच है कि कई बहुत ही महत्वपूर्ण मुद्दे हैं— जैसे जलवायु परिवर्तन, अन्तर्राष्ट्रीय व्यापार और वित्त नियमावलीं, बहु-ध्रुवीय, जहां भारत और चीन दोनों स्वयं को चर्चा के एक तरफ ही पाते हैं और यह सच है कि भारत को अमेरिका के साथ सैन्य गठबंधन नहीं करना चाहिए- चाहे अमेरिका ऐसा करने का इच्छुक हो.... परंतु कई लोगों का तर्क है कि स्थिर एशियाई सुरक्षा ढांचे के भीतर चीन के उभार को रोकने के लिए भारत और अमेरिका को सुरक्षा हितों का दीर्घकालिक सामंजस्य स्थापित करना चाहिए। परंतु एक सुस्पष्ट विरोधाभास में, भारत-अमेरिका संबंधों की अपेक्षा अमेरिका-चीन संबंधों में अधिक गहनता और गहराई है। राजनैतिक

और सुरक्षा मुद्दों के अतिरिक्त उनके असाधारण आर्थिक संबंध एक-दूसरे पर निर्भरता को बढ़ाते हैं।

कई समालोचक पहले ही आगामी वर्षों में अन्तर्राष्ट्रीय संबंधों में जी-2 के प्रभुत्व की बात कर रहे हैं और कई रणनीतिक चिंतक याद करते हैं कि कैसे 1971 में - बंग्लादेश युद्ध के दौरान - और अभी हाल ही में भारत के परमाणु परीक्षण किए जाने पर दोनों देश भारत के खिलाफ एकजुट हो गए थे। परंतु वास्तव में बहुत कम विश्लेषक निकट भविष्य में भारत के खिलाफ चीन-अमेरिकी सैन्य गठबंधन की संभावना देख रहे हैं। वास्तव में, मुश्किल से ही कोई अमेरिकी विचारक भारत के उभार को एक खतरा मान रहा होगा। इसके विपरीत, वाशिंगटन में इस बात की अत्यधिक चर्चा है कि क्या वर्तमान प्रमुख शक्ति और तेजी से उभरते हुए चीन के बीच संघर्ष अपरिहार्य है। इन जटिल चीन-अमेरिकी संबंधों में, भारत को एक प्रभावी संतुलन की भूमिका निभाने के लिए पर्याप्त प्रभाव पैदा करना होगा।

(ii) हालांकि, अमेंरिका, चीन और भारत दुनिया के तीन सबसे शक्तिशाली देश बन सकते हैं, परन्तु कई अन्य महत्वपूर्ण कारक होंगे जिनके हित और नीतियां, इस त्रिकोण के आकार को प्रभावित कर सकती हैं। रूस का उदाहरण लीजिए। हमें यह नहीं भूलना चाहिये कि रूस न केवल न्यूक्लियर सुपर पावर के तौर पर अमेरिका का साथी है, बल्कि यह एक ऊर्जा सुपर पावर भी है। समय की कसौटी पर खरे उतरे भारत-रूस संबंधों को ध्यान में रखते हुए भारत को मॉस्को के साथ नाजुक संतुलन बनाए रखना होगा।

(iii) भारत की तरह जापान और वियतनाम के भी चीन के साथ गंभीर सीमा विवाद हैं, यदि जापान और वियतनाम चीन की बढ़ती हुई आक्रामकता से डर महसूस करते हैं तो चीन की तुलना में भारत के नाजुक संतुलन में तनाव आ सकता है।

(iv) जबकि यह सुझाव देना सत्य से परे होगा कि अमेरिका हमेशा ही एक शांतिपूर्ण वैश्विक माहौल को बढ़ावा देने का कार्य करेगा - वास्तव में इसके ट्रैक-रिकार्ड से पता चलता है कि यह अपने हितों को आगे बढ़ाने के लिए हिंसा का प्रयोग करने की परेशान करने वाली इच्छा रखता है- जहां तक भारत-चीन-अमेरिका त्रिकोण का संबंध है और यदि भारतीय परिदृश्य से इसे देखा जाये तो अत्यधिक अनिश्चितता इस बात में है कि चीन भारत के खिलाफ सैन्य बल का प्रयोग कर सकता है। चूंकि, चीन की सैन्य ताकत बढ़ रही है तो क्या केवल साफ्ट संतुलन

बनाए रखना संभव होगा अथवा क्या हम चीन की बढ़ती हुई आक्रामकता को नियंत्रित करने के लिए 'सैन्य' संतुलन बनाने की आवश्यकता महसूस करेंगे। मान लीजिए, इस प्रकार के संकेत मिलते हैं कि चीन अपनी अत्यधिक सैन्य शक्ति का प्रयोग अपने तरीके से क्षेत्रीय मुद्दों का समाधान करने के लिए इच्छुक है। मान लीजिए, पाकिस्तान भारत पर, अपनी परमाणु ताकत श्रेष्ठता तथा चीन का सहयोग पाकर कश्मीर पर एक और दुस्साहस करता है।

इन सबको ध्यान में रखते हुए भारत और अमेरिका दोनों में ही कुछ लोगों का मानना है कि दोनों देशों का और घनिष्ठ सामरिक और सैन्य सहयोग होना चाहिये क्योंकि एशिया में शक्ति के स्थिर संतुलन का यही एकमात्र तरीका है और इससे क्षेत्र तथा इसके साथ लगते समुद्री क्षेत्रों में चीन के प्रभुत्व को रोका जा सकता है।[27]

जबकि उपर्युक्त चेतावनी को ध्यान में रखते हुए कुछ हद तक संशोधित नाजुक संतुलन को भारत के लिए बेहतर नीति मानने के कुछ कारण हैं :

(i) त्रिकोण के भारत-चीनी पक्ष को ध्यान से देखें और नाजुक संतुलन की संभावनाओं का मूल्यांकन करें। जबकि भारत-चीन संबंधों में कुछ हद तक प्रतिस्पर्धा और प्रतिद्वंद्विता स्वाभाविक है, फिर भी चीनियों ने यह दर्शाया है कि वे इस बात को लेकर बेहद जागरूक हैं कि भारत के साथ कुछ हद तक सहयोगात्मक व्यवहार निम्नलिखित कारणों की वजह से उसके दीर्घकालिक हित में है :

- चीन को अपने आर्थिक विकास के लिए पड़ोस में शांति चाहिए;
- भारत चीन का सबसे अधिक जनसंख्या वाला पड़ोसी है;
- विश्व में केवल दूसरा बिलियन से अधिक जनसंख्या वाला देश;
- भारत की अर्थव्यवस्था तेज गति से आगे बढ़ रही है, जो व्यापार और निवेश में बहुत संभावनाएं खोलती है;
- भारत अब परमाणु ताकत है तथा कुल मिलाकर दक्षिण एशिया की सबसे सुदृढ़ ताकत; कई ऐसे अन्य महत्वपूर्ण मुद्दें हैं, जिन पर भारत का साथ मिलने से चीन की अंतर्राष्ट्रीय स्तर पर स्थिति अधिक मजबूत होगी।

(ii) भारत के लिए यह अत्यधिक महत्वपूर्ण है कि वह चीनी शक्ति की किसी भी अवधारणा अथवा चीन के बड़े आकार से खतरा महसूस न करे। भारत का आकार, राजनैतिक सामंजस्य, आर्थिक विकास तथा विज्ञान और प्रौद्योगिकी के क्षेत्र में इसकी उपलब्धियां इसे आत्मविश्वासी बनाती हैं, किसी अन्य शक्ति के साथ

सैन्य गठबंधन की मजबूरी के बिना अन्तर्राष्ट्रीय मंच पर स्वायत्त भूमिका निभाने के लिए पर्याप्त आधार प्रदान करती हैं।

(iii) वैश्विक स्तर पर, मुख्य मुद्दा यह होगा कि इस त्रिकोण का तीसरा सदस्य अर्थात अमेरिका चीन की बढ़ती हुई शक्ति को कैसे संभालता है। एश्ले टेलीस ने कहा है, "अमेरिका के लिए सबसे मुख्य दीर्घकालिक चुनौती चीन के उभार का सामना करना होगी क्योंकि यह घटनाक्रम इस बात का आभास कराता है कि वैश्विक तंत्र के केन्द्र में एक शक्ति परिवर्तन की संभावना है और इसका निहितार्थ है, अमेरिका के प्रभुत्व का विस्थापन।"

अमेरिका की रणनीति आपस की सहभागिता के तौर पर उभर रही है: एक तरफ अमेरिका एशिया में शक्ति का अनुकूल संतुलन कायम रखते हुए चीनी उभार की सीमाएं निर्धारित करना चाहता है, दूसरी तरफ यह इसके साथ व्यापक भागीदारी कर रहा है।

(iv) यह खुशी की बात है कि अन्तर्राष्ट्रीय स्तर पर अन्य मुख्य शक्तियों की उपस्थिति तथा उनके द्वारा बहु–स्तरीय कूटनीति में निभाई जाने वाली भूमिका भी 'नाजुक' संतुलन में योगदान दे सकती है, जिसका अभी हाल ही में मुख्य प्रारूप ब्रिक्स (BRICS) है। इसके साथ ही भारत ने वरिष्ठ अधिकारी स्तर पर भारत–संयुक्त राज्य अमेरिका–जापान त्रि–स्तरीय संवाद पर भी सहमति व्यक्त की है। आज के दौर में बहुपक्षवाद (Multilateralism) एक बढ़ता हुआ अनुकूल पहलू है। उदाहरण के लिए आसियान की अगुवाई में बहु–स्तरीय समावेशी सुरक्षा ढांचा सैन्य गठजोड़, जो शीत युद्ध की मुख्य विशेषता थी, का सहारा लिए बिना भारत के पूर्व में शांति बनाए रखने में सहायता कर सकता है।

यह धारणा सही है की 'शक्ति संतुलन' चिंताएं – अमेरिका, प्रतिद्वंद्वी शक्ति के तौर पर चीन के उभार से चिंतित है और चीन की इस बात में गहरी रूचि है कि भारत अमेरिका की अगुवाई में चीन को नियंत्रित करने वाली नीति का सक्रिय सदस्य न बने – यह सुनिश्चित करेंगी कि एक आत्म–विश्वासी, उभरता हुआ भारत राजनयिक विकल्पों के बिना संभव नहीं है। और, भारत एवं अमेरिका को एक–दूसरे के रणनीतिक आशयों की बेहतर समझ सुनिश्चित करते हुए विश्वास की कमी को दूर करना होगा। तीनों देशों के हित में यही है कि शक्ति का नाजुक संतुलन बनाए रखा जाए, जैसाकि वेणू राजामणि ने कहा है। निस्सन्देह, यथार्थवाद की यह मांग है कि पर्याप्त सैन्य शक्ति के साथ बचाव व्यवस्था होनी चाहिए।[28]

साथ ही कई अर्थशास्त्री लगातार यह तर्क देते रहे हैं कि चीन की अर्थव्यवस्था में अत्यधिक क्षणभंगुरता है- एक बुलबुला है जो फूटने वाला है। अन्य का मानना है कि मौजूदा अधिकारवादी सत्ता संरचना टिकाऊ नहीं है।

संदर्भ

1. गेवर, जेण्डब्ल्यू 2001. लंबी प्रतियोगिता : 20 वीं शताब्दी में चीन-भारतीय प्रतिद्वंद्विता (सिएटल : वाशिंगटन प्रेस विश्वविद्यालय)।
2. फ्रैंकेल, एफआर और एच हार्डिंग, eds. 2004। भारत-चीन संबंध : संयुक्त राज्यों को क्या पता होना चाहिए (न्यूयार्क : कोलम्बिया यूनिवर्सिटी प्रेस)।
3. गांगुली, सुमित. 2016. दुनिया भर में, 1947 से भारतीय विदेश नीति, ऑक्सफोर्ड विश्वविद्यालय प्रेस।
4. गांगुली, सुमित. 2016. वहीं ...
5. गांगुली, सुमित. 2016. वहीं...
6. जियान, सी। 2006. 1959 के तिब्बती विद्रोह और भारत के साथ चीन के बदलते संबंध और सोवियत संघ, शीत युद्ध के अध्ययन पत्रिका, खंड 8, संख्या 3।
7. करमेर, एम. 2009. 'सशक्त शक्ति प्रतिद्वंद्वियों, तिब्बती गुरिल्ला प्रतिरोध, और दक्षिण एशिया में शीत युद्ध;, शीत युद्ध के अध्ययन पत्रिका, खंड 8, संख्या 3।
8. हॉफमैन, एस.ए. 1990. भारत और चीन संकट (नई दिल्ली : ऑक्सफोर्ड विश्वविद्यालय प्रेस)।
9. दत्त,वी.पी. 2015..स्वतंत्र भारत की विदेश नीति. राष्ट्रीय पुस्तक न्यास भारत।
10. दत्त,वी.पी. 2015..स्वतंत्र भारत की विदेश नीति. राष्ट्रीय पुस्तक न्यास भारत प.24।
11. वहीं, पृ.30।
12. वहीं, पृ.50।
13. गांगुली, सुमित. 2016. दुनिया भर में, 1947 से भारतीय विदेश नीति, ऑक्सफोर्ड विश्वविद्यालय प्रेस।
14. विवरण के लिए देखे, रोबर्ट.गी. सटर (2008), चाइनीज़ फ़ह्रेन रिलेशस : पावर एंड पॉलसी सिंस द कोल्ड वॉर।
15. गर्वर, प्रोत्रेक्टेड कंटेस्ट, ii.228-9।
16. शीत युद्ध के अंत पर भारतीय प्रतिक्रिया के विषय में देखें, सी. राजा मोहन (2003), क्रासिंग द रुबिकान, शेपिंग ऑफ़ इडियाज़ न्यू फ़ारेन पॉलसी (न्यूयार्क : पेंगुइन बुक्स)।
17. जॉन डब्लू. गार्नर 2002. 'द चाइना-इंडिया-यूएस ट्रायंगल: स्ट्रेटेजिक रिलेशन्स इन द पोस्ट-कोल्ड वॉर एरा,' (नेशनल ब्यूरो ऑफ एशियन रिसर्च द्वारा)
18. मार्च 1998 के चुनावो से ठीक पहले इस आलोचना के साथ जसवंत सिंह द्वारा एक घोषणापत्र लिखा गया: डिफेंडिंग इंडिया (नयी दिल्ली रूमैकमिलन,1999)।
19. न्यूयार्क टाइम्स. 13 मई 1998।
20. जॉन डब्लू. गार्नर (2001), 'द रेस्टोरेशन ऑफ साइनो-इंडियन कमिटी फोलोइंग इन्डियाज न्यूक्लिअर टेस्ट्स, चाइना क्वार्टरली, 168, ii. 867-89।

21. स्ट्रोब टैलबॉट (2004), इंगेजिंग इंडिया: डिप्लोमेसी, डेमोक्रेसी एंड द बोम्ब, पेंगुइन बुक्स)। जसवंत सिंह. 2006. अ कह्ल टू ऑनर: इन सर्विस ऑफ इमर्जेंट इंडिया, (न्यू दिल्ली (रूपा एंड कम्पनी)
22. जॉन डब्लू. गार्नर 2002. 'द चाइना–इंडिया–यूएस ट्रायंगल : स्ट्रेटेजिक रिलेशन्स इन द पोस्ट–कोल्ड वॉर एरा,' (नेशनल ब्यूरो ऑफ एशियन रिसर्च द्वारा)
23. न्यू इंडिया टाइम्स, 18 अप्रैल 2005।
24. न्यू इंडिया टाइम्स, 1 दिसम्बर 2006 पृ. 25।
25. बीबीसीए 29 अप्रैल 2018।
26. टाइम्स ऑफ़ इंडिया, मार्च 7,2018।
27. सी. राजा. मोहन, 1 अक्टूबर, 2012. समुद्र मंथन : भारत–प्रशांत क्षेत्र में चीन–भारतीय प्रतिद्वंद्विता।
28. जॉन डब्लू. गार्नर 2002. 'द चाइना–इंडिया–यूएस ट्रायंगल: स्ट्रेटेजिक रिलेशन्स इन द पोस्ट–कोल्ड वह्र एरा,'(नेशनल ब्यूरो अह्फ एशियन रिसर्च द्वारा)

• • •

13

भारत-रूस संबंध

डॉ. अनुराग पांडेय*

दूसरे विश्व युद्ध के पश्चात् विश्व दो महाशक्तियों एवं उनकी विचारधारा में बंट गया था, जिनमें साम्यवादी राज्यों का नेतृत्व सोवियत संघ तथा पूंजीवादी राज्य अमेरिका के करीबी बन गये थे। उस दौर में भारत ने अपनी विदेश नीति को गुटनिरपेक्षता के आधार पर परिभाषित किया और इन दोनों में से किसी भी शक्ति के साथ न मिलकर तृतीय विश्व के राष्ट्रों को साथ लेकर गुटनिरपेक्ष आन्दोलन चलाया जिसका तात्पर्य किसी भी गुट के साथ ना रहते हुए तटस्थता की नीति अपनाकर अपने देश का विकास करना था। गुटनिरपेक्ष आन्दोलन में मुख्यत: विकासशील देश सम्मिलित थे। भले ही भारत ने उस दौर में गुटनिरपेक्षता की नीति को अपनाया लेकिन रूस के साथ भारत के संबंध अच्छे थे एवं इन अच्छे संबंधो के पीछे कई राजनीतिक एवं आर्थिक कारण थे। सोवियत संघ ने भारत को एक ऐसे समय में सबसे ज्यादा मदद की जब भारत को नई आजादी मिली थी। उस दौर में भारत के पास पर्याप्त खाद्यान तक नहीं थे, आर्थिक रूप से अपंग था, उधोग के क्षेत्र में पिछड़ा था एवं विज्ञानं और तकनीक के मामले में कई देशों से पिछड़ा हुआ था। रूस ने ऐसे समय में भारत की आर्थिक व सामरिक रूप से भरपूर मदद की। भारत रूस सम्बन्धों की शुरुआत 1955 में भारतीय प्रधानमंत्री जवाहरलाल नेहरू और सोवियत रूस के नेता रुश्चेव के भारत दौरे के बाद हुई।

सोवियत संघ ने अतर्राष्ट्रीय स्तर पर कश्मीर विवाद में भारतीय पक्ष का पूर्ण समर्थन किया एवं जरूरत पड़ने पर कई बार आर्थिक व सैन्य सहायता भी दी। 1965 के भारत-पाक युद्ध में रूस ने मध्यस्था कर दोनों देशों के मध्य युद्धोत्तर ताशकंद समझौता करवाने में महत्वपूर्ण भूमिका अदा की। भारत एवं सोवियत संघ

* Assistant Professor Dyal Singh College, Delhi University, Delhi

ने अगस्त 1971 में शान्ति, मित्रता एवं सहयोग सम्बन्धी एक समझौते पर हस्ताक्षर किए, जिसके फलस्वरूप भारत को 1971 में भारत पाक युद्ध (बांग्लादेश युद्ध) में काफी सहायता मिली।

भारत ने भी राष्ट्रीय एवं अंतर्राष्ट्रीय स्तर पर सोवियत संघ की कई नीतियों का समर्थन किया। उदाहरणस्वरूप सन 1979 में जब रूस ने अफगानिस्तान पर हमला किया, तब भारत ने सोवियत संघ की इस कार्यवाही का पूर्ण समर्थन किया। किन्तु दिसम्बर 1991 में विघटन के कारण सोवियत संघ की स्थति अपेक्षाकृत कमजोर हो गईं, इसलिए नये बने रूसी राज्य के लिए यूरोपीय देशों से बेहतर संबंध रखना उसके आर्थिक विकास के दृष्टिकोण से आवश्यक हो गया था। फलतः भारत के साथ रूस के संबंध तो सामान्य रहे किन्तु दोनों देश अपने आर्थिक विकास के लिए नए दोस्तों की तलाश करने लगे।

भारत-रूस संबंध का इतिहास

सोवियत संघ का विघटन और रूस का उदय

सोवियत संघ के विघटन के बाद उसका सबसे बड़ा गणराज्य 'रूस' अन्तर्राष्ट्रीय पटल पर एक महत्वपूर्ण इकाई के रूप में सामने आया। अविभाजित सोवियत संघ की कुल जनसंख्या 28 करोड़ 70 लाख थी लेकिन नये गठित रूस की कुल जनसंख्या 14 करोड़ 77 लाख है (ज्ञात हो कि सोवियत संघ की 52 प्रतिशत जनसंख्या रूसी गणराज्य में निवास करती है)। क्षेत्रफल की दृष्टि से रूस आज भी विश्व का सबसे बड़ा देश है।[1]

पूर्व सोवियत संघ की भूमि का 75 प्रतिशत भाग रूस के पास है और रूस ही पूर्व सोवियत संघ का मुख्य औद्योगिक और कृषि उत्पादक राज्य था, इन दोनों क्षेत्रों में रूस की भागीदारी लगभग 70 प्रतिशत थी। सोवियत संघ की अर्थव्यवस्था को पुनर्व्यवस्थित करने एवं मजबूत स्थिति में लाने के लिए रूसी गणराज्य का विशिष्ट योगदान रहा है, क्योंकि यह सर्वाधिक संसाधन सम्पन्न गणराज्य माना जाता है। सोवियत संघ के विघटन के बाद नये बने रूस को संयुक्त राष्ट्र सुरक्षा परिषद् में वही स्थान दिया गया जो पुराने सोवियत संघ का था तथा उसने वचन दिया कि पुराने सोवियत संघ के समस्त अन्तर्राष्ट्रीय दायित्वों का वह पूर्ण जिम्मेदारी के साथ निर्वहन करेगा।

रूस की विदेश नीति

रूस की विदेश नीति के बारे में मुख्यत: दो दृष्टिकोण सामने आते हैं, जिनमे प्रथम दृष्टिकोण इस बात पर आधारित है कि रूस पुराने सोवियत संघ से अलग बना एक नया गणराज्य है तो इसकी विदेश नीति भी लगभग वैसी ही रहेगी जैसी सोवियत संघ की थी, दूसरा दृष्टिकोण यह है कि आज रूस पुराने सोवियत संघ से एकदम भिन्न स्थिति में है, वह अब भोगोलिक रूप से पूर्णतया यूरोपीय क्षेत्र में आने वाला देश हो गया है, इसलिए रूसी विदेश नीति भी इसी यूरोपियन क्षेत्र के आधार पर बनेगी और शायद इसीलिए हाल के वर्षो में रूस की विदेश नीति में आमूलचूल परिवर्तन देखे गये हैं।[2]

पुराने सोवियत संघ के 75 वर्ष के अस्तित्व काल के अन्तर्राष्ट्रीय परिदृश्य में और रूस के अस्तित्व में आने के बाद के अन्तर्राष्ट्रीय परिदृश्य में काफी अन्तर है। जहां पश्चिमी देश पहले सोवियत संघ की साम्यवादी व्यवस्था एवं विचारधारा को अपना शत्रु मानते थे वहीं आज वे रूस में लोकतन्त्र एवं मुक्त बाजार व्यवस्था को सुदृढ़ करने के लिए आर्थिक सहायता देने की नीति का पालन कर रहे हैं।

हाल के वर्षों में रूसी विदेश नीति की कई विशेषताएं उभरकर सामने आयी हैं: जिनमें प्रमुखतया संयुक्त राष्ट्र संघ के साथ सहयोग, अमरीका के साथ सामान्य सहयोगी, यूरोपीय राष्ट्रों विशेषकर जर्मनी के साथ घनिष्ट आर्थिक सम्बन्ध, नाटो के साथ शान्ति के लिए साझापन, चीन और जापान के साथ विवादों को सुलझाने की नीति और भारत के साथ घनिष्टता बढ़ाने की नीति उभरकर सामने आई है। शुरू में रूस का झुकाव पश्चिमी देशों एवं यूरोपियन देशों के साथ नये संबंध बनाने पर केन्द्रित था, लेकिन रूस को इस नई नीति से कोई ख़ास फायदा नहीं हुआ, अमेरिका हमेशा अपने हितों को सबसे ऊपर रखता है और यूरोप के कई देशों ने रूस के साथ वैसे संबंध विकसित नहीं किये जैसा रूस उम्मीद कर रहा था, रूस वापस अपने पुराने संबंधों की तरफ मुड़ा ताकि बदलती विश्व व्यवस्था में वो अपनी आर्थिक, राजनितिक, सामाजिक स्थिति को सुधार सके उसे सुद्रण बना सके।

रूस और भारत संबंध

भारतीय विदेश मन्त्रालय की वार्षिक रिपोर्ट 1998-99 में स्पष्ट रूप से लिखा गया है के "निरन्तरता, विश्वास और परस्पर सूझबूझ पर आधारित भारत और रूस के बीच घनिष्ठ और मैत्रीपूर्ण सम्बन्ध दोनों देशों के लिए विदेश नीति की प्राथमिकता का महत्वपूर्ण अंग है। सहयोग के विभिन्न क्षेत्रों में हमारे बहुआयामी

सम्बन्ध तीव्रगति से विकसित हो रहे हैं।"[3] लगभग हर वार्षिक रिपोर्ट में भारत रूस के सम्बन्धो पर महत्वपूर्ण स्थान दिया जाता है।

रूस के यूरोपियन देशों की तरफ झुकाव की वजह से तथा भारत द्वारा उदारवादी आर्थिक नीति अपनाने के पश्चात अमेरिका की तरफ बढ़ते झुकाव के कारण इन दोनों दशों के मध्य संबंधों में कुछ शिथिलता आई, किन्तु शीघ्र ही दोनों देशों को अपने ऐतिहासिक संबंधों का एहसास हुआ और द्विपक्षीय रिश्तों में नई ऊर्जा भरी गयी। अतः बढती वैश्विक चुनौतियों ने भारत-रूस संबंधों को और सुद्रण किया है और इस विश्वास को प्रबलता मिली के दोनों देशो को भू-राजनीतिक साझेदारी के लिए एक दुसरे की आवश्यकता है।

रूस और भारत सम्बन्धः विभिन्न घटनाक्रम

सोवियत संघ के साथ भारत के घनिष्ठ सम्बन्ध थे, अतः सोवियत संघ के विघटन से भारत का चिन्तित होना स्वाभाविक था। किन्तु कुछ उतार-चढ़ाव के बाद दोनों देश आपसी संबंधों की सामरिक महत्ता को समझते हुए घनिष्ठ संबंध बनाने को अग्रसर हुए। दोनों देशो के रिश्तों के मध्य कुछ महत्वपूर्ण घटनाक्रम निम्नवत हैं :

31 जनवरी, 1991 को न्यूयार्क में रूसी राष्ट्रपति बोरिस येल्तसिन ने भारत के प्रधानमंत्री से मुलाकात की। जनवरी, 1992 में विदेश सचिव के नेतृत्व में भारतीय अधिकारियों का एक उच्चस्तरीय दल रूस और उक्रेन दिपक्षीय वार्ता के लिए गया। इस दौर में भारत ने रूस के साथ एक नई मैत्रिक और सहयोग सन्धि को अन्तिम रूप दिया।

सोवियत संघ से अलग होने के कारण नये राज्य बने रूस को आर्थिक संकट का दौर देखना पड़ा, भारत ने इस समय रूसी संघ को 15 करोड़ रुपये की राशि की मानवीय सहायता देने की पेशकश की। इस पेशकश का आशय रूसी संघ की जनता को मदद देना था जो सोवियत संघ के विघटन के कारण हुए राजनीतिक और आर्थिक परिवर्तनों के बाद बुरी तरह प्रभावित हुई थी।[4]

इस धन का उपयोग रूस ने आवश्यक वस्तुओं, जैसे बाल-आहार, चावल, मानक औषधियों की आपूर्ति के लिए किया। अप्रैल 1992 में रूसी राज्य के सचिव श्री गेन्नादी बुर्बुलिस ने भारत यात्रा के दौरान कहा कि उनका देश क्रायोजेनिक इंजनों के सम्बन्ध में भारत-सोवियत करार का सम्मान करेगा।[5]

रूसी राष्ट्रपति येल्तसिन की भारत यात्रा

जनवरी 1993 में रूस के तत्कालीन राष्ट्रपति श्री बोरिस येल्तसिन ने भारत की यात्रा की। रूसी राष्ट्रपति के साथ एक उच्चस्तरीय प्रतिनिधि मंडल भी भारत आया। इस समय भारत और रूस के मध्य कई मुद्दे ऐसे थे जिन पर एक ठोस निर्णय करना अनिवार्य हो गया था, इनमे प्रमुख मुद्दे थे, रुपये-रूबल विनिमय दर और रूसी ऋण का पुनर्निर्धारण करना, भारत के अंतरिक्ष कार्यक्रम के लिए क्रायोजेनिक इंजनों की आपूर्ति इत्यादि, हालांकि अमेरिका ने इस डील पर अपना कड़ा रूख दिखाया था, लेकिन रूस और भारत ने इसकी परवाह नहीं की, दोनों देश ये समझ चुके थे कि बदलती विश्व व्यवस्था में पश्चिमी देश उनका साथ नहीं देंगे।[6]

इस यात्रा से जहां रुपए-रूबल की समानता के मुद्दे का हल निकला वहीं दूसरी और रूसी राष्ट्रपति ने भारत को क्रायोजेनिक इंजनों और अन्य कल-पुर्जों की आपूर्ति का आश्वासन दिया। दोनों देशों ने मित्रता और आपसी सहयोग पर एक नये समझौते पर हस्ताक्षर कि, जो पुरानी भारत-सोवियत मैत्री की आधारशिला पर रखा गया था।[7]

इस संधि को चौदह सूत्री संधि के नाम से जाना जाता है, यह संधि व्यापक रूप में पूर्व भारत-सोवियत संधि की तरह ही है, लेकिन इस संधि में सुरक्षा सम्बन्धी प्रावधान नहीं रखे गये। इन चौदह संधियों के अतिरिक्त नौ अन्य समझौतों पर भी हस्ताक्षर किये गये, जिनमे प्रमुख थे-रक्षा आपूर्ति, विज्ञान और टेक्नोलॉजी तथा आतंकवाद से निबटने और नशीली दवाओं के अवैध व्यापार की रोकथाम सम्बन्धी समझौते।[8]

श्री येल्तसिन ने अपनी इस यात्रा के दौरान हुए एक संवाददाता सम्मेलन में यह घोषणा की कि वे 'कश्मीर को भारत का अभिन्न हिस्सा मानते हैं और यह वचनबद्धता व्यक्त की कि वे संयुक्त राष्ट्र में या अन्य स्थानों पर भारत का समर्थन करेंगे एवं यह भी आश्वासन दिया के यदि संयुक्त राष्ट्र सुरक्षा परिषद् में भारत को स्थायी सदस्य बनाने सम्बन्धी प्रस्ताव सामने आया तो वे उसके पक्ष में वोट देंगे।[9] ये पूर्ववर्ती सोवियत संघ की ही नीति को आगे बढ़ाने वाला वक्तव्य माना गया। इस यात्रा से न केवल भारत-रूस सम्बन्धों की अनावश्यक बाधाएं दूर हुईं बल्कि इससे दोनों देशों के मध्य द्विपक्षीय सद्भाव, सहयोग और मैत्री के एक नये युग की शुरुआत हुई।

भारत और रूस के बीच मैत्री एवं सहयोग से सम्बद्ध संधि का अनुसमर्थन 11 अक्टूबर, 1993 को मास्को में हुआ एवं दोनों देशों की सरकारों के मध्य अप्रैल 1993 में रुपए-रूबल करार का भी अनुसमर्थन किया गया। यह अनुसमर्थन 11 मई, 1993 से प्रभावी हुआ। भारतीय संस्कृति विभाग के सचिव की मास्को यात्रा के दौरान वर्ष 1993-94 की अवधि के लिए एक महत्वपूर्ण भारत-रूस सांस्कृतिक आदान-प्रदान कार्यक्रम पर 16 सितम्बर, 1993 को हस्ताक्षर भी हुए।

भारतीय परिवार एवं स्वास्थ्य कल्याण मंत्रालय के सचिव की 12 से 18 सितम्बर, 1993 की रूस की यात्रा के दौरान चिकित्सा विज्ञान और लोक स्वास्थ्य में सहयोग से सम्बद्ध एक प्रोटेकॉल पर सहमती भी बनी। सन 1993 में ही आर्थिक क्षेत्र में भारत द्वारा रूस को 3 बिलियन रुपये 'स्विंग ऋण' और दोनों देशों के व्यवसायी तथा औद्योगिक क्षेत्रों के बीच सीधे सम्पर्क को बढ़ाना शामिल है, इससे दोनों देशों के मध्य सम्बन्धों में नई ऊर्जा का संचार हुआ, किन्तु इसी वर्ष भारत-रूस सम्बन्धों में एक महत्वपूर्ण घटना घटी जिसमे रूस की सरकार ने 16 जुलाई 1993 में क्रायोजेनिक इंजिन के विकास से सम्बद्ध 'इसरो' के साथ किये जनवरी 1991 में सम्पन्न करार के अन्तर्गत अपने दायित्वों को पूरा करने में असमर्थता जाहिर की। रूस ने अपना निर्णय इस आधार पर तर्कसंगत बताया कि इस अनुबन्ध के कुछ अंश रॉकेट इन्जनों से सम्बद्ध प्रौद्योगिकी सामग्री तथा उपकरणों के सम्बन्ध में रूस की निर्यात नियन्त्रण कानून के विरुद्ध है। इस निर्णय पर भारत सरकार का खेद 17 जुलाई, 1993 को व्यक्त किया गया था।[10]

प्रधानमन्त्री पी.वी. नरसिम्हा राव की रूस यात्रा

प्रधानमन्त्री पी.वी. नरसिम्हा राव की चार दिवसीय रूस यात्रा सन 1994 में हुई। वस्तुतः दोनों देश उस दौर की नई विश्व व्यवस्था से तालमेल बैठाने की जुगत कर रहे थे। जहां भारत अमेरिका और चीन के साथ अपने मतभेदों को मिटाने के लिए प्रयासरत था वहीं दूसरी ओर रूस साइप्रस में हुए यूरोपीय संघ के सम्मेलन में हिस्सा लेने और नेपल्स में जी-7 के औद्योगिक देशों के साथ बातचीत चलाने के अलावा राजनीतिक पर्यवेक्षक की हैसियत से 'नाटो' में भी शामिल हो चुका था लेकिन भारत और रूस दोनों जानते थे कि इन दोनों को अब भी एक-दूसरे की जरूरत थी।[11]

रूस को अपनी आर्थिक स्थिति सुधारने के लिए हथियार बेचने की जरूरत थी। रूस ने इस काल में अपने पूर्व प्रतिद्वंदी चीन को भी मिग-27 और एस यू-30

लड़ाकू विमान बेचे। इसके साथ ही रूस को इस बात का अहसास हो गया था कि हिन्द महासागर और एशिया-प्रशान्त क्षेत्र में भारत रूसी हितों के लिए सन्तुलन कायम करने वाली ताकत बना रहेगा।

नरसिम्हा राव के रूसी दौरे से प्रतिरक्षा, रणनीतिक और व्यापारिक सम्बन्धों की कई बाधाएं दूर हुईं। पारस्परिक सैनिक हितों, रक्षा, व्यापार और तकनीक समेत विभिन्न क्षेत्रों में दो महत्वपूर्ण घोषणाएं और नौ समझौतों पर भी हस्ताक्षर किये गये। रक्षा क्षेत्र में भारत को रूस से 83 करोड़ डॉलर का अनुदान मिला। इस यात्रा की सबसे बड़ी उपलब्धि कल-पुर्जों की आपूर्ति और रूसी विमानों की मरम्मत के लिए एक कम्पनी बनाने के संयुक्त उद्यम पर समझौता शामिल है। चालीस करोड़ रुपये की इस कम्पनी में भारतीय पक्ष की तरफ से हिदुस्तान एअरोनॉटिक्स लिमिटेड और आई.सी.आई.सी.आई का हिस्सा 53 प्रतिशत रखा गया। इसमें मास्को एयरक्राफ्ट प्रोडक्शन आर्गेनाइजेशन जैसी रूसी एजेन्सियों की भी हिस्सेदारी का प्रावधान था। इस योजना से वायु सेना को कम समय में जरूरी कल पुर्जे उपलब्ध कराये जाने का प्रावधान महत्वपूर्ण था।[12]

इसके अतिरिक्त भारतीय गृहमन्त्री श्री एस.बी. चव्हाण ने 28 अगस्त से 3 सितम्बर, 1994 तक रूस की यात्रा की एवं रूस के प्रधानमन्त्री चरनोमुइरदीन दिसम्बर 1994 में भारत आए। उनकी यात्रा के दौरान लगभग आठ दस्तावेजों पर दोनों देशों ने सहमति जताई, जिनमें प्रमुख थे पूंजी निवेश का संवर्द्धन, बाह्य अन्तरिक्ष के अनुसंधान में सहयोग, वर्ष 2000 तक दीर्घकालिक रक्षा सहयोग कार्यक्रम का क्रियान्वयन इत्यादि।

भारत व रूस में आपसी सहयोग के तीन समझौतों पर भारत के विदेश मन्त्री प्रणव मुखर्जी तथा रूस के विदेश मन्त्री प्रीमाकोव ने नई दिल्ली में 30 मार्च, 1996 को हस्ताक्षर किए। इनमें से एक समझौता भारत के प्रधानमन्त्री तथा रूस के राष्ट्रपति के कार्यालय के बीच हाट लाईन स्थापित करने से सम्बंधित था। कश्मीर मुद्दे पर रूसी नेता ने कहा कि उनका देश इसे अन्तर्राष्ट्रीय मंच से उछालने के खिलाफ है, ये वक्तव्य कश्मीर पर भारत के दृष्टिकोण का समर्थन था।

भारत-रूस : सुखोई युद्धक विमान समझौता

भारत ने 30 नवम्बर, 1996 में रूस के साथ अत्यन्त विकसित किस्म के सुखोई-30 एम.के. 1 युद्ध विमानों की खरीद के दस्तावजों पर हस्ताक्षर किये। यह समझौता भारतीय रक्षा मन्त्रालय और रूसी सरकारी अस्त्र शस्त्र कम्पनी रोस्वो

उरूझेनि, तथा इर्कुटस्क विमानन औद्योगिक संघ के बीच हुआ। इन विमानों के आने से भारत की वायु सेना को नई ताकत मिली। सौदे के हिसाब से भारत ने सबसे पहले चालीस विमान खरीदे जो रूस में तैयार हुए थे उस समय एक सुखोई विमान की कीमत 1 अरब रुपये थी।[13]

प्रधानमन्त्री एच.डी. देवेगौड़ा की रूस यात्रा : (मार्च 1997)

मार्च, 1997 में भारत के प्रधानमन्त्री श्री एच.डी. देवेगौड़ा ने रूस की यात्रा की। इसे येल्तसिन–देवेगौड़ा शिखर वार्ता के नाम से जाना गया, इस शिखर वार्ता के बाद भारत और रूस ने द्विपक्षीय सहयोग बढ़ाने के लिए कुल छह समझौतों पर हस्ताक्षर किए। इनमें प्रत्यर्पण सन्धि, दोहरे कराधान को समाप्त करने सम्बन्धी, सीमा–शुल्क सम्बन्धी मामलों में पारस्परिक सहयोग बढ़ाने सम्बन्धी, परमाणु ऊर्जा संयन्त्र संरक्षण एवं विकास सम्बन्धी, आपराधिक मामलों में परस्पर कानूनी सहायता, वाणिज्य दूतावास सम्बन्धी समझौता एवं सांस्कृतिक खेल मामलों में सहयोग का समझौता शामिल है।[14] इसके साथ ही साथ रूस ने अमरीका के विरोध को नजरन्दाज करते हुए ये घोषणा की कि वह भारत में दो परमाणु रिएक्टरों के निर्माण की योजना से पीछे नहीं हटेगा और पाकिस्तान को हथियारों की बिक्री पर पाबन्दी लगाएगा।[15]

रूसी प्रधानमन्त्री प्रिमाकोव की भारत यात्रा (दिसम्बर, 1998)

रूस के प्रधानमन्त्री प्रिमाकोव ने 20 से 22 दिसम्बर, 1998 में भारत की राजकीय यात्रा की। उनकी यात्रा के दौरान दोनों देशों के सर्वोच्च नेताओं की उपस्थिति में सात द्विपक्षीय दस्तावेजों पर हस्ताक्षर हुए। जिसने भारत रूस सम्बन्धों को ओर प्रगाढ़ किया।

कारगिल मसले पर रूस द्वारा पाकिस्तान को चेतावनी

सन 1999 में कारगिल युद्ध भारत और पाकिस्तान के मध्य हुआ, कारगिल युद्ध पर रूस ने पाकिस्तान को चेतावनी दी और कहा कि वास्तविक नियन्त्रण रेखा बदलने के उसके किसी भी प्रयास के गम्भीर परिणाम होंगे। रूस ने पाकिस्तान को कड़ाई से कहा कि वह घुसपैठियों को वापस बुला ले। इस तरह कारगिल युद्ध में रूस ने खुलकर भारत के पक्ष का समर्थन किया।[16]

विदेश मंत्री जसवन्त सिंह की रूस यात्रा

जून 2000 में तत्कालीन भारतीय विदेश मंत्री श्री जसवन्त सिंह की रूस यात्रा से भारत और रूस के बीच मैत्री सम्बन्ध और प्रगाढ़ हुए। राष्ट्रपति पुतिन और

विदेश मन्त्री इगोर इवानोव से जसवन्त सिंह की मुलाकात और बातचीत से विभिन्न अन्तर्राष्ट्रीय मुद्दों पर भारत और रूस के दृष्टिकोण में समानता की झलक मिली।

राष्ट्रपति पुतिन की भारत यात्रा (अक्टूबर, 2000)

रूस के राष्ट्रपति ब्लादिमीर पुतिन ने अक्टूबर 2000 में एक दिवसीय भारत की यात्रा की। इस यात्रा के दौरान भारत और रूस में सैन्य सहयोग बढ़ाने की दृष्टि से चार महत्वपूर्ण दस्तावेजों पर हस्ताक्षर किए गए। इनमें सबसे महत्वपूर्ण समझौता दोनों देशों के बीच सैन्य तकनीकी सहयोग के लिए अन्तर-सरकार आयोग के गठन को माना जाता है। इन समझौतों के अतिरिक्त तीन अन्य महत्वपूर्ण समझौते हुए जिनमे रूस द्वारा भारत को 'एडमिरल गोर्शकोव एयरक्राफ्ट कैरियर' दिये जाने, एस.यू. 30 एम.के.आई लड़ाकू विमान देने और टी-90 टैंक देने से सम्बन्धित थे। भारत ने रूस के साथ 3 अरब रुपये के रक्षा सौदे (जो स्वतन्त्रता के बाद सबसे बड़ा सौदा माना जाता था) किये जिससे भारत की प्रतिरक्षा सम्बन्धी खामियों को दूर करने में मदद मिली।

भारतीय संसद की संयुक्त बैठक को सम्बोधित करते हुए पुतिन ने कहा कि जम्मू और कश्मीर में विदेशी हस्तक्षेप बंद होना चाहिए तथा उन्होंने आतंकवाद से संघर्ष के लिए संयुक्त मोर्चा तैयार करने के भारत के प्रस्ताव का समर्थन भी किया। पुतिन ने भारत की इस मांग का समर्थन भी किया कि संयुक्त राष्ट्र सुरक्षा परिषद का विस्तार किया जाना चाहिए। पाकिस्तान और अफगानिस्तान से उत्पन्न होने वाले आतंकवादी खतरे को रोकने के लिए भारत-रूस संयुक्त कार्यदल के गठन पर दोनों देशों में सहमति भी हुई।[17]

अन्तर्राष्ट्रीय आतंकवाद पर मास्को घोषणा पत्र (नवम्बर, 2001)

नवम्बर 2001, में भारतीय प्रधानमन्त्री श्री अटल बिहारी वाजपेयी ने रूस की यात्रा की। रूसी राष्ट्रपति ब्लादिमीर पुतिन के साथ 6 नवम्बर को उनकी शिखर वार्ता हुई। इस शिखर वार्ता को मॉस्को घोषणा पत्र के नाम से जाना जाता है जिसमे अन्तर्राष्ट्रीय आतंकवाद का मुद्दा प्रमुख था। यह घोषणा-पत्र वस्तुतः कश्मीर व चेचेन्या के मामलों में क्रमशः भारत व रूस की चिन्ताओं पर केन्द्रित दस्तावेज माना जाता है जहाँ दोनों देशों ने एक दुसरे के सामरिक महत्त्व के मुद्दों को स्वीकार किया।[18]

इसके अतिरिक्त 3 से 5 दिसम्बर 2002 तक रुसी राष्ट्रपति ब्लादिमीर पुतिन ने भारत की यात्रा की। इस यात्रा के दौरान रूस ने विस्तारित संयुक्त राष्ट्र सुरक्षा परिषद

में भारत की सशक्त और न्यायोचित दावेदारी के प्रति रूस के पूर्ण समर्थन की पुनः पुष्टि की। इस वार्ता में कुल आठ दस्तावेजों पर हस्ताक्षर किए गए जिनमें सीमापार आतंकवाद पर भारत का दृष्टिकोण और पाकिस्तान में आतंकवाद की संरचना को ध्वस्त किए जाने का समर्थन किया।

राष्ट्रपति पुतिन की भारत यात्रा (दिसम्बर, 2004)

अपने देश के उच्चस्तरीय शिष्टमण्डल के साथ रूसी राष्ट्रपति ब्लादिमीर पुतिन 3 से 5 दिसम्बर 2004 की तीन दिवसीय भारत यात्रा पर आए। प्रधानमन्त्री डॉ. मनमोहन सिंह से विस्तृत वार्ता के बाद आतंकवाद से अधिक एकजुट तरीके से निपटने तथा आर्थिक–व्यापारिक सहयोग बढ़ाने के सामरिक महत्व के एक संयुक्त घोषणा पत्र के अतिरिक्त आपसी सहयोग के 9 अन्य समझौतो पर दोनों देशों ने हस्ताक्षर किए। इनमें रूस के ग्लोबल नेविगेशन सैटेलाइट सिस्टम के शान्तिपूर्ण उद्देश्यों के लिए भारत द्वारा उपयोग किए जाने का समझौता तथा अन्तरिक्ष, ऊर्जा, संचार व आर्थिक क्षेत्रों में सहयोग के समझौते शामिल हैं।

पुतिन–मनमोहन शिखर वार्ता (मई, 2005)

भारत के प्रधानमन्त्री डॉ. मनमोहन सिंह दूसरे विश्वयुद्ध में नाजी जर्मनी पर गठबन्धन शक्तियों की जीत की 60वीं वर्षगांठ के समारोह में शामिल होने के लिए तीन दिवसीय यात्रा पर 8 मई, 2005 को रूस पहुंचे। भारत के साथ अपने पुराने सम्बन्धों को मजबूती देने के लिए रूस परमाणु ऊर्जा, रक्षा और अन्तरिक्ष के क्षेत्र में उसके साथ सहयोग को ओर मजबूती देने के लिए तैयार हुआ, इसके अतिरिक्त रूस ने भारत के तारापुर संयन्त्र और नये परमाणु संयन्त्रों के लिए परमाणु ईंधन की आपूर्ति पर भी सहमति जताई।

डॉ. मनमोहन सिंह की रूस यात्रा (दिसम्बर, 2005)

भारतीय प्रधानमन्त्री डॉ. मनमोहन सिंह ने 5 से 7 दिसम्बर, 2005 को रूस की यात्रा की। रूस की ओर से भारत को यह भरोसा दिलाया गया कि वह भारत की असैनिक परमाणु ऊर्जा सहित तमाम ऊर्जा आवश्यकताएं पूरा करने में पूर्ण सहयोग करेगा। प्रधानमंत्री की रूस यात्रा के दौरान दोनों देशों ने रक्षा, अन्तरिक्ष और विज्ञान एवं प्रौद्योगिकी क्षेत्र में तीन समझौतों पर हस्ताक्षर किए। इनमें सबसे प्रमुख समझौता सैन्य सहयोग में बौद्धिक सम्पदा अधिकारों के क्षेत्र में भारत को सहयोगी बनाने पर था। इस समझौते से रूस की रक्षा तकनीकी भारत को मिलने

के मार्ग में आने वाली समस्त बाधाएं दूर हो गईं। इस सम्मेलन का दूसरा महत्वपूर्ण समझौता सुरक्षा तकनीकों के क्षेत्र में माना जाता है, इससे भारत का रूस के ग्लोबल नेवीगेशन सैटेलाइट सिस्टम, ग्लोनास में भागीदारी का रास्ता साफ हो गया।[19]

रूस से यूरेनियम आपूर्ति

मार्च, 2006 में रूस ने भारत के तारापुर संयन्त्र की दो इकाइयों के लिए 60 मीट्रिक टन यूरेनियम की आपूर्ति करने पर अपनी सहमति जताई। भारत ने रूस से यूरेनियम लेने का निर्णय कर यह संदेश दिया कि भले ही भारत ने अमरीका से असैन्य परमाणु समझौता कर रखा है किन्तु रणनीतिक जरूरतों के लिए भारत ने अपने विकल्प खुले रखे हैं और वह पूरी तरह अमरीका पर आश्रित नहीं है।

भारत-रूस परमाणु सहयोग (जनवरी, 2007)

अमेरिका के साथ असैन्य परमाणु ऊर्जा समझौते से आगे जाते हुए भारत ने कुडनकुलम में चार रिएक्टर बनाने के बारे में 25 जनवरी, 2007 को रूस से समझौता कर दोनों देशों के बीच परमाणु ऊर्जा के शांतिपूर्ण इस्तेमाल की दीर्घकालिक भागीदारी की ओर कदम बढ़ाए।

राष्ट्रपति पुतिन ने अपनी भारत यात्रा जनवरी, 2007 के दौरान कहा कि रूस असैन्य परमाणु ऊर्जा के बारे में परमाणु सामग्री आपूर्तिकर्ता देशों के समूह और अन्तर्राष्ट्रीय परमाणु ऊर्जा एजेंसी जैसे मैचों पर भारत का समर्थन करेगा।

रूसी राष्ट्रपति पुतिन गणतंत्र दिवस समारोह में मुख्य अतिथि (जनवरी, 2007)

राष्ट्रपति पुतिन 26 जनवरी, 2007 में दो दिन की भारत यात्रा पर आए। भारत के 58वें गणतंत्र दिवस पर नई दिल्ली में होने वाले राष्ट्रीय समारोह में मुख्य अतिथि के रूप में आमंत्रित थे। कुडनकुलम में परमाणु रिएक्टरों की स्थापना में रूस द्वारा सहयोग के अतिरिक्त दोनों देशों में आठ समझौतों पर हस्ताक्षर हुए।

उनमें रूस के ग्लोबल नेविगेशन सैटेलाइट सिस्टम के आंकड़ों को शेयर करने व यूथसेंट नाम के उपग्रह के संयुक्त प्रक्षेपण के समझौते शामिल हैं। दो अरब डॉलर के बहुलम्बित रूपी-रूबल डेब्ट एग्रीमेंट को सुलझाने के लिए भी दोनों देशों में समझौता हुआ। दोनों पक्षों ने 2010 तक द्विपक्षीय व्यापार को 10 अरब डॉलर तक करने के लिए कार्य योजना निर्धारित करने की भी सहमति प्रदान की।

डॉ. मनमोहन सिंह की रूस यात्रा (नवम्बर 2007)

प्रधानमन्त्री डॉ. मनमोहन सिंह ने 11–12 नवम्बर, 2007 तक मास्को की आधिकारिक यात्रा पर मास्को गये। इस यात्रा के दौरान अनेक दस्तावेजों पर हस्ताक्षर हुए जिनमें प्रभावी पदार्थों और इनके निर्माण में सहयोगी पदार्थों के अवैध व्यापार का सामना करने में सहयोग सम्बन्धी करार तथा भारतीय अन्तरिक्ष अनुसंधान संगठन और रूसी परिसंघ की फेडरल स्पेस एजेंसी के बीच करार प्रमुख हैं। इससे पूर्व भारत और रूस ने 24 से 27 अप्रैल, 2007 में जापान सागर में संयुक्त नौसैनिक अभ्यास किया और रूस के स्कोव क्षेत्र में 11 से 20 सितम्बर, 2007 तक भारतीय थलसेना एवं वायुसेना तथा रूसी वायुसेना की संयुक्त भागीदारी में आतंकवाद विरोधी अभ्यास किया गया।[20]

राष्ट्रपति दिमित्री मेदवेदेव की भारत–यात्रा (दिसम्बर, 2008)

रूसी महासंघ के राष्ट्रपति दिमित्री मेदवेदेव वार्षिक शिखर वार्ता के लिए 4 से 5 दिसम्बर, 2008 को भारत के राजकीय दौरे पर आये। उन्होंने भारत में 'रूस वर्ष' के समापन समारोह में हिस्सा लिया तथा दौरे के दौरान 9 अन्य प्रमुख दस्तावेजों पर हस्ताक्षर किए गए, इससे रूस भारत में अतिरिक्त नाभिकीय विद्युत संयंत्र इकाइयों के निर्माण में मदद को भी तैयार हुआ एवं इससे सम्बंधित समझौते पर भी हस्ताक्षर हुए। भारत में वर्ष 2008 में 'रूसी वर्ष' के दौरान संस्कृति, अर्थव्यवस्था व विज्ञान सहित विभिन्न क्षेत्रों में 140 समारोह आयोजित किए गए।[21]

प्रधानमंत्री डॉ. मनमोहन सिंह की रूस यात्रा (दिसम्बर, 2009)

7 दिसम्बर, 2009 को भारत के प्रधानमंत्री मास्को पहुंचे। प्रधानमंत्री डॉ. मनमोहन सिंह और रूसी राष्ट्रपति दमित्रि मेदवेदेव ने जिन समझौतों पर दस्तखत किये उनमें सबसे महत्वपूर्ण परमाणु ऊर्जा के शांतिपूर्ण उपयोग के लिए आपसी सहयोग का समझौता माना जाता है।

रूस ने वादा किया कि वह हमेशा भारत को परमाणु ईंधन देता रहेगा, तब भी जब ये दोतरफा समझौता खत्म हो जाता है। इसका मतलब है कि भारत को इस समझौते के परिशोधन और संवर्धन का अधिकार होगा। इस लिहाज से यह समझौता भारत के लिए भारत–अमेरिका परमाणु करार से भी ज्यादा लाभदायक एवं प्रासंगिक है। रूस का लाभ इस बात में है कि भारत परमाणु ऊर्जा और सैन्य उपकरणों का एक बड़ा खरीदार है जिसका बड़ा हिस्सा उसे मिल सकता है। सोवियत संघ के विघटन के बाद भारत की अमेरिका से नजदीकी ने रूस को परेशान किया था, इस

समझौते से दोनों देशो के मध्य नये सिरे से आपसी सम्बन्धों की शुरुआत हुई और परस्पर सहयोग एवं विश्वास की भावना भी बढ़ी।[22]

रूस के राष्ट्रपति मेदवेदेव की भारत यात्रा (दिसम्बर, 2010)

रूस के राष्ट्रपति ने 21 से 22 दिसम्बर, 2010 को भारत की यात्रा की। यात्रा के अन्त में जारी संयुक्त घोषणापत्र का शीर्षक है– "रूस–भारत की रणनीतिक साझेदारी के एक दशक पर उत्साह मनाना तथा अग्रिम दृष्टि।" जो दोनों देशों के रिश्तों के लिए काफी महत्वपूर्ण दस्तावेज है।

घोषणा पत्र के मुख्य बिन्दु इस प्रकार हैं :

- दोनों देशों के द्विपक्षीय व्यापार को 2015 तक बढ़ाकर 20 बिलियन डॉलर तक पहुंचाना।
- ऊर्जा के क्षेत्र में परस्पर लाभदायक सहयोग पर रूस ने भारत के कुडनकुलम में परमाणु संयन्त्र की दो इकाइयों को शीघ्र पूरा करने तथा वहीं पर दो नई इकाइयों की स्थापना पर विचार–विमर्श किया। ऊर्जा के क्षेत्र में सबसे महत्वपूर्ण समझौता भारत की तेल कम्पनी ओ.एन.जी.सी. तथा रूसी कम्पनी सिस्टेमा के बीच सम्पन्न हुआ, इसके अन्तर्गत तेल व गैस उत्पादन के क्षेत्र में संयुक्त प्रोजेक्ट चलाना शामिल है।
- दोनों देशों ने भारत में पांचवीं पीढ़ी के युद्धक विमानों के उत्पादन हेतु एक समझौते पर हस्ताक्षर किये जिसके अन्तर्गत 200 से 250 विमानों का निर्माण किया जायेगा तथा उन्हें तीसरी दुनिया के देशों को बेचा जायेगा।
- रूस के सहयोग से भारत में एक संयुक्त विज्ञान व तकनीकी केन्द्र की स्थापना करना जिसके द्वारा नई तकनीकों को विकसित करने हेतु विभिन्न कार्यक्रमों का संचालन किया जाएगा। इससे दोनों देशों को लाभ पहुचेगा।[23]

प्रधानमन्त्री डॉ. मनमोहन सिंह की रूस यात्रा (दिसम्बर, 2011)

भारत के प्रधानमन्त्री डॉ. मनमोहन सिंह ने दिसम्बर 2011 में रूस की यात्रा की। रूस के राष्ट्रपति दिमित्री मेदवेदेव से बातचीत के बाद संयुक्त पत्रकार वार्ता में प्रधानमंत्री डॉ. सिंह ने कहा कि रूसी सहयोग से भारत में बने कुडनकुलम परमाणु संयन्त्र की पहली और दूसरी यूनिट का काम काफी आगे बढ़ चुका है। पहली यूनिट कुछ सप्ताह में और इसके छह महीने बाद दूसरी यूनिट भी काम करना शुरू कर देगी।

भारत में संयंत्र की सुरक्षा चिन्ताओं को लेकर कई नागरिक समाज संगठन आन्दोलन कर रहे थे इस पर डॉ मनमोहन सिंह ने कहा कि, 'हमें यकीन है कि हम सभी समस्याओं एवं बाधाओ से पार पा लेंगे।' इस बयान के बावजूद भारत व रूस ने संयन्त्र की तीसरी-चौथी यूनिट के लिए समझौता नहीं किया। इसी समय दोनों देशो के मध्य रक्षा, स्वास्थ्य और शिक्षा के क्षेत्रों में द्विपक्षीय सहयोग के पांच समझौतों पर हस्ताक्षर किए गए। इन्हीं में से एक समझौते के अन्तर्गत रूस ने बयालीस सुखोई-30 विमान तथा एम.के.आई लड़ाकू विमानों के उत्पादन में भारत को तकनीकी सहयोग देने का आश्वासन दिया। इसके अतिरिक्त रूस 'नेरपा परमाणु पनडुब्बी' दस वर्ष के पट्टे पर भारत को देने के लिए तैयार हुआ। यह पनडुब्बी पानी के अन्दर महीनों तक रहने में सक्षम है। भारत में इसे 'आईएनएस चक्र' नाम दिया गया।[24]

भारत-रूस के मध्य मधुर संबंध एवं रणनीतिक भागीदारी दोनों राष्ट्रों के लिए हमेशा से ही सर्वोच्च प्राथमिकता का विषय रही है, यह भागीदारी पारस्परिक लाभ, वैश्विक शान्ति व स्थायित्व के महत्व पर आधारित है।

20 से 22 अक्टूबर, 2013 तक मॉस्को में आयोजित 14वीं वार्षिक भारत-रूस शिखरवार्ता द्विपक्षीय आदान-प्रदान को एक नई ऊंचाई देने वाली साबित हुई। इस वार्ता में अनेक द्विपक्षीय दस्तावेजों पर दोनों देशो द्वारा हस्ताक्षर किए गए। प्रधानमन्त्री डॉ. मनमोहन सिंह डरबन में पांचवीं ब्रिक्स शिखरवार्ता (मार्च, 2013) के समय राष्ट्रपति व्लादीमिर पुतिन से मिले उसके बाद सेंट पीटर्सबर्ग में जी-20 शिखरवार्ता (सितम्बर, 2013) के दौरान दोनों नेताओ के मध्य संक्षिप्त चर्चा हुई। अगले साल नई सरकार आने के बाद जुलाई, 2014 में छठी ब्रिक्स शिखर वार्ता के दौरान भारत के नवनिर्वाचित प्रधानमन्त्री श्री नरेन्द्र मोदी की राष्ट्रपति ब्लादिमीर पुतिन से संक्षिप्त वार्ता हुई।

राष्ट्रपति पुतिन की भारत यात्रा (दिसम्बर, 2014)

भारत के प्रधानमन्त्री श्री नरेन्द्र मोदी के निमन्त्रण पर रूस के राष्ट्रपति ब्लादिमीर पुतिन ने 11 दिसम्बर, 2014 को दोनों देशों की 15वीं शिखर सम्मेलन में भाग लेने के लिए भारत की सरकारी यात्रा की। राष्ट्रपति पुतिन क्रीमिया के प्रधानमन्त्री सर्गे अक्षेनोव के साथ भारत आये। यद्दपि पुतिन लगभग चौबीस घण्टे ही भारत में रुके परन्तु दोनों देशों के बीच बीस समझौते हुए। इस सम्मेलन में रूस ने पहली बार रक्षा प्रौद्योगिकी और रक्षा उद्योग के क्षेत्र में संयुक्त रूप से उत्पादन के लिए

अपनी सहमति दिखाई। इसके अतिरिक्त दोनों देश विज्ञान और प्रौद्योगिकी, उद्योग, उपकरणों, यूरेनियम खनन, परमाणु ईंधन की आपूर्ति, उपयोग किये गये ईंधन के प्रबन्धन और परमाणु ईंधन के चक्र के अन्य पहलुओं में सहयोग का विस्तार करने के लिए राजी हुए।[25] भारत और रूस नवीकरणीय ऊर्जा के विकास और उसके कुशल उपयोग में भी एक-दूसरे को सहयोग करेंगे। दोनों देशों द्वारा जारी किये गये संयुक्त वक्तव्य में सुरक्षा परिषद् की उभरती चुनौतियों से निपटने के लिए एवं उसे अधिक प्रतिनिधित्वपूर्ण और कारगर बनाने के लिए ठोस कदम उठाने का संकल्प दोहराया।

प्रधानमन्त्री नरेन्द्र मोदी की रूस यात्रा (दिसम्बर, 2015)

भारतीय प्रधानमन्त्री श्री नरेन्द्र मोदी की भारत-रूस 16वीं वार्षिक शिखर सम्मेलन के लिए रूस यात्रा के दौरान (23-24 दिसम्बर, 2015) दोनों देशों के बीच परमाणु और रक्षा सहित विभिन्न क्षेत्रों में सहयोग को बढ़ाने के लिए कुल 16 समझौतों पर हस्ताक्षर हुए। भारत में 'मेक इन इंडिया' के अंतर्गत कामोव 226 हैलीकॉप्टर बनाने पर एक समझौता हुआ, जिसमें भारत की स्थानीय कम्पनियों की सहभागिता सुनिश्चित की गई। दोनों देशो ने संयुक्त बयान जारी कर कहा कि भारत और रूस अगले दो दशकों में संयुक्त सहयोग से भारत में 12 परमाणु रिएक्टर बनायेंगे।

इसके अतिरिक्त कुछ अन्य क्षेत्रों में हुए प्रमुख समझौते हैं जो दोनों देशों के सामरिक महत्व को ओर प्रबल करते हैं, उदहारणस्वरुप दोनों देशों के नागरिकों और राजनयिक पासपोर्ट रखने वालों व्यक्तियों की आवाजाही के लिए कुछ श्रेणियों में नियम कायदों को सरल बनाया गया है, कस्टम मामलों एवं रेलवे सेक्टर में तकनीकी सहयोग पर बल दिया गया, भारत में सौर ऊर्जा प्लांट लगाने और ब्रॉडकास्टिंग के क्षेत्र में सहयोग पर एमओयू (Memorandum of Understanding) और रूस में तेल खनन को लेकर भी महत्वपूर्ण समझौता हुआ।[26]

क्या भारत और रूस के मध्य संबंध दरक रहे हैं? भारत रूस संबंध की वर्तमान स्थिति

इस विवाद को समझने के लिए रूस के अतिरिक्त चीन और पाकिस्तान की स्थिति एवं महत्ता को समझना अनिवार्य है।

चीन

हाल के वर्षों में चीन भारत के लिए कोई ना कोई चिंता की स्थिति उत्पन्न कर रहा है। दोनों देश आपस में विवादित सीमा रेखा साझा करते हैं, और चीन अरुणाचल प्रदेश, नार्थ ईस्ट के कुछ राज्यों पर अपना दावा रखता है, इसके अतिरिक्त भारत का एक बड़ा भू:भाग चीन के कब्जे में है, कुल मिलाकर भारत और चीन के मध्य सीमा विवाद काफी पुराना है और समय समय पर चीन भारत के लिए संकट की स्थिति उत्पन्न करता रहता है। अभी हाल में हुआ डोकलाम विवाद एक बड़े सैनिक संघर्ष में बदलने से रह गया। इसके अतिरिक्त चीन का पाकिस्तान में लगातार बढ़ता निवेश एवं पकिस्तान को समर्थन भारत के लिए सरदर्द का कारण बनता जा रहा है। चीन आज भारत से लगभग चार गुनी बड़ी अर्थव्यवस्था बन चुका है और उसका रक्षा बजट भी भारत से लगभग तीन गुना ज्यादा है। हालाकिं चीन और भारत के बीच एक मज़बूत आर्थिक संबंध हैं पर ये सम्बन्ध संदेह से भरे हुए हैं। भारत में समय समय पर चीनी सामानों के बहिष्कार की वकालत की जाती है, किन्तु चीनी सामानों का पूर्णतया बहिष्कार सम्भव नहीं है, ये तथ्य चीन और भारत के आर्थिक संबंधों को बयान करते हैं।

इसी बीच पिछले कुछ वर्षों में भारत और अमेरिका एक दूसरे के करीब आये हैं। अमेरिका भारत के लिए सुरक्षा परिषद और और न्यूक्लिअर सप्लायर ग्रुप (एनएसजी) में पूर्ण सदस्यता की वकालत करता रहा है, लेकिन चीन हर तरीके से इस सदस्यता का विरोध करता आया है।

वही दूसरी तरफ रूस धीरे धीरे चीन के नजदीक जा रहा है और चीन–रूस के मज़बूत होते संबंध भारत के लिए सामरिक दृष्टिकोण से अच्छे संकेत नहीं हैं।

रूस की पाकिस्तान से बढ़ती करीबी

शीत युद्ध में प्रतिद्वंदी रहे रूस और पाकिस्तान के बीच जो दूरियाँ थी, (जिसमें अमेरिका का पाकिस्तान को समर्थन प्रमुख कारण था), आज वो दूरियाँ कम होती दिख रही हैं। इसी वर्ष (अक्टूबर 2018) पाकिस्तान के विदेश मंत्री ख्वाजा आसिफ़ ने रूस के विदेश मंत्री के निमंत्रण पर चार दिवसीय दौरा किया। इस घटनाक्रम को ज़ाहिर तौर पर भारत सरकार ने सकारात्मक रूप से नहीं देखा। इसके अतिरिक्त सन 2015 में पहली बार रूस ने पाकिस्तान से सैन्य करार के अंतर्गत चार उन्नत रुसी लड़ाकू हेलिकॉप्टर डप–35 बेचे और दोनों देशों के बीच सैन्य अभ्यास को लेकर भी समझौता हुआ। भारत के लिए बड़ी चिंता की बात जहाँ

उसका एक पुराना भरोसमंद सहयोगी, मित्र देश उसके शत्रु माने जाने वाले देशों के नजदीक जा रहा है।[27]

रूस की भारत से बढ़ती दूरियां

जहाँ रूस ने पाकिस्तान और चीन के साथ अपने संबंध मजबूत किये हैं वहीं दूसरी तरफ भारत हाल के कुछ वर्षो में नये मित्रों की तलाश में है जिनमे अमेरिका, जापान, ऑस्ट्रेलिया, इजराइल इत्यादि प्रमुख हैं। भारत ने इन देशो के साथ मिलकर भारतीय महासागर और प्रशांत क्षेत्र में अपनी मौजूदगी बढ़ाई है। भारतीय प्रधानमंत्री भी इन देशों में कई बार जा चुके हैं ताकि एक सशक्त मित्र बनाया जा सके और रूस पर हथियारों एवं तकनीकी निर्भरता को भी कम किया जा सके। फ्रांस के साथ राफेल विमान का सौदा एवं कुछ पनडुब्बियों का खरीदा जाना भारत की इसी नीति का परिणाम है। दूसरी तरफ भारत ने जापान के साथ बेहद मज़बूत संबंध बना लिए हैं, ये इस बात का संकेत है कि भारत अमरीका के नेतृत्व वाले गठबंधन की तरफ़ झुका है और रूस से दूरियाँ बढ़ रही हैं। उधर रूस भी अफगानिस्तान की सामरिक महत्ता की वजह से पाकिस्तान की तरफ झुका है और उसे भी हथियारों एवं रूसी तकनीक खरीदने वाला एक नया देश मिल रहा है, अमेरिका की पाकिस्तान से बढ़ती दूरियाँ भी पाकिस्तान एवं रूस को नजदीक ला रहीं हैं।

इन सबके बावजूद 2012 से 2016 के बीच भारत का 68 प्रतिशत व्यापार रूस से किया गया जो अमरीका के साथ किये 14 प्रतिशत और इसराइल के 8 प्रतिशत से कहीं ज्यादा है। भारत को रूस के साथ दोस्ती से कई बड़े एवं महत्वपूर्ण लाभ हुए हैं, जिनमें परमाणु पनडुब्बी की सप्लाई हो, ब्रह्मोस जैसी उन्नत तकनीक की मिसाइल का साझा विकास इत्यादि। रूस भारत के साथ हर मुश्किल दौर में खड़ा भी रहा है और रूस को भी भारत जैसा बड़ा हथियारों का बाजार खोने से नुक्सान होगा। भारत रूस से अभी भी दोगुनी बड़ी अर्थव्यवस्था है और रूस खुद भारत जैसे खरीदार को खोना नहीं चाहेगा खासतौर से उस दौर में जब आत्मनिर्भर होता चीन रूस से हथियारों का आयात कम कर रहा है और कच्चे तेल के अंतर्राष्ट्रीय बाजार में गिरते दाम रूस की आर्थिक स्थिति के लिए अच्छे संकेत नहीं दे रहे। वहीं दूसरी ओर भारत अपने नये मित्रों पर संकट की घड़ी में समर्थन का भरोसा नहीं कर सकता, रूस आज भी भारत के साथ ज्यादा मजबूती से खड़ा नजर आता है। अतः दोनों देशों को अपने इतिहास को देखते हुए एक साथ खड़े रहने की जरूरत है, आपसी विश्वास को और मजबूत करने की जरूरत है।

संदर्भ

1. Panorama of Russia, "Russian Federation", UNESCO. Accessed Via: http://www.unesco.ru/en/?module=pages & action=view&id=1. Dated: 12/09/2018.
2. Lo, Bobo (2000) Russian Foreign Policy in Post Soviet Era: Reality, Illusion and Mythmaking (London: Palgrave. Macmillan). pp. 12-39.
3. MEA Library (1998-1999), "Annual Reports: 1998-1999", Ministry of External Affairs, Government of India. Accessed Via: https://mealib.nic.in/?1562?000. Dated. 18/9/2018.
4. Gidadhubli, R. G. (1999), "India-Russia Economic Relations: Issues and Prospects," *Economic and Political Weekly* Vol. 34, No. 20 (May 15-21), pp. 1215-1219-
5. Summary of World Broadcast, 13 May 1992, p. SU/1379-A3/3.
6. Verma, S.N, "Russia and India: From Hiatus to Resurrection", *Strategic Analysis*, vol. 18, no. 4, July 1995, p. 573- see also, Hazarika, Sanjoy (1993), "Despite US, Yeltsin Backs Rocket deal with India,"The New York Times (January. 30. 1993). Accessed Via: https://www.nytimes.com/1993/01/30/world/despite-us-yeltsin-backs-rocket-deal-with-india.html. Dated. 27/9/2018.
7. Ibid
8. Ibid
9. Ibid
10. Ibid
11. Dasgupta, Sunil (1994), "Narasimha Rao's Visit to Russia Removes Bottlenecks in Defence, Strategic and Trade Ties," *India Today* (July 31). Accessed Via: https://www.indiatoday.in/magazine/special-report/story/19940731-narasimha-raos-visit-to-russia-removes-bottlenecks-in-defence-strategic-and-trade-ties-809444-1994-07-31. Dated. 10.10. 2018.
12. Ibid
13. The Hindu (2000), "The Sukhoi Deal and After," Saturday December. 30. Accessed Via: https://www.thehindu.com/thehindu/2000/12/30/stories/05302511.htm. Dated. 12.10.2018.

14. "Russia Promises not to supply arms to Pakistan", Rediff on the Net. Accessed Via: http://www.rediff.com/news/mar/27russia.htm. Dated. 13.10.2018.
15. Ibid
16. Clary, Christopher (2012), "What might an India-Pakistan War look Like? MIT Centre for International Studies (Spring). Accessed Via: https://cis.mit.edu/publications/newsletter/what-might-india-pakistan-war-look. Dated. 16.10.2018.
17. Bindra, Satinder (2000), "Defense to Dominate Putin's Indian Tour," CNN.COM (October. 2). Accessed Via: http://edition.cnn.com/2000/ASIANOW/south/10/02/putin.india/index.html. Dated. 19.10.2018
18. Basu, Baidya Bikash (2002), "Business as Usual: Prime Minister Vajpayee's Visit to Russia, "*Strategic Analysis* Vol. 26. Issue.1. pp. 164-69.
19. "India-Russia Joint Statement on the outcome of the Official Visit of Prime Minister Dr. Manmohan Singh to the Russian Federation," (2005). Ministry of External Affairs : Government of India (December 5). Accessed ia: https://mea.gov.in/bilateral-documents.htm?dtl/7105/India Russia+Joint+Statement+on+the+outcome+of+the+Official+Visit+of+Prime+Minister+Dr+Manmohan+Singh+to+the+Russian+Federation. Dated. 24.10.2018.
20. "On the visit of Prime Minister to Russia (11-12 November, 2007)," Ministry of External Affairs. Government of India (November 6. 2007). Accessed Via: https://www.mea.gov.in/press-releases.htm?dtl/3535/On+the+visit+of+Prime+Minister+to+Russia+1112+November+2007. Dated. 25.10.2018.
21. Mohanty, Arun (2008), "Medvedev Visit to India: A Significant Indo-Russia Summit," Mainstream Weekly Vol. XLVII, No. 1. December. 20. Accessed Via: https://mainstreamweekly.net/article1090.html. Dated. 27.10.2018.
22. Mohanty, Arun (2009), "Indo-Russian Strategic Partnership Enters New Stage," Mainstream Vol. XLVII. No. 52. December 12.Accessed Via: http://www.mainstreamweekly.net/article1834.html. Dated. 29.10.2018.

23. Kaul, Ajay (2011), "Manmohan, Medvedev Discuss Indo-Russian Ties, Global Situation," Live Mint (Wednesday: April. 2011). Accessed Via: https://www.livemint.com/Politics/dnPZD9MjhzASFO68TiEkkJ/Manmohan-Medvedev-discuss-IndoRussia-ties-global-situatio.html. Dated. 30.10.2018.
24. The Summary of Manmohan Singh's 3-Day Visit to Russia (2011) Russia Beyond (December 2011). Accessed Via: https://www.rbth.com/articles/2011/12/19/the_summary_of_manmohan_singhs_3-day_visit_to_russia_14034. Dated. 2.11.2018.
25. "Joint Statement on the Visit of Russian President Vladimir Putin to India: Full Text," (2014). NDTV. (December 11). Accessed Via: https://www.ndtv.com/india-news/joint-statement-on-the-visit-of-russian-president-vladimir-putin-to-india-full-text-711688. Dated. 5.11.2018.
26. Pandey, Surabhi (2016), "India-Russia Joint Statement After PM Narendra Modi Meets President Vladimir Putin," NDTV (October 15).Accessed Via: https://www.ndtv.com/india-news/full-text-india-russia-joint-statement-after-pm-narendra-modi-meets-president-vladimir-putin-1474578. Dated. 5.11.2018.
27. Kakkar, Harsh (2018), "Is Russia-China-Pak Axis Becoming a Reality," Observer Researcher Foundation (April.4). Accessed Via: https://www.orfonline.org/expert-speak/is-russia-china-pak-axis-becoming-a-reality/. Dated. 3.11.2018.

• • •

14

भारत-अमेरिका सम्बन्ध: समीक्षात्मक अध्ययन

अजीत कुमार *

भूमिका

सरकार का काम नीतियों और निर्णयों को बनाना है। इस नीति और निर्णय को दो वर्गों में बांटा जाता है— घरेलू नीति और विदेश नीति। हालांकि अब यह विभाजन अस्पष्ट है क्योंकि, क्या घरेलू है और क्या विदेशी, इसका निर्णय करना थोड़ा मुश्किल हो गया है? घरेलू वस्तुओं पर विदेशी प्रभाव पड़ रहा है और विदेशी वस्तुओं पर घरेलू प्रभाव। आज हम जिस वैश्वीकरण की दुनिया में रह रहे हैं, उसमें कोई भी देश अकेला नहीं रह सकता है। Information and Comminication Technology (ICT) के कारण सभी राष्ट्र किसी-न-किसी रूप में एक-दूसरे पर निर्भर है, खासकर अर्थव्यवस्थाएं एक दूसरे से जुड़ गई हैं। उन्हें या तो दूसरे राष्ट्रों से कुछ मंगवाना पड़ता है या दूसरे देशों को कुछ भेजना। ऐसे में हर देश को दूसरे देशों के साथ संबंध बनाने पड़ते हैं, और यह संबंध कुछ सिद्धांतों एवं उद्देश्यों के आधार पर होता है। दूसरे शब्दों में, अंतर्राष्ट्रीय जगत में एक राज्य दूसरे राज्यों के साथ व्यवहार करता है तो वो कुछ नीतियों के आधार पर होता है, जिसे विदेश नीति कहते है। प्रो. ए.अप्पादोराय के शब्दों में "विदेश नीति उन सिद्धांतों, लक्ष्यों और उद्देश्यों का समूह है, जिसके माध्यम से कोई देश अपने राष्ट्रीय हितों की पूर्ति करता है।" विदेश नीति के विशेषज्ञ मोडेक्सी के अनुसार "विदेश नीति देश के अंदर और देश के बाहर कार्यरत शक्तियों के बीच अंतत: क्रिया है।" ब्रिटेन के पूर्व विदेश मंत्री लार्ड पामर्सटन (Lord Palmerston) ने सौ वर्ष पूर्व कहा था कि "हमारे कोई स्थाई मित्र नहीं हैं और न ही कोई स्थाई शत्रु हैं। केवल हमारे राष्ट्रीय हित स्थाई है और उन हितों का पालन करना ही हमारा कर्तव्य है।"

---

* Assistant Professor, Motilal Evening College, Delhi University

इस प्रकार, विदेश नीति के आधार पर ही 'अंतर्राष्ट्रीय सम्बन्धों' का संचालन होता है। प्रत्येक देश सर्वप्रथम यह निर्धारित करता है कि उसके राष्ट्रीय हित क्या है, तथा यह भी तय करता है कि अन्य देशों के साथ अपने सम्बन्धों के संचालन से क्या उपलब्ध करना चाहता है? यह अंतर्राष्ट्रीय संबंध राष्ट्रीय हितों, सिद्धान्तों एवं उद्देश्यों का एक जोड़ होता है, जिसका प्रत्येक देश अन्य देशों के साथ अपने सम्बन्धों को संचालित करने हेतु प्रतिपादन करता है, जो कि एक बहुत ही जटिल प्रक्रिया है, जिनको नीतिकार कूटनीतिक साधनों के माध्यम से राष्ट्रीय हितों की रक्षा करने का प्रयास करता है। जिससे कि उनके राष्ट्र की आंतरिक एवं बाह्य सुरक्षा ही सुनिश्चित न हो, बल्कि आर्थिक, सामाजिक, सांस्कृतिक, शैक्षणिक, प्रौधोगिकी आदि को भी बढ़ावा मिले। सबसे महत्वपूर्ण बात यह है कि यह संबंध कुछ दिनों में नहीं बल्कि वर्षों के बनाये गये सम्बन्धों के परिणाम होते हैं, जिस पर उस देश के इतिहास, भूगोल, सामाजिक-आर्थिक व्यवस्था, आर्थिक और सैनिक सामर्थ्य तथा अंतर्राष्ट्रीय परिवेश का प्रभाव होता है। भारत-अमेरिका की जनता भी इस विश्वास पर कार्य करने का प्रयत्न करती है कि उनकी विदेश नीति विश्व-शांति राजनीति की यथार्थताओं पर निर्भर ही नहीं है, बल्कि कुछ नैतिक सिद्धांत और आदर्शों पर आधारित है। वे स्वयं को स्वतंत्रता और लोकतंत्र का रक्षक मानते है। उनका विश्वास है कि "सदाचारिता राष्ट्र को महान बनाती है।" इन्हीं उपरोक्त आलोक के संदर्भ में भारत व अमेरिका के बीच सम्बन्धों को आगे स्पष्ट किया जायेगा।

भारत-अमेरिका सम्बन्धों का इतिहास

विश्व के दो सबसे बड़े प्रजातांत्रिक देशों— भारत और अमेरिका के बीच संबंध उतार-चढ़ाव भरा रहा है। शीतयुद्ध के दौरान दक्षिण एशिया का क्षेत्र अमेरिका के सामरिक हितों के दृष्टिकोण से उतना महत्वपूर्ण नहीं था, जितना कि शीतयुद्ध के बाद हो गया। स्वतंत्रता के पश्चात् भारत आधिकारिक तौर पर एक गुटनिरपेक्ष देश था, जो कि अमेरिका को भारत का यह दृष्टिकोण बिल्कुल पसंद नहीं था। हालांकि भारत की आज़ादी के समय से ही अमेरिका भारत के साथ अपने रिश्ते बनाने का प्रयास कर रहा था, इसका कारण यह था कि भारत ने लोकतान्त्रिक शासन प्रणाली की स्थापना की थी, जिसका अमेरिका प्रांरभ से ही समर्थक था। भारत के प्रधानमंत्री जवाहरलाल नेहरू की स्वभाविक रूचि भी पश्चिमी देशों के साथ मैत्रीपूर्ण सम्बन्धों में थी, परंतु भारत द्वारा चीन को मान्यता देने व गुटनिरपेक्षता की नीति का अनुशरण करना ऐसे कुछ और तथ्य हुए जिनसे अमेरिका नाराज सा हो

गया। इसी तरह यू.एस.एस.आर. के साथ भारत के अच्छे रिश्तों को भी अमेरिका पचा नहीं पा रहा था, परंतु भारत को नकार भी नहीं सकता था, यही वजह थी कि 1962 के भारत-चीन युद्ध के समय अमेरिका ने बिना शर्त व दबाब के सैन्य सहायता उपलब्ध करवाई और अपना जहाजी बेड़ा भी भारत के सहायतार्थ बंगाल की खाड़ी में भेजा था। इस प्रकार यह सत्य है कि प्रत्यक्ष रूप से भारत-अमेरिका सम्बन्धों में अधिक तनाव नहीं उभरा, बल्कि अप्रत्यक्ष रूप से दोनों देशों का मनमुटाव किन्हीं मुद्दों पर बना रहा।

प्रारंभ से अब तक भारत-अमेरिका सम्बन्धों की समीक्षा

शुरूआती काल में भारत-अमेरिका के बीच विचारधारात्मक मतभेद था। स्वतंत्र भारत के प्रथम प्रधानमंत्री पंडित जवाहरलाल नेहरू (1947-1964) ने अक्टूबर-नवम्बर, 1949 को अमेरिका की यात्रा की। उनकी यह प्रथम अमेरिकी यात्रा थी। नेहरू ने अमेरिका के राष्ट्रपति हैरी एस ट्रूमैन (1945-1953) को स्पष्ट शब्दों में कह दिया था कि भारतीय उपमहाद्वीप की स्थिरता के लिए धर्म के आधार पर कश्मीर में जनमत-संग्रह करवाना खतरनाक (Disastrous) होगा। कश्मीर के अलावा भारत व अमेरिका के बीच अन्य मुद्दों जैसे— फिलिस्तीन, इजराइल का निर्माण, हिंदेशिया (Indo-Chino) को लेकर दोनों देशों के नजरियों में तीखे मतभेद थे। अमेरिकी निगाहों में नेहरू की अमेरिकी विरोधी सामाजिक अभिनीतियों एवं पूंजीवाद के प्रति रोष का स्वर मिश्रित था। अमेरिकी नीतिकारों को भारत की गुट-निरपेक्ष नीति से चीढ़ थी। ड्वाइट डेविड आइजनहावर प्रशासन (1953-1961) में विदेशमंत्री जॉन फास्टर डलेस (John Foster Dulles) ने गुटनिरपेक्ष नीति को 'अनैतिक नीति' की संज्ञा दी थी। अमेरिकी नीतिकारों ने नेहरू के उस प्रस्ताव को ठुकरा दिया जिसके अंतर्गत नेहरू चाहते थे कि पश्चिमी जगत सोवियत संघ से व्यवहार करने एवं साम्यवादी चीन को मान्यता देने के संबंध में तर्कसंगत (Reasonable) हो। इसके अतिरिक्त विदेश नीति के मामलों में नेहरू के मुख्य सलाहकार कृष्ण मेनन के संयुक्त राष्ट्र में अमेरिका के प्रति तीखे रवैये के कारण अमेरिका के भारत के साथ संबंध तनावपूर्ण रहा। हालांकि इसी समय भारत ने राष्ट्रपति ट्रूमैन से खाद्य-सहायता की अपील की। दिसम्बर 1950 को अमेरिका में भारतीय राजदूत विजयलक्ष्मी पंडित ने अमेरिका से 2 मिलियन टन गेंहूँ की सहायता देने का अनुरोध किया। 15 जून, 1951 को राष्ट्रपति ट्रूमैन ने उस कानून पर हस्ताक्षर किये जिसके अंतर्गत भारत को अमेरिकी खाद्य-सहायता दी गई। कुल मिलाकर ट्रूमैन के कार्यकाल में भारत-अमेरिका संबंध मिला जुला रहा।

ट्रूमैन के बाद अमेरिका का राष्ट्रपति आइजनहावर (1953-1961) बना। उन्होंने पाकिस्तान को बड़े पैमाने पर सैनिक सहायता के रूप में आधुनिक F-104 लड़ाकू विमान, अमेरिकी नेतृत्व में स्थापित सैन्य संगठनों सीटो (1954) एवं सेंटो (1955) का सदस्य, कश्मीर के मुद्दे पर पाकिस्तान के पक्ष में जनमत-संग्रह को प्रबल समर्थन दिया। वही भारत ने भी सोवियत संघ रूस से अपनी नजदीकी की शुरुआत, वियतनाम, कोरिया व चीन के मामलों में अमेरिका के विपरीत भारतीय समर्थन व भारत द्वारा समाजवाद के माध्यम से आर्थिक विकास आदि प्रमुख मुद्दे के कारण भारत-अमेरिका के सम्बन्धों में गहरी दरारें पड़ गई।

आइजनहावर के बाद जान एफ. केनेडी (1961-1963) अमेरिका के 35वे राष्ट्रपति बने। उन्होंने भारत के प्रति सकारात्मक, मैत्रीपूर्ण व सहानुभूतिपूर्ण नीति को अपनाया। कैनेडी प्रशासन ने भारत को रिकॉर्ड स्तर पर आर्थिक मदद प्रदान की। अप्रैल, 1961 की 'Aid India Consortium' की बैठक में अमेरिका ने 1 बिलियन अमेरिकी डॉलर की सहायता का वचन दिया। नेहरू ने इसके लिए कैनेडी को इन शब्दों में धन्यवाद दिया "अमेरिका द्वारा दी गई उदारवादी सहायता ने हमारे मुश्किल काम को आसान कर दिया है। हम अमेरिकी लोगों एवं विशेषकर आप श्रीमान राष्ट्रपति के प्रति बहुत आभारी है।" आर्थिक सहायता के अतिरिक्त कैनेडी प्रशासन ने चीन द्वारा भारत पर थोपे गए 1962 के युद्ध के दौरान नेहरू की अपील पर तुरंत ही सैनिक सहायता, रेडार, मालवाहक जहाज उपलब्ध करवाये जिसके फलस्वरूप चीन ने दुबारा हमला करने का साहस नहीं किया, और युद्ध विराम की घोषणा कर दी।

राष्ट्रपति कैनेडी की नवम्बर, 1963 में हत्या के बाद उपराष्ट्रपति लिंडन बेंस जॉनसन (1963-1969) अमेरिका के राष्ट्रपति बने। उनकी भारत के प्रति नकारात्मक नीति थी। उन्होंने भारत में 1966 में पड़े अकाल का राजनीतिक लाभ उठाने का प्रयास किया। भारत को उस समय अमेरिकी खाधान्न की सख्त जरूरत थी, परंतु राष्ट्रपति जॉनसन ने अपने अधिकारियों को विशेष निर्देश दिया कि वे गेहूं की रवानगी में देरी करे। इसके पीछे एक प्रमुख कारण प्रधानमंत्री इंदिरा गाँधी द्वारा अमेरिका की वियतनाम नीति की घोर निंदा करना और अमेरिका को साम्राज्यवादी शक्ति की संज्ञा देना था। जॉनसन के बाद रिचर्ड मिल्हौस निक्सन (1969-1974) अमेरिका के राष्ट्रपति बने उनकी भी भारत के प्रति घृणा की नीति ही रही। दिसम्बर, 1971 के भारत-पाकिस्तान युद्ध में अमेरिका ने पाकिस्तान के प्रति 'भारी झुकाव'

की नीति को अपनाया जिसके कारण भारत-अमेरिका का संबंध निम्नतम स्तर पर पहुँच गया था। इसका प्रमाण यह है कि निक्सन के कार्यकाल में विदेश मंत्री रहे हेनरी किसिंजर अपनी पुस्तक 'The White House Years (1979)' में लिखते है कि राष्ट्रपति निक्सन ने उन्हें अनेक बार निर्देश दिये कि वे भारत के प्रति कठोर नीति अपनाए। हालांकि फिर भी निक्सन पाकिस्तान का विभाजन रोक नहीं पाए।

वॉटरगेट कांड (Watergate Scandal) को लेकर राष्ट्रपति निक्सन ने इस्तीफा दे दिया अन्यथा इन पर महाभियोग चलाया जाता। उनके स्थान पर उपराष्ट्रपति गेराल्ड रुडोल्फ फोर्ड जूनियर (1974-1977) अमेरिका के राष्ट्रपति बने। फोर्ड प्रशासन के दौरान भी दोनों देशों के सम्बन्धों में कोई विशेष सुधार नहीं हुआ। क्योंकि इस समय भारत में आपातकाल लागू था, जो कि अमेरिका की निगाह में लोकतंत्र के लिए बहुत बड़ा धक्का था। साथ ही फोर्ड प्रशासन ने निक्सन प्रशासन के विदेश मंत्री हेनरी किसिंजर द्वारा निर्मित अमेरिकी विदेश नीति को ही जारी रखा जो कि भारत के हित में नहीं था। कुल मिलाकर फोर्ड के कार्यकाल में दोनों देशों के सम्बन्धों में खटास ही रहा।

20 जनवरी, 1977 को जिम्मी कार्टर (1977-1981) राष्ट्रपति बने। भारत को अमेरिकी राष्ट्रपति कार्टर से बहुत उम्मीदे थी, कि उनके प्रशासन में दोनों देशों के मध्य संबंधो में प्रगाढ़ता आयेगी। भारत में अमेरिकी राजदूत गोहीन (Goheen) ने कार्टर की भारत यात्रा के बारे में कहाँ कि, "भूतकाल में दोनों देशों के बीच में जो भी तनाव थे उन्हें दूर कर लिया गया है एवं अब बेहतर सम्बन्धों, बेहतर पारस्परिक सम्मान एवं विश्वास का माहौल तैयार हो चुका है।" उसके बाद राष्ट्रपति कार्टर 1978 के नववर्ष पर 1 जनवरी को भारत की यात्रा के लिए नई दिल्ली पहुंचे। उन्होंने नव वर्ष भारत में मनाते हुए इस बात का संकेत दिया कि अब दोनों देशों के बीच मैत्री व सहयोग में एक नये युग की शुरुआत होगी। यह महत्वपूर्ण इसलिए भी था क्योंकि कार्टर अमेरिका के तीसरे राष्ट्रपति थे, जिन्होंने भारत की यात्रा की। इस यात्रा के दौरान राष्ट्रपति कार्टर एवं भारतीय प्रधानमन्त्री देसाई ने 'दिल्ली घोषणा पत्र' जारी किया, जिसका विशिष्ट महत्व था क्योंकि सामान्यतः संयुक्त विज्ञप्ति ही जारी की जाती है। दोनों नेताओं ने लोकतंत्र, आर्थिक विकास का समर्थन एवं युद्ध के विरोध की प्रतिबद्धता जताया। इस यात्रा से भारत-अमेरिका रिश्तों में व्यापक सुधार आया। राष्ट्रपति कार्टर ने भारत को दी जाने वाली अमेरिकी सहायता की पुनः

शुरुआत की। इसके बाद भारत के प्रधानमन्त्री मोराजी देसाई ने भी जून, 1978 को अमेरिका की यात्रा की। इधर इंदिरा गाँधी के 1980 में दुबारा सत्ता में आने के बाद भारत की सोवियत संघ के प्रति झुकाव व राष्ट्रपति कार्टर द्वारा 23 जनवरी, 1980 को 'कार्टर सिद्धांत' की घोषणा एवं पाकिस्तान को + 400 मिलियन की सहायता की घोषणा से भारत–अमेरिका सम्बन्धों में कड़वाहट का माहौल पैदा हो गया। इस प्रकार कार्टर प्रशासन के चार वर्ष की अवधि के दौरान भारत–अमेरिका संबंध में कोई बहुत बड़ा परिवर्तन नहीं आया।

कार्टर के बाद अमेरिका के राष्ट्रपति रोनाल्ड विल्सन रीगन (1981–1989) बने। इधर भारत में राजीव गाँधी ने प्रधानमन्त्री बनते ही सात महीने के अंदर अमेरिका की यात्रा की। वे भारत की विदेश नीति को अपने पूर्ववर्तीयों की तुलना में संवेदनाओं को पीछे रख कर अधिक व्यवहारिक तरीके से नई दिशा में ले जाना चाहते थे। इंदिरा गाँधी की विदेश नीति से हटकर रूस की जगह उनकी दिलचस्पी अमेरिका के साथ सम्बन्धों को बेहतर बनाने में थी। उस वक्त के रक्षामंत्री नरसिंह राव को अमेरिका के दौरे पर साथ ले जाना भी यह संकेत दे रहा था कि वह अमेरिका के साथ अपने सैन्य सम्बन्धों को आगे ले जाना चाह रहे थे। राजीव गाँधी के कार्यकाल में भारत–अमेरिका संबंध काफी सामान्य प्रतीत हुए, इसका कारण अंतर्राष्ट्रीय जगत में महत्वपूर्ण परिवर्तन था।

शीतयुद्ध के पश्चात् विलियन क्लिंटन (1993–2001) अमेरिका के प्रथम डेमोक्रेटिक पार्टी के नेता थे जिन्होंने 20 जनवरी, 1993 को व्हाइट हॉउस में प्रवेश किया, जिससे भारत को पुनः आकांक्षाएं व उम्मीदे बंध गई कि भारत–अमेरिका के बीच सम्बन्धों का एक नया अध्याय शुरू होगा। यधपि किकलिगटर प्रस्तावों (Kickleigater Proposals) द्वारा दोनों देशों के मध्य प्रतिरक्षा सहयोग की शुरुआत हुई जिसके अंतर्गत दोनों देशों के बीच नौसैनिक अभ्यास, 1992–1996 के दौरान नियमित रूप से हुए। इसके आलावा सैनिक–सूचनाओं का आदान–प्रदान, सैनिक अधिकारियों के मध्य बैठके, संगोष्ठियाँ आदि जारी रही। लेकिन भारत द्वारा मई, 1998 में परमाणु परीक्षणों के कारण अमेरिका ने प्रतिरक्षा सम्बन्धी उपकरणों एवं तकनीक भारत को हस्तांतरण करने पर प्रतिबन्ध लगा दिया। यही नहीं दोहरे प्रयोग की तकनीकी के हस्तांतरण पर भी प्रतिबन्ध लगा दिया।

मई 1998 के पोखरण–2 परमाणु विस्फोट के बाद अमेरिका द्वारा भारत के खिलाफ लगाये गये प्रतिबंधों के बाद दोनों देशों के बीच सम्बन्धों में सुधार की

पुन: एक दौर की शुरुआत हुई। इसी क्रम में मार्च, 2000 को अमेरिकी राष्ट्रपति बिल क्लिंटन पांच दिवसीय भारत-यात्रा पर आये। 22 वर्षों के अन्तराल के बाद कोई अमेरिकी राष्ट्रपति भारत आया था। इस दौरान उन्होंने एक 'दृष्टि पेपर' (Vision Paper) जारी किया, जिसमें निम्न बातें मुख्य हैं–

1. स्वच्छ ऊर्जा एवं पर्यावरण पर एक संयुक्त परामर्श समूह (Joint Consultations Group) की स्थापना पर सहमती;
2. भारत-अमेरिका विज्ञान एवं प्रौधोगिकी मंच की स्थापना पर सहमति;
3. व्यापार से संबंधित अमेरिकी-भारत कार्यदल (Working Group) के अंतर्गत व्यापार नीति एवं सहयोग में अभिवृद्धि के लिए नियमित विचार-विमर्श;
4. आतंकवाद से मुकाबले के लिए संयुक्त कार्यदल (Joint Working Group on Counter-Terrorism) की स्थापना आदि।

उसके बाद भारत-अमेरिका रक्षा नीति समूह की दो दिवसीय बैठक 3 दिसम्बर, 2001 को नई दिल्ली में प्रतिबन्ध के बाद पुन: प्रारंभ हुई थी। इसमें विशेषकर 11 सितम्बर, 2001 को अमेरिका पर हुए आतंकवादी हमले और 13 दिसम्बर, 2001 को भारतीय संसद पर आतंकवादियों के हमले को लेकर दोनों देशों के मध्य एक गहरी सूझ-बूझ विकसित हुई है।

बिल क्लिंटन के बाद डेमोक्रेटिक पार्टी के ही जॉर्ज वॉकर बुश (2001-2009) अमेरिका के राष्ट्रपति बने। बुश ने भारत के वैश्विक मामलों में बढ़ते महत्व को ध्यान में रखते हुए भारत के साथ सामरिक सहयोग की शुरुआत की। अक्टूबर, 2001 में राष्ट्रपति बुश ने भारत के खिलाफ 1998 में परमाणु परीक्षण के खिलाफ अमेरिका द्वारा लगाये गए प्रतिबंधों को हटा लिया। नवम्बर, 2002 में भारत और अमेरिका ने उच्च प्रौधोगिकी सहयोग समूह (High Technology Co-oporation Group, H-T-C-G-) की स्थापना पर सहमती व्यक्त की जिसके अंतर्गत भारत का नागरिक एवं सैन्य तकनीकी को हस्तातंरण करना एवं परमाणु तथा अन्तरिक्ष सहयोग को प्रोत्साहन देना है। जून, 2005 में भारत के प्रतिरक्षा मंत्री प्रणव मुखर्जी एवं अमेरिका के प्रतिरक्षा मंत्री डोनाल्ड रम्सफेल्ड ने एक दस वर्षीय प्रतिरक्षा सहयोग पर हस्ताक्षर किये। इस समझौते के अंतर्गत द्विपक्षीय प्रतिरक्षा व्यापार जिसमें प्रौधिगिकी उपकरण भी शामिल है, का विस्तार करना है।

भारत-अमेरिका परमाणु सहयोग समझौताः सामरिक सहयोग का एक नया अध्याय

18 जुलाई, 2005 को भारत के प्रधानमंत्री डॉ. मनमोहन सिंह की अमेरिका यात्रा के दौरान भारत एवं अमेरिका के बीच परमाणु समझौता पर सहमति हुई जिसके अंतर्गत अमेरिका दोहरे उपयोग की प्रौधोगिकी भारत को हस्तातंरण करेगा। यह दोनों देशों के बीच सामरिक द्विपक्षीय सम्बन्धों में एक महत्वपूर्ण कदम था। अमेरिका के कई क्षेत्रों में राष्ट्रपति बुश द्वारा भारत के साथ किये गये इस समझौते की आलोचना की जा रही थी कि भारत ने न तो NPT, CTBT व MTCR पर हस्ताक्षर किये हैं एवं न ही भारत ने अंतर्राष्ट्रीय परमाणु अप्रसार नियमों का पालन किया है। अमेरिकी संसद में भी बुश की नीतियों की तीखी आलोचना हुई। लेकिन फिर भी 2 मार्च, 2006 को अमेरिकी राष्ट्रपति जॉर्ज डब्लू बुश और भारत के प्रधानमन्त्री मनमोहन सिंह ने घोषणा की कि भारत और अमेरिका नागरिक परमाणु सहयोग के, एक 'ऐतिहासिक समझौते' पर पहुँच गये हैं। इस समझौते से यह परिलक्षित होता है कि भारत-अमेरिका के सम्बन्धों में गहरा परिवर्तन हुआ है जिससे इस क्षेत्र (दक्षिण एशिया) एवं विश्व में लोकतंत्र, स्थायित्व, समृद्धि एवं शांति को बढ़ावा मिलेगा। इस समझौते के 7 अनुच्छेद है। इसके अंतर्गत भारत अपने समस्त परमाणु संयत्रों (Nuclear Reactors) को दो भागों में बाटेगा— सामरिक एवं शांतिपूर्ण। भारत को अपने शांतिपूर्ण संयत्रों को अन्तर्रष्ट्रीय परमाणु ऊर्जा एजेंसी की निगरानी में रखना होगा। परमाणु संयंत्रों के वर्गीकरण पर निर्णय एवं अधिकार भारत का होगा। 2006-2014 के बीच भारत अपने 14 थर्मल पॉवर रिएक्टरों की पहचान करेगा। उल्लेखनीय है कि भारत के पास 22 थर्मल पॉवर रिएक्टर्स है। इन 22 में से 14 को वर्ष 2014 तक अन्तर्राष्ट्रीय निगरानी में रखना था। अमेरिकी विदेश मंत्रालय के अनुसार उपरोक्त समझौते के महत्वपूर्ण लाभ है, जो इस प्रकार है-

1. अमेरिका-भारत के सामरिक सम्बन्धों को गहरा करेगा, जिससे एशिया एवं विश्वव्यापी स्थिरता, समृद्धि एवं शांति को सुनिश्चित करने में कारगर साबित होगा।
2. अमेरिकी फर्मों के लिए महत्वपूर्ण वाणिज्य अवसर खुलेंगे जिनसे अमेरिका में नई नौकरियां, आय एवं बाजार के अवसर उत्पन्न होंगे।
3. भारत की बढ़ती ऊर्जा आवश्यकताओं की आपूर्ति होगी एवं ईरान जैसे देशों पर भारत की तेल एवं गैस पर निर्भरता कम होगी।

4. यह समझौता भारत को वैश्विक परमाणु अप्रसार धारा में लाता है एवं इससे भारत के सिविल न्यूक्लियर प्रोग्राम में पारदर्शिता में अभिवृद्धि करेगा आदि।

इस मुद्दे पर प्रतिक्रिया व्यक्त करते हुए अमेरिकी विदेश मंत्री कोंडोलीजा राइस ने भारत को एक उत्तरदायी एवं विश्वसनीय देश बतलाते हुए कहा था कि "भारत का परमाणु अप्रसार का रिकॉर्ड शानदार रहा है, भारत ने परमाणु हथियार देश होते हुए भी अंतर्राष्ट्रीय परमाणु अप्रसार उद्देश्यों का कभी भी उल्लंघन नहीं किया, न ही उसने गुप्त रूप से संवेदनशील क्षेत्र के देशों को परमाणु प्रौधोगिकी एवं हथियारों का स्थानातंरण किया।" इसी कारण अमेरिकी राष्ट्रपति जॉर्ज बुश ने अपनी मार्च 2006 में पाकिस्तान यात्रा के दौरान राष्ट्रपति जनरल मुशर्रफ के उस प्रस्ताव को ठुकरा दिया कि भारत की तरह पाकिस्तान के साथ भी अमेरिका नागरिक परमाणु समझौता पर हस्ताक्षर करे।

जॉर्ज बुश के बाद बराक हुसैन ओबामा (2009-2017) प्रथम अश्वेत अमेरिका के राष्ट्रपति बने। ओबामा व मनमोहन सिंह ने भारत-अमेरिका सम्बन्धों को और मजबूत करने में महत्त्वपूर्ण भूमिका अदा की। इस यात्रा के अंत में जारी दोनों देशों के एक संयुक्त घोषणा में कहा गया कि-

1. भारत एवं अमेरिका एक बेहतर विश्व के लिए भागीदारी करेंगे।
2. वैश्विक सुरक्षा को आगे बढ़ाने में सहयोग एवं आतंकवाद का संयुक्त रूप से मुकाबला करेंगे।
3. स्थायित्व वैश्विक विकास को सुनिश्चित करेंगे एवं एक स्वच्छ ऊर्जा भविष्य के लिए संयुक्त रूप से सहयोग करेंगे।
4. वैश्विक आर्थिक पुनरुत्थान (Global Economic Revival) को सक्रिय एवं सुदृढ़ करेंगे।

इस समझौते के बाद राष्ट्रपति बराक ओबामा 6-9 नवम्बर, 2010 को भारत यात्रा पर आये जिसमें दोनों देशों के बीच व्यापारिक निवेश, परमाणु अप्रसार, अन्तरिक्ष सहयोग, खाद्य सुरक्षा जैसे विषयों पर सम्बन्धों के विस्तार, इन्हें गहरे एवं सुदृढ़ करने की दिशा महत्त्वपूर्ण थी। राष्ट्रपति ओबामा ने 21वीं शताब्दी में दोनों देशों के बीच सम्बन्धों को "Redefining Partnership" की संज्ञा दी। इसके बाद 5वीं भारत-अमेरिका रणनीतिक वार्ता नई दिल्ली में जुलाई 2014 को सपन्न हुई, जिसमें यह देखा गया कि भविष्य के संबंधों के लिए व्यापार और वाणिज्य

वार्ता के प्रमुख मुद्दे थे। यह तय किया गया कि सैन्य, ई-कामर्स और रेलवे में विदेशी निवेश की सीमा बढ़ाई जाएगी।

प्रधानमन्त्री नरेन्द्र मोदी की अमेरिका यात्रा व ओबामा की द्वितीय (जनवरी, 2015) भारत यात्रा के समय आर्थिक, व्यापारिक पहलुओं को प्रमुखता दी गई तथा दोनों देशों ने द्विपक्षीय व्यापार को 2020 तक लगभग 500 बिलियन डॉलर तक पहुँचाने का लक्ष्य रखा। राष्ट्रपति ओबामा ने नरेन्द्र मोदी की मेक इन इंडिया नीति का भी स्वागत किया तथा इसके हर क्षेत्र में सहयोग का वादा किया था।

राष्ट्रपति डोनाल्ड ट्रम्प के प्रशासन में भारत-अमेरिका सहयोग की संभावनाएं

जैसे ही डोनाल्ड ट्रम्प (2016) अमेरिका के राष्ट्रपति बने, उन्होंने अपने जीत भाषण में भारत-अमेरिका सम्बन्ध पर प्रतिक्रिया देते हुए कहा कि "मुझे लगता है कि यह वह कुछ बात है जिसे यहाँ हम दोनों द्वारा, जो दुनिया के सबसे पुराने लोकतंत्र से और दुनिया में सबसे बड़े लोकतंत्र से है, सराहना की जा सकती है। सम्बन्धों जो कि हमारे दोनों देशों को एक साथ बांधते हैं उन्हें हमारे साझा लोकतांत्रिक मूल्यों पर बनाया गया है, और वह अमेरिकी राष्ट्रपति और भारतीय प्रधानमन्त्री की दोस्ती से परे जाते हैं। वे आर्थिक और लोगों से लोगों के बीच सम्बन्धों से परे जाते हैं। अमेरिका-भारत संबंध महत्वपूर्ण है, यह द्विदलीय है और यह केवल मजबूती की और बढ़ रहे है। यहाँ मजबूत अमेरिका-भारत दोस्ती के और चार साल है।" उन्होंने कहा कि चुनाव अभियान के दौरान प्रधानमन्त्री नरेन्द्र मोदी के शब्द 'अबकी बार ट्रम्प सरकार' बोलने के कारण मैं प्रसिद्ध हो गया। हालांकि भारत को ट्रम्प के इन विचारों से सतर्क रहना चाहिए क्योंकि अमेरिका ने दुनिया के कई देशों के साथ गहरे रक्षा सम्बन्धों को बनायें रखा है, लेकिन इसने शायद ही उनकी बहुत शक्तिशाली बनने में उन देशों की मदद की हो। किसी विचारक ने ठीक ही अवलोकन करके बताया कि चार ऐसे मुख्य मुद्दे है जिनके आधार पर बारीकी से नए राष्ट्रपति डोनाल्ड ट्रम्प के नीति का निरीक्षण किया जा सकता है-

1. पाकिस्तान के साथ अमेरिका के संबंध
2. भारत की आईटी के साथ भविष्य में अमेरिकी सम्बन्धों और दवा उद्योग
3. आतंकवाद के मुद्दे पर अमेरिका का नजरिया और
4. लम्बित भारतीय विश्वास का स्तर व सैन्य भागीदार के रूप में विश्वसनीयता।

राष्ट्रपति डोनाल्ड ट्रम्प के प्रशासन में अमेरिका–पाकिस्तान सम्बन्धों को देखना महत्वपूर्ण होगा क्योंकि पाकिस्तान को पिछले 8 वर्षों के दौरान ओबामा प्रशासन के तहत अमेरिका से 13 अरब डॉलर की सहायता प्राप्त हुई, जिसे भारत अवांछनीय समझता है, क्योंकि इन पैसों से पाकिस्तान को भारत के खिलाफ गैर–राजकीय कारक अभिनेताओं के लिए समर्थन जारी रखने में मदद मिली है। भारत, अमेरिका से पाकिस्तान को सभी प्रकार की सैन्य सहायता रुकवाना चाहता है और साथ ही भारत अमेरिका द्वारा पाकिस्तान को अंतर्राष्ट्रीय स्तर पर 'आतंकवादी राज्य' घोषित करने में मदद चाहता है। राष्ट्रपति ट्रम्प से पाकिस्तान और चीन दोनों के खिलाफ कठिन निर्णय लेने की उम्मीद है जिससे कि भारत–अमेरिका की रणनीतिक साझेदारी में निरन्तरता प्रदान होती रहे।

ट्रम्प प्रशासन के तहत भारतीय आईटी और दवा उधोग के साथ अमेरिका के सम्बन्धों से दोनों देशों के बीच बेहतर रिश्तों के निर्माण की उम्मीद है और सख्त श्रम लागू न करने की संभावना है जिसका कि उन्होंने अपने चुनाव अभियान के दौरान वादा किया था जिसने आईटी और दवा कारोबार क्षेत्र में बहुत सी आशंकाओं को जन्म दिया था। ट्रम्प के जीत भाषण में किसी देश के बारे में विशेष रूप से बात नहीं की, जो एक गंभीर प्रश्न है कि उनकी रणनीति क्या है? आतंकवाद के मुद्दे पर अमेरिकी स्टैंड राष्ट्रपति ट्रम्प के तहत बहुत कठिन होने की उम्मीद है। उनके एक इजराइल समर्थक देश होने की उम्मीद है और आई.एस.आई जैसे आतंकवादी संगठनों के खिलाफ माना जाता है। पाकिस्तान को तनाव का सामना करना पड़ सकता है। भारत–अमेरिका के सम्बन्धों का एक अन्य पहलू उनके बीच हासिल किया गया 'आतंकवाद विरोधी सहयोग' की प्रतिबद्धता है। भारत को उम्मीद है कि ट्रम्प प्रशासन के तहत अमेरिका द्वारा वैश्विक आतंकवाद के खिलाफ युद्ध जारी रखेगी।

वन चाइना पॉलिसी और ट्रम्प प्रशासन की रणनीति

'एक चीन नीति' चीन की स्थिति की कूटनीतिक स्वीकृति है कि चीन की सिर्फ एक ही सरकार है। इस नीति के तहत अमेरिका मुख्य भूमि चीन के साथ अपने औपचारिक सम्बन्धों को स्वीकारता है न कि ताइवान द्वीप के साथ, जिसे चीन अपने एक टूट कर अलग हुए असामान्य प्रांत के रूप में मानता है जो एक दिन मुख्य भूमि के साथ पुनः एकीकृत किया जायेगा। इस नीति के रूप में इसका मतलब यह है कि पीपुल्स रिपब्लिक ऑफ चाइना (पीआरसी, मुख्य भूमि चीन)

के साथ राजनयिक संबंध रखने वाले देशों को चीन गणराज्य (आरोसी, ताइवान) के साथ अपने स्वतंत्र संबंध समाप्त करने होंगे। चीन गणराज्य (ताइवान) भी मुख्यभूमि चीन के साथ संबंध रखने वाले देशों से संबंध नहीं रखना चाहता। जबकि इस बात पर दुनिया भर के सभी प्रकार के राजनीतिक विचारधाराओं के लोग सहमत हो सकते है कि अमेरिका के राष्ट्रपति पद की शपथ लेते हुए ट्रम्प की छवि किसी बहुपक्षीयवादी व्यक्ति की नहीं थी। ट्रम्प का विश्वास है कि ताइवान को चीन का हिस्सा मानते रहने की अमेरिकी की दीर्घकालिक नीति पर बरकरार रहना कतई जरुरी नहीं है। अमेरिकी नीति बीजिंग की स्थिति का पूर्ण समर्थन नहीं करती है और वास्तव में नीति के हिस्से के रूप में, वाशिंगटन ताइवान के साथ एक 'मजबूत अनौपचारिक रिश्ते' बनाये रखता है और उसे जिसमें निरंतर हथियारों की बिक्री करता है ताकि वह अपनी रक्षा कर सके। अमेरिका के लिए यह नीति इसलिए महत्वपूर्ण है क्योंकि ताइवान अमेरिका का 9वां सबसे बड़ा व्यापारिक भागीदार है। अमेरिका के सरकारी आंकड़ों के अनुसार, ताइवान ने अमेरिका में बारह हजार से अधिक श्रमिकों को रोजगार दिया है। भारत के लिए यह महत्वपूर्ण इसलिए है क्योंकि चीन के प्रति ट्रम्प की यह नीति भारत के पक्ष में है।

भारत-अमेरिका सामरिक और वाणिज्य संबंध

भारत-अमेरिका की नजदीकी शीतयुद्ध के अंत से शुरू हुई है और आजतक नित नये आयामों में विकसित होती जा रही है। यही नहीं कि दोनों देशों के संबंध आज सुदृढ़ देखे जा सकते हैं अपितु वर्तमान में सभी क्षेत्रों में दोनों के बीच सभी स्तर पर सहभागिता देखी जा सकती है। आज भारत-अमेरिका के बीच राजनीतिक, सामाजिक, सांस्कृतिक, आर्थिक, कुटनीतिक, सामरिक, वाणिज्य आदि लगभग सभी क्षेत्रों में पारस्परिक सहयोग व सहभागिता देखी जा रही है। इस अमेरिका-भारत सहयोग व सहभागिता को पूर्व अमेरिकी राष्ट्रपति बराक ओबामा ने '21वीं सदी की निर्णायक साझेदारी' बताया था।

रक्षा सहयोग

पिछले कुछ वर्षों में अमेरिका ने भारत के लिए 10 अरब डॉलर से अधिक रक्षा बिक्री पर हस्ताक्षर किये है। इन क्षमताओं ने हिंद महासागर क्षेत्र में सुरक्षा के मजबूत प्रदाता के रूप में भारत की भूमिका को मजबूत किया है। उदाहरण के लिए, भारत की वायु सेना ने अप्रैल 2015 में आये विनाशकारी भूकम्प के बाद यमन से भारतीय और तीसरे देश के नागरिकों को खाली करने के लिए और नेपाल

को त्वरित राहत सामग्री पहुँचाने के लिए USA निर्मित सी-130 और सी-17 विमानों का इस्तेमाल किया। अमेरिका और भारत ने जून 2015 में एक नए सिरे से 10 साल के रक्षा नेटवर्क पर हस्ताक्षर किये, नया ढांचा, उच्च स्तर रणनीतिक विचार विमर्श के लिए दोनों देशों के सशस्त्र बलों के बीच आदान-प्रदान और क्षमताओं को मजबूत बनाने का अवसर प्रदान करता है। जहाँ तक दोनों देशों के बीच संयुक्त सैन्य अभ्यास की बात करे तो पिछले 10 वर्षों में व्यापक वृद्धि हुई है, जैसे- एक्सरसाइज युद्ध अभ्यास किसी स्क्वैड या प्लाटून स्तर के एकसरसाइज से बड़ा होकर कम्पनी/बटालियन स्तर की एक्सरसाइज हो गई है, जिसमें एक ब्रिग्रेड स्तर के कंप्यूटर सिमुलेशन एक्सरसाइज भी शामिल हैं जहाँ अमेरिकी और भारतीय सेनाओं को एक साथ संचालित किया जाता है। पिछले वर्ष (2017) में अमेरिका-भारत नौसेनिक मालाबार अभ्यास हुआ। हालांकि यह अभ्यास एक जटिल व बहुपक्षीय अभ्यास है। यही नहीं आज अमेरिका, रूस और इजराइल दोनों को पीछे छोड़ते हुए, भारत के लिए सबसे बड़ा हथियार निर्यातक देश बन गया है, जो कई वर्षों से भारत के दो शीर्ष रक्षा आपूर्तिकर्ता बने हुए थे और अब तक लगभग 13.6 अरब डॉलर के अमेरिका के साथ हथियार सौदे किये गये है एवं आगे और विस्तार करने की योजना है। इस प्रकार भारत-अमेरिका का बढ़ा रक्षा और सुरक्षा सहयोग, मुख्य-प्रौधिगिकी हस्तांतरण सहित भारत-अमेरिका रक्षा और रणनीतिक साझेदारी का केंद्र बन गया है। हथियारों के हस्तातंरण की प्रक्रिया को आसान बना दिया गया है और लम्बे समय की देरी कम हो गई है और ज्यादातर बिक्री सरकार से सरकार के सरकारी मार्ग से केवल की जा रही है। वैसे भी भारत का विदेश नीति का इतिहास देखे तो भारत 'सैन्य गठबंधन' की जगह एक 'सैन्य समझौते' को ही प्रमुखता देते आयी है।

वाणिज्य, अंतरिक्ष, कृषि व स्वास्थ्य के क्षेत्र में सहयोग

भारत-अमेरिका दो-तरफा व्यापार जो 2005 में 36 अरब डॉलर था, से बढ़कर 2014 में लगभग तीन गुना हो गया है। इसी तरह भारत में अमेरिकी निवेश 2004 में जहाँ 7 अरब डॉलर था जो बढ़कर कुल प्रत्यक्ष विदेशी निवेश 28 अरब डॉलर हो गया है। भारत-अमेरिका वार्षिक द्विपक्षीय व्यापार वर्तमान में 100 अरब डॉलर से बढ़कर 500 अरब डॉलर तक पहुँचने का अनुमान है। वर्तमान में (2013-14) अमेरिका में लगभग 102,263 छात्र-छात्राएं पढ़ाई कर रहे हैं, जो कि अमेरिका में विदेशी छात्रों का दूसरा सबसे बड़ा समूह है। यही नहीं अमेरिका में बसे भारतीयों

का अमेरिकी समाज में गहरा विस्तार रखते हुए, वे हर पहलू से भारी योगदान कर रहे है। जहाँ एक और 500 से अधिक अमेरिकी कम्पनियां भारत में सक्रीय है वही 2005 में 85 भारतीय कम्पनियां अमेरिका में सक्रिय थी जो बढ़कर वर्तमान 200 कम्पनियां हो गई है।

अन्तरिक्ष क्षेत्र में दोनों देशों के बीच सहयोग बढ़ता ही जा रहा है। भारत-अमेरिका पृथ्वी के महासागरों और वैश्विक वर्षा के पहलुओं को मापने की परियोजनाओं से लेकर हाल के मंगल ग्रह के लिए एक मिशन तथा एक उपग्रह परियोजना जिससे वैज्ञानिकों को जलवायु परिवर्तन और प्राकृतिक आपदाओं को समझने में मदद मिलेगी, पर संयुक्त रूप से काम करने तक- अन्तरिक्ष विज्ञान पर सहयोग में काफी विस्तार किया गया है।

कृषि के क्षेत्र में पिछले एक दशक में कृषि-विज्ञान और अनुसंधान गतिविधियों में भारत-अमेरिका ने काफी विस्तार किया है। 2005 की तुलना में 2015 में भारत-अमेरिका कृषि और खाध व्यापार 5 गुणा हो गया है। यह लगभग 6 अरब डॉलर से अधिक का है। इसी तरह स्वास्थ्य के क्षेत्र में भी दोनों देशों के बीच सहयोग व्यापक पैमाने पर बढ़ा है। भारत अमेरिका के लिए दवाओं का दूसरा सबसे बड़ा निर्यातक है। 2014 में भारत की दवाइयों के कुल 64,170 आयातित साइनों की 13: हिस्सेदारी थी। यूएस एफडीए इन जेनेरिक दवाइयों की सुरक्षा, गुणवत्ता और अमेरिकी उपभोक्ताओं तक पहुँचने की प्रभावकारिता सुनिश्चित करने के लिए भारतीय उधोग और नियामकों के साथ मिलकर काम करता है।

दक्षिण चीन सागर (SCS) और पूर्वी चीन सागर (ECS) क्षेत्र पर भारत-अमेरिका सहयोग

हाल के वर्षों में भारत, चीन और संयुक्त राज्य अमेरिका के बीच दक्षिण चीन सागर और पूर्वी चीन सागर का क्षेत्र, एक विवाद का क्षेत्र बनकर उभरा है। चीन की अपनी समुंद्री क्षेत्रीय और विशेष आर्थिक क्षेत्र के लिए लिए एक्सन ने और पूर्वी चीन सागर और दक्षिण चीन सागर में दावा ने, विशेष रूप से पर्यवेक्षकों की चिंता बढ़ा दी है कि चीन उसके निकट समुन्द्र क्षेत्र मतलब ECS, SCS और पीला सागर पर नियन्त्रण पाने या हावी होने की कोशिश कर रहा है। इस क्षेत्र पर अधिक चीनी वर्चस्व या इस क्षेत्र का नियन्त्रण काफी हद तक एशिया-प्रशांत क्षेत्र और अन्य जगहों पर, अमेरिकी सामरिक, राजनीतिक और आर्थिक हितों को प्रभावित कर सकता है। चीन ने हाल ही में फिलिपींस के पक्ष में पंचाट, द हेग के स्थाई कोर्ट

ने जो फैसला सुनाया, उसे पूरी तरह से खारिज कर दिया है, जिससे इस क्षेत्र को लेकर कई देशों के बीच चिंता बढ़ गई है। अमेरिका भी इससे चिंतित है, क्योंकि वे उन दावों का विरोध करता है जो समुन्द्र के अधिकार, स्वतंत्रता और वैध उपयोग को रोकता है जो कि सभी राष्ट्रों से जुड़ा है। अमेरिका का मानना है कि क्षेत्रीय विवादों को शांतिपूर्वक–बलप्रयोग की धमकी या बल के उपयोग के बिना हल किया जाना चाहिए और अंतर्राष्ट्रीय कानून के अनुरूप होना चाहिए।

भारत भी दक्षिण चीन सागर में अपने हितों की सुरक्षा के लिए चिंतित है क्योंकि यह क्षेत्र भारत के रणनीतिक रूप से काफी महत्वपूर्ण है। इसका कारण यह है कि 5 खरब डॉलर सालाना का वैश्विक व्यापार दक्षिण चीन सागर के माध्यम से होता है और दक्षिण पूर्व एशियाई और पूर्व एशियाई राष्ट्रों के साथ भारत के व्यापार का 50 प्रतिशत यहीं से गुजरता है। भारत को आशंका है कि भविष्य में चीन द्वारा दक्षिण चीन सागर क्षेत्र के पुरे क्षेत्र पर प्रभुत्व भारत के व्यापार मार्ग को नियंत्रित करेगा। इसलिए भारत ने चीन के एकतरफा चाल पर चिंता व्यक्त की। भारत भी इस क्षेत्र में नौवहन की स्वतंत्रता का समर्थन करता है। 2015 में भारत के दौरे पर आये राष्ट्रपति ओबामा ने संयुक्त घोषणा में स्पष्ट रूप से कहा कि SCS और ECS एशिया प्रशांत क्षेत्र के ऐसे क्षेत्र है जहाँ भारत और अमेरिका मिलकर सहयोग करेगा और भारत अमेरिकी 'एशिया धुरी' नीति में शामिल हो सकता है। भारत चाहता है कि राष्ट्रपति डोनाल्ड ट्रम्प एशिया की धुरी नीति में निरंतरता बनाये रखे।

भारत–अमेरिका सम्बन्धों की चुनौतियाँ

भारत और अमेरिका के बीच सम्बन्धों को प्रगाढ़ बनाने में बहुत सारी गंभीर चुनौतियाँ हैं जिन पर दोनों देशों के नेताओं को विचार करने की जरूरत है जैसे– सी. टी.बी.टी, शस्त्र नियन्त्रण, दक्षिण एशिया में तनाव को कम करना, कश्मीर समस्या, भारत की सीमाओं पर पाकिस्तान द्वारा प्रेरित आतंकवाद, पाकिस्तान में लोकतंत्र की बहाली, विश्व निःशस्त्रीकरण एवं मानवाधिकार आदि। भारत के लोग विशेष रूप से बुद्धिजीवी वर्ग एक विश्वसनीय भागीदार के रूप में अमेरिका पर संदेह करते है, क्योंकि अमेरिका का भारत के खिलाफ अतीत में कई बार प्रतिबन्ध लागने का रिकॉर्ड है और विशेष रूप से 1998 में परमाणु विस्फोट के बाद लगाए गये प्रतिबन्ध और पाकिस्तान को हर तरीके से सहायता देना, हालांकि अमेरिका के बारे अब पुराने रुख में परिवर्तन आया है। अमेरिका को लश्कर तौयबा, जैश–ए–मोहम्मद, डी. कम्पनी और हक्कानी नेटवर्क आदि की तरह के संस्थाओं को कमजोर करने

और खलल डालने के लिए संयुक्त और ठोस प्रयास करना भी एक गंभीर चुनौती है। अमेरिका अगर चीन के खिलाफ एक कठिन स्टैंड लेता है, तो उसके बाद भारत, अमेरिका, जापान, आस्ट्रेलिया और वियतनाम के साथ सम्बन्ध बहुत बेहतर होंगे। अगर अमेरिका 'धुरी एशिया की नीति' को आगे नहीं बढ़ाते है, चीन को एशिया प्रशांत क्षेत्र में हावी होने के लिए छोड़ते है तो भारत-अमेरिका संबंधो को गंभीर चुनौतियों का सामना करना पड़ सकता है। अमेरिका विश्व व्यापार संगठन के सम्मेलन (1996) के बाद भारत पर अपने पेटेंट अधिनियम (1970) को WTO के प्रावधानों के अंतर्गत शीघ्रता से संशोधन करने के लिए दबाब डालता रहा है। भारत को धमकी दी जाती रही है कि यदि वह विश्व व्यापार संगठन के अनुरूप कार्यवाही नहीं करेगा तो उसके खिलाफ मिकी केनटोर की 1994 की रिपोर्ट के अंतर्गत सुपर-301 एवं स्पेशल-301 के अंतर्गत कार्यवाही की जाएगी। इन सबका मिलाजुला प्रभाव भारत-अमेरिकी सम्बन्धों के भविष्य को निर्धारित करेगा।

निष्कर्ष

उपरोक्त विवरणों से स्पष्ट है कि भारत और अमेरिका के द्विपक्षीय सम्बन्धों में आर्थिक तत्व की भूमिका ही प्रधान रही है और यह दोनों तरफ से राष्ट्रीय हितों की मांग भी है। जहाँ एक ओर भारत के पास विशाल उपभोक्ता बाजार है जिसकी अमेरिका को बहुत जरूरत है, वही दूसरी ओर अमेरिका तकनीकी दुनिया का बादशाह है जो भारत की अनेकानेक जरूरतों को पूरा कर सकता है। यह परस्पर लाभ की भावना ही दोनों देशों के सम्बन्धों को बनाये रखे हुए है। आज भी अमेरिका विश्व की एकमात्र नहीं, तो सर्वोच्च शक्ति अवश्य है और उसका भारत के साथ संबंध स्थापित करने को उत्सुक होना भारतीय विदेश नीति व कूटनीति की सफलता ही मानी जानी चाहिए। आज विश्व के दो सर्वाधिक विशाल व सुदृढ़ लोकतांत्रिक देश न केवल आर्थिक-व्यापारिक क्षेत्र के सहयोगी है अपितु जीवन के प्रायः क्षेत्र में दोनों राष्ट्रों की बीच सहयोग है, जैसा की उपरोक्त विवरण में भी प्रस्तुत है। अमेरिका को समझ आ गया है कि भारत न केवल शांतिपूर्ण व समृद्ध राष्ट्र है बल्कि मित्रतापूर्ण सम्बन्धों को निभाने की क्षमता रखता है। इसलिए आज अमेरिका ने अंतर्राष्ट्रीय संगठनों, विशेषकर आर्थिक संगठनों जैसे अंतर्राष्ट्रीय मुद्राकोष, विश्वबैंक, डब्लू.टी.ओ आदि में भारत की आवाज़ तथा भारत की वोट बढ़ाने में अपनी प्रतिबद्धता जाहिर की है। यही नहीं अमेरिका भारत को UNO के सुरक्षा परिषद में स्थाई सदस्यता के पक्ष में भी अपने वचन पर टिका हुआ है। भारत

भी यह जान चुका है कि केवल आदर्शवादी बातों से राष्ट्रीय हितों की पूर्ति होना संभव नहीं है तथा नैतिकता की परिभाषा भी एक व्यक्ति और राष्ट्र की अलग होती है। अर्थात् भारत–अमेरिका दोनों ही राष्ट्रों ने अपनी वैदेशिक नीतियों में उदार स्वरूप को अपनाया है इसी का नतीजा दोनों की वैश्विक साझेदारी के रूप में सामने आया है। इस प्रकार भारत–अमेरिका के सम्बन्धों का भविष्य उज्ज्वल रहने की उम्मीद है क्योंकि ट्रम्प और मोदी दोनों के दृष्टिकोण विदेशनीति में बहुत हद तक दक्षिणपंथी हैं। लेकिन भारत को किसी भी अमेरिकी पहल से सावधान रहने की जरूरत है, जैसे कि अमेरिका के साथ मिलकर इंडों–पेसिफिक रणनीति पर आगे बढ़ना वक्त की जरूरत है। लेकिन इतना जरुर ध्यान रखा जाय कि इसके लिए रोडमैप अमेरिका द्वारा तैयार न किया गया हो। रोडमैप भारत स्वयं बनाए क्योंकि कल को यदि चीन और पाकिस्तान फिर से फायदेमंद हो गये तो अमेरिका फिर बदला हुआ दिखेगा।

संदर्भ

1. Appadorai, A., (1981), India's Foreign Policy, Oxford Univesity Press, New Delhi.
2. Jain, B.M., (2016), Indo-US Relations in the Age of Uncertainty : An Uneasy Courtship, Routledge, New Delhi.
3. Kissinger, Henry A., (1979), The White House Years, Little Brown, Boston.
5. मेक्रीडिस, रॉय सी., (1989), सम्पादित, विश्व राजनय में परराष्ट्र नीति में अमेरिका की विदेश नीति, एंगलवुड, न्यूजर्सी, छठां संस्करण, पृष्ठ–144
6. सिंह, के.सी, (2015), भारत–अमेरिका संबंधः उभरती साझेदारियां, योजना, जुलाई 2015, पृष्ठ–17
7. आलम, प्रोफ़ेसर मो. बदरुल, (2015), भारत–अमेरिका संबंध की ऐतिहासिक समीक्षा और मोदीमय अमेरिका, वर्ल्ड फोकस, फरवरी 2015, पृष्ठ–4
8. पटनायक, डॉ. संघमित्रा, (2015), भारत और अमेरिका विस्तृत रिश्तों के फलक को विस्तारित करना, वर्ल्ड फोकस, दिसम्बर 2015
9. कुमार, डॉ. राजेश, (2014), इंडों–यूएस स्टेटेजिक पार्टनरशिप ऑन हाई ट्रेजेक्ट्री, वर्ल्ड फोकस, दिसम्बर 2014, पृष्ठ–136
10. Press Release accessed from www.usembassyn.delhi.com
11. U.S. Mission India/ 22 September, 2015, accessed from www. usembassyndelhi.com
12. Zakaria, Fareed, (2008), The Post American World and the Rise of the Rest, W.W Norton and Company, P 10-30
13. कुमार, डॉ. राजेश, (2017), भारत–अमेरिका सामरिक भागीदारी : राष्ट्रपति डोनाल्ड ट्रम्प के तहत रोड मैप, वर्ल्ड फोकस, फरवरी 2017, अंक–59, पृष्ठ–60

14. परसोया, डॉ. प्रेमलता, (2017), भारत-अमेरिका के द्विपक्षीय सम्बन्धों का बहुआयामी विकास 21वीं सदी का सच, वर्ल्ड फोकस, फरवरी 2017, अंक-59, पृष्ठ-107
15. पांडा, प्रोफ़ेसर स्नेहलता, (2017), एक चीन सिद्धांत : अमेरिकी रणनीति, वर्ल्ड फोकस, जून 2017, अंक-63, पृष्ठ-27
16. पटनायक, डॉ. संघामित्रा, (2017), भारत-अमेरिकी साझीदारी का निर्णायक भविष्य : एक पुनरावलोकन, वर्ल्ड फोकस, जनवरी 2017, अंक-58, पृष्ठ-34-35
17. द्विवेदी, डॉ., भारत-अमेरिका द्विपक्षीय इतिहास का नया तारा : तेजी से बढ़ते लक्षण, वर्ल्ड फोकस, जनवरी 2017, अंक-58, पृष्ठ-103

• • •

15

भारत-जापान सम्बन्ध : दोस्ती के नए आयाम

डॉ. संतोष कुमार*

भारत-जापान संबंध वैश्विक स्तर (Global Level) पर और क्षेत्रीय मोर्चे (Regional Level) पर अपने संबंधों को मजबूत करने के उद्देश्य से सहयोग के एक नए चरण में प्रवेश कर रहे हैं। पिछले कुछ दशकों में भारत-जापान द्विपक्षीय संबंधों (Bilateral Relation) में उल्लेखनीय वृद्धि हुई है। दोनों देशो के द्विपक्षीय सम्बन्ध अब पहले से कहीं अधिक स्थिर (Stable) और बहु-आयामी (Multi-dimensional) हो गये हैं। दोनों देश अपने द्विपक्षीय संबंधों को, राजनीतिक (Political), आर्थिक (Economic) और सामरिक पहलूओं (Strategic Dimension) को बढ़ाने के लिए पारस्परिक रूप से सहयोग कर रहे हैं।

भारत-जापान द्विपक्षीय संबंध भारत की विदेश नीति (Foreign Policy) के प्रमुख स्तम्भ और भारत की 'लुक ईस्ट पालिसी (Look East Policy)' का एक हिस्सा है। दोनों ही देश एक-दूसरे को संकट के समय, भरोसेमंद और विश्वसनीय रणनीतिक साझेदार के रूप में देखते हैं। "भारत-जापान रणनीतिक साझेदारी समझौते" (India-Japan Strategic Partnership Agreement) और "व्यापक आर्थिक साझेदारी समझौते" (Comprehensive Economic Partnership Agreement) (CEPA) पर हस्ताक्षर करने के बाद से, भारत-जापान द्विपक्षीय संबंधों में उल्लेखनीय वृद्धि हुई है। जापान के प्रधान मंत्री शिंजो अबे के भारत की सितम्बर 2017 की यात्रा के दौरान दोनों प्रधानमंत्रियों ने अपने द्विपक्षीय संबंधों का विस्तार करने और इसे अगले स्तर तक ले जाने का फैसला किया था। वर्तमान में, भारत-जापान द्विपक्षीय संबंधों में काफी सुधार हुआ है, और इन दोनों देशो के बीच साझेदारी अधिक व्यापक और स्थिर होने के साथ

* असिस्टेंट प्रोफेसर, राजनीति विभाग, कमला नेहरू कॉलेज, नई दिल्ली

साथ बहुआयामी हो गयी है। दोनों राष्ट्र अपने रिश्ते को अत्यंत महत्व देते हैं और अपनी साझेदारी के राजनीतिक, आर्थिक और सामरिक पहलुओं को बढ़ाने पर पारस्परिक रूप से सहमत हुए हैं।

आज दोनों ही देश कई प्रकार की सुरक्षा चुनौतियों का सामना कर रहे हैं जैसे कि, सीमा समस्या (Border Problem), आतंकवाद (Terrorism), मानव तस्करी (Human Trafficking), और समुद्री डाकू (Piracy), आदि ने हमेशा दोनों देशों के बीच सम्बन्धो को मजबूती प्रदान की है। वहीं दोनों राष्ट्र यूनाइटेड नेशंस सुरक्षा परिषद् (United Nations Security Council) में स्थाई सदस्यता (Permanent Seat) की दावेदारी को लेकर कदम से कदम मिलाकर साथ लड़ रहे हैं।

भारत और जापान संबंधों में निकटता का कारण सर्वप्रथम चीन का उदय (Rise of China) और एशिया में भू-राजनीति की बदलती प्रकृति (Changing nature of geopolitics) और एशिया-प्रशांत (Changing geo-economics of Asia-Pacific) में स्थित देशो की उभरती हुई अर्थव्यवस्थाओं से जोड़ा जा सकता है। द्वितीय, भारत परिवर्तन के एक नये दौर से गुजर रहा है। देश की 50 फीसदी से ज्यादा आबादी 30 साल से कम उम्र की है और देश से रोजगार की अपेक्षा रखती है। मोदी की मेक इन इंडिया नीति (Make in India) इस चुनौती से निपटने में कारगर सिद्ध हो सकती है बशर्ते रोजगार सृजन के लिये पर्याप्त निवेश हो और आवश्यक ढांचागत सुविधाओं का निर्माण हो। पिछ्ले तीन वर्षो में जापान ने भारत को इस दिशा मे काफी योगदान दिया है। अहमदाबाद-मुम्बई बुलेट ट्रेन इसका बड़ा प्रमाण है और भारत का एशिया महाद्वीप में एक उभरती हुई अर्थव्यवस्था और बाजार, जापान को आकर्षित करने का सबसे प्रमुख कारण हैं। दूसरा चीन का 'वन बेल्ट वन रोड' (One Belt One Road) जिसने भारत और जापान दोनों ही देशों को चीन की दूरगामी सामरिक और आर्थिक रणनीति के बारे मे सशंकित कर रखा है। दोनों ही देश चीन के साथ अपने अपने सीमा विवाद को लेकर उलझे हुए हैं, और चीनी दुस्साहस से भी खासे परेशान हैं। भारत-चीन के बीच हाल ही में समाप्त हुए 'डोकलाम विवाद' से ये स्पष्ट होता है। डोकलाम का एक सकारात्मक पहलू ये रहा कि इस मुद्दे पर जापान ने खुल कर भारत का साथ दिया, जबकि अमेरिका ने इस मामले पर चुप्पी साधे रखना ही बेहतर समझा, और दोनों हीं देश अपने द्विपक्षीय संबंधों को लेकर पहले से कहीं अधिक उत्सुक और गंभीर दिखते हैं।

प्रस्तुत आलेख वैश्वीकरण के सन्दर्भ में जापान की ओर भारत की विदेश नीति को निर्धारित करने वाले विभिन्न कारकों का विश्लेषण करने का प्रयास करेगा। इस अध्याय में मुख्यतौर पर भारत-जापान राजनीतिक सम्बन्ध, दोनों देशो के बीच सुरक्षा सहयोग (Security Cooperation), परमाणु समझौते (Nuclear Cooperation), आर्थिक सहयोग (Economic Cooperation), व्यापक आर्थिक साझेदारी समझौते (Comprehensive Economic Partnership Agreement), जापानी विदेशी प्रत्यक्ष निवेश (Foreign Direct Investment), और जापानी आधिकारिक विकास सहायता (Official Development Assistance) का मूल्यांकन करने का प्रयास किया गया हैं। इस आलेख में द्विपक्षीय टाई जैसे राजनयिक, सामरिक और आर्थिक पहलुओं के विभिन्न मानकों का विश्लेषण करने के अलावा, इस बात पर भी चर्चा करने की कोशिश की गयी है कि भारत-जापान संबंधों को अपनी क्षमता को प्राप्त करने से क्या क्या बाधायें आती रही है।

ऐतिहासिक पृष्ठभूमि (Historical Background)

1998 के पोखरण परमाणु विस्फोट के बाद जापान की थोड़ी सी हिचकिचाहट के बावजूद ऐतिहासिक रूप से भारत और जापान संबंध सामंजस्यपूर्ण रहे है। भारत-जापान सम्बन्धो का इतिहास काफी पुराना हैं। ईसा से छठी शताब्दी पूर्व जापान में बौद्धधर्म के प्रसार के माध्यम से दोनों देश पहली बार एक-दूसरे के निकट आए थे इसलिए भारत को लंबे समय से जापान में बौद्ध धर्म की उत्पत्ति के देश के रूप में देखा जाता रहा है। भारतीय स्वतंत्रता आंदोलन के दौरान जापान शासन की मदद से सुभाष बोस ने सिंगापुर में 'आजाद हिन्द फौज' की स्थापना की थी इस सन्दर्भ में रबींद्र नाथ टैगोर और राश बिहारी बोस की जापान यात्रा भी बेहद महत्वपूर्ण थी। रूस पर जापान की विजय (1905) ने भारत के स्वाधीनता सेनानियों को प्रेरणा दी। जापान द्वारा द्वितीय महायुद्ध की समाप्ति के दौरान आत्म समर्पण करने पर भारत ही ऐसा देश था जिसने जापान के प्रति सहानुभूति दिखायी। अन्तर्राष्ट्रीय सैन्य अधिकरण (International Tribunal) ने जब जापान के 28 युद्धबन्दियों को फांसी की सजा सुनायी तो भारत के न्यायाधीश राधा विनोद पॉल ने इस निर्णय पर अपना विरोध दर्ज किया।

आधुनिक भारत-जापान राजनयिक संबंध (Diplomatic Relation) 1952 में स्थापित किए गए थे। तब से दोनों देशों के राजनीतिक, व्यापार, आर्थिक, सुरक्षा

और तकनीकी सहयोग के आधार पर सौहार्दपूर्ण संबंध रहे हैं। हैं। 1956 में, कुछ जापानी संसद सदस्यों ने देश की आर्थिक, राजनीतिक और सामाजिक स्थितियों का अध्ययन करने के लिए भारत का दौरा किया। दोनों देशों के मध्य राजनीतिक सम्बन्धों को पुख्ता करने के लिए भारत के उपराष्ट्रपति डॉ. राधाकृष्णन ने 1956 में, प्रधानमन्त्री जवाहरलाल नेहरू ने अक्टूबर 1957 में तथा राष्ट्रपति डॉ. राजेन्द्र प्रसाद ने 1960 में जापान की यात्राएं कीं।

जापान वर्ष 1958 से भारत को सरकारी विकास सहायता (Official Development Assistance) प्रदान करता आ रहा है। भारत जापान से यह सहायता प्राप्त करने वाला प्रथम देश था। भारत को जापानी सरकारी विकास सहायता ऋण, सहायतानुदान तथा तकनीकी सहयोग के रूप में जापान से अन्तर्राष्ट्रीय सहयोग अभिकरण के माध्यम से प्राप्त होती है। जापान भारत को सहायता देने वाला सबसे बड़ा द्विपक्षीय दाता भी है।

तथापि, 1960 से 1980 के दशकों के बीच घनिष्ट संबंधों की यह गति थोड़ी कमजोर पड़ी थी। जापान के प्रधान मंत्री हयातो इकेडा ने 1961 में भारत का दौरा किया था परंतु जापान के किसी प्रधान मंत्री द्वारा अगली यात्रा लगभग दो दशक बाद प्रधान मंत्री यसुहीरो नकासोने द्वारा 1984 में हुई थी। प्रधान मंत्री राजीव गांधी ने 1988 में टोकियो का दौरा किया, जिससे पुनः भारत–जापान स्थायी राजनीतिक सम्बन्धो की शुरूआत हुई।

शीत युद्ध के दौरान, जहां जापान ने एक तरफ अमरीकी सैन्य गठबन्धनों की नीति जैसे (नाटो) का समर्थन किया वहीं भारत ने गुटनिरपेक्षता की नीति अपनायी। भारत जहां उपनिवेशवाद एवं साम्राज्यवाद, तथा रंगभेद नीति का विरोधी था वहीं जापान अमरीका जैसी साम्राज्यवादी ताकत के निकट रहा हैं। जब भारत ने 1961 में पूर्व पुर्तगाली शक्तियों से गोवा को मुक्त कराने की कार्यवाही की तो जापान ने भारत का खुले शब्दों में समर्थन नहीं किया। इसी प्रकार 1962 में भारत पर चीनी आक्रमण के समय जापान के तटस्थ रुख ने भारत को काफी निराश किया। संक्षेप में यदि यह कहा जाये कि प्रारम्भिक वर्षों में राजनीतिक एवं आर्थिक सम्बन्धों की सक्रिय पहल के बावजूद दोनों देशों की विदेश नीतियों एवं अनेक मुद्दों पर दृष्टिकोणों में विभिन्नता बनी रही।

भारत–जापान सम्बन्धों को एक बड़ा झटका उस वक्त लगा जब भारत ने 1998 में परमाणु परीक्षण किया तो जापान ने इसकी कड़े शब्दों में निंदा की और

भारत को जापान से प्राप्त होने वाली अनुदान राशि को निलंबित कर दिया गया। भारत–जापान सम्बन्ध पुन: सामान्य 2005 में हुए जब जापानी प्रधान मंत्री जुनिचिरो कोइज़ुमी ने भारत की आधिकारिक यात्रा की और दोनों प्रधान मंत्रियों ने फैसला किया कि 2006 से हर साल वार्षिक शिखर सम्मेलन आयोजित करेंगे। तब से शिखर सम्मेलन हर साल हो रहा है। 2006 में भारतीय प्रधान मंत्री डॉ मनमोहन सिंह ने शिखर बैठक में भाग लेने के लिए जापान की आधिकारिक यात्रा की और दोनों देशों के प्रधानमंत्रियों ने 'सामरिक और वैश्विक साझेदारी' (Strategic and Global Partnership) पर हस्ताक्षर किए जिसमें सहयोग के पांच क्षेत्रों की पहचान की; राजनीतिक, रक्षा और सुरक्षा सहयोग के आधार पर; व्यापक आर्थिक साझेदारी; विज्ञान और प्रौद्योगिकी, पीपल टू पीपल एक्सचेंज। प्रधान मंत्री डॉ मनमोहन सिंह ने फिर से 2007 में शिखर सम्मेलन में भाग लेने के लिए जापान का दौरा किया। एक संयुक्त वक्तव्य 'अगले दशक में भारत–जापान सामरिक और वैश्विक साझेदारी के लिए दृष्टि' (Vision for India-Japan Strategic and Global Partnership in the Next Decade) जारी किया था। अक्टूबर 2010 में टोक्यो में दोनों प्रधान मंत्रियों ने भारत–जापान व्यापक आर्थिक साझेदारी समझौते (Comprehensive Economic Partnership Agreement) पर संयुक्त घोषणा पर हस्ताक्षर किए। जापानी प्रधान मंत्री श्री योशीहोको नोडा ने दिसंबर 2011 में भारत की राजकीय यात्रा की और दोनों प्रधानमंत्रियों ने भारत–जापान कूटनीतिक सम्बन्धो की स्थापना की, 60 वीं वर्षगांठ के अवसर पर 'भारत–जापान सामरिक और वैश्विक साझेदारी के संवर्धन के लिए दृष्टि' (Vision for the Enhancement of India-Japan Strategic and Global Partnership) नामक एक संयुक्त वक्तव्य पर हस्ताक्षर किए।

2017 में, भारतीय प्रधान मंत्री नरेंद्र मोदी ने जापान की आधिकारिक यात्रा की और जिसके बदले में जापानी प्रधानमंत्री शिंजो आबे ने सितंबर 2017 में भारत–जापान द्विपक्षीय संबंधों के विकास को चिह्नित करते हुए भारत का दौरा किया। छह वर्षों से अधिक लंबी चर्चा के बाद इस यात्रा के दौरान दोनों राष्ट्रों ने असैनिक परमाणु समझौते पर हस्ताक्षर करने का फैसला किया क्योंकि 2011 की फुकुशिमा आपदा के कारण देरी हुई थी।। दोनों प्रधान मंत्री ने इसे भारत–जापान संबंधों में ऐतिहासिक कदम बताते हुए इस कदम का स्वागत किया।

भारत-जापान राजनीतिक संबंध (India-Japan Political Relations)

21 वीं शताब्दी में भारत और जापान के बीच घनिष्ठ संबंधों के विकास में तेजी से प्रगति देखी गई है। पिछले छह दशकों के दौरान दोनों देशों के बीच राजनीतिक संबंध अधिकतर सौहार्दपूर्ण रहे हैं। 1952 में जापान ने अपनी संप्रभुता हासिल करने के एक दशक बाद इन दोनों के बीच संबंध काफी सकारात्मक थे। भारत एशिया का पहला देश था जिसने जापान को एक स्वतंत्र देश के रूप में स्वीकार किया और मान्यता प्रदान की और 1952 में पंण्डित नेहरू ने जापान के साथ शांति संधि पर हस्तक्षार किये और औपचारिक रूप से जापान के साथ कूटनीतिक सम्बन्धो की नींव डाली। जापानी प्रधान मंत्री किशी नोबसुक ने 1957 में भारत का दौरा किया और तत्पश्चात भारतीय प्रधान मंत्री पंडित नेहरू ने उसी वर्ष जापान का एक और दौरा किया। अगले वर्ष 1958 में भारतीय राष्ट्रपति डॉ. राजेन्द्र प्रसाद जापान गए थे। जापानी राजकुमार कोमात्सु अकिहितो ने 1960 में भारत का दौरा किया। 1958 में भारत जापानी ओडीए (ODA) प्राप्त करने वाला पहला देश था। हालांकि, अगले दशकों में अच्छे संबंधों की इस गति को शीत युद्ध आरम्भ होने के कारण इस गति को बनाए रखा नहीं जा सका।

शीत युद्ध राजनीति से भारत और जापान संबंध भी प्रभावित हुए बिना नहीं रह सके, जैसा ज्ञातव्य हैं कि शीत युद्ध ने विश्व को दो भागो में विभाजित कर दिया था; एक तरफ अमेरिका और उसके मित्र राष्ट्र, वहीं दूसरी तरफ सोवियत यूनियन और उसके मित्र राष्ट्र थे। इस द्वि-ध्रुवीय दुनिया में जापान अमेरिका के साथ निकटता से जुड़ा हुआ था। वहीं दूसरी तरफ भारत ने गुट-निरपेक्षता (Non-Alignment) की नीति अपनाई और इसे यूएसएसआर के करीब माना जाता था। यही कारण था 1961 की जापानीज प्रधानमंत्री इकेदा हायतो की भारत यात्रा के बाद दूसरी जापानीज प्रधानमंत्री की भारत यात्रा 23 सालो के बाद 1984 में हुई थी जब नकासोने भारत की यात्रा पर आये थे। इससे स्पष्ट हैं कि दोनों देशों के लिए राजनीतिक संबंध सर्वोच्च प्राथमिकता नहीं थे। इस अवधि के दौरान आर्थिक सम्बन्धो को बनाए रखा गया था लेकिन यह संतोषजनक स्तर से बहुत दूर था।

सन 1991 के बाद भारत और जापान संबंधों में प्रगति आयी। भारत ने सन 1991 में पी.वी. नरसिम्हा राव की सरकार के नेतृत्व में आर्थिक उदारीकरण (Economic Liberalization) की प्रक्रिया शुरू की। जिसका जापान ने दिल खोलकर स्वागत किया और भारत को भविष्य के एक बाजार के रूम में देखना आरम्भ किया। भारत-जापान संबंधो के इतिहास में यह एक सुखद शुरुआत थी।

भारत–जापान संबंधों को एक बढ़ा झटका तब लगा जब 1998 में भारत ने पोखरण में परमाणु परीक्षण किया तब जापान ने अचानक से भारत के साथ अपने कूटनीतिक सम्बन्धों को स्थगित कर दिया और भारत को जापान से प्राप्त होने वाली आर्थिक सहायता को बंद कर दिया। साथ ही साथ जापान पश्चिमी देशो के साथ मिलकर भारत पर अपना परमाणु कार्यक्रम वापस लेने और एनपीटी (Nuclear Non-Proliferation Treaty) और CTBT (Comprehensive Test Ban Treaty) पर हस्तक्षार करने के लिए दबाब बनाना शुरू कर दिया। जिस कारण से भारत–जापान सम्बन्धो में तनाव की स्थित पैदा हो गयी। वहीँ भारत यह चाहता था कि टोक्यो भारत की सुरक्षा चुनोतियो को समझे और भारत के साथ सहयोग करे यह भारत–जापान सम्बन्धो को सबसे तनावपूर्ण दौर था।

21 वीं शताब्दी की शुरुआत के साथ, दोनों देशों के बीच संबंध न केवल सामान्य रूप से बहाल किए गए बल्कि 'रणनीतिक और वैश्विक साझेदारी' (Strategic and Global Partnership) पर भी दोनों देशो ने हस्ताक्षर किये हैं। अंतर्राष्ट्रीय स्तर और क्षेत्रीय स्तर पर हो रहे परिवर्तनों ने दोनों देशो को साथ आने के लिए प्रेरित किया हैं। आज दोनों राष्ट्र समान प्रकार के सुरक्षा चुनौतियो का सामना कर रहे हैं जैसे आतंकवाद, समुद्री सुरक्षा, प्राकृतिक आपदाएं, आदि दोनों ही राष्ट्र सहयोग करने के नए क्षेत्र तलाश रहे हैं। दोनों राष्ट्रों ने सितंबर 2004 में नौसेनाओ का 'संयुक्त अभ्यास' आरम्भ करके भारत–जापान सम्बन्धो में एक नया अध्याय जोड़ा हैं।

सामरिक और सुरक्षा सहयोग (Strategic and Security Cooperation)

पिछले एक दशक में भारत और जापान के बीच रक्षा और सुरक्षा सहयोग तीव्र गति से बढ़ा है और अब दोनों देशों की रणनीतिक साझेदारी (Strategic Partnership) का एक आधारभूत स्तंभ बन गया है। दोनों राष्ट्र आज सैनिक (Military Cooperation) और नेवी सहयोग (Navy Cooperation) में बढ़ चढ़ कर हिस्सा ले रहे हैं। दोनों राष्ट्र एशिया–प्रशांत (Asia-Pacific) और हिंद महासागर (Indian Ocean) में एक समान सुरक्षा चुनोतियो का सामना कर रहे हैं। दोनों राष्ट्र समुद्री मार्गों (Sea Lane) की सुरक्षा को बनाए रखने, अंतर्राष्ट्रीय आतंकवाद और अपराध, समुद्री डाकू (Piracy) और डब्लूएमडी (WMD) के प्रसार से निपटने में एक दूसरे के साथ सहयोग कर रहे है। भारत और जापान हरमज (Harmuz) और मलाका (Malacca Strait) में भी एक दूसरे के साथ सहयोग

कर रहे हैं जिसके द्वारा भारत का अधिकांश व्यापार होता हैं। दोनों राष्ट्र पायरेसी और आतंकवादी गतिविधियों के खिलाफ अमेरिका के साथ कन्धा से कन्धा मिलाकर लड़ रहे हैं।

जापानीज प्रधान मंत्री आबे की अगस्त 2017 की भारत यात्रा के दौरान दोनों राष्ट्रों ने अपने सुरक्षा सहयोग को और अधिक डाइवर्सिफाइड किया हैं। इसी सिलसिले को आगे बढ़ाते हुए दोनों देशो के प्रधानमंत्रियों ने 'सुरक्षा सहयोग' पर 2007 में संयुक्त घोषणा और एक्शन प्लान (Action Plan) 2009 जारी किया था और इस घोषणापत्र में यह कहा गया की दोनों राष्ट्रों की नौसेना (Navy) जिसमे भारतीय नेवी (Indian Navy) और जापान मेरीटाइम सेल्फ डिफेन्स फार्स (Japanese Self Defence Force) नियमित आधार पर संयुक्त सैन्य प्रशिक्षण में शामिल होंगे और 2012 के बाद दोनों देशो की नेवी नियमित रूप से संयुक्त सैन्य अभ्यास कर रही हैं। इसके पश्चात जब 2012 में पुनः शिंज़ो अबे की सत्ता में वापसी हुई तो उन्होंने 'डायमंड अवधारणा' (Diamond Concept) के बारे में बात की। इस अवधारणा के तहत, संयुक्त राज्य अमेरिका, जापान, ऑस्ट्रेलिया और भारत को शामिल किया गया हैं जिसका उद्देश्य इंडो पसिफ़िक (Indo-Pacific) क्षेत्र में शांति, सुरक्षा और स्थिरता सुनिश्चित करने के लिए एक दूसरे का सहयोग करना था।

भारत और जापान के बीच सुरक्षा और रक्षा सहयोग से सम्बन्धित विभिन्न मुद्दों पर सहयोग करने के अन्य फ्रेमवर्क भी हैं जिसमें 'Two Plus Two Dialogue' रक्षा नीति वार्ता (Defence Policy Dialogue), सेना से सैन्य वार्ता (Military to Military Talks), और तट रक्षक सहयोग के लिए तट रक्षक (Coast Guard to Coast Guard Cooperation) शामिल हैं। प्रधान मंत्री मोदी ने 2017 में अपनी जापान यात्रा के दौरान, 'Malabar Exercise' में जापान की नियमित भागीदारी और दो 'डिफेन्स फ्रेमवर्क एग्रीमेंट ' (Two Defence Framework Agreement) को लागू करने के लिए जापान की सराहना की जोकि रक्षा उपकरणों और प्रौद्योगिकी के हस्तांतरण से संबंधित है।

परमाणु सहयोग (Nuclear Cooperation)

भारत-जापान नागरिक परमाणु समझौता (Civil Nuclear Agreement) जो 2017 में लागू हुआ हैं, जो दोनों राष्ट्रों के बीच की राजनैतिक और रणनीतिक समझ को दर्शता है। इससे दोनों राष्ट्रों के मध्य ऊर्जा सुरक्षा (Energy Security)

और स्वच्छ ऊर्जा (Clean Energy) के क्षेत्र में बढ़ते सहयोग के लिए मार्ग प्रशस्त होगा। यह समझौता शांतिपूर्ण उद्देश्यों के लिए परमाणु ऊर्जा के विकास और उपयोग में भारत और जापान के बीच पूर्ण सहयोग को प्रोत्साहित करेगा। लंबे समय तक विचार-विमर्श के बाद भारतीय प्रधान मंत्री मोदी की जापान यात्रा के दौरान नवंबर 2016 में असैनिक परमाणु समझौते (Civil Nuclear Agreement) पर हस्ताक्षर किए गए थे। यह समझौता जापान को परमाणु प्रौद्योगिकी (Nuclear Technology) निर्यात करने के साथ-साथ भारतीय परमाणु ऊर्जा संयंत्रों के लिए वित्त प्रदान करने की अनुमति भी देता है। नई दिल्ली परमाणु प्रसार संधि (Non-Nuclear Proliferation) रेजीम के बाहर जापान के साथ असैनिक परमाणु समझौता करने वाला पहला देश बन गया है। आरम्भ में जापान भारत के साथ यह समझौता करने के लिए तैयार नहीं था। जिसका बहुत स्वाभविक कारण यह था कि 1945 में परमाणु बमबारी और 2011 में फुकुशिमा परमाणु आपदा की तबाही थी। इस ऐतिहासिक समझौता की औपचारिकताओं को जुलाई 2017 में पूर्ण करने के साथ लागू कर दिया गया हैं। जिसकी शुरुआत तत्कालीन भारतीय प्रधान मंत्री मनमोहन सिंह और जापानी प्रधान मंत्री शिन्जो आबे की संयुक्त घोषणा 2006 में की थी। भारत ने जापान के अलावा, संयुक्त राज्य अमेरिका, रूस, दक्षिण कोरिया, मंगोलिया, फ्रांस, नामीबिया, अर्जेंटीना, कनाडा, कज़ाखिस्तान और ऑस्ट्रेलिया के साथ भी असैनिक परमाणु समझौते पर हस्ताक्षर किए हैं।

भारत-जापान आर्थिक संबंध (India-Japan Economic Relations)

भारत-जापान आर्थिक संबंध की शुरुआत भी 1952 में राजनयिक संबंध स्थापित करने के साथ हो गयी थी। भारत 1958 से ही जापानी आधिकारिक विकास सहायता (Official Development Assistance) प्राप्त कर रहा हैं। दरअसल इन दोनों देशों के आर्थिक संबंधों का इतिहास बहुत पुराना है; जिसका आधार कपास व्यापार (Cotton Trade) हुआ करता था। भारत-जापान आर्थिक संबंधों में बड़ी सम्भावनाये हैं, प्रथम, इन दोनों राष्ट्रों की अर्थव्यवस्थाओं के मध्य पाये जाने वाली समानताओं के कारण, दूसरा भारत का अंतर्राष्ट्रीय स्तर विशाल बाजार के रूप में उभारना, तीसरा भारत के पास प्राकृतिक संसाधनों की उपलब्धता और जापान के पास प्राकृतिक संसाधनों की कमी होने के कारण, जापान हमेशा से भारत के साथ अच्छे आर्थिक संबंध चाहता रहा हैं।

पूर्वी एशिया में जापान और दक्षिण एशिया में भारत अपने अपने क्षेत्र की दो सबसे बड़ी अर्थव्यवस्थायें होने के साथ साथ दोनों में आर्थिक सहयोग की विशाल संभावनाएं भी हैं। दो अर्थव्यवस्थाओं के बीच कई समानताएं भी हैं। हालांकि, जापानी अर्थव्यवस्था अत्याधिक उन्नत (Developed Economy) होने के साथ साथ विश्व की तीसरे नंबर की सबसे बढ़ी अर्थव्यवस्था है। जबकि भारत एक विकासशील अर्थव्यवस्था (Developed Economy) है। दोनों देशो की अर्थव्यवस्थाएं सेवा क्षेत्र पर काफी निर्भर करती है। जापान की अर्थव्यवस्था में सेवा क्षेत्र (Service Sector) लगभग 71.4 प्रतिशत योगदान करता है जबकि औद्योगिक (Industrial Sector) और कृषि क्षेत्र (Agriculture Sector) क्रमशः 27.5 प्रतिशत और 1.2 प्रतिशत से भी कम योगदान करते हैं। दूसरी ओर भारत की अर्थव्यवस्था में सेवा क्षेत्र (Service Sector) 56.9 प्रतिशत योगदान, औद्योगिक (Industrial Sector) और कृषि क्षेत्र (Agriculture Sector) क्रमशः 25.8 प्रतिशत और 17.4 प्रतिशत का योगदान करते हैं।

हाल के वर्षों में भारत-जापान आर्थिक मोर्चे पर काफी संक्रिय हो गये हैं जिसका प्रत्यक्ष प्रमाण अर्थव्यवस्था के क्षेत्र में किये गए विभिन्न प्रकार के समझौते है। इसी सिलसिले को आगे बढ़ाते हुए 2011 में दोनों देशों ने ऐतिहासिक 'भारत-जापान व्यापक आर्थिक साझेदारी समझौते' (India-Japan Comprehensive Economic Partnership Agreement) पर हस्ताक्षर किए हैं। जिसका उद्देश्य भारत एवं जापान के बीच व्यापार की लगभग 94 प्रतिशत मदों से टैरिफ का उन्मूलन करना है। इससे इन दोनों देशों के आर्थिक संबंधों में तेज़ गति आयी है। 2003-04 से भारत चीन को पीछे छोड़कर सबसे बड़ा ओडीए प्राप्तकर्ता देश बन गया है। भारत को जापान का लगभग 30 प्रतिशत ओडीए प्राप्त होता है। सितंबर 2014 में भारतीय प्रधानमंत्री मोदी की जापान यात्रा के दौरान, जापानी प्रधान मंत्री शिन्जो आबे ने आने वाले अगले पांच वर्षों में भारत के सार्वजनिक (Public Sector) और निजी क्षेत्रों (Private Sector) में $ 35 बिलियन का निवेश करने का वादा किया था। दोनों देशों ने वर्ष 2019 तक जापानी एफडीआई (FDI) और भारत में जापानी कंपनियों की संख्या को दोगुनी करने का लक्ष्य भी निर्धारित किया था। वर्तमान में भारत के विभिन्न हिस्सों में लगभग 1000 जापानी कंपनियां काम कर रही हैं, जिसमें कैनन, कसिओ (Casio), फुजी फोटो, हौंडा, सुजुकी, सोनी, मित्सीबिशि, तोशिबा, पैनासोनिक, यामाहा, टेयोटा, निशान, आदि प्रमुख जापानीज कम्पनियाँ हैं।

दोनों राष्ट्रों के मध्य द्विपक्षीय व्यापार उतना अच्छा नहीं है जितना कि होना चाहिए था। चीन के साथ जापानी द्विपक्षीय व्यापार की तुलना में, भारत-जापान व्यापार अभी भी बहुत कम है। वही चीन भारत के सबसे बड़े व्यापारिक भागीदार के रूप में उभरा है। हालांकि पिछले दो दशकों से भारत-जापान व्यापार में वृद्धि हुई है, और इस्पात, ऑटोमोबाइल पार्ट्स और मशीनरी की प्रसंस्करण जैसे उत्पादों में जापान से भारत में निर्यात में बढ़ोत्तरी दर्ज की गयी है। हालांकि 2008-09 वैश्विक आर्थिक संकट (Global Economic Crisis) के चलते दोनों देशों की मुद्रा में उतार-चढ़ाव के कारण 2009 में द्विपक्षीय व्यापार में गिरावट आई थी। लेकिन 2010 में लंबी चर्चा के बाद, दोनों देश द्विपक्षीय व्यापार को तेज करने के लिए 'व्यापक आर्थिक साझेदारी समझौते (Comprehensive Economic Partnership Agreement) पर हस्ताक्षर करने पर सहमत हुए और जिसे 2011 में लागू कर दिया गया हैं, इस समझौते को लागू करते समय भारत-जापान द्विपक्षीय व्यापार कुल 10 अरब डॉलर का हुआ करता था। वित्तीय वर्ष 2012-13 में, भारत-जापान द्विपक्षीय व्यापार 18.61 अरब अमेरिकी डॉलर तक पहुंच गया था। जो 2006-07 और 2012-13 के बीच दोनों देशों के मध्य द्विपक्षीय व्यापार दोगुना हो गया था। हालांकि 2015-16 में कुल व्यापार 2012-13 में 18.5 बिलियन डॉलर की चोटी से नीचे गिरकर 14.51 अरब डॉलर पर आ गया था। 2019-2020 तक दोनों देशो का लक्ष्य द्विपक्षीय व्यापार को 50 बिलियन डॉलर तक पहुंचाना हैं। 2015-16 में, भारत जापान को $ 4.66 बिलियन का निर्यात करता था जबकि आयात 9.85 अरब डॉलर का था। दोनों राष्ट्रों के मध्य व्यापार की अत्याधिक सम्भावनाओ के बाबजूद व्यापार की धीमी गति चिंता का विषय हैं। भारत जापान को पेट्रोलियम उत्पाद (Petroleum Products), लौह अयस्क (Iron Ore), रत्न और आभूषण (Gems and Jewellery) समुद्री उत्पाद (Marine Products), तेल भोजन (Oil Meals), फेरोलोय (Ferroalloys), अकार्बनिक/कार्बनिक रसायन (Inorganicéorganic Chemicals) आदि का निर्यात करता है। जबकि जापान भारत को मशीनरी (Machinery), परिवहन उपकरण (Transport Equipment), लौह और इस्पात (Iron and Steel), इलेक्ट्रॉनिक सामान (Electronic Goods) का आयात करता हैं।

भारत में जापानी विदेशी प्रत्यक्ष निवेश
(Japanese Foreign Direct Investment in India)

एफडीआई (FDI) भारत-जापान आर्थिक संबंधों का एक अन्य महत्वपूर्ण पहलू है। Japan Bank for International Cooperation (JBIC) के द्वारा किये गए सर्वेक्षण में भारत को सबसे आकर्षक निवेश गंतव्य के रूप में प्रथम स्थान दिया गया है। हाल के दिनों में भारत में जापानी एफडीआई में वृद्धि हुई है, लेकिन यह अभी भी जापान की कुल आउटवर्ड एफडीआई (Outward FDI) की तुलना में बहुत कम है। भारत जापान में निवेश करने वाला चौथा बढ़ा देश हैं। भारत में जापानी एफडीआई 2004 में 139 मिलियन अमरीकी डालर से बढ़कर 2008 में 5551 मिलियन डॉलर तक पहुंच गयी थी, जिसका सबसे बड़ा कारण जापान की क्ंपबीप सांक्यो के द्वारा भारत की रैनबैक्सी का अधिग्रहण था। भारत में जापानी एफडीआई 2013-14 में 1.7 अरब डॉलर से बढ़कर 2015-16 में 2.61 अरब डॉलर की हो गयी थी। अप्रैल 2000 से मार्च 2016 तक भारत में जापान के कुल निवेश की मात्रा 20.966 अरब अमेरिकी डॉलर की रही है, जो इस अवधि के दौरान भारत के कुल एफडीआई का लगभग 7 प्रतिशत था। 2000 से 2012 के दौरान जापानी कंपनियों ने भारत में 12.66 अरब डॉलर का वास्तविक निवेश किया है। यह भारत में कुल एफडीआई प्रवाह का 7 प्रतिशत था और जिसने जापान को मॉरीशस, सिंगापुर और अमेरिका के बाद भारत में चौथा सबसे बड़ा निवेशक बना दिया।

जापान की एफडीआई भारत में मुख्य रूप से ऑटोमोबाइल उद्योग (Automobile Industry), विद्युत उपकरण (Electrical Equipments), फार्मास्यूटिकल्स (Pharmaceuticals), व्यापार और दूरसंचार क्षेत्र में (Trading and Telecommunications Sector) आ रही है। भारत की तेजी से उभरती अर्थव्यवस्था और स्थिर निवेश वातावरण जापानी फर्मों के लिए बड़े अवसर प्रस्तुत करता है। भारत का बुनियादी ढांचा (Infrastructure), विनिर्माण (Manufacturing), ऑटोमोबाइल (Automobiles), बिजली (Power,), धातु (Metals), नवीकरणीय ऊर्जा (Renewable Energy), खाद्य प्रसंस्करण (Food Processing) और इलेक्ट्रॉनिक हार्डवेयर (Electronic Hardware) आदि कुछ क्षेत्र हैं जो जापानी निवेशकों और जापानीज कंपनियों के लिए निवेश के सुनहरे अवसर प्रदान करते हैं।

भारत में जापानी ओडीए (Japanese ODA to India)

जापानी आधिकारिक विकास सहायता (ओडीए) भारत-जापान आर्थिक संबंधों का एक और महत्वपूर्ण पहलू है। विकासशील देशों की सहयता करने के उद्देश्य से ओडीए की शुरुआत जापान ने कोलंबो योजना पर हस्ताक्षर किए जाने के बाद 1954 में आरम्भ की थी। जापान दुनिया में दूसरा सबसे बड़ा अनुदान देने वाला देश है। पिछले 30 वर्षों में जापान ने आधिकारिक विकास कार्यक्रम के माध्यम से लगभग 200 अरब डॉलर से भी अधिक विकास सहयता प्रदान की है और भारत 1958 में जापानी ओडीए प्राप्त करने वाला पहला देश था और 2003-04 में भारत चीन को पीछे छोड़कर जापानी ओडीए को प्राप्त करने वाला सबसे बड़ा देश बनकर भी उभरा हैं।

जापान लंबे समय से सक्रिय रूप से ओडीए के माध्यम से भारत को आर्थिक सहायता प्रदान कर रहा है। जापान ODA के माध्यम से भारत में कई मकसद की पूर्ति कर रहा है; प्रथम ओडीए 'जापान-भारत सामरिक और वैश्विक साझेदारी' के अनुसार भारत-जापान संबंधों को मजबूत करने के लिए महत्वपूर्ण साधनों में से एक है। दूसरा भारत के टिकाऊ विकास में ही एशिया का विकास शामिल है जो जापान की शांति और सुरक्षा के लिए जरुरी है। तीसरा ओडीए भारत के बुनियादी ढांचे सहित भारत में निवेश पर्यावरण में सुधार, भारत के सतत विकास और गरीबी में कमी लाने के लिए महत्वपूर्ण है, एक अनुमान के अनुसार भारत की 21.2 प्रतिशत से अधिक आबादी गरीबी रेखा में आती है जो दुनिया की कुल आबादी का एक तिहाई है। चौथा भारत दक्षिण एशियाई क्षेत्र में राजनीतिक और आर्थिक रूप से एक महत्वपूर्ण देश है। और अंतिम में, भारत आर्थिक उदारीकरण और मार्किट इकॉनमी, विनियमन की दिशा में सक्रिय प्रयासों सहित बाजार अर्थव्यवस्था के विकास को बढ़ावा दे रहा है। सहस्त्राब्दी विकास लक्ष्यों (एमडीजी) को प्राप्त करने के दृष्टिकोण से भी ओडीए बहुत आवश्यक है। इसलिए, भारत के विकास की दृष्टि से भारत में जापानी ओडीए अत्यधिक आवश्यक है।

भारत में जापानी व्यापार और निवेश में जो सबसे बढ़ी अड़चन है वह भारत का दयनीय या खराब बुनियादी ढांचा है। इसलिए, यह कोई आश्चर्य की बात नहीं है कि भारत को प्राप्त होने बाला ओडीए ऋण का एक बड़ा हिस्सा बिजली, बिजली और गैस, दूरसंचार और परिवहन क्षेत्रों जैसे कई बुनियादी ढांचागत परियोजनाओं के लिए आवंटित किया जाता है। वर्तमान में भारत में जापान लगभग 66 बुनियादी

ढांचा परियोजनाओं को ओडीए प्रदान कर रहा है। जिसमे सबसे प्रमुख परियोजनाएं; डीएमआईसी (दिल्ली मुंबई औद्योगिक कॉरिडोर), डीएफसी (समर्पित फ्रेट कॉरिडोर), और Delhi Metro Rail Project (DMRC) हैं।

उपर्युक्त परियोजनाओं के अलावा अन्य महत्वपूर्ण परियोजनाएं जो जापान द्वारा आर्थिक रूप और तकनीकी रूप से समर्थित जैसे चेन्नई मेट्रो परियोजना, दिल्ली मास रैपिड ट्रांसपोर्ट सिस्टम प्रोजेक्ट, गुवाहाटी जल आपूर्ति परियोजना, केरल जल आपूर्ति परियोजना, रांगाली सिंचाई परियोजना, सिक्किम जैव विविधता संरक्षण और वन प्रबंधन परियोजना, हिमाचल प्रदेश फसल विविधीकरण संवर्धन परियोजना, तमिलनाडु जैव विविधता संरक्षण और ग्रीन प्रोजेक्ट, पश्चिम बंगाल वन और जैव विविधता संरक्षण परियोजना, मध्य प्रदेश ट्रांसमिशन सिस्टम आधुनिकीकरण परियोजना, और दिल्ली जल आपूर्ति सुधार परियोजना आदि कुछ प्रमुख प्रोजेक्ट हैं।

निष्कर्ष

भारत-जापान सम्बन्धो ने पिछले एक दशक में उल्लेखनीय रूप से वृद्धि की हैं। जिसका श्रेय दोनों राष्ट्रों के द्वारा किये गए राजनैतिक और आर्थिक प्रयासों को जाता हैं 2010 में CEPA पर हस्ताक्षर करने के बाद, 2012-13 में द्विपक्षीय व्यापार शीर्ष पर पहुंच गया था। लेकिन फिर भी, आज चीन जापान का सबसे बड़ा व्यापारिक भागीदार बना हुआ है। दोनों राष्ट्रों के मध्य सम्भावनाओ के बावजूद अच्छे आर्थिक सम्बन्धो का न होना वास्तव में चिंता का विषय हैं। दोनों राष्ट्रों के मध्य द्विपक्षीय आर्थिक संबंधों के विकास में सबसे बढ़ी रुकावट भारत की घरेलू चुनौतियां हैं। जिसमे जापान की सबसे बढ़ी चिंता; भारत का खराब बुनियादी ढांचे का होना, श्रम कानून की जटिलता, नौकरशाही, उदारीकरण की प्रक्रिया को उचित तरीके से लागू करने के लिए राजनीतिक इच्छाशक्ति की कमी आदि प्रमुख है।

आज आवश्यकता इस बात की हैं कि भारत-जापान द्विपक्षीय संबंधों को अच्छा बनाये रखते हुए पारस्परिक लाभ के लिए इस साझेदारी को उच्च स्तर पर ले जाया जाये हैं। यही वह समय है जब भारत और जापान के नेता, लोगो और सिविल सोसाइटी को एक दूसरे के साथ कन्धा से कन्धा मिलाकर चलना पड़ेगा ताकि इस साझेदारी को और मजबूत किया सके। तथापि, भारत एवं जापान को अपने द्विपक्षीय व्यापार में तेजी लाने की जरूरत है। भारत और जापान दो ऐसे साझेदार है जो शांतिपूर्ण एवं स्थिर एशिया - प्रशांत क्षेत्र का तानाबाना बुनने में व्यस्त हैं।

एशिया के दो सबसे बड़े लोकतंत्रों तथा एशिया की सबसे बड़ी अर्थव्यवस्थाओं में से दो अर्थव्यवस्था के रूप में भारत और जापान के हित में हैं तथा नेताओ की यह जिम्मेदारी भी है कि इस क्षेत्र का समुद्री वाणिज्य न केवल भारत एवं जापान अपितु एशिया के सभी देशों के लिए भी परस्पर आर्थिक समृद्धि में योगदान करने के लिए अबाध रूप से जारी रहे। अंत में यह कहा जा सकता है कि भारत–जापान के दरम्यान; सुरक्षा, रणनीतिक और आर्थिक क्षेत्र में सहयोग के लिए बड़ी क्षमता है। जिनपर दोनों राष्ट्रों के नीतिनिर्धारकों को मिलकर काम करने की आवश्यकता हैं और यह सहयोग केवल इन दोनों देशों के बीच तक ही सीमित नहीं है बल्कि एशिया के विकास में भी मदद करेगा क्योंकि भारत और जापान एशिया की दो सबसे बढ़ी अर्थव्यवस्थाये है, और हम यह उम्मीद करते है कि आने वाले दशकों में भारत–जापान संबंध और अधिक मजबूत होकर उभरेंगे।

References

Dutt, V P (2016), "India's Foreign Policy since Independence" National Book Trust, India.

Geetanjali Natraj (2010) "India-Japan Investment relations: Trends and Prospects" ICRIER, Working paper no 245, New Delhi, January 2010.

Ghosh, Madhuchanda (2008) India-Japan's Growing Synergy : From Political to Strategic Focus, *Asian Survey*, Vol 48, No 2 (March/April 2008), pp-282-302.

Governments of Japan-India, Report of the India-Japan Joint Study Group, 2006, chapter-4, India-Japan Relations" Ministry of Foreign Affairs of Japan, http ://www.mofa.go.jp/region/asia-paci/india/data.html.

Horimoto, Takenori & Varma, Lalima (2013), "India-Japan Relations in emerging Asia" Manohar Publishers, New Delhi.

India, Japan Civil Nuclear deal comes into Force http :// www.thehindu.com/news/national/india-japan-civil-nuclear-deal-comes-into force/article19320024.ece.

Jain, Purnendra (2010) 'Japan-India Relations : Peaks and Trough' *the Roundtable : Commonwealth Journal of*

International Affairs, Published Online 13August 2010. http : //www.tandfonline.com/loi/ctrt20.

Joint Statement, Visit of Pranb Mukherjee, Minister of defence to Japan http ://mea.gov.in/bilateraldocuments.htm?dtl/6159/ Joint+Statement+Visit+of+Mr+Pranab+Mukherjee+Minister +of +Defence+to+Japan.

Joshi, Sanjana. "The Geopolitical Context of Changing Japan-India Relations" *UNISCI Discussion Papers* 32 (2014) : 117-136.

Joshy, M. Paul (2008) India-Japan : Reluctant Idealist to Practical Realism, *South Asian Survey*, December, 2008.

Khanna, VN (2013), "Foreign Policy of India" Vikas Publishing House, Noida.

M. D. Dharmadasani (ed.), (2004) "Indo-Japan Relations: Challenges and Opportunities" Kanisk Publisher, New Delhi.

Mathur, Arpita (2012) '*India-Japan Relations Drivers, Trends and Prospects*' RSIS Monograph 26, Published by S. Rajaratnam School of International Studies, Singapore.

Sisodia N.S. and G.V.C Naidu (2006) "India-Japan Relations: Partnership for Peace and Security in Asia" Published by Promilla & Co and Bibliophile South Asia.

Nakanishi, Hiroaki. "Japan-India civil nuclear energy cooperation : prospects and concerns." *Journal of Risk Research* (2014).

Paneersalvam Prakash, 'Modi's Trip to Tokyo : Takeaway for India-Japan relations' https://thediplomat.com/2016/11/ modis-trip-to-tokyo-takeaways-for-india-japan-relations/.

Pinto, Vivek (2006) A Strategic Partnership between India and Japan, *Economic and Political Weekly*, Vol- 42, No 52, (Dec, 30, 2006 to Jan 5, 2007).

Varma, Lalima (2009) 'Japan's Official Development Assistance to India : A Critical Appraisal' *India Quarterly Journal of International Affairs*, 2009, 65 : 237.

"India-Japan civil nuclear Cooperation deal comes into Force" : http ://www.financialexpress.com/india-news/india-japan-civil-nuclear-cooperation-deal-comes-into-force/771969/.

"India-Japan Economic Relations" Embassy of India, Tokyo, Japan; https ://www.indembassytokyo.gov.in/india_japan_economic_relations.html,

"India-Japan Economic Relations" Embassy of India, Tokyo, Japan; https ://www.indembassy-tokyo.gov.in/india_japan_economic_relations.html, .Also see Ministry of Commerce, India.

"India-Japan sign landmark civil nuclear deal" https ://timesofindia.indiatimes.com/india/India-Japan-sign-landmark-civil-nuclear-deal/articleshow/55371858.cms.

"Japan's ODA disbursements to India" http ://www.mofa.go.jp/policy/odÏ/dÏta/pdfs/india.pdf.

"Japan's Official Development Assistance (ODA) loan of Rs. 21,590 Corer to India for financial Year 2016-17" Minstry of Finance, Government of India : http ://pib.nic.in/newsite/PrintRelease.aspx?relid=160362

"Joint Statement towards India-Japan Strategic and global partnership" Ministry of External Affairs, Government of India : http ://mea.gov.in/bilateral-documents.htm?dtl/6368/Joint+Statement+Towards+IndiaJapan+Strategic+and+Global+Partnership.

"Joint Statement towards India-Japan Strategic and Global partnership" Ministry of ExternalAffairs, Government of India : http ://mea.gov.in/bilateral-documents.htm?dtl/6368/Joint+Statement+Towards+IndiaJapan+Strategic+and+Global+Partnership.

"Outline of Japan's ODA to India" , Ministry of Foreign Affairs, Japan; http ://www.mofa.go.jp/policy/odÏ/region/sw_asia/india_o.pdf.

"Overview of Japanese Official Development Assistance to India" June 2017, http ://www.mofa.go.jp/policy/odÏ/region/sw_asia/india_o.pdf.

ëision for India-Japan Strategic and Global Partnership in the next decade" Press Information Bureau, Government of India : http : //pib.nic.in/newsite/Print Release.aspx?relid=66562.

ëision for India-Japan Strategic and Global Partnership in the next decade" Press Information Bureau, Government of India : http : //pib.nic.in/newsite/PrintRelease.aspx?relid=66562.

Developent assistance from Japan : http :/ web.worldbank.org/Wbsite/External/Countries/Eastasiapacificext/Japanextn/0,,contentMDK :20647244~menuPK:1685924~pagePK :1497618~piPK :217854~theSitePK :273812,00.html

• • •

16

भारत-अफ्रीका सम्बन्ध

लोकेश कुमार*

अफ्रीका महाद्वीप के साथ भारत के संबंध सदियों पुराने हैं तथा औपनिवेशिक युग से पहले के हैं। लाखों वर्ष पूर्व हिंद महासागर की उत्पत्ति से पूर्व भारत और अफ्रीका महाद्वीप एक ही भू-भाग, 'गोंडवानालैंड' का हिस्सा रहे, भारतीय उपमहाद्वीप अफ्रीका महाद्वीप के सबसे निकट है। हिंद महासागर इन दोनों महाद्वीपों को एक दूसरे से पृथक करने का कार्य करता है, हिंद महासागर के मार्ग से होकर इतिहास पूर्व के समय में भारत में अफ्रीकी तट और फारस की खाड़ी के साथ व्यापारिक एवं वाणिज्यिक संबंध स्थापित किए थे। आधुनिक राज्यों के संबंध में काफी पहले से भारतवासियों के पूर्वी अफ्रीका तटीय एवं अरब देशों के बीच व्यापार फल फुल रहा था। यूरोपीय औपनिवेशीकरण ने इस रिश्ते को प्रतिकूल रूप से प्रभावित किया। बहरहाल, भारत तथा अफ्रीकी देशों की स्वतंत्रता के बाद दोनों के बीच संलग्नता में तेजी आई। इसका ही परिणाम है, कि अफ्रीका की आजादी तथा वहां के रंगभेद की समाप्ति के प्रयासों में भारत की एक अग्रिण देश के रूप में भूमिका रही है।

हम देखते है कि भारत की अफ्रीका के साथ संलग्नता मुख्य रूप से चार बुनियादी कारको पर निर्भर करती हैं: प्रथम बात यह कि, अफ्रीकी देशों और भारत के बीच एकजुटता का भाव सदेव रहा है; दूसरे, अफ्रीका के किसी एक देश विशेष या फिर इस सम्पूर्ण महाद्वीप के साथ भारत के हितों का कोई टकराव नहीं रहा है, तीसरे, दोनों एक जैसे ही ऐतिहासिक अनुभव के दौर से गुजरे हैं तथा अंतिम बात यह कि, भारत तथा कई अफ्रीकी देशों की सामाजिक-आर्थिक स्थितियों में भी समानता हैं जो कि इन दोनों के बीच दृढ़ विश्वास और आपसी सहयोग को मजबूती प्रदान करता है।

---

* शोधार्थी- अफ्रीका अध्ययन विभाग (दिल्ली विश्वविद्यालय)

अफ्रीका का महत्त्व भारत के लिए

भौगोलिक आकार की दृष्टि से अफ्रीका महाद्वीप में भारत जैसे कई देश समा सकते हैं। क्यूंकि अफ्रीका महाद्वीप, भारत के क्षेत्रफल से लगभग 10 गुना अधिक बड़ा है। अफ्रीका के पास लगभग तीन करोड़ वर्ग किमी. क्षेत्र में फैली खनिजों, तेल एवं गैस की खदानें उसकी महत्ता को सम्पूर्ण विश्व में प्रदर्शित करती हैं। अफ्रीका से प्राप्त किए गए कच्चे माल से भारत न केवल अपनी मुख्य आवश्यकताओं को पूरा कर सकता है, बल्कि कुछ हद तक इसके कारणवश विश्व की महाशक्ति बनने की ओर भी अग्रसर हो रहा है। बदलते वैश्विक परिवेश में 21 वीं सदी में अफ्रीका महाद्वीप भारत के लिए एक बड़े बाजार के रूप में प्रमुख भूमिका निभा रहा है।

इसके अतिरिक्त संयुक्त राष्ट्र समेत अन्य वैश्विक संस्थाओं में सुधार तथा सुरक्षा परिषद में स्थायी सदस्यता की भारत कई दशको से वैश्विक मंच पर मांग उठाता आ रहा है। इसको प्राप्त करने में अफ्रीकी देश भी भारत की मदद करते हैं। हिंद महासागर से जुड़े होने के कारण सुरक्षा दृष्टिकोण से भी अफ्रीकी महाद्वीप का भारत के लिए एक विशेष सामरिक महत्त्व है। हालांकि इस दिशा में चीन, भारत से कहीं आगे है तथा भारत का प्रमुख प्रतिद्वंद्वी भी है। अफ्रीका के प्रति भारतीय कूटनीति में वैसी कुटिलता हमे देखने को नहीं मिलती है, जैसी कि चीन की नव–साम्राज्यवादी कूटनीति में देखने को मिलती है। इस कारण से अफ्रीकी देशों में भारत की छवि अच्छी है जिसका लाभ भारत को सदैव मिलता आ रहा है।

भारत का महत्त्व अफ्रीका के लिए

अफ्रीका के तमाम विकासशील एवं अल्प–विकसित देशों को अपने विकास के लिए विदेशी पूंजी, विशेषज्ञता और तकनीक की जरूरत है। बदलते वैश्विक परिवेश में भारत ने अफ्रीकी देशो के विकास में बड़ा योगदान दिया है। कई भारतीय कंपनियों ने बड़े पैमाने पर अफ्रीकी देशों में निवेश किया है। पश्चिमी बहुराष्ट्रीय कंपनियों के मुकाबले कई भारतीय उद्योगों को अफ्रीका में इसलिए प्रमुखता मिली क्योंकि लागत और मूल्य के हिसाब से वे अफ्रीकी परिस्थिति के अधिक अनुकूल हैं। हाल के वर्षों में अनुदान, प्रत्यक्ष विदेशी निवेश तथा रियायती ऋणों के रूप में भारत से अफ्रीका में पर्याप्त वित्तीय प्रवाह हुआ हैं।

अफ्रीका में भारतीय प्रवासियों की संख्या 2.6 मिलियन के आस–पास है तथा यह अफ्रीका के 46 देशों में विस्तृत है। ये लोग अफ्रीकी देशों की अर्थव्यवस्था के विकास में महत्त्वपूर्ण योगदान दे रहे हैं। अफ्रीका के साथ कई अन्य राष्ट्रों का

अपेक्षाकृत बड़ा द्विपक्षीय संबंध हो सकता है, लेकिन भारत के साथ इसकी संबद्धता की सबसे महत्त्वपूर्ण विशिष्टता यह है कि इसका मुख्य ध्यान नवीन क्षमता निर्माणकारी कार्यक्रमों और सूचना और संचार प्रौद्योगिकी (ICT) के उपयोग पर केंद्रित है, जो अफ्रीका महाद्वीप में ज्ञान आधारित अर्थव्यवस्था का निर्माण करने में संलग्न है। अफ्रीका, भारत के सहयोग से अपनी तमाम समस्याओं से निजात पाने में काफी हद तक सफल हो सकता है, क्योंकि दोनों की समस्याएं लगभग एक जैसी ही हैं, इसलिए आपसी सहयोग अनिवार्य शर्त है।

ऐतिहासिक पृष्ठभूमि

यद्यपि यह कहना तो संभव नहीं है कि किस निश्चित समय पर अफ्रीकी देशों ने भारतीय व्यापारियों और लोगो के साथ में संपर्क स्थापित किए थे। फिर भी पाश्चात्य एवं भारतीय विद्वानों का विश्वास है कि प्राचीन भारतीय समाज को पूर्वी अफ्रीकी तटों का समुचित ज्ञान प्राप्त था। इसी कारण माना जाता है कि पूर्वी अफ्रीका और भारत के संबंध पौराणिक युग से विद्यमान थे। भारतीय पुराणों के अनुसार पृथ्वी मुख्य रूप से 7 प्रदेशों में विभाजित थी। जिनमें से इसके एक भाग को कुश कहा जाता था। जिसकी पहचान विभिन्न विद्वानों ने पूर्वी अफ्रीका के हार्न ऑफ अफ्रीका स्थिति इथोपिया देश से की है। सन 1792 में लेफ्टिनेंट फ्रांसिस विल्फोर्ड ने बंगाल की एशियाटिक सोसाइटी में अपने प्रस्तुत एक लेख में विचार व्यक्त करते हुए कहा था कि भारतीयों ने व्यापार के दौरान नील नदी के साथ-साथ अपनी बस्तियां स्थापित कर ली थी, उन्होंने विक्टोरिया झील के आसपास के क्षेत्र में भी अनुसंधान संबंधी बहुत से कार्य किए थे। आज यह प्रदेश वर्तमान समय में केन्या एवं युगांडा देशों की सीमा पर स्थित है। उन्होंने दावा किया कि भारतीय पुराणों में जिस काली एवं नील नदी का उल्लेख किया गया है वही आधुनिक समय की विश्व प्रसिद्ध नील नदी है। भागवत पुराणों में विश्व की कल्पना एक विशाल कमल के फूल के रूप में की गई थी जिसमें कि मुख्य रूप से चार बड़ी और छोटी पत्तियां थी, दो छोटी पत्तियां विल्फोर्ड के अनुसार 4 बड़ी पत्तियों में भारत, यूरोप, साइबेरिया एवं चीन का प्रतिनिधित्व करती थी तथा दो छोटी पत्तियां भारत एवं यूरोप के मध्य स्थित सांच (जंजीबार) तथा हरीना (मेदागास्कार) का प्रतिनिधित्व करती थी।

19वीं सदी में अनुसंधानकर्ता जॉन हैनिंग ने अपनी रचना (Journal of the Discovery of the Source of Nile) में उल्लेख किया है कि हिंदुओं ने ईसा

मसीह के जन्म से पूर्व हाथी दांत आदि का व्यापार आरंभ कर दिया था। आर. के. मजूमदार के अनुसार इस बात के प्रमाण भी मिले हैं, कि भारत तथा बेबोलिना के बीच समुद्र व्यापार ईशा पूर्व छठी शताब्दी के करीब विकसित हुआ था। उस समय तक अनेक भारतीय व्यापारियों द्वार अरब प्रदेश एवं पूर्वी अफ्रीकी तट पर अपने निवास स्थान स्थापित किये गए थे। सातवीं शताब्दी में रोमन साम्राज्य के पतन के साथ भारतीयों के हाथ में जो व्यापार निकल गया था, उसके विकल्प उन्होंने शीघ्र ही नए बाजार तलाश करें, लगभग उसी समय भारत और फ्रांस की नाविक शक्ति का विस्तार भी हुआ था, जिसने भारत और अफ्रीका महाद्वीप के ऐतिहासिक व्यापारिक संबंधों को विकसित करने में मुख्य भूमिका निभाई।

छठी शताब्दी में गुप्त साम्राज्य के अंतिम वर्षों के दौरान सिंध एवं गुजरात के कुछ हिस्सों में पश्चिम दिशा की ओर से आने वाले नाविकों के उद्यम प्रमुख केंद्र स्थापित हो गए थे। अल इदरीसी का मानना है कि पूर्वी अफ्रीका से निर्यात की जाने वाली वस्तुओं में लोहे का एक प्रमुख स्थान था, जिसकी उस समय में भारत में बहुत अधिक मांग थी। हेलिंग्स्वोर्थ की पुस्तक (Short History of East African Coasts) के अनुसार भारत के उत्तर पश्चिमी प्रदेश गुजरात से लेकर जंज की ओर अनेक जहाज आते थे, जिनसे सूती कपड़े के अतिरिक्त अन्य पदार्थों का आवागमन होता था वापसी में यही जहाज अफ्रीका से भारत के लिए लोहा, हाथी दांत, चीते की खाल और अफ्रीकी गुलामों को यहां से ले जाया करते थे।

भारत के उत्तर पश्चिमी भाग में मुसलमानों के आक्रमण तथा उनके प्रचार से दक्षिण प्रशासन के व्यापारी मुसलमान राजाओं के अधीन होकर व्यापार करने लगे और इस काल में अफ्रीका के साथ भारत के व्यापारिक संबंधों में वृद्धि हुई। सन 1453 से 1474 की अवधि में भारत में अफ्रीकी गुलाम होने के प्रमाण मिलते हैं। कई विचारको का मानना है कि बंगाल के शासक रुख उर दियो-ब्बर्क ने 8000 अफ्रीकी दास खरीदे थे। साथ ही साथ भारत के ऐतिहासिक अध्ययन से यह प्रमाण भी मिलते हैं, कि दिल्ली सल्तनत के अलाउद्दीन खिलजी के आगमन से पूर्व गुलाम वंश का उदय और पतन हुआ था। भू-वैज्ञानिकों के सर्वेक्षण से इस बात की भी जानकारी मिलती है कि जिंबांबे तथा सोमालिया के तिलवा प्रदेश में मस्जिदों तथा अन्य इमारतों के अवशेषों से भारतीयों के प्रभाव का पता चलता है।

औपनिवेशिक युग

भारत और अफ्रीकी संबंधो का दूसरा चरण 1498 से पुर्तगाली द्वारा समुद्री मार्ग की खोज के साथ में प्रारंभ हुआ। जिसमे अन्य यूरोपीय देशो ने अपने व्यापार-

वाणिज्य के विस्तार के लिए इसी मार्ग को अपनाया। यूरोपीय देशों के द्वारा 1440 से 1900 ईस्वी तक अपने विशिष्ट वैज्ञानिक प्रौद्योगिकी तथा संगठनात्मक शक्ति के द्वारा अफ्रीका और एशिया में अपने-अपने उपनिवेश स्थापित किये गए, भारत तथा अफ्रीका के तटीय देशों के मध्य हो रहे शांतिपूर्ण समुद्री व्यापार को यूरोप देशों ने अपने अधीन कर लिया।

पुर्तगाल ने भारत तथा अफ्रीका के हिन्दमहासागर के दो छोर पर स्थित गोवा एवं मोजांबिक पर 16 वीं शताब्दी से नियंत्रण स्थापित कर लिया था। इग्लैंड ने 1806 में केप कालोनी (दक्षिण अफ्रीका) को अपने अधिकार में ले लिया। उन्होंने 1810 में मॉरिशस पर भी अपना अधिकार स्थापित किया, एवं 1843 में नटाल प्रान्त का केप कालोनी में विलय कर लिया। सन 1858 में ब्रिटिश सरकार ने भारत को अपने साम्राज्य में प्रत्यक्ष रूप से मिला लिया तथा सन 1885 के पश्चात अंग्रेज, जर्मनी, इटली एवम फ्रांस ने पूर्व अफ्रीकी तट के प्रदेशों को आपस में विभाजित कर लिया तथा हिंद महासागर के दोनों ओर यूरोपीय साम्राज्यवादी नियंत्रण स्थापित होने से भारत-अफ्रीकी के मध्य में सामाजिक तथा सांस्कृतिक संपर्क स्थापित हुए।

स्वतंत्रता के पश्चात भारत अफ्रीका सम्बन्ध

पंडित जवाहरलाल नेहरू के नेतृत्व में भारत सरकार ने भारत की विदेश नीति के मूल सिद्धांत के रूप में साम्राज्यवाद-विरोधी, उपनिवेशवाद-विरोधी तथा नस्ल भेद-भावविरोधी नीति को अपना मूल आधार बनाया था। यह सिद्धांत भारत के राष्ट्रपिता महात्मा गांधी की नेतृत्व में चलाए गए स्वतंत्रता संग्राम के आधारभूत मूल्यों के अनुसार ही लागू किया गया था। इस नीति के अनुसार भारत सरकार ने 1948 में संयुक्त राष्ट्र में जातीय भेदभाव की नीति पर प्रश्न उठाया तथा इसके विरोध में दक्षिण अफ्रीका के साथ अपने राजनयिक एवम कुटनीतिक संबंध को समाप्त कर दिया। भारत ने अफ्रीका के औपनिवेशिक देशों को स्वतंत्रता दिलाने के लिए शांतिपूर्ण एवं हिंसात्मक संघर्ष के माध्यम से स्वतंत्रता प्राप्त करने का समर्थन किया। भारत ने इसके साथ-साथ संयुक्त राष्ट्र के ध्वज के तले रहकर भारतीय सैनिकों को अल्जीरिया, कांगो आदि देशों में शांति स्थापना के लिए शांति सैनिकों को भेजा। इसके अलावा भारत सरकार ने अफ्रीका में रह रहे प्रवासियों से यह आग्रह भी किया कि वह भी अफ्रीका के विभिन्न देशों में जो औपनिवेशि सत्ता के विरुद्ध में संघर्ष चल रहा है उसमें अफ्रीकी देशों की जनता का आर्थिक, सामाजिक

एवं राजनीतिक रूप से समर्थन करें तथा उनको इस समस्या से निजात दिलाने का हर संभव प्रयास करें।

अफ्रीकी देशो की भारत के प्रति स्वतंत्रता के उपरान्त नीति

शीत युद्ध के परिवेश ने अफ्रीकी देश के राजनेताओं द्वारा अपने स्वार्थ की पूर्ति के लिए अफ्रीका के विभिन्न समाज में एक प्रकार से फूट डालने का कार्य किया। जिसके कारणवश उपनिवेशवाद के विरुद्ध उठे हिंसात्मक संघर्ष की भावना पर अनेक अफ्रीकी नेताओं ने इस दौरान अफ्रीका में संयुक्त राष्ट्र के तत्वाधान में तैनात भारतीय सैनिकों को संदेह की दृष्टि से देखा। जिसमें अफ्रीकी नेताओं के द्वारा भारत विरोधी प्रचार किया गया उन्होंने अफ्रीका के मूल निवासियों को भारतीयों के साथ व्यापार, वाणिज्य और रोजगार एवं शिक्षण लाभ को उनसे छीनने के विरोध में उकसाया। इसके साथ-साथ पाकिस्तान एवं चीन के साथ भारत-सीमा विवाद के चलते अफ्रीकी वासियों ने भारत की उपनिवेशवाद छवि पर भी प्रश्नचिह्न लगाया। उन परिस्थितियां में इथोपिया, कीनिया, नाइजीरिया तथा लीबिया जैसे देशों ने ही 1962 में भारत-चीन युद्ध के समय भारत का समर्थन किया था। इसी कारणवश पंडित नेहरू की अफ्रीका संबंधी विदेश नीति में 1962 के बड़े पैमाने पर परिवर्तन आया। ऐसा भारत के बदलते राष्ट्रहित की पृष्ठभूमि को ध्यान में रखकर किया गया। इसके परिणाम स्वरूप भारत सरकार ने व्यापक पैमाने पर अफ्रीका के विभिन्न देशों में आर्थिक व्यापार को बढ़ाने के लिए निवेश करना आरंभ किया। इसका प्रणाम यह हुआ कि भारत और अफ्रीका महाद्वीप के देशों के संबंध में मधुरता आनी प्रारंभ हुई।

गुट निरपेक्षता

गुटनिरपेक्षता की नीति भारत तथा अफ्रीकी राज्यों के लिए साझा मंच बनकर उभरी है जहां अंतर्राष्ट्रीय स्तर पर नव स्वतन्त्र देशो के विकास, निरस्त्रीरीकरण, उपनिवेशवाद उन्मूलन के लिए भारत तथा अफ्रीका के देशों ने मिलकर प्रयास किये है। 1970 के दशक के पश्चात स्वतंत्रता अफ्रीकी देशों ने गुट निरपेक्षता की नीति को अपनी संप्रभुता की रक्षा के लिए अपनाया।

अफ्रीकी देशों की उपस्थिति से संयुक्त राष्ट्र में भी गुटनिरपेक्षता की नीति को बहुमत प्राप्त हो गया। इन नवस्वतंत्र देशो को समाजवादी गुट के साथ-साथ भारत, मिश्र, तथा इंडोनेशिया जैसे देशों का सक्रिय रुप से सहयोग प्राप्त हुआ। इसके कारण ही अफ्रीका देशों ने महासभा में विभिन्न समस्याओं के सन्दर्भ में प्रस्ताव

पारित करवाने में सफलता प्राप्त की। इसके साथ ही नई अंतर्राष्ट्रीय अर्थव्यवस्था की स्थापना के लिए पारित महासभा के प्रस्ताव, दक्षिण अफ्रीका की सरकार को अंतर्राष्ट्रीय समुदाय से अलग-अलग करने, दक्षिण अफ्रीका में उपनिवेशवाद उन्मूलन आदि विचारों को संयुक्त राष्ट्र में अफ्रीकी देशों दारा उठाया गया। इनमे से कुछ महत्वपूर्ण मुद्दों को भारत के सहयोग से अफ्रीकी देशों ने गुटनिरपेक्षता के सम्मेलन में भी समय-समय पर उठाया।

गुटनिरपेक्षता की नीति को मुख्य रूप से शीत युद्ध के दौरान नवस्वतंत्र देशो की संप्रभुता को संरक्षण देने के लिए लागू किया गया था। लेकिन शीत युद्ध की समाप्ति के बाद भी यह नीति एक नये परिवेश में सभी देशों के हितो को ध्यान में रख कर कार्य कर रही है। उसका ही परिणाम है कि वर्तमान समय में भी यह नीति भारत-अफ्रीकी देशो को जोड़ने में 21 वीं सदी में भी मुख्य भूमिका निभा रही है।

दक्षिण-दक्षिण सहयोग

भारत ने हमेशा 'दक्षिण-दक्षिण सहयोग' (South-South Cooperation) को महत्व दिया है। यह 'दाता-ग्रहीता' प्रतिरूप पर आधारित पश्चिम की सहायता संकल्पना को अस्वीकार करता है। इसमें भारत की विकासपरक भागीदारी मुख्यता तीन सिद्धांतों पर आधारित है : कि भारत किसी भी देश पर अपनी शर्तें नहीं थोपता है, नीतियाँ निर्धारित नहीं करता है, न ही किसी देश की संप्रभुता पर प्रश्न खड़ा करता है। विश्व में दक्षिण-दक्षिण सहयोग का विचार एफ्रो-एशिया सम्मलेन के बाद में उभर कर आया जिसमे सभी नव स्वतंत्र देशो ने अपनी साझी ओपनिवेशिक विरासत के कारण साझे हितो की और ध्यान केन्द्रित किया, इसका ही परिणाम था कि भारत ने अफ्रीका के देशों पर विशेष रूप से ध्यान केद्रित करना प्रारंभ किया। दक्षिण-दक्षिण सहयोग को लेकर अफ्रीका में भारत की अग्रणी पहल 1964 में शुरू हुई जब 'भारतीय तकनीकी एवं आर्थिक सहयोग' (आईटीईसी) कार्यक्रम को भारत ने अफ्रीका के विभिन्न देशों में प्रारंभ किया। इस कार्यक्रम का जोर मुख्य रूप से अफ्रीका में मानव-संसाधन विकास तथा क्षमता-निर्माण करना था, इसकी वजह से हजारों अफ्रीकी नवयुवक तथा नवयुवतियो को कृषि, लेखाशास्त्र, सूचना प्रौद्योगिकी, प्रबंध-शास्त्र तथा लघु और मझोले उद्योग के क्षेत्र में प्रशिक्षित किया गया। भारत-अफ्रीका मंच के प्रथम शिखर-सम्मेलन में, आईटीईसी के अंतर्गत दी जाने वाली छात्रवृत्तियों की संख्या तत्कालीन 1,000 से बढ़ाकर 1,500 कर दी

गईं। दूसरे शिखर–सम्मेलन के दौरान, भारत ने 20,000 अफ्रीकी विद्यार्थियों को अगले तीन वर्षों में प्रशिक्षित करने की प्रतिबद्धता जताई। इसी कड़ी में अगला तर्कसंगत कदम उठाते हुए भारत ने अफ्रीकी देशों में प्रशिक्षण केंद्र स्थापित करने का फैसला किया और 70 करोड़ अमेरिकी डॉलर इस उद्देश्य के लिए निर्धारित किए। एक अन्य सफल भारतीय परियोजना पैन अफ्रीकन ई–नेटवर्क है जो पूरे अफ्रीकी महादेश में संचालित हो रही है। इसके तहत अफ्रीका के विश्वविद्यालयों और अस्पतालों को ई–स्वास्थ्य तथा ई–शिक्षा के मामले में सक्षम बनाने के लिए भारत के समतुल्य विश्वविद्यालयों और अस्पतालों से जोड़ा गया है।

21वीं सदी में भारत-अफ्रीका सम्बन्ध

वर्तमान समय में भारत–अफ्रीका के बीच भागीदारी एक अलग स्तर पर कायम हुई है क्योंकि भारत तथा अफ्रीका, दोनों ही जगह पर शीत युद्ध की समाप्ति के बाद में नाटकीय बदलाव आये हैं। शीत युद्ध की समाप्ति के बाद, अफ्रीका के राजनैतिक तथा आर्थिक, दोनों ही क्षेत्रों में बड़ा प्रत्यक्ष पुनरुत्थान हुआ है कुछ लोगों ने तो इसको अफ्रीकी नवजागरण की संज्ञा दी है। आज, अधिकतर अफ्रीकी देशों ने बहु–दलीय लोकतान्त्रिक व्यवस्था को अपना लिया है। इसके साथ ही अफ्रीका में अब पहले की तुलना में हिंसक संघर्ष तथा सैन्य तख्ता–पलट की घटनाओं में जबर्दस्त कमी आई है। आर्थिक स्तर पर पुनरुत्थान कहीं अधिक विशिष्ट रूप में सम्पूर्ण अफ्रीका महाद्वीप में देखने को मिला है। आज समस्त विश्व की सबसे तीव्र गति से विकास कर रही 10 अर्थव्यवस्थाओं में से सात उप–सहारीय अफ्रीका में हैं। इसके साथ–साथ पिछले दो दशकों में, भारत भी अब विश्व की प्रमुख उभरती हुई अर्थव्यवस्थाओं में गिना जाने लगा है। इसका ही परिणाम है कि भारत और अफ्रीका के बीच भागादारी को नई मजबूती मिली है।

आज वैश्वीकरण के दौर में भारत के लिए अफ्रीका महाद्वीप का महत्व बढ़ गया है। अंतर्राष्ट्रीय स्तर पर वैश्विक शक्ति बनने की भारत की महत्वकांक्षाएँ 55 देशों को समाहित करने वाले अफ्रीकी महाद्वीप के समर्थन के बिना पूरी नहीं हो सकती। संयुक्त राष्ट्र सुरक्षा परिषद के विस्तार के मुद्दे पर भारत ने अफ्रीकी देशों का महत्व सबसे अधिक महसूस किया। भारतीय उप–महाद्वीप के बीस लाख से ज्यादा प्रवासी अफ्रीका में हैं। भारत के लिए अफ्रीका को संलग्न करने की एक बड़ी जरुरत इस वजह से भी पैदा होती है। इसके अलावा कुछ आर्थिक कारण भी हैं जिसमें शामिल है अफ्रीका से हासिल होने वाले मूल्यवान प्राकृतिक संसाधन, और बढ़ते हुए मध्यवर्ग के बीच विकसित होता अफ्रीका का विशाल बाजार।

भारत–अफ्रीका के बीच व्यापार में हाल के वर्षों में शानदार बढ़ोतरी हुई है और इससे दोनों के बीच में भागीदारी को नई मजबूती मिली है। दोनों के बीच में वर्ष 2005 में मात्र 20 अरब अमेरिकी डॉलर का व्यापार हुआ था, जो 2010 में बढ़कर 53 अरब अमेरिकी डॉलर तक पहुंच गया और साल 2015 तक इसके 90 अरब अमेरिकी डॉलर तक पहुंचने की संभावना है। (MEA Report 2015) अफ्रीका में भारत का निवेश भी बड़े पैमने पर बढ़ा है। अफ्रीका में भारत ने कुल 50 अरब अमेरिकी डॉलर का निवेश किया है। इसमें +35 अरब अमेरिकी डॉलर का निवेश सार्वजनिक क्षेत्र से तथा 15 अरब अमेरिकी डॉलर का निवेश निजी क्षेत्र से हुआ है। लगभग 250 से अधिक भारतीय कंपनियों का अफ्रीका के साथ निवेश का रिश्ता है। इसमें भारती एयरटेल, टाटा, किर्लोस्कर, महिंद्रा, बजाज, एस्सार समूह, एनआईआईटी, तथा सिप्ला जैसे बड़े नाम शामिल हैं।

निजी क्षेत्र इस भागीदारी को आगे बढ़ाये, इसकी बुनियाद तैयार करते हुए भारत सरकार ने बड़ी सक्रियता से उपाय किए। 2008 में इंडिया–अफ्रीका फोरम समिटस् (भारत–अफ्रीका शिखर–सम्मेलन मंच) की स्थापना, इन शिखर–सम्मेलनों में लिए गए निर्णयों ने संलग्नता की प्रकृति में गुणात्मक अंतर पैदा किया है। उदाहरण के लिए, पहले शिखर–सम्मेलन के दौरान, भारत ने अफ्रीका के 34 अल्पतम विकसित देशों (एलडीसी) से आयात के तरजीही बाजार–पहुंच की एकतरफा पेशकश की थी। दोनों शिखर–सम्मेलनों में कुल मिलाकर 10 अरब अमेरिकी डॉलर की ऋण व्यवस्थाएँ (एलओसी) हुई। इसके अलावा, 30 करोड़ अमेरिकी डॉलर इथियोपिया–जिबूती रेलमार्ग के लिए उद्दिष्ट किए गए। भारत के विदेश मंत्रालय में हाल ही में 'डेवलपमेंट पार्टनरशिप एडमिनिस्ट्रेशन' का गठन हुआ है। इससे एलओसी के अंतर्गत आने वाली परियोजनाओं के त्वरित तथा प्रभावकारी क्रियान्वयन में मदद मिलेगी।

आने वाले दिनों में अफ्रीका महाद्वीप वैश्विक स्तर पर एक प्रमुख विनिर्माण–केंद्र (मैन्युफैक्चरिंग हब) बनकर उभरने वाला है। इस बात की पहचान करते हुए भारत अफ्रीका में क्षमता–निर्माण की पहलकदमियां मानव–पूंजी में निवेश की दृष्टि से कर रहा है। 2010 की मैक्किंसे रिपोर्ट के अनुसार साल 2040 तक 1.1 अरब अफ्रीकी लोग कार्य करने के आयु–वर्ग में होंगे। इस दूरदृष्टि; भारत और अफ्रीकी अर्थव्यवस्थाओं के बीच की स्वाभाविक परिपूरकता तथा उत्कृष्ट राजनीतिक संबंधों का साफ मतलब है कि आने वाले वर्षों में भारत–अफ्रीका भागीदारी को और आगे बढ़ते जाना है। (मेकिंस्शे रिपोर्ट 2010)

भारत-अफ्रीका मंच शिखर सम्मेलन

भारत-अफ्रीका मंच शिखर सम्मेलन (India-Africa Forum Summit-IAFS) अफ्रीका और भारत के बीच करीबी साझेदारी का एक उत्सव है। यह भारत और अफ्रीका के साझा इतिहास तथा भविष्य की संभावनाओं की अभिस्वीकृति है। यह भारत और पुनरुत्थानशील अफ्रीका द्वारा करीबी साझेदारी को मजबूती प्रदान करने का एक प्रयास है। यह साझेदारी समानता, आपसी सम्मान और पारस्परिक लाभ के सिद्धांतों पर आधारित है। भारत-अफ्रीका मंच शिखर सम्मेलन के प्रथम सम्मलेन का आयोजन 4 -8 अप्रैल, 2008 के मध्य नई दिल्ली में किया गया था। इस सम्मेलन में लगभग 14 अफ्रीकी देशों ने भाग लिया था। इसका दूसरा सम्मलेन 20-25 मई, 2011 के मध्य इथियोपिया की राजधानी आदिस अबाबा में आयोजित किया गया। इस दूसरे सम्मेलन में भारत समेत लगभग 15 अफ्रीकी देशों ने भागीदारी की थी। इस दौरान दोनों क्षेत्रो के मध्य में पारस्परिक लाभ के दायरे को बढ़ाने तथा विस्तार देने के उद्देश्य से भारत-अफ्रीका साझेदारी के महत्त्वपूर्ण पहलुओं जैसे व्यापार, शिक्षा, स्वास्थ्य, तकीनीकी और विभिन्न मुद्दों पर चर्चा की गई।

तीसरा भारत-अफ्रीका मंच शिखर सम्मेलन

भारत-अफ्रीका मंच शिखर सम्मेलन के तीसरे सम्म्मेलन का आयोजन 26-29 अक्टूबर, 2015 के मध्य इंदिरा गांधी स्टेडियम, नई दिल्ली में किया गया। इस सम्मेलन में सभी 54 अफ्रीकी देशों को आमंत्रित किया गया था जिसमें से 41 देशों के राष्ट्राध्यक्षों और शासनाध्यक्षों ने स्वयं तथा अन्य देशों ने अपने शिष्टमंडल के माध्यम से कार्यक्रम में अपनी उपस्तिथि दर्ज करवाई। इसके पहले दो शिखर सम्मेलन बांजुल फॉर्मूले के आधार पर आयोजित किए गए थे, इसी कारणवश सीमित देशों ने इसमें भाग लिया था। बांजुल फॉर्मूले को अफ्रीकी संघ (African Union) ने वर्ष 2006 में बांजुल (गैम्बिया) सम्मेलन में अपनाया था। लेकिन तीसरे शिखर सम्मेलन में इस फॉर्मूले से बाहर आने का निर्णय लिया गया।

दिल्ली घोषणा पत्रः- इस सम्मलेन को 'पुनः अनुप्राणित साझेदारी-साझा दृष्टि' (Reinvigorated Partnership in Shared Vision) के आदर्श वाक्य (Motto) के साथ भारत-अफ्रीका संबंधों को जीवंत बनाने का प्रायस किया। इस सम्मेलन के दौरान 'भारत-अफ्रीका सामरिक सहयोग के लिए रूपरेखा' तथा 'दिल्ली घोषणा-2015' को जारी किया गया। 25 अक्टूबर, 2015 को

भारत-अफ्रीका की मित्रता के प्रतीक के रूप में दिल्ली में एक गुलाब बगीचे (Rose Garden) का उद्घाटन किया गया। इस अवसर पर विदेश मंत्री सुषमा स्वराज ने कहा कि "भारत-अफ्रीका मैत्री, आने वाले वर्षों में इस बाग के फूलों की तरह महकती रहेगी"।

भारत अफ्रीका के बीच हुए तीसरे भारत-अफ्रीका मंच शिखर सम्मेलन का विषय 'प्रगति में साझेदार: गतिशील एवं परिवर्तनकारी विकास एजेंडा की दिशा में' (Partners in Progress : Towards a Dynamic and Transformative Development) था। भारत ने अफ्रीकी देशों के साथ सामुद्रिक अर्थव्यवस्था, विकास, आतंकवाद, समुद्री सुरक्षा और संयुक्त राष्ट्र में सुधार के प्रमुख बिंदुओं पर सहयोग के संकल्प के साथ एक राजनीतिक घोषणा-पत्र, नई दिल्ली घोषणा-2015 को जारी किया। इसमें वैश्विक अभिशासन की अधिक लोकतांत्रिक संरचनाओं को स्थापित करने के लिए तत्काल सामूहिक कार्रवाई करने की मांग, जो कि अफ्रीकी देशों में अधिक साम्यपूर्ण तथा उचित अंतर्राष्ट्रीय सुरक्षा एवं विकास में मददगार साबित होगी। जलवायु परिवर्तन पर आगामी वैश्विक वार्ता (नवंबर 2015, पेरिस) के तहत समानता तथा साझी किंतु विभेदीकृत जिम्मेदारी के सिद्धांतों के आधार पर व्यापक जलवायु परिवर्तन करार को अंतिम रूप देने की भी मांग की गई है। भारत तथा अफ्रीका में लैंगिक समानता तथा महिलाओं के सशक्तीकरण को बढ़ावा देने के लिए प्रतिबद्धता जाहिर की गई क्योंकि वर्ष 2015 को अफ्रीकी संघ द्वारा महिला सशक्तीकरण एवं विकास वर्ष के रूप में अभिकल्पित किया गया है। इसके साथ-साथ इसमें संयुक्त राष्ट्र को पारदर्शी, कारगर एवं कुशलतापूर्वक कार्य करने पर जोर देने की भी बात की गई ताकि वे संपोषणीय विकास के लिए एजेंडा-2030 की दिशा में काम कर सकें। शर्म-अल-शेख, मिस्र में तीन क्षेत्रीय आर्थिक समुदायों दक्षिण अफ्रीकी विकास समुदाय (SADC), पूर्वी अफ्रीकी समुदाय (EAC) और पूर्वी एवं दक्षिणी अफ्रीका के लिए साझा बाजार (कोमेसा) के 26 अफ्रीकी नेताओं द्वारा त्रिपक्षीय मुक्त व्यापार करार (TFTA) का स्वागत किया गया। भारत एवं अफ्रीकी संघ के मध्य महाद्वीपीय मुक्त व्यापार क्षेत्र (CFTA) की स्थापना के लिए वार्ता प्रक्रिया भी शुरू की गयी।

दिल्ली घोषणा के तहत आर्थिक, व्यापार एवं उद्योग, बहुपक्षीय मंच, स्वास्थ्य, शांति एवं सुरक्षा, कृषि, ऊर्जा, समुद्री अर्थव्यवस्था, अवसंरचना, शिक्षा एवं कौशल विकास के क्षेत्र में भारत और अफ्रीका दोनों ने सहयोग करने को सहमति प्रदान की। जलवायु परिवर्तन पर सीओपी 22 (COP-22) का आयोजन वर्ष 2016 में

मराकस, मोरक्को (अफ्रीका) में किया गया जिसका भारत एवं अफ्रीकी संघ ने स्वागत किया। सामरिक सहयोग के लिए भारत–अफ्रीका सहयोग रूपरेखा 2015 को अपनाने के लिए सहमत हुए तथा इसकी कार्य–योजना के कार्यान्वयन की सहमत समय सीमा के अंदर समीक्षा के लिए एक नियमित औपचारिक निगरानी तंत्र स्थापित करने पर सहमति व्यक्त की गई। इस सम्मलेन की अगली बैठक वर्ष 2020 में होगी।

अफ्रीकी नेताओं के साथ द्विपक्षीय बैठकें

प्रधानमंत्री नरेंद्र मोदी ने शिखर सम्मेलन से अलग अफ्रीकी देश के विभिन्न देशों के नेताओं के साथ द्विपक्षीय वार्ता भी की। उन्होंने अफ्रीकी संघ के अध्यक्ष तथा जिम्बाब्वे के राष्ट्रपति रॉबर्ट मुगाबे जिन्होंने भारत–अफ्रीका मंच शिखर सम्मेलन की सह–अध्यक्षता की, उनके साथ में साझा हितों के मामलों के बारे में विचार–विमर्श किया। प्रधानमंत्री ने घाना के राष्ट्रपति जॉन द्रमानी महामा (John Dramani Mahama) से मुलाकात की तथा सहयोग के विभिन्न क्षेत्रों पर बातचीत की। उन्होंने स्वाजीलैंड के राजा मस्वाती–तृतीय (Mswati-III), नाइजीरिया के राष्ट्रपति मोहम्मदु बुहारी, केन्या के राष्ट्रपति उहुरू केन्याटा, दक्षिण अफ्रीकी के राष्ट्रपति जैकब जुमा, युगांडा के राष्ट्रपति योहेरी मुसवेनी तथा बेनिन के राष्ट्रपति डॉ. बोनी यायी (Boni Yayi) से मुलाकात की तथा द्विपक्षीय संबंधों को मजबूती प्रदान करने के लिए सहयोग पर बल दिया।

अफ्रीका महाद्वीप में भारतीय प्रावसी

16–17वीं शताब्दी में पुर्तगालियों ने भारतीयों को अपने अफ्रीकी उपनिवेश में बैंकर्स, लेखाकार तथा कुशल कलाकारों के रुप में नियुक्त किया। उन्नीसवीं सदी में पूर्वी तथा दक्षिण पूर्वी अफ्रीकी देशों की ओर तथा दक्षिण–पश्चिमी हिंद महासागरीय देशों की ओर भारतीयों के प्रवास में व्यापक वृद्धि हुई। अंग्रेजों ने भी भारतीय मजदूरों को कृषि तथा गन्ने की खेती, सड़क निर्माण कार्य, रेल व्यवस्था तथा प्रशासनिक कार्यों के लिए नियुक्त किया। इनका प्रयोग अफ्रीका के लड़ाकू कबीलाई लोगो को शांत करने और कानून व्यवस्था को बनाए रखने के लिए भारतीय सैनिकों का प्रयोग किया। रामचंदानी ने अपनी पुस्तक (Uganda Asian) में उल्लेख किया है कि उन्नीसवीं सदी में भारतीयों का पूर्वी तथा दक्षिण अफ्रीका की ओर व्यापक स्तर पर प्रवास हुआ था। इसका प्रमुख कारण था भारत में सूखा, अकाल, महामारी तथा निर्धनता आदि इससे ही बचने के लिए

अनेक भारतीय लोग अफ्रीका के देश में अपनी आजीविका कमाने के लिए गए। सन 1900 तक अफ्रीका के नटाल प्रान्त में लगभग 65000 गिरमिटिया मजदूर (Indentured laborers) आ गए, पूर्वी अफ्रीका में 31000 भारतीय निवास करते थे। इसके अलावा जंजीबार द्वीप में कुल जनसंख्या का 5 प्रतिशत भारतीय निवास करते थे।

भारतीयों ने इस वैश्विक व्यवस्था में परिवर्तित स्तर के अनुसार स्वयं को परवर्तित कर लिया। मसालों चटनी तथा अन्य चीजों के लिए गिरमिटीया मजदूरों की मांग को पूरा करने के साथ-साथ कुशल शिल्पी और वाणिज्य अनुभवी लोगो को स्थानीय अफ्रीका वासियों की तुलना में प्रथम पंक्ति में लाकर खड़ा कर दिया।

दक्षिण अफ्रीका में भारतीयों के विरुद्ध जाती भेद-भाव के विरोध में भारतीय मूल के लोगों को शांतिपूर्ण प्रतिरोध की नीति अपनानी पड़ी। इन उपायों का उपयोग ही महात्मा गांधी ने किया था। गांधी जी की हली कर्मभूमि दक्षिणी अफ्रिका थी, सौभाग्य से वह एक भारतीय व्यापारी, अब्दुल्ला सेठ जिनका व्यापार दक्षिण अफ्रिका में था उनका 40,000 पौंड के दावे का मुकदमा चल रहा था इन्हें एक सलाहकार जूनियर वकील की जरूरत थी। उन्होंने एक वर्ष के अनुबंध पर गाँधी जी को नियुक्त किया। इसके लिये गाँधी जी ने 105 पौंड का वेतन तय किया। अप्रैल 1893 को गांधी जी डरबन बंदरगाह पहुंचे। वहां गाँधी जी ने अदालतों में वकीलों की कार्य शैली का भी अनुभव हुआ कि किसी प्रकार मामले को पेचीदा बना कर अपने मुवक्किल से पैसा खींचा जाता है।

उन्होंने अफ्रीका में रह रहे भारतीयों को इसके खिलाफ आवाज उठाने की सोची, इसका ही परिणाम था कि उन्होंने अब्दुल्ला सेठ और अन्य लोगों से इसके विरुद्ध लड़ने के लिए कुछ दिन और रुकने के लिए कहा। इस प्रकार गाँधी जी के अफ्रीका में लम्बे समय तक प्रवास की भूमिका तैयार हुई।

डरबन में वकालत के दौरान उनके पास बालासुन्दरम नाम का एक गिरमिटिया मजदूर आया उसके कपड़े फटे हुए थे सामने के दो दांत टूटे हुए थे। उसके गोरे मालिक ने उसे बहुत बुरी तरह मारा था। गाँधी जी उसकी हालत देख कर परेशान हो गये, उन्होंने उसका उपचार करवाया, उसकी चोटों का मेडिकल सर्टिफिकेट ले कर उसके गोरे मालिक पर केस किया, वह मुकदमा जीत गये। इस कार्य से गाँधी जी गरीब मजदूरों के अपने बन गये। बाला सुन्दरम को उन्होंने दयालु मालिक के

पास काम पर लगवा दिया। उन्होंने भारत की भूमि और दक्षिण अफ्रिका में न्याय व्यवस्था को देख कर समझ लिया था गोरों के विरुद्ध भारतियों को न्याय नहीं मिलता। भारत में अंग्रेज द्वारा की गई भारतीय की हत्या पर अंग्रेज को मृत्यु दंड नहीं दिया जाता। यही हालत यहाँ थी एक बार एक निर्दोष नीग्रो को अंग्रेज द्वारा पीटे जाने पर अपराध भी सिद्ध हो गया परन्तु मामूली सजा देकर बात आई गई कर दी गई, यह कहाँ का इंसाफ था ?

गाँधी जी ने 22 मई 1894 में नेटाल इंडियन कांग्रेस की स्थापना की, साथ ही इंडियन ओपिनियन साप्ताहिक पत्रिका का प्रकाशन भी किया। गाँधी जी ने अफ्रीका में रह रहे भारतीयों की दशा और उसके विरोध में चल रहे आन्दोलन के विषय में अवगत कराने के लिये, एक महीने का समय लगा कर पुस्तिका लिखी, जो हरी पोथी के रूप में लोकप्रिय हुई। यह पुस्तिका 10000 की संख्या में छपवा कर पूरे देश में बटवाई गयी तथा सभी प्रमुख नेताओं व अख़बारों आदि को भेजी गयी। अख़बारों में इस पर लेख छपे, इसका सारांश विलायत भेजा गया और फिर इस सारांश का सारांश रायटर के माध्यम से नेटाल भी गया। इस प्रकार गाँधी जी भारत तथा विश्व के अन्य लोगों तक अपनी बात पहुँचाने में सफल रहे। गाँधी जी सन 1915 में भारत वापिस लौटकर आ गये।

औपनिवेशिक शासन से स्वतंत्रता के लिए संघर्ष में पड़े पैमाने पर दक्षिण अफ्रीका तथा कीनिया के अंदर भारतीय मूल के लोगों में अपने-अपने राजनैतिक संगठनों की स्थापना की ताकि ब्रिटिश सरकार से अपने अधिकारों के लिए संघर्ष कर सके। स्वर्त्ती के बाद भी अफ्रीका में बड़ी संख्या में भारतीय मूल के लोग रहते हैं। वर्तमान समय में प्रवासी भारतीय लगभग 35 अफ्रीकी देशों में हैं। परंतु उनमे से अधिकांश अंग्रेजी भाषी पूर्वी केंद्रीय और दक्षिण अफ्रीका के देशो में रहते हैं। इनमे मध्यम सीढ़ी के श्रेणी के उद्योगपति संबंध देशों के आर्थिक विकास के लिए प्रशिक्षित मानव संसाधन के रूप कार्य कर रहे हैं। उनके पास शिक्षा है इसके साथ साथ वह आर्थिक रूप से भी संपन्न है। उनकी उपस्थिति का ही परिणाम है कि अफ्रीकी महाद्वीप को आंतरिक भागो तक भारतीय पूंजी तथा सामान की आपूर्ति सरलता से हो जाती है। परंतु इसके लिए अफ्रीकी देशों में व्यापार-उदारीकरण की आवश्यकता है।

21वीं शताब्दी में भारत-अफ्रीका सम्बन्ध, जातीय भेदभाव की समाप्ति जैसे प्रमुख तत्त्वों पर आधारित शीत युद्ध ने अफ्रीका में प्रवासी भारतीयों के साथ भारत

के सहयोग को अवरुद्ध किया। 21वीं सदी पारस्परिक निर्भरता का युग है, भारत सरकार इस राष्ट्रीय धरोहर का उपयोग देश के राष्ट्रहित में कर सके तथा अफ्रीका में प्रवासी भारतीयों की उपस्थिति से भारत के लिए महाद्वीप में व्यापार बढ़ाने के अधिक अवसर बढ़ने पर ध्यान केन्द्रित करे जो कि भारत तथा अफ्रीका के देशों के संबंधो को एक नया आयाम प्रदान करे।

चीन की भारत विरोधी अफ्रीकी नीति

अफ्रीका में चीन की बढ़ती आर्थिक दिलचस्पी ने दुनिया भर के विद्वानों, पत्रकारों और नीति निर्माताओं का ध्यान अपनी ओर आकर्षित किया है। कुछ विद्वान तो यहां तक मानते हैं कि अफ्रीका के साथ चीन की आर्थिक साझेदारी कुछ और नहीं, बल्कि अफ्रीकी संसाधनों के लिए 'नई छीना-झपटी' है। वहीं, दूसरी ओर कुछ ऐसे भी विद्वान हैं जो चीन को नए आर्थिक रहनुमा या पथप्रदर्शक के रूप में देखते हैं, और जो अफ्रीका के विकास में अहम योगदान कर रहे है। वहीं, भारतीय विद्वान इस बात पर विशेष जोर देते रहे हैं कि भारत को अफ्रीका के साथ घनिष्ठ संबंध बनाकर अफ्रीकी महाद्वीप पर चीन के बढ़ते प्रभाव का मुकाबला करना चाहिए। उधर, कई अन्य विशेषज्ञों ने चीन के पास 'ढेर सारा पैसा' होने और बुनियादी ढांचे के लिए अत्यंत आसानी से ऋण सुलभ कराने के मामले में चीन को भारत द्वारा टक्कर न दे पाने पर चिंता व्यक्त की है। अफसोस की बात यह है कि चीन-अफ्रीका संबंधों के मुद्दे पर भारत की ओर से मामूली गहन अध्ययन किया गया है। भारत के लिए चीन और अफ्रीका दोनों की ही अहमियत को ध्यान में रखते हुए यह स्थिति वास्तव में अत्यंत निराशाजनक है।

अफ्रीका के साथ चीन की आर्थिक साझेदारी महज संसाधनों तक सीमित नहीं है। वैसे तो चीन एवं अफ्रीका के बीच होने वाले कुल व्यापार में विभिन्न संसाधनों जैसे कच्चे तेल तथा तांबे के व्यापार का ही मुख्य योगदान होता है और चीन ने संसाधन-समृद्ध देशों जैसे अंगोला और कांगो लोकतांत्रिक गणराज्य को 'संसाधन के बदले अरबों डॉलर के बुनियादी ढांचागत ऋण' दिए हैं, लेकिन अफ्रीका के साथ चीन की बढ़ती आर्थिक साझेदारी को विशुद्ध रूप से संसाधन प्राप्त करने का एक साधन मानना गलत होगा। कई अफ्रीकी देशों में संसाधनों की भारी कमी है, फिर भी चीन के साथ उनके आर्थिक संबंध काफी तेजी से सुदृढ़ हो रहे हैं।

चीन अफ्रीका पर व्यापार, विकास वित्त और निवेश प्रवाह के जरिए व्यापक आर्थिक प्रभाव डाल रहा है। मुख्य निर्यात गंतव्य के रूप में चीन के अभ्युदय

ने 2000 के दशक के दौरान इन देशों की अर्थव्यवस्थाओं में नई जान फूंकने में अहम भूमिका निभाई थी। वर्ष 2000 से चीन को उप–सहारा अफ्रीका से निर्यात 22 प्रतिशत से भी अधिक की चक्रवृद्धि वार्षिक वृद्धि दर से बढ़ने लगा और वर्ष 2013 तक यह आंकड़ा उप–सहारा अफ्रीका से संयुक्त राज्य अमेरिका को हुए कुल निर्यात के पार चला गया।

भारतीय विद्वानों की समस्या है कि वो कभी अफ्रीका को भारत के विनिर्मित उत्पादों का एक बाजार मानते हैं और इसके बजाय वे अफ्रीकी विकास के लिए भारत की दीर्घकालिक प्रतिबद्धता, विकास सहयोग पहले जैसे भारतीय तकनीकी एवं आर्थिक सहयोग (आईटीईसी) तथा ऋण–रेखा (एलओसी) और इसके साथ ही संयुक्त राष्ट्र में एक स्थायी सीट के लिए अफ्रीकी वोटें की आवश्यकता पर विशेष ध्यान देना पसंद करते रहे हैं। भारत को चाहिए कि वो इन सभी विषयों के अतरिक्त चीन के संतुलन पर भी ध्यान केंद्रित करे तभी सही रूप से इस बदलते परिवेश में दोनों ओर से संबंधों में मधुरता आ पायेगी।

पिछले कुछ दशकों में भारती की अफ्रीका नीति बहुत हद तक निराशा और अनिच्छा से प्रकट की गई प्रतिक्रियाओं के बीच झूलती रही है। कई मंचों पर तो इस महाद्वीप की ओर रणनीतिक उदासीनता भी दिखाई पड़ी है। नई दिल्ली की विदेश नीति के व्यापक ढांचे में अफ्रीका महाद्वीप के देशों को अब तक कोई खास महत्व नहीं दिया जाता था, लेकिन अब स्थिति में बदलाव आने लगा है। भारत के नेता अफ्रीकी देशों की यात्रा भी बहुत कम करते थे और बहुत कम ही ऐसा होता था कि नई दिल्ली की विदेश नीति से संबंधित महत्वाकांक्षाओं में उस पर कोई चर्चा भी की जाती हो। अफ्रीका के साथ भारत के समकालीन संबंधों का वर्णन अब तक पूरी तरह से हमारी सदियों पुरानी व्यापारिक भागीदारी, समृद्ध प्रवासी भारतीयों द्वारा विकसित सामाजिक–सांस्कृतिक संपर्क सूत्रों और नेहरू युग के दौरान चलाए गए उन राष्ट्रीय आंदोलनों के ऐतिहासिक संवादों पर ही केंद्रित रहता था, जिसमें साम्राज्यवादी शासन के विरोध में चलाए गए संघर्षों के समर्थन और गुट–निरपेक्ष आंदोलन के बदलते भू–राजनैतिक उथल–पुथल का ही उल्लेख रहता था, इस बयानबाजी से परे, आखिर वे कौन–से तत्व थे, जिनके कारण ये रिश्ते फिर भी आगे बढ़ते रहे। इनके कारण ही राज्य के स्वामित्व वाले उन उद्यमों (SOE) द्वारा, जो पश्चिम एशियाई देशों से ऊर्जा भण्डार को दूर करके उसे विशाखित करने का प्रयास कर रहे थे, महत्वपूर्ण परिसंपत्तियों का और लघु व मझौले उपक्रमों (SME)

और बहुराष्ट्रीय कंपनियों (MNC) द्वारा अन्य वाणिज्यिक उद्यमों को अधिग्रहण किया गया।

लेकिन पिछले कुछ वर्षों में इस अन्यथा मिटते रिश्ते में अनेक कारणों से ऊर्जा का संचार हुआ। एक अनुमान के अनुसार 2018 तक इस महाद्वीप की 3.2 प्रतिशत की दर से आर्थिक उन्नति इसका सबसे महत्वपूर्ण कारण था। इसमें विश्व की सबसे तेज गति से बढ़ने वाली छह अर्थव्यवस्थाएँ शामिल हैं। विश्व बैंक के अनुमान के अनुसार इस साल इथियोपिया 8.2 प्रतिशत, घाना 8.3 प्रतिशत, कोटे डी आइवर 7.2 प्रतिशत, जिबूती 7 प्रतिशत, सेनेगल 6.9 प्रतिशत और तंजानिया 6.8 प्रतिशत की दर से आर्थिक उन्नति करेगा। इसके अलावा, अनेक अफ्रीकी देश विदेशी निवेशकों और विकास में भागीदारों को आकर्षित करने के लिए प्रोत्साहन देते रहे हैं और नई दिल्ली की सरकार संयुक्त राष्ट्र की सुरक्षा परिषद (UNSC) में सीट पाने के लिए सक्रिय होकर प्रयास कर रही है। इसके अलावा इस महाद्वीप के शक्तिशाली देशों का विशेषकर चीन की अति सक्रिय भूमिका के कारण प्रभाव बढ़ता जा रहा है और इसी बात ने नई दिल्ली को इस पर पुनर्विचार करने को बाध्य किया।

इसके बाद विदेश नीति के क्षेत्र में अनेक भारी कदम उठाये गये, जैसे 2015 में भारत-अफ्रीकी मंच का तीसरा शिखर सम्मेलन आयोजित किया गया, जिसमें नई दिल्ली ने अधिकांश अफ्रीकी देशों को (इकोला प्रकोप के कारण मूल तारीखों को रद्द करके) प्रतिनिध के रूप में आमंत्रित किया। इस शिखर सम्मेलन से जो वातावरण बना, उसका प्रभाव लंबे समय तक बना रहा। बरसों तक इस महाद्वीप की राजनयिक उपेक्षा होती रही और अब भारत का शीर्ष नेतृत्व लगातार महाद्वीप के दौरे करके इस कमी को पूरा करने में जुटा है। इसका उल्लेखनीय उदाहरण यही है कि राष्ट्रपति का पदभार ग्रहण करने के बाद राष्ट्रपति कोविंद ने अक्टूबर, 2017 में जिबूती और इथियोपिया की पहली विदेश यात्रा की। इसी तरह जब प्रधानमंत्री मोदी अफ्रीकी देशों के चार दिवसीय दौरे में मोज़ांबीक में रुके तो वह 34 साल में इस देश की यात्रा करने वाले पहले प्रधानमंत्री बन गये। जब उप राष्ट्रपति हामीद अंसारी ने फरवरी, 2017 में रवांडा का दौरा किया तो वह इस देश की यात्रा करने वाले पहले भारतीय नेता बन गए।

भारत की इस नई दिलचस्पी का एक कारण यह भी हो सकता है कि अफ्रीकी महाद्वीप इस समय अपने संक्रमण के महत्वपूर्ण दौर से गुजर रहा है और उसकी

विकास–यात्रा में भारत अनेक भूमिकाओं का निर्वाह कर सकता है। वर्तमान दौर में भारत ने जो खास काम इस महाद्वीप में किया है, वह है विकास के लिए अनेक प्रकार की पहल करना। इन पहलों में से कुछ हैं, भारतीय तकनीकि व आर्थिक सहयोग (ITEC) टीम 9 और अखिल अफ्रीकी ई–नेटवर्क, जिनका उद्देश्य है, संस्थागत और मानवीय क्षमता का निर्माण और कौशल व ज्ञान–अंतरण को सुगम बनाना। दिलचस्प बात तो यह है कि हाल में ही दिए गए वक्तव्यों और संयुक्त बयानों की नजदीकी जाँच–पड़ताल से पता चलता है कि अफ्रीका के प्रति नई दिल्ली के नजरिये की व्याख्या "win-win cooperation" अर्थात् दोनों पक्षों में परस्पर सहयोग और जीत की भावना से की जा सकती है और यह "विकास के वैकल्पिक मॉडल" को दर्शाने के लिए एक सुविचारित नैतिक प्रयास है।

इस रिश्ते की नई प्रवृत्तियों के पीछे उन उप–राष्ट्रीय संगठनों और राज्य सरकारों की भूमिका भी रही है, जो अफ्रीकी देशों के अपने समकक्षों के साथ स्वतंत्र रिश्ते बनाने के लिए प्रयास करते रहे हैं। उदाहरण के लिए, केरल अपने उन प्रोसेसिंग संयंत्रों के लिए, जो कच्चे माल की तंगी से जूझ रहे हैं, अफ्रीकी देशों से काजू आयात करने की योजना बना रहा है। इसी प्रकार इथियोपिया और दक्षिण अफ्रीका केरल सरकार द्वारा चलाये जा रहे स्वावलंबी संगठन 'कुडुम्बश्री' के साथ मिलकर काम कर रहे हैं, जिसका उद्देश्य गरीबी मिटाना और महिलाओं का सशक्तीकरण है ताकि वे अपने–अपने देशों में इस मॉडल को स्थानीय स्वरूप प्रदान करते हुए अनुकूलित कर सकें।

भारतीयों के साथ परस्पर संवादों की एक अनूठी विशेषता यह रही है कि उनके साथ भारतीय मूल के लोगों की वास्तविक सद्भावना भी जुड़ी रही है। इनका बॉलीवुड की फिल्मों और गीतों के माध्यम से भारत के साथ अपनेपन का और सांस्कृतिक रिश्ता भी बना हुआ है। बॉलीवुड की फिल्में और गीत भारत के साथ रिश्ता बनाए रखने के लिए अक्सर सेतु का काम करते हैं। लेकिन प्रवासी भारतीयों और स्थानीय अफ्रीकी लोगों की एकजुटता में कभी–कभी टकराव भी पैदा हो जाता है। बिल्कुल हाल ही में गुप्ता बंधुओं का हाई–प्रोफाइल मामला सामने आया है, जिसमें उन पर आरोप लगा है कि उन्होंने दक्षिण अफ्रीका के पूर्व राष्ट्रपति जूमा के साथ अपनी नजदीकियों के कारण 'सरकारी भूमि' पर कब्जा किया है। इसी तरह फूलों की खेती करने वाली एक भारतीय फ्लोरीकल्चर कंपनी 'करुतरी ग्लोबल' पर आरोप लगा है कि उसने इथियोपिया में जमीन हथियाई है या फिर भारत में

अफ्रीकी छात्रों पर हमलों के कारण भारतीयों या प्रवासी भारतीयों के प्रति विरोध बढ़ता जा रहा है।

फिर भी सच तो यही है कि भारतीय कॉर्पोरेट ने ही इस प्राचीन रिश्ते को न केवल खड़ा किया है, बल्कि उसे निभाया भी है। भारतीय कारोबारी अफ्रीका के भौगोलिक रिक्त स्थानों और क्षेत्रों में सक्रिय है। कृषि–व्यवसाय, इंजीनियरिंग, निर्माण, फिल्म वितरण, सीमेंट, प्लास्टिक्स और सिरेमिक्स निर्माण, विज्ञापन, विपणन, फार्मास्युटिकल्स और दूरसंचार जैसे केवल कुछ ही ऐसे क्षेत्र हैं, जिनमें भारतीय लोग सक्रिय हैं। अफ्रीकी महाद्वीप में भारतीय कॉर्पोरेट जगत् की उपस्थिति को मोटे तौर पर तीन भागों में विभाजित किया जा सकता है; प्रवासी भारतीयों द्वारा स्थापित कारोबार; राज्य के स्वामित्व वाली कंपनियाँ या निजी बहुराष्ट्रीय कंपनियाँ (MNCs) और कारोबार के अवसरों की तलाश में नए लघु व मझौले उपक्रमों (SMEs) की स्थापना।

भारत–अफ्रीका व्यापार परिषद के सदस्यों के साथ बातचीत से यह पता चला कि भारतीय और मेजबान सरकार से उन्हें किस हद तक समर्थन मिला है और स्थानीय समाज के साथ काम करते हुए उन्हें किस प्रकार के वायदे और झटके मिलते रहे हैं। वे मानते हैं कि भारत सरकार और अफ्रीका में होने वाले उनके कारोबार के बीच बहुत कम समन्वय रहता है और भारतीय कार्पोरेट की भूमिका तो मात्र नीतियों के प्रारूप बनाने तक ही सीमित रहती है। उनका दावा है कि ऐसे बहुत कम अवसर आए हैं जब भारत सरकार ने आगे बढ़कर प्रतिस्पर्धी बोलियों के दौरान समझौतों को अंतिम रूप देने में उनकी कोई मदद की हो और अगर कोई मदद की भी है तो वह भी नेटवर्क निर्माण, मेजबान सरकार के साथ संपर्क साधने या कौंसल संबंधी समर्थन देने तक ही सीमित रही है। इथियोपिया में भारतीय दूतावास के पदाधिकारियों का कहना है कि भारतीय कारोबारी उनसे तभी संपर्क करते हैं जब उन पर कोई संकट आता है। ऐसे समय में ही वे हमसे मदद की गुहार लगाते हैं, लेकिन उनके साथ सहयोग का दायरा बढ़ाने के लिए उनके दरवाजे हमेशा ही खुले रहते हैं। दिलचस्प बात तो यह है कि कुछ भारतीय कारोबारियों का दावा है कि वे अफ्रीका की मेजबान सरकारों के साथ मिलकर काम करते हैं और जब भी वे भारत का दौरा करना चाहते हैं तो वे उनके प्रतिनिधिमंडल की मदद करते हैं और बैठकें आयोजित करने में भी सहयोग प्रदान करते हैं।

सरकारी संस्थाओं और अलग-अलग क्षेत्रों में काम करने वाले व्यापारियों के साथ मिलकर भारत ने अफ्रीका के संबंध में न तो कोई समन्वित नीति बनाई है और न ही कोई ऐसा रास्ता निकाला है जिससे दोनों देशों के संबंधित लोग मिलकर कुछ काम कर सकें। सरकार द्वारा की गई विभिन्न पहलों का उद्देश्य अफ्रीका की ऐसी युवा जनसांख्यिकी को प्रशिक्षित और सुसज्जित करना है जो एक ऐसा मॉडल प्रदान कर सके जिसका अनुकरण करते हुए भारतीय कंपनियाँ प्रौद्योगिकी और मानव पूँजी की सुगमता से अंतरण कर सके, जो पहले से ही उनकी विशेषता रही है। उदाहरण के तौर पर इसी प्रकार इथियोपिया के गम्बेल क्षेत्र में भारतीय किसानों ने बहुत ही सस्ती दरों पर जमीन पट्टे पर ले रखी है, लेकिन बुनियादी ढाँचे के विकास और कनेक्टिवटी पर ही काफी खर्च करके उनका काम बंद हो गया है। ऐसे समय में भारत की विकास संस्थाओं के लिए यह एक अवसर है, जब वे ऐसे अनुभव-हीन खेती-बाड़ी के कामों के लिए वित्तीय संसाधन प्रदान करके पूर्वी अफ्रीका के विकास में भारी मात्रा में सहयोग कर सकते हैं।

जैसे-तैसे भारत-अफ्रीका के देशों में नये सिरे से अपनी गतिविधियाँ बढ़ा रहा है, एक ऐसा गतिशील वातावरण बनने लगा है जिसमें तेजी से होते हुए परिवर्तन की लहर दिखाई पड़ने लगी है। अफ्रीकी सरकारें भी केवल मूक दर्शक नहीं बनी बैठी हैं, बल्कि वे भी आगे बढ़कर सक्रिय होकर इस महाद्वीप की नियति को सँवारने में जुट गई है। आवश्यकता इस बात की है कि उनसे परामर्श करते हुए ही नई दिल्ली इस क्षेत्र में अपनी गतिविधियों को आगे बढ़ाए। यह अब इसलिए भी आवश्यक होने लगा है कि इस क्षेत्र में सिंगापुर, मलेशिया, जापान, कोरिया और चीन जैसी गैर-पश्चिमी ताकतें भी अपनी गतिविधियाँ बढ़ाने में लगी हैं। अब जब चीन जिबूती में अपना पहला विदेशी सैन्य अड्डा स्थापित करने जा रहा है, इस महाद्वीप के साथ रिश्तों के रणनीति मायने भी बदल जायेंगे। नई दिल्ली के लिए भौगोलिक, सामाजिक-सांस्कृतिक और आर्थिक दृष्टि से इतने विविध महाद्वीप के लिए समान नीति बनाने का प्रयास करना असंभव भी है और अनावश्यक भी, लेकिन अफ्रीका के विकास में सक्रिय भागीदारी और व्यापक गतिविधियों में संलग्न होने के कारण यह तय है कि नई दिल्ली इससे काफी लाभान्वित होगा।

निष्कर्ष

भारत और अफ्रीका के आपसी घनिष्ठ आर्थिक संबंधों से संभावित लाभ अभी तक दोनों ही पक्षों को पूरी तरह हासिल नहीं हो सका हैं। अपने विनिर्माण

क्षेत्र में नई जान फूंकने और युवाओं के लिए रोजगार सृजित करने के उद्देश्य से भारत को अपने विनिर्माण क्षेत्र का विस्तार की आवश्यकता है। भारत का बीमार विनिर्माण क्षेत्र वास्तव में अफ्रीका के तेजी से बढ़ते मध्यम वर्ग की अनदेखी करने का जोखिम नहीं उठा सकता है। दूसरी बात यह है कि चीन के पास मौजूद 'ढेर सारे पैसे' से भारत के बराबरी न कर पाने की असमर्थता को देखते हुए भारत के विकास सहयोग का अब कहीं ज्यादा रणनीतिक होना अवश्य ही जरूरी है। ऐसी स्थिति में यह अत्यंत आवश्यक है कि भारत महज कुछ विशिष्ट क्षेत्रों पर ही अपना ध्यान केंद्रित करे और इसके साथ ही बेहतर कार्यान्वयन भी सुनिश्चित करे। भारत और अफ्रीका को उन कई अंतर्राष्ट्रीय मुद्दों पर ध्यान केंद्रित करने के साथ सहयोग बढ़ाना होगा जो उनके लोगों के भविष्य पर प्रभाव डालने वाले होंगे। इनमें जलवायु परिवर्तन, सुरक्षा, आतंकवाद, गरीबी, भुखमरी जैसे अन्य मामले भी शामिल हैं। विदेश मंत्री सुषमा स्वराज ने भारत अफ्रीका सम्मलेन के दौरान एक कहावत के माध्यम से अपनी बात कही, "यदि आप तेजी से जाना चाहते हैं तो अकेले चलें। यदि आप दूर तक जाना चाहते हैं तो साथ चलें।" हम विकास के पथ पर दूर तक चलना चाहते हैं और सबका साथ, सबका विकास की सच्ची भावना से अफ्रीका के अपने दोस्तों एवं साझेदारों के साथ मिलकर यात्रा करना चाहते हैं। हमको वर्तमान समय में इसी नीति को अपनाना होग तभी अफ्रीकी देशों के साथ में द्विपक्षीय संबंधों में प्रगाढता आएगी।

संदर्भ-ग्रन्थ

Atam, Prakash, 1968. "Importing from Africa", Indo-African Trade Journal 4(7) (July) : 23-7.

Beri, R (2003) 'India's Africa policy in the post cold war era : an assessment', Strategy Analysis, 27(2) : 216-32.

Chabra, Hari Sharan, 19869. India and Africa, New Delhi : Africa Publications

Dikshit, S. (1989)) Nehru and Africa, Nehru Centenary Volume, Oxford : Oxford University Press.

Dubey, A.K. (1989). *Indo-Africa Relations in the Post-Nehru* Era : 1965-85. Delhi : Kalinga Publications

Dubey, Ajay K., 1987-88. "Indo-African Economic Relations (1965-85) : A Case of South-South Interaction", Africa Quarterly 27)3-4) 49-79.

ICWA (Foreign Affairs Reports), Vol. 4, Nos. 4-6, April-June, 2005, New Delhi

Ramchandani, R.R. (1990). *India and Africa Relations Vol. I : Issues and Policy Options*. Delhi : Kalinga Publications

Ramchandani, R.R.(1990). *India :Africa Relations* Vol. II. Delhi : Kalinga Publications

Vohra, N.N. & Mathews, K. Ed. (1997). *Africa, India and South-South Cooperation.* New Delhi : Har anand Publication

इन्टरनेट सोर्स

https ://readerblogs.navbharattimes.indiatimes.com/mithilesh 2020/india-africa-summit-2015-depth-analytical-hindi-article-by-mithilesh-foreign-policy-business-and-unsc-extension/

http %//www.ssgcp.com/2015/%E0%A4%A4%E0%A5%80%E0%A4%B8%E0%A4%B0%E0%A4%BE%E0%A4%AD%E0%A4%BE%E0%A4%B0%E0%A4%A4%E0%A4%85%E0%A4%AB%E0%A5%8D%E0%A4%B0%E0%A5%80%E0%A4%95%E0%A4%BE%E0%A4%AE%E0%A4%82%E0%A4%9A-%E0%A4%B6%E0%A4%BF/

http ://hindi.webdunia.com/article/latest-deutsche-welle n ews/%E0%A4%85%E0%A4%AB%E0%A5%8D%E0%A4%B0%E0%A5%80%E0%A4%95%E0%A4%BE-%E0%A4%AE%E0%A5%87%E0%A4%82-%E0%A4%9A%E0%A5%80%E0%A4%A8-%E0%A4%94%E0%A4%B0-%E0%A4%AD%E0%A4%BE%E0%A4%B0%E0%A4%A4-112101600023_1.htm

http %//mea.gov.in/in-focus-article-hi.htm?24742/India+and+Africa+Sharing+interlinked+dreams

• • •